Gerhard Falk, Peter

Das Mediationsverfa

SOZIALWISSENSCHAFT

Gerhard Falk, Peter Heintel,
Larissa Krainer (Hrsg.)

Das Mediationsverfahren am Flughafen Wien-Schwechat

Dokumentation, Analyse, Hintergrundtheorien

Deutscher Universitäts-Verlag

Bibliografische Information Der Deutschen Nationalbibliothek
Die Deutsche Nationalbibliothek verzeichnet diese Publikation in der Deutschen Nationalbibliografie; detaillierte bibliografische Daten sind im Internet über <http://dnb.d-nb.de> abrufbar.

1. Auflage September 2006

Lektorat: Brigitte Siegel / Dr. Tatjana Rollnik-Manke

Der Deutsche Universitäts-Verlag ist ein Unternehmen von Springer Science+Business Media.
www.duv.de

Umschlaggestaltung: Regine Zimmer, Dipl.-Designerin, Frankfurt/Main
Druck und Buchbinder: Rosch-Buch, Scheßlitz

ISBN 3-8350-6038-4
ISBN 978-3-8350-6038-8

Inhalt

Das Mediationsverfahren am Flughafen Wien-Schwechat – eine Einführung

Larissa Krainer

Der vorliegende Abschlussbericht der wissenschaftlichen Begleitforschung zum Mediationsverfahren am Flughafen Wien-Schwechat will Überblick und Einblick bieten, allgemeine Informationen ebenso schildern wie Details. Die einzelnen Teile stellen in sich abgeschlossene Texte dar und können weitgehend unabhängig voneinander gelesen werden.[1] Die vorliegende Einführung bietet einen Rückblick und einen Ausblick. Im Rückblick werden die zentralen Aspekte, die in den nachfolgenden Texten ausführlicher beschrieben werden, für Schnellleser auf wenigen Seiten zusammengefasst und in den Fußnoten jeweils auf die weiterführenden Texte verwiesen – wer sich vertiefen will, hat in den anderen Teilen des Berichts ausreichend Gelegenheit dazu. Im Ausblick werden noch einzelne Aspekte und Hinweise für die Zeit nach dem Mediationsverfahren thematisiert, die uns wichtig erscheinen.

Rückblick

Im ersten Teil geht es darum, **Chronologie, Zusammenfassung und Überblick** zu bieten.[2] In ihm unterscheidet Larissa Krainer insgesamt fünf Phasen des Mediationsverfahrens von 2000 bis 2005: Erstens die Vorbereitungsphase (Jänner bis Dezember 2000), zweitens eine Phase, in der Auftragsklärung (Contracting) und Strukturierung des Verfahrens erfolgten (Jänner 2001 bis März 2001), drittens eine Phase, in der es vor allem darum ging, verschiedene Themenbereiche zu identifizieren und die Organisation des Verfahrens zu klären (April 2001 bis Februar 2002), viertens eine Phase, in der Entscheidungsgrundlagen entwickelt und ein Teilvertrag verhandelt wurden (März 2002 bis Mai 2003), und fünftens jene Phase, in der einerseits eine Evaluierung des Teilvertrages erfolgte und andererseits Kernthemen verhandelt wurden, die schließlich in Abschlussdokumenten festgehalten wurden (Juni 2003 bis Juni 2005).

Zunächst werden unterschiedliche Anlässe und Vorbereitungsmaßnahmen geschildert, die zur Einrichtung eines Mediationsverfahrens geführt haben. Dies war zum einen eine Kapazitätsprognose, die für den Flughafen Wien-Schwechat den Bau einer dritten Start- und Landebahn als notwendig auswies und auf deren Basis 1998 ein Masterplan zu den Ausbauvorhaben am Flughafen erstellt wurde. Zum anderen

---

1 Die Verwendung des geschlechtergerechten Sprachgebrauchs wird von den einzelnen AutorInnen unterschiedlich angewandt.

2 Vgl. Krainer: Das Mediationsverfahren am Flughafen Wien-Schwechat 2001-2005. Chronologie, Zusammenfassung, Überblick.

waren es Konflikte, die durch die Präsentation dieses Masterplans in verschiedenen Anrainergemeinden ausgelöst wurden und unter anderem zur Gründung mehrerer Bürgerinitiativen geführt haben, die gegen den Bau einer dritten Piste mobilisierten. Für die konkrete Vorbereitung des Mediationsverfahrens wurde schließlich ein Wiener Rechtsanwalt und Mediator engagiert, der gemeinsam mit einer zwölfköpfigen „Vorbereitungsgruppe" von Jänner bis Dezember 2000 ein Mediationsteam auswählte und schließlich bestellte, die Zusammensetzung des zukünftigen Mediationsgremiums definierte und in einer Auftaktveranstaltung eine breite Öffentlichkeit davon in Kenntnis setzte.[3]

Danach werden die 58 verfahrensbeteiligten Gruppierungen vorgestellt, die insgesamt von 66 Personen vertreten wurden. Manche von ihnen waren von Anfang an dabei, andere kamen im Laufe des Verfahrens hinzu, einige wenige schieden aus. Zu ihnen zählten VertreterInnen von 15 Anrainergemeinden, sechs Wiener Bezirken, den Ländern Wien und Niederösterreich, zwei Umweltanwaltschaften (Wien und Niederösterreich), 13 Bürgerinitiativen, drei Siedlerverbänden, neun politischen Parteien (aus Wien und Niederösterreich), acht Kammern, Verbänden und Interessenvertretungen. Für den Flugbetrieb nahmen VertreterInnen von den Austrian Airlines, der Flughafen Wien AG und der Austro Control am Verfahren teil. Die Nationalpark Donau-Auen GmbH entsandte ein weiteres Mitglied in das Verfahren.[4]

Als Nächstes wird die Struktur des Verfahrens beschrieben. Zur Bewältigung der vielfältigen Aufgaben wurden unterschiedliche Gremien eingerichtet. Im Mediationsforum waren alle Mitglieder versammelt, es stellte das ranghöchste Gremium dar und war für die Beschlussfassung verantwortlich. In mehr als 50 verschiedenen Arbeitskreisen und Arbeitsgruppen wurden die einzelnen Themen identifiziert, analysiert und für Verhandlungen aufbereitet. Für die konkreten Verhandlungen wurden sechs ganztägige Klausuren angesetzt. Für die Steuerung des Verfahrens wurde eine eigene Prozesssteuerungsgruppe eingerichtet, die in den letzten beiden Phasen der Mediation auch entscheidungsbefugt war. Die Ergebnisse des Teilvertrages wurden nicht nur einer internen Evaluation unterzogen, sondern auch im Rahmen von Bezirkskonferenzen mit Außenstehenden diskutiert und nachträglich teilweise verändert. Protokolliert wurden 166 Sitzungen, es fanden aber bei weitem mehr statt, zumal ja die einzelnen Gruppierungen jeweils Rückbindungen durchzuführen hatten und auch viele informelle Treffen stattfanden. Die Schätzungen belaufen sich daher auf rund 500 Sitzungen.[5]

Im Anschluss daran werden die großen Themenblöcke beschrieben, die während des Verfahrens bearbeitet wurden, und das Ringen um Ergebnisse. Zum einen

[3] Vgl. a. a. O., Kap. 1.
[4] Vgl. a. a. O., Kap. 2.
[5] Vgl. a. a. O., Kap. 3.

ging es um Entwicklungsperspektiven von Flughafen und Region (Gemeinden), wozu in einem ersten Schritt Kriterien für Nachhaltigkeit definiert und in weiterer Folge verschiedene Szenarien gerechnet wurden. Andere thematische Schwerpunkte betrafen den Bereich der Ökologie, die Frage möglicher Lärmreduktion (für die zunächst die schwierigen Fragen von Definition und Messbarkeit geklärt werden mussten) und schließlich Szenarien alternativer Verkehrsverteilungen, die sowohl für die bestehenden beiden Pisten als auch für die mögliche dritte Piste verhandelt wurden. Gegen Ende des Verfahrens wurden noch strukturelle Maßnahmen zur Bewältigung zukünftiger Aufgaben beraten und schließlich wurde mit dem Verein „Dialogforum Flughafen Wien" eine Struktur für ein zukünftiges regionales Konfliktmanagement eingerichtet.[6] Abschließend werden noch verfahrensbegleitende Maßnahmen (Öffentlichkeitsarbeit, Evaluation)[7] sowie Organisation, Leitung und Steuerung des Verfahrens beschrieben[8] und die unterschiedlichen Vereinbarungen und Abschlussdokumente näher beleuchtet[9].

In Hinblick auf die Ergebnisse des Mediationsverfahrens am Flughafen Wien wurde ein erster Durchbruch im Mai 2003 mit dem Abschluss eines Teilvertrages erzielt, mit dem der Themenbereich „Aktuelle Fluglärmbelastung" abgeschlossen werden konnte. Schon in der Vorbereitung des Verfahrens hatte sich gezeigt, dass nicht nur die Ausbauvorhaben des Flughafens Gegenstand der Verhandlungen sein könnten, sondern auch die Verbesserung des Ist-Zustandes ein wichtiges Anliegen vieler Verfahrensparteien darstellte. In diesem Teilvertrag wurden vor allem An- und Abflugrouten in unmittelbarer Umgebung des Flughafens und die Verkehrsverteilung neu geregelt, ab April 2004 begann die Umsetzung des Teilvertrages in die Praxis. Zugleich wurde eine begleitende Evaluierung eingerichtet und wurden die neuen Flugrouten im Rahmen von Bezirkskonferenzen diskutiert, was in weiterer Folge auch zu einigen nachträglichen Änderungen geführt hat, die in der korrigierten Version des Teilvertrages in den Abschlussdokumenten nachzulesen sind. Die größte Hürde stellte in den Verhandlungen das Ringen um eine Nachtflugregelung dar – ab 2007 soll es einerseits weniger Nachtflüge geben, andererseits dürfen einzelne An- und Abflugrichtungen in Zukunft nachts nicht geflogen werden. Auf Basis der vereinbarten Aufteilung der Flugbewegungen und der Regelung für die Nachtflüge wurden in weiterer Folge Lärmzonen berechnet und eine Lärmzonendeckelung eingeführt, die einem weiteren Wachstum deutliche Grenzen setzt. Zudem wurde ein umfassendes Paket für „technischen Lärmschutz" geschnürt, das vorsieht, dass die Flughafen Wien AG in bestimmten Lärmzonen Kosten für bestimmte technische Maßnahmen in

---

6 Vgl. a. a. O., Kap. 4, Kap. 5.
7 Vgl. a. a. O., Kap. 6.
8 Vgl. a. a. O., Kap. 7.
9 Vgl. a. a. O., Kap. 8.

Wohnräumen von AnrainerInnen finanziert. Ab dem Frühjahr 2006 soll dazu eine umfassende Informationskampagne erfolgen. Schließlich wurde ein eigener Umweltfonds eingerichtet, der von der Flughafen Wien AG finanziell dotiert wird, wobei die zu leistenden Zahlungen an die Zahl der Passagiere, die an- oder abfliegen, gekoppelt ist. Aus diesem Umweltfonds sollen Projekte finanziert werden, die der nachhaltigen Entwicklung der Region dienen, wobei 37,5 Prozent der Mittel lärmbezogen vergeben werden sollen, ebensoviel wird auf die Gemeinden aufgeteilt, die restlichen 25 Prozent sind Projekten gewidmet, die der Erforschung der durch den Flugbetrieb verursachten Umweltbelastungen dienen oder Maßnahmen, die solche verringern können.[10]

Der zweite große Teil des Berichtes betrachtet Möglichkeiten und Grenzen von Mediation als Widerspruchsmanagement.[11] Peter Heintel hat die Ergebnisse umfassender Teamdiskussionen über die Jahre hinweg zusammengefasst und beschreibt verschiedene Ebenen und Arten von Widersprüchen, die alle im Verfahren zu bearbeiten waren, sowie die häufigsten Reaktionsformen auf Konflikte und die Schwierigkeiten im Umgang mit Widersprüchen und ihrer Bearbeitung durch Mediation.

Die theoretischen Überlegungen gehen davon aus, dass allen Konflikten, sofern diese nicht durch Pannen ausgelöst wurden, aus der Balance geratene Widersprüche zugrunde liegen. Der Charakter von Widersprüchen ist jedoch ein aporetischer, was bedeutet, dass beide Seiten des Widerspruchs zu Recht bestehen – so ist beispielsweise das wirtschaftliche Interesse am Ausbau des Flughafens ebenso legitim wie das persönliche Interesse von AnrainerInnen weniger Lärmbelastung erdulden zu müssen, um nur einen der gravierendsten Widersprüche im Verfahren zu nennen. Wenn aber der Befund stimmt, dass beide Seiten eines Widerspruchs zu Recht bestehen, so folgt daraus, dass Widersprüche nicht nach dem Modell der formalen Logik gelöst werden können, die immer danach verlangt, den Widerspruch auszuschließen und entweder der einen Seite oder der anderen Recht zu geben. Widerspruchsmanagement muss anders verfahren, muss um einen sinnvollen Ausgleich bemüht sein oder auch um die Herstellung einer Balance zwischen den unterschiedlichen Interessen und an die Stelle der Logik von „entweder – oder" jene des „sowohl – als auch" setzen. Die Philosophie hat dafür unter anderem den Begriff der Dialektik geprägt.

Die Widerspruchsdiagnose erfolgt anhand von fünf verschiedenen Widerspruchsdimensionen: Die erste betrifft existentielle Widersprüche, das sind solche, die zur

[10] Die Ergebnisse des Mediationsverfahrens sind in anschaulicher Form auch in einer eigenen Broschüre der Flughafen Wien AG zusammengefasst.

[11] Vgl. Heintel: Mediation als Widerspruchsmanagement (ihre Möglichkeiten – ihre Grenzen). Dokumentation der Ergebnisse einer umfassenden Teamdiskussion.

Existenz des Menschen gehören (Mensch – Natur, Mann – Frau, alt – jung, Leben – Tod, gesund – krank etc.). Im Verfahren rückte einerseits das Verhältnis von Mensch – Natur immer wieder in den Blickpunkt, wenn es um die Frage des Naturschutzes ging, zum anderen wurde aber vor allem in Hinblick auf die enorme Lärmbelastung auch immer wieder das Spannungsfeld von gesund und krank thematisiert.

Die zweite Dimension beschreibt Widersprüche, die sich aus unterschiedlichen sozialen Konstellationen ergeben (in aufsteigender Reihenfolge sind das: Person, Paar, Dreieck, Gruppe, Organisation, Institution, System). Jeweils an den Grenzen der Sozialkonstellationen ergeben sich Widersprüche und damit häufig Konflikte. Im Verfahren wurden viele solcher Konflikte sichtbar: Einzelne Individuen mussten Gruppierungen oder auch ganze Systeme im Verfahren repräsentieren, sie gehörten damit verschiedenen Systemen an (ihrer Gruppierung und dem Mediationsverfahren). Was im Verfahren verhandelt wurde, wo RepräsentantInnen ein Stück weit nachgaben, war aber nicht immer im Interesse der vertretenen Gruppierungen, umgekehrt konnten nicht alle Interessen der Gruppierungen im Verfahren „durchgebracht" werden.

Eine dritte Dimension umfasst „systemische Widersprüche", die Konflikte aufgrund unterschiedlicher Eigenlogiken von verschiedenen Systemen entstehen lassen. Ein Unternehmen wie die Flughafen Wien AG folgt ganz anderen Gesetzmäßigkeiten als eine Bürgerinitiative, VertreterInnen von Behörden verhalten sich anders als jene von politischen Parteien etc. Die verschiedenen Systeme repräsentieren natürlich auch verschiedene Interessen: z. B. wirtschaftliches Wachstum, Naturschutz, Schaffung von Arbeitsplätzen, Herstellung einer adäquaten Lebensqualität. Die unterschiedlichen Interessen und Verhaltensformen, die sich alleine aufgrund unterschiedlicher Zugehörigkeit ergeben, tragen ein breites Konfliktpotential in sich.

Die vierte Dimension fasst Widersprüche zusammen, die aus „historischen Ungleichzeitigkeiten" resultieren. Sie entstehen zumeist aufgrund unterschiedlicher geschichtlicher Entwicklungen (so war beispielsweise lange Zeit von einem „Europa der zwei Geschwindigkeiten" die Rede). Ein Konfliktpotential erzeugt dabei immer wieder das Thema des Fortschritts. Dabei können sowohl wirtschaftliche und technologische Entwicklung als Fortschritt begriffen werden als auch das bewahrende Streben nach ökologischem Schutz und dem bewussten Setzen von ökonomischen Grenzen des Wachstums. Beide Aspekte wurden im Mediationsverfahren vertreten. Im Verfahren selbst wurde aber auch eine andere historische Ungleichzeitigkeit besonders deutlich: Jene TeilnehmerInnen, die in vielen Gremien präsent waren, wussten bei weitem mehr und konnten viel rascher entscheiden als jene, die beispielsweise „nur" im größten Gremium, das nur sehr selten tagte, vertreten waren und diese wiederum waren noch viel rascher als jene, die erst später in das Verfahren eingetreten sind.

Die fünfte und letzte Dimension fasst strukturelle und prozessuale Widersprüche zusammen. Strukturelle Widersprüche sind solche, die beispielsweise aufgrund bestehender Machtverhältnisse entstehen, prozessbedingte Widersprüche entstehen aus der Struktur des Verfahrens (seiner Organisation) und müssen zusätzlich zu den inhaltlichen Themen bearbeitet werden (beispielsweise die Frage, wer in welchem Gremium vertreten sein kann/soll).

Neben der umfassenden Widerspruchsdiagnose behandelt der Text aber auch Fragen, die Mediation im Allgemeinen betreffen und die in Hinblick auf das Mediationsverfahren am Flughafen Wien mehrfach kritisch thematisiert wurden, insbesondere die Frage, wie es um die in der Mediation vielfach beschworene Ergebnisoffenheit bestellt ist, oder die Frage, ob jede Mediation zu einem Konsens führen kann oder gar muss, was häufig auch von einem „Win-Win-Versprechen" der Mediation begleitet ist. Mit Blick auf dieses umfassende Verfahren kommen wir zu dem Schluss, dass vor allem Letzteres in Hinblick auf Dimensionen, wie sie am Wiener Flughafen verhandelt wurden, zu relativieren ist. Einerseits, weil Grenzen der Mediation sichtbar wurden, die sich vor allem darin zeigten, dass bestimmte Fragen nicht innerhalb eines einzelnen Mediationsverfahrens behandelt werden können und einen wesentlich breiteren politischen Kontext benötigen würden (z. B. die Frage einer allgemeinen europäischen Nachtflugregelung). Zum anderen weil in der Verhandlung so komplexer Themen nicht alle gleichzeitig gewinnen können. Vielfach konnten Verbesserungen erzielt, Kompromisse erreicht werden und Strukturen für die künftige Behandlung der Themen geschaffen werden. Das erscheint nachträglich als das Bestmögliche.

In insgesamt vier Exkursen werden Spezial- und Detailthemen beleuchtet. Larissa Krainer geht der Frage nach, welche Herausforderungen sich für den Bereich der Öffentlichkeitsarbeit in größeren Mediationsverfahren stellen und wo PR strukturell sinnvoll angesiedelt sein kann.[12] Zusammenfassend beschreibt sie strategische und operative PR-Maßnahmen im Verfahren. Peter Heintel setzt sich mit dem Verhältnis von Mediation und Politik und ihren unterschiedlichen Systemlogiken auseinander.[13] Gerhard Falk geht der Frage nach, wie Ergebnissicherung und Rechtsschutz in Mediationsverfahren geleistet werden können, wobei er sich einerseits allgemein mit dem Verhältnis von Recht und Mediation befasst und andererseits die Rechtsergebnisse des Mediationsverfahrens im Einzelnen beleuchtet.[14] Sabine Petsch hat Elemente und Maßnahmen im Mediationsverfahren näher beschrieben, die eine hilfreiche Sammlung für MediatorInnen darstellen können. Diese betreffen Ambiente und Ausstattung im Verfahren, zeitliche Rahmenbedingungen, sprachliche und kom-

12 Vgl. Krainer: Mediation und Öffentlichkeitsarbeit.
13 Vgl. Heintel: Politik und Mediation.
14 Vgl. Falk: Ergebnissicherung und Rechtsschutz.

munikative Aspekte von gelingender Kooperation und formelle wie informelle Formen der Information, die im Verfahren angewandt wurden.[15]

Im letzten Teil des Berichtes kommen wir unserer wissenschaftlichen Sorgfaltspflicht nach, indem wir das Forschungsprojekt selbst dokumentieren, unseren wissenschaftlichen Fokus beschreiben und die einzelnen methodischen Schritte der Begleitforschung. Larissa Krainer und Gerhard Falk haben in ihrem Beitrag aber auch die zentralen Hypothesen zusammengefasst, die in verschiedenen Rückmeldeveranstaltungen den TeilnehmerInnen im Mediationsverfahren angeboten wurden.[16]

Ausblick

Das Mediationsverfahren am Flughafen Wien-Schwechat wurde am 22. Juni 2005 mit der Unterzeichnung der unterschiedlichen Abschlussdokumente feierlich beendet. Dennoch ist damit bei weitem noch nicht alles erledigt, was zu tun ist.

- Erstens deshalb, weil nach dem Abschlusstermin noch einige formale Unterschriften eingeholt werden mussten, die für die Gültigkeit aller Dokumente erforderlich waren.
- Zweitens deshalb, weil die meisten Vereinbarungen auf Maßnahmen abzielen, die erst in der Zukunft umgesetzt werden können. Geldflüsse, die zu organisieren sind, Flugrouten, die noch der ministeriellen Genehmigung bedürfen, technische und bauliche Maßnahmen, die erst erfolgen müssen – der Bau der dritten Piste ebenso wie die unzähligen Maßnahmen im Bereich des technischen Lärmschutzes etc.
- Drittens, weil viele der Ergebnisse aus dem Mediationsverfahren zugleich einen Vorschlag für das nächste Verfahren darstellen, das vor der Türe steht und mit dessen Vorbereitung bereits längst begonnen wurde, nämlich das Umweltverträglichkeitsprüfungsverfahren.
- Viertens deshalb, weil in Zukunft andere Interessenvertretungen auftreten können, Menschen und Gruppierungen, die nicht im Verfahren vertreten waren oder es unter Protest verlassen haben, die neue, andere Ansprüche anmelden und neuerlich Konflikte herbeiführen können.
- Fünftens, weil der beschriebene Charakter von Widersprüchen, die den beschriebenen Konflikten, die im Verfahren behandelt wurden, zugrunde liegen, es mit sich bringt, dass die Widersprüche selbst nicht aufhören zu bestehen, selbst wenn sie durch die getroffenen Vereinbarungen momentan weitgehend befriedigend gelöst erscheinen. Die Lösungen bedürfen, wie bereits ge-

[15] Vgl. Petsch: Elemente und Maßnahmen im Mediationsprozess.
[16] Vgl. Falk/Krainer: Wissenschaftliche Begleitforschung zum Mediationsverfahren am Flughafen Wien-Schwechat 2001-2005.

sagt, der Umsetzung, die Umsetzung bedarf der Beobachtung (begleitende Evaluation). Es könnte sich aber auch herausstellen, dass einzelne Vereinbarungen nicht den Erwartungen Stand halten können. Sei es, weil in der Eile der Beschlussfassung wichtige Details übersehen wurden, sei es, weil sich Rahmenbedingungen unerwartet verändern können, sei es, weil getroffene Annahmen über die Zukunft (Szenarien) nicht der zukünftigen Realität entsprechen werden.

Die Zukunft ist immer offen und weitgehend unbestimmt. Insofern sie sich nie treffsicher prognostizieren lässt oder sich nicht immer an die getroffenen Prognosen hält, ist es notwendig und sinnvoll, Verfahren für Beobachtung und weitere Bearbeitung der genannten Themen (Umsetzung, Beobachtung, Evaluation und Kontrolle) einzurichten. Dies ist mit der Einrichtung des Vereins „Dialogforum Flughafen Wien" bereits geschehen. Es ist aber auch dadurch passiert, dass für alle zukünftig auftretenden Konflikte Mediation als Verfahren der Konfliktbearbeitung vereinbart wurde und ein Schiedsgericht als Entscheidungsinstanz dem juristischen Weg vorangestellt wurde.

Mit der Einrichtung des Mediationsverfahrens am Wiener Flughafen wurde ein erster, großer Schritt in die Richtung einer alternativen und möglichst alle Betroffenen beteiligenden Konfliktbearbeitungsform gegangen. Er könnte das Potential ich sich haben, der Wegbereiter einer neuen politischen, wirtschaftlichen, ökologischen und gesamtgesellschaftlichen Widerspruchskultur zu sein, welche der vielfältigen Komplexität moderner Gesellschaften eher gerecht zu werden vermag, als traditionelle Wege es bislang konnten.

Das Mediationsverfahren am Flughafen Wien-Schwechat 2001 – 2005
Chronologie, Zusammenfassung, Überblick

Larissa Krainer

Am 18. Jänner 2001 wurde mit der ersten Sitzung des Mediationsforums der formelle Auftakt zu einem der größten öffentlichen Mediationsverfahren gesetzt, die bislang in der Geschichte der Mediation bekannt sind. Am 22. Juni 2005, nach knapp viereinhalb Jahren, wurde es mit der Unterzeichnung unterschiedlicher Dokumente feierlich beendet. Dazwischen lagen hunderte Sitzungen[1], türmten sich unzählige Papierstapel, bestehend aus Diskussionsmaterial (Entscheidungsgrundlagen), Expertisen, Berechnungen, technischen, ökonomischen und ökologischen Daten, und nicht zuletzt eine Vielzahl von Protokollen und Dokumenten, die aus dem Verfahren selbst und zu seiner eigenen Dokumentation entstanden sind.[2]

Verhandelt wurde zum einen der Bau einer dritten Piste am Flughafen Wien, ihre zukünftige Lage und die Verteilung des Flugverkehrs auf ihr sowie auf den anderen beiden Pisten. Insofern hat die Flughafen Wien AG ihr zentrales Interesse durchsetzen können. Zum anderen wurde aber auch Lebensqualität verhandelt, insofern Lärm teilweise vermindert werden konnte bzw. wo er nicht zu verhindern ist, mit umfassenden Lärmschutzmaßnahmen eingedämmt werden soll, wozu auch die aktuellen Auswirkungen des bestehenden Flugverkehrs analysiert wurden – ein zentrales Interesse der Bürgerinitiativen. Solche Maßnahmen kosten Geld – das ist der Preis, den die Flughafen Wien AG bereits jetzt zu zahlen hat. Je mehr Lärm in einzelnen Gebieten verursacht wird, umso teurer wird es für sie.

Viele Flugzeuge fliegen bereits jetzt neue Routen und versuchen dabei den Siedlungsgebieten am Boden auszuweichen. Sie werden, wo es möglich ist, über siedlungsfreies Gebiet geleitet. Damit das möglich bleibt, haben die Gemeinden zugesagt, in Zonen, in denen die Lärmbelastung einen bestimmten Dauerschallpegel überschreitet, Gründe nicht mehr für Wohnzwecke zu widmen. Damit vergeben sie zwar Entwicklungschancen der Gemeinde, entgehen aber zugleich zukünftigen potentiellen Konflikten – gerade manche jener Menschen, die in Flughafennähe Gründe erworben haben, also zugezogen sind, gelten als massive Kritiker des Fluglärms.

---

[1] Mehr als 200 Sitzungen wurden offiziell im Verfahren protokolliert, die Schätzungen der TeilnehmerInnen reichen bis zu 500 Sitzungen, die vielfach auch im informellen Rahmen stattgefunden haben.

[2] Zum Zeitpunkt der Erstellung der vorliegenden Dokumentation haben noch nicht alle Abschlussdokumente Rechtsgültigkeit erlangt. Im Bericht wird von der Annahme ausgegangen, dass die Absichtserklärungen der einzelnen Parteien, die noch ausständigen Beschlüsse herbeiführen zu wollen, erfolgreich sein werden.

Dennoch werden weiterhin Flugzeuge rund um Wien und seinen Flughafen fliegen und Lärm erzeugen. In der Nacht werden sie dort in Zukunft allerdings seltener fliegen. Die VertreterInnen der Anrainergemeinden haben eine Nachtflugregelung erzielt, die für einige Stunden in der Nacht mehr Ruhe verspricht. Das schränkt Wachstumschancen ein, die in der Welt der Ökonomie als Tabu gelten, wachsen soll rund um den Wiener Flughafen aber Lebensqualität – so relativ das vielen Menschen auch erscheinen mag.

Schließlich wurden auch noch Maßnahmen zur begleitenden und zukünftigen Evaluation gesetzt sowie Strukturen geschaffen, die für die Umsetzung der Ergebnisse zuständig sind bzw. in neuerlichen Konfliktfällen angerufen werden können.

55 Parteien haben letztlich den erarbeiteten Ergebnissen zustimmen können, manche von ihnen zunächst nur mit Vorbehalt. Einige Parteien haben nicht zugestimmt oder das Mediationsverfahren frühzeitig verlassen. Alle, die unterschrieben haben, mussten auf der weiten Verhandlungsstrecke mühsamen Schrittes aufeinander zugehen, dabei durchaus auch von zunächst gefestigten Positionen Abstand nehmen. Am Ende stand vielfach das Gefühl, das Bestmögliche erreicht zu haben, zugleich aber auch, das Äußerste gegeben zu haben. Manchen war das zu viel.

Unser Forschungsteam[3] der IFF-Abteilung für Weiterbildung und systemische Interventionsforschung an der Universität Klagenfurt hat das Verfahren über den gesamten Zeitraum wissenschaftlich begleitet, alle Dokumente aus dem Verfahren gesichtet und analysiert, 173 teilnehmende Beobachtungen durchgeführt und 221 Personen interviewt. Der Fokus der Forschung lag dabei auf der Struktur des Verfahrens, seinen Prozessen und Abläufen. In insgesamt 26 Rückmeldeveranstaltungen wurden die Ergebnisse und Hypothesen aus der Forschung in das Mediationsverfahren rückgekoppelt.

Das Mediationsverfahren soll im Folgenden überblickshaft skizziert werden. In einer chronologischen Betrachtung lassen sich folgende fünf Phasen des Verfahrens unterscheiden: Erstens die Vorbereitungsphase (Jänner bis Dezember 2000), zweitens eine Phase, in der Auftragsklärung (Contracting) und Strukturierung des Verfahrens erfolgten (Jänner 2001 bis März 2001), drittens eine Phase, in der es vor allem darum ging, verschiedene Themenbereiche zu identifizieren und die Organisation des Verfahrens zu klären (April 2001 bis Februar 2002), viertens eine Phase, in der Entscheidungsgrundlagen entwickelt wurden und ein Teilvertrag verhandelt wurde (März 2002 bis Mai 2003), und fünftens jene Phase, in der einerseits eine Evaluierung des Teilvertrages erfolgte und andererseits Kernthemen verhandelt wurden, die

[3] Leitung: ao. Univ.-Prof. Dr. Larissa Krainer. Wissenschaftliche MitarbeiterInnen: Dr. Gerhard Falk (bis Anfang 2003 auch Leitungsmitglied), Harald Goldmann, MAS, Mag. Armin J. Hanschitz (von 2001-2002), Mag. Ulrich Königswieser (von 2001-2002), Mag. Sabine Petsch. Wissenschaftliche Supervision: o. Univ.-Prof. Dr. Peter Heintel.

schließlich in Abschlussdokumenten festgehalten wurden (Juni 2003 bis Juni 2005). Zu diesen Phasen wurde ein graphischer Überblick erstellt. Die vorliegende Chronologie erfolgt allerdings mehr anhand verschiedener Themen, die jeweils als Gesamtes dargestellt werden, sowie in Hinblick auf verschiedene strukturelle Maßnahmen, die im Verfahren gesetzt wurden, und orientiert sich weniger an der zeitlichen Abfolge des Gesamtverfahrens.

Zunächst werden die Vorbereitungsmaßnahmen auf dem Weg zum Mediationsverfahren beschrieben. Danach werden die verfahrensbeteiligten Gruppierungen vorgestellt und wird die Struktur des Verfahrens erläutert. In weiterer Folge werden die zentralen Themen dargestellt, die im Verfahren behandelt, verhandelt und entschieden wurden, wozu auch die Einrichtung neuer Strukturen gehört, die in Zukunft wirksam sein sollen. Im Anschluss daran erfolgt eine Darstellung von Organisation, Leitung und Prozesssteuerung des Verfahrens. In einem weiteren Teil werden verfahrensbegleitende Maßnahmen geschildert, wie die gesamte Öffentlichkeitsarbeit zum Verfahren oder auch Maßnahmen zur Evaluation des Verfahrens und seiner Ergebnisse. Abschließend werden die getroffenen Vereinbarungen und unterfertigten Dokumente beschrieben. Insgesamt geht es also darum, zum einen Inhalte und Ergebnisse zu betrachten und zum anderen einen Blick auf die Frage der Steuerung des Gesamtprozesses zu legen und auf die für ihn erforderlichen Begleitmaßnahmen.

Im Folgenden gilt es, eine Zusammenfassung zu bieten, einen ersten orientierenden Überblick zu ermöglichen. Dies verhindert den Blick auf Details. Solche werden an anderer Stelle vertiefend beleuchtet: in Betrachtungen zum Verhältnis der Mediation zu anderen Systemen (Politik, Recht, Medien etc.), zu den Widersprüchen, die im Verfahren zu verhandeln waren, in Beschreibungen der organisatorischen Herausforderungen in so großen Verfahren (Vorbereitung, Durchführung und Nachbereitung), in einer Dokumentation des Forschungsprozesses und schließlich auch in Bezug auf die mehrfach kritisch erhobene Frage, ob das Verfahren den Grundsätzen der Mediation gerecht werden konnte[4].

Die vorliegende wissenschaftliche Beschreibung und Analyse des Verfahrens erfolgt im Sinne einer Außenwahrnehmung. Zugleich waren wir an manchen Stellen durch Rückmeldungen in das Verfahren involviert, haben den Teilnehmenden auch Zusammenfassungen aus unserer Sicht und erste Hypothesen angeboten. Dabei ging es nie darum, das Verfahren zugunsten der Sichtweise einzelner Parteien zu bewerten, sondern immer darum, jede einzelne Sichtweise als eine von vielen anderen sichtbar zu machen. Unsere Aufgabe war es, das Verfahren in seinem Verlauf zu

---

[4] Anmerkungen zu dieser Frage finden sich an unterschiedlichen Stellen in den einzelnen Berichtsteilen.

beobachten – eine Überprüfung von Expertisen und Daten, über die im Verfahren verhandelt wurde, war nicht Gegenstand unserer Arbeit.

I. Ein Mediationsverfahren wird vorbereitet...

Im Rückblick lässt sich kein singulärer Anlass isolieren, der zur Planung eines Mediationsverfahrens am Flughafen Wien-Schwechat geführt hätte, wohl aber unterschiedliche Begebenheiten, die im Vorfeld eine wesentliche Rolle gespielt haben mögen. Diese werden im Folgenden als einzelne „Vorgeschichten“ kurz dokumentiert.

Die Kapazitätsprognose. Eine dritte Piste wird gebraucht. Auf Basis einer Verkehrsprognose, die von der Flughafen Wien AG (FWAG) in Zusammenarbeit mit British Airports (auf Grundlage verschiedener Kenndaten wie Prognosen zum Passagieraufkommen, Flugbewegungen etc.) erstellt wurde, wurde eine Bewertung der Pistenkapazität vorgenommen, die dazu führte, dass die FWAG die Erweiterung des Flughafens um eine dritte Piste für notwendig hielt. Eine der Ursachen für die Notwendigkeit des Baus einer dritten Piste hängt damit zusammen, dass die beiden bestehenden Pisten sich in ihrer gedachten Verlängerung kreuzen und daher nicht uneingeschränkt beflogen werden können, weil die startenden und landenden Flugzeuge sich gegenseitig behindern. Der Grund für diese Lage liegt in den Wiener Windverhältnissen – Pisten, die in verschiedene Richtungen weisen, eröffnen die Möglichkeit, auf die jeweils andere Piste auszuweichen, wenn beispielsweise zu starker Seitenwind den Flugbetrieb aus sicherheitstechnischen Gründen verunmöglicht. Insofern sollte eine dritte Piste jedenfalls parallel zu einer der bestehenden Pisten errichtet werden. Die Ausbauvorhaben inklusive aller Analyseergebnisse und deren Interpretationen durch die FWAG sind im „Masterplan 2015“[5] zusammengefasst, der ein Drei-Phasen-Modell vorsieht (1999-2004, 2005-2009, 2010-2015). Dieser Masterplan wurde 1998 verfasst und im selben Jahr auch öffentlich präsentiert.

Die „missglückte“ Präsentation des Masterplans. Diese Präsentationen, die in verschiedenen angrenzenden Gemeinden stattgefunden haben und von einzelnen Mitgliedern des damaligen FWAG-Vorstandes persönlich wahrgenommen wurden, haben insofern an historischer Relevanz gewonnen, als sie vielen Menschen in schlechter Erinnerung geblieben sind – den Flughafen-RepräsentantInnen sei es nicht um Diskussion, sondern lediglich um Information gegangen. Die Veranstaltungsreihe hat in weiterer Folge dazu geführt, dass sich latente Öffentlichkeitsgruppen (solche, die sich bis dahin noch nicht unmittelbar angesprochen gefühlt hatten) in Bürgerinitiativen organisiert haben. Zudem hat sich auch auf offizieller politischer Ebene Widerstand formiert; so haben beispielsweise die BürgermeisterInnen der

[5] Vgl. www.viennaairport.com.

Nachbarschaftsgemeinden ein Memorandum zum Masterplan des Flughafen Wien verfasst, in dem deutlich festgehalten ist, dass die „präsentierten Unterlagen" für die Gemeinden eine „unzureichende" Entscheidungsgrundlage darstellen bzw. von einzelnen Gemeinden sogar als „existenzgefährdend" befunden wurden.[6]

Schon im Vorfeld der Präsentationsreihe zum Masterplan wie auch im Anschluss an sie wurden darüber hinaus verschiedene Versuche unternommen, mittels PR-Maßnahmen ein positives Image des Flughafenausbaus in der Öffentlichkeit zu erreichen. Aber auch die durchaus prominenten PR-VertreterInnen konnten den Aussagen der damaligen AuftraggeberInnen zufolge nicht den erhofften umfangreichen Erfolg erzielen. Möglicherweise haben auch diese Erfahrungen die Suche nach anderen Methoden verstärkt, mit dem konfliktreichen Thema umzugehen.

Strukturelle Veränderungen in der Flughafen Wien AG. Als ein weiterer zentraler Punkt wurde mehrfach der Vorstandswechsel (1999) bei der FWAG erwähnt, welcher vielfach als notwendige Voraussetzung für ein positives Gesprächsklima betrachtet wird. Mit dem Vorstandswechsel haben sich auch im internen Bereich wesentliche Personalrochaden ergeben, von denen eine das Zustandekommen einer FWAG-internen Projektgruppe betrifft, die auch für das Mediationsverfahren zuständig war.

I.1 Ein „Prozessprovider" wird eingesetzt

Im rückwärts schauenden Blick wurde von vielen InterviewpartnerInnen die Einsetzung einer Person als einer der zentralen Schritte auf dem Weg zum Mediationsverfahren betrachtet. Mit der Beauftragung des Wiener Rechtsanwaltes und Mediators Dr. Thomas Prader „als Begleiter und Berater für diesen sensiblen Kommunikationsprozess"[7] im März 2000 definierte die Flughafen Wien AG (FWAG) zugleich eine Zentralfigur im gesamten Vorbereitungsprozess. Die Ausschreibung für diese Funktion war aber keineswegs schon explizit in Hinblick auf die Koordination bzw. Einrichtung eines Mediationsverfahrens ausgerichtet, sondern vielmehr noch an PR-Überlegungen orientiert, Prader selbst hat ein Angebot für „Öffentlichkeitsarbeit und Prozessbegleitung"[8] gelegt. Mediation wird in ihm nur am Rande erwähnt.

Die Intentionen und Aufgaben, mit denen bzw. für die Thomas Prader beauftragt wurde, sind in einem offiziellen Statement der FWAG festgehalten: „Aufgrund des zu erwartenden Verkehrsaufkommens plant die Flughafen Wien AG seit geraumer Zeit umfangreiche Infrastrukturerweiterungen. Sollten die derzeitigen Verkehrswachstumsprognosen eintreffen und die technischen Voraussetzungen gleich bleiben, geht

---

6 Memorandum Masterplanung Flughafen Wien AG.

7 Vgl. www.viemediation.at Chronologie: Initiativen und Vorarbeiten zum Mediationsverfahren.

8 Vgl. Prader & Plaz: Angebot Öffentlichkeitsarbeit und Prozessbegleitung, vom 28. Jänner 2000.

die Flughafen Wien AG davon aus, dass ab 2010 zusätzliche Start- und Landekapazitäten erforderlich sind. Teile der Bevölkerung in den betroffenen Gemeinden rund um den Flughafen sind bereits jetzt durch die Lärmemissionen infolge des steigenden Flugverkehrs belastet und in ihrer Lebensqualität beeinträchtigt. Die unmittelbaren Anrainergemeinden sehen trotz der positiven Impulse eine Einschränkung ihrer räumlichen Weiterentwicklung. Es haben sich auch regionale und überregionale Bürgerinitiativen gebildet, die sich gegen die bestehenden und zukünftigen Belastungen durch das Flugverkehrsaufkommen, insbesondere jedoch gegen die Errichtung einer dritten Piste wenden. Die Flughafen Wien AG war und ist sich ihrer Bedeutung und damit auch ihrer Verantwortung für den Großraum Wien bewusst. Sie nahm die Befürchtungen und Ängste der Gemeinden und der Bevölkerung ernst und wollte mit dieser in einen ernsthaften Dialog treten."[9]

Mit der Steuerung dieses „sensiblen Kommunikationsprozesses" wurde wie gesagt der Wiener Rechtsanwalt und Mediator Thomas Prader beauftragt. Dieser hat nach zahlreichen Vorgesprächen mit den Hauptbetroffenen (BürgermeisterInnen, Bürgerinitiativen, Umweltanwaltschaften, Länder, Flughafen Wien AG etc.) schließlich vorgeschlagen, ein Mediationsverfahren durchzuführen, in dem „über die aktuellen und zukünftigen Probleme und Konflikte fair verhandelt und eine gemeinsame Lösung ausgearbeitet werden" sollte, „die alle Interessen angemessen berücksichtigt".[10] In weiterer Folge hat Thomas Prader seine eigene Rolle treffend als die eines „Prozessproviders" bezeichnet.

I. 2 Eine Vorbereitungsgruppe nimmt ihre Arbeit auf

Als Erstes hat der Prozessprovider von folgenden Gruppen die Bereitschaft zur Mitwirkung eingeholt: der Flughafen Wien AG, der Plattform der Bürgerinitiativen gegen die dritte Piste, der BürgermeisterInnen der am meisten betroffenen Gemeinden (Nachbarschaftsbeirat), der Umweltanwaltschaften von Wien und Niederösterreich sowie der Länder Wien und NÖ. Damit hat er zugleich die Zusammensetzung einer Vorbereitungsgruppe definiert. In ihr haben sich schließlich vier VertreterInnen des Nachbarschaftsbeirates, je zwei VertreterInnen der Flughafen Wien AG und der Bürgerinitiativen, je ein/e VertreterIn der Länder Wien und NÖ sowie der Umweltanwaltschaften von Wien und NÖ eingefunden.[11] Die Leitung der Vorbereitungsgruppe oblag bis zur späteren Bestellung des Mediationsteams dem Prozessprovider. In ins-

[9] Vgl. www.viemediation.at Chronologie: Initiativen und Vorarbeiten zum Mediationsverfahren.
[10] Vgl. www.viemediation.at Chronologie: Etablierung der Vorbereitungsgruppe.
[11] Liste der TeilnehmerInnen siehe: www.viemediation.at Chronologie: Erste Sitzung der Vorbereitungsgruppe am 12. Juli 2000, TOP B.

gesamt sieben Sitzungen hat sie im Zeitraum Juli bis Dezember 2000 die wesentlichsten Vorbereitungsarbeiten für das Verfahren geleistet.

Die **Vorbereitungsgruppe (VBG)** tagte von Juli bis November 2000 insgesamt sechs Mal. Sie traf zunächst ein internes Arbeitsübereinkommen, an dessen Anfang folgende Aufgabenbeschreibung zu finden ist: „Die Vorbereitungsgruppe übernimmt es, die notwendigen Vorbereitungsarbeiten durchzuführen, die erforderlich sind, um ein Mediationsverfahren einzuleiten. Gegenstand des Mediationsverfahrens sind die gegenwärtigen Auswirkungen des Flughafens Wien sowie dessen Ausbaupläne und deren Auswirkungen. Ziel des Mediationsverfahrens, in welches alle betroffenen und beteiligten Parteien einzubeziehen sind, ist eine auf kooperative Weise erarbeitete und vertraglich abgesicherte, zukunftsorientierte, konsensuale Konfliktlösung."[16] Ihre Mitglieder verpflichteten sich zur möglichst regelmäßigen Teilnahme an den Sitzungen, legten bereits Gegenstand und Ziel des Mediationsverfahrens fest und beschlossen darüber hinaus, „die Öffentlichkeit über das geplante Mediationsverfahren gemeinsam zu informieren, ein Mediationsteam auszuwählen und im Herbst eine öffentliche Auftaktveranstaltung für das Mediationsverfahren durchzuführen"[12]. Mit dem Projekttitel „viemediation.at" wurde bereits zu diesem Zeitpunkt ein Arbeitstitel vergeben, der von vornherein dem Transparenzgedanken verpflichtet war und zudem auch auf eine der zentralen Informationsformen im Projekt verweist: Das Gesamtprojekt ist unter der gleich lautenden Website-Adresse dokumentiert. Ein Schritt, mit dem von Anfang an unterstrichen werden sollte, dass das Verfahren für Interessierte möglichst transparent und nachvollziehbar ablaufen sollte, wenngleich der offizielle Beschluss, auch dem Mediationsverfahren diesen Titel zu geben, erst zu einem viel späteren Zeitpunkt (März 2001) getroffen wurde.[13]

Zu der oben bereits erwähnten Auftaktveranstaltung sollten einerseits „alle betroffenen und beteiligten Parteien" eingeladen werden und andererseits war es das Ziel, „einen Konsens darüber herzustellen, dass ein Mediationsverfahren durchgeführt werden soll". Zudem war es von Anfang an die Absicht, bei dieser Veranstaltung eine Gruppe zu bilden, „in der alle betroffenen und beteiligten Parteien vertreten sind". Diese Gruppe sollte in weiterer Folge eine Mediationsvereinbarung erarbeiten, in der neben den beteiligten Parteien auch der zeitliche Rahmen, Kosten, Verfahrensregeln, Verhandlungsgegenstand, Zielformulierungen, eine Konfliktanalyse und

---

12 Vgl. www.viemediation.at Chronologie: Erste Sitzung der Vorbereitungsgruppe am 12. Juli 2000, Arbeitsübereinkommen, Protokoll.

13 Vgl. www.viemediation.at Chronologie: Dritte Sitzung des Mediationsforums am 1. März 2001, Protokoll.

das Mediationsteam festgelegt werden sollten.[14] Im Rahmen einer Pressekonferenz[15] wurde das Projekt am 17. Juli 2000 erstmals der Öffentlichkeit präsentiert.

Die anfallenden Kosten für die Vorbereitungsgruppe und die Informationsveranstaltung übernahm die FWAG, zur Finanzierung des Mediationsverfahrens (bzw. der Kosten für das MediatorInnenteam) wurde ein Co-Finanzierungsmodell festgelegt (FWAG 60 Prozent, Länder Wien und Niederösterreich vorerst zu je zwanzig Prozent[16] und in späterer Folge dann für die Länder die Fixsumme von je ATS 800.000). In weiteren fünf Sitzungen der VBG (die alle im Zeitraum Juli bis November 2000 stattgefunden haben) hat die Vorbereitungsgruppe alle oben erwähnten Schritte, die bereits in der ersten Sitzung vorgesehen wurden, zügig weiterverfolgt.

I.3 Ein Mediationsteam wird gesucht

Noch vor dem Sommer 2000 wurde der Prozessprovider durch die Vorbereitungsgruppe beauftragt, eine internationale Ausschreibung bezüglich des zu bestellenden Mediationsteams durchzuführen, wobei von vornherein ein „dreiköpfiges Mediationsteam mit starkem Österreichbezug, internationalen Erfahrungen" sowie einer gemischtgeschlechtlichen Zusammensetzung gefordert wurde.[17]

In weiterer Folge wurden MediatorInnen und Mediationsvereinigungen in Österreich, Deutschland und der Schweiz angeschrieben. 20 Mediationsteams haben sich beworben, die den Ausschreibungsvorgaben entsprachen, vier von ihnen wurden schließlich zu einem Hearing eingeladen[18], das im Rahmen der dritten Sitzung der Vorbereitungsgruppe am 20. September 2000 stattfand. An die Hearings wurden von Seiten der Vorbereitungsgruppe konkrete Erwartungen formuliert: Sie sollten maximal 30 Minuten dauern und jedenfalls zu folgenden Inhalten Stellung nehmen: Grundkonzept für einen möglichen Ablauf des Mediationsverfahrens, Abschätzung des erforderlichen Sitzungsaufwandes und Honorarvorstellungen. Diese Information wurde den eingeladenen Teams am 14. September übermittelt.[19]

Um das Hearing nicht nur unter den Mitgliedern der Vorbereitungsgruppe stattfinden zu lassen, wurde beschlossen, den Kreis der Zuhörenden zu erweitern, wobei

---

[14] Vgl. www.viemediation.at Chronologie: Erste Sitzung der Vorbereitungsgruppe am 12. Juli 2000, TOP A3.

[15] Liste der Teilnehmenden siehe: www.viemediation.at Chronologie: Pressekonferenz der Vorbereitungsgruppe.

[16] www.viemediation.at Chronologie: Vierte Sitzung der Vorbereitungsgruppe am 27. September 2000, Vorspann bzw. TOP 4.

[17] Vgl. www.viemediation.at Chronologie: Zweite Sitzung der Vorbereitungsgruppe am 13. September 2000, Vorspann.

[18] Liste der eingeladenen Teams, siehe www.viemediation.at Chronologie: Zweite Sitzung der Vorbereitungsgruppe am 13. September 2000, TOP 2.

[19] Vgl. www.viemediation.at Chronologie: Zweite Sitzung der Vorbereitungsgruppe am 13. September 2000, TOP 3.

jedes Mitglied der Vorbereitungsgruppe berechtigt war, neben den nominierten StellvertreterInnen eine weitere Person als Zuhörende (allerdings nicht Mitdiskutierende) mitzubringen. Darüber hinaus wurden auch alle BürgermeisterInnen bzw. die VertreterInnen Wiens, die dem Nachbarschaftsbeirat angehörten, als ZuhörerInnen eingeladen.[20] Zur Bestellung des Mediationsteams wurde von vornherein vereinbart, dass dieses „ohne Gegenstimme bestellt werden muss". Für den Fall, dass kein Konsens zustande kommen sollte, hat die VBG verschiedene Vorgehensweisen festgelegt (die in weiterer Folge auch Anwendung fanden[21]). Mit der Durchführung der Honorarverhandlungen und der Führung eines Treuhandkontos wurde der Prozessprovider beauftragt.[22]

Eines der vier Teams hat seine Bewerbung zurückgezogen.[23] Zur Auswahl aus den drei verbliebenen Mediationsteams vergaben alle Mitglieder der Vorbereitungsgruppe pro Mediationsteam folgende Kategorien: *„Favorit"*, *„akzeptabel"*, *„Veto"*. Aufgrund dieser „Trendabstimmung" konnte zwar ein Team definitiv ausgeschlossen, hinsichtlich der beiden weiteren aber noch keine konsensuelle Entscheidung getroffen werden, weshalb diese (bis zur vierten Sitzung der Vorbereitungsgruppe am 27. September) vertagt wurde, um den einzelnen Mitgliedern der Vorbereitungsgruppe „die Möglichkeit einzuräumen, mit ihren Parteien Rücksprache zu halten".[24]

In der vierten Sitzung hat sich die Vorbereitungsgruppe schließlich einstimmig für das Mediationsteam mit Mag. Gerhart C. Fürst, Dr. Ursula König, Univ.-Prof. Dr. Horst Zilleßen entschieden und es mit der Leitung des Verfahrens beauftragt. [25] Gleichzeitig wurde allerdings festgehalten, dass die Bestellung des Mediationsteams zusätzlich in einem breiteren Rahmen, nämlich „einer zukünftigen wesentlich größeren Mediationsvorbereitungsgruppe" auf Zustimmung stoßen müsste, wie auch das Mediationsverfahren selbst die Zustimmung aller Eingeladenen zur Auftaktveranstaltung bräuchte.[26]

Thematisiert wurde darüber hinaus bereits in diesem Stadium die zukünftige Rolle des bisherigen Prozessproviders, wobei dieser selbst erläuterte, dass er ab Bestel-

---

20 Vgl. www.viemediation.at Chronologie: Zweite Sitzung der Vorbereitungsgruppe am 13. September 2000, TOP 1.1.

21 Vgl. www.viemediation.at Chronologie: Dritte Sitzung der Vorbereitungsgruppe am 20. September 2000, Vorspann.

22 Vgl. www.viemediation.at Chronologie: Zweite Sitzung der Vorbereitungsgruppe am 13. September 2000, TOP 5 bzw. Vierte Sitzung der Vorbereitungsgruppe am 27. September 2000, TOP 4.

23 Vgl. www.viemediation.at Chronologie: Zweite Sitzung der Vorbereitungsgruppe am 13. September 2000, TOP 2.

24 Vgl. www.viemediation.at Chronologie: Dritte Sitzung der Vorbereitungsgruppe am 20. September 2000, Vorspann.

25 Vgl. www.viemediation.at Chronologie: Vierte Sitzung der Vorbereitungsgruppe am 27. September 2000, TOP 2.

26 Vgl. www.viemediation.at Chronologie: Dritte Sitzung der Vorbereitungsgruppe am 20. September 2000, TOP 4; Vierte Sitzung der Vorbereitungsgruppe am 27. September 2000, TOP 2.

lung des Mediationsteams „selbstverständlich in keiner Weise mehr die Prozess- oder Gesprächsleitung innehat“[27]. Dennoch wurde er von der Vorbereitungsgruppe gebeten, weiterhin eine Art „administrative Prozessbegleitung“ zu übernehmen, gleichsam als „denkendes Büro“ auch im weiteren Prozess zu agieren. Zudem führte er weiterhin die Beschlussprotokolle, wohingegen das Mediationsteam Sitzungsprotokolle verfasste.[28] In der fünften Sitzung der Vorbereitungsgruppe (am 9. Oktober 2000), die zugleich die erste gemeinsame Sitzung mit dem Mediationsteam darstellte, übergab der Prozessprovider die Verfahrensleitung offiziell an das Mediationsteam.[29]

I.4 Das Mediationsteam nimmt seine Arbeit auf

Die Phase der Vorbereitung des Mediationsverfahrens war durch das Stattfinden paralleler Arbeitsprozesse gekennzeichnet. Einerseits blieb die Vorbereitungsgruppe weiterhin aktiv, andererseits nahm das Mediationsteam im Oktober 2000 offiziell seine Arbeit auf, wenngleich es erst im April 2001 seinen endgültigen Auftrag erhielt. Es begann damit, vorbereitende Gespräche mit einzelnen Konfliktparteien zu führen. Über diese Gespräche wurde die Vorbereitungsgruppe jeweils ausführlich informiert, wenn auch immer unter Wahrung der zugesicherten Vertraulichkeit. Die folgenden Ergebnisse flossen in die „Konfliktanalyse“des Mediationsteams ein und wurden von diesem auch schriftlich zur Verfügung gestellt:[30]

- Eine hohe Komplexität der im Mediationsverfahren zu bearbeitenden Themen
- Eine unterschiedlich große Betroffenheit der einzelnen Parteien
- Ein deutlich artikuliertes Interesse an einem Mediationsbüro

Das Mediationsforum sollte nach Ansicht des Mediationsteams in einen inneren und einen äußeren Kreis getrennt werden, wobei der innere Kreis maximal 25 Personen umfassen sollte. Die Beteiligten des äußeren Kreises sollten den Sitzungen beiwohnen und zu bestimmten Themen zugezogen werden können.[31]

---

27 www.viemediation.at Chronologie: Vierte Sitzung der Vorbereitungsgruppe am 27. September 2000, TOP 3.

28 Vgl. www.viemediation.at Chronologie: Vierte Sitzung der Vorbereitungsgruppe am 27. September 2000, TOP 3.

29 Vgl. www.viemediation.at Chronologie: Fünfte Sitzung der Vorbereitungsgruppe am 9. Oktober 2000, Protokoll, Endbericht.

30 Vgl. www.viemediation.at Chronologie: Sechste Sitzung der Vorbereitungsgruppe am 22. November 2000, TOP 4.

31 Vgl. www.viemediation.at Chronologie: Sechste Sitzung der Vorbereitungsgruppe am 22. November 2000, TOP 4 bzw. Siebente Sitzung der Vorbereitungsgruppe am 11. Dezember 2000, TOP 5.

I.5 Ein Auftakt wird veranstaltet

Ein wichtiger Meilenstein am Weg zur Mediation war die Organisation und Durchführung einer Auftaktveranstaltung[32], zu der ein wesentlich breiterer Kreis von Betroffenen und Interessierten eingeladen wurde und in dem sich auch viele einfanden, die in weiterer Folge zu Mitgliedern des Mediationsforums[33] wurden.

Die Veranstaltung sollte über das Verfahren informieren, noch unbekannte betroffene Gruppierungen identifizieren, zur Mitwirkung einladen und Vertrauen in das Verfahren und die Methode der Mediation stiften.[34] Mehr als 250 Personen kamen am 22. November 2000 in die Körner-Halle in Schwechat um die Berichte und Referate zu hören und mit den Mitgliedern der Vorbereitungsgruppe zu diskutieren.[35]. Viele der Fragen und Anregungen aus der Auftaktveranstaltung fanden in weiterer Folge in das Mediationsverfahren Eingang.

Die Leitung der Veranstaltung übernahm das Mediationsteam, für die Moderation von Kleingruppenarbeiten im Rahmen der Auftaktveranstaltung, wie auch für die Beantwortung verschiedenster Fragen zum bisherigen Verlauf, stellten sich einzelne Mitglieder der Vorbereitungsgruppe zur Verfügung. In der vierten Sitzung der Vorbereitungsgruppe (am 27. September 2000) wurde ein erster Programmentwurf erarbeitet, als Termin der Auftaktveranstaltung der 22. November 2000 festgelegt und eine Liste der Einzuladenden erstellt.[36] Mit der Durchführung der Einladung selbst wurde ebenfalls das Mediationsteam betraut, die Recherche von Adressen und Ansprechpersonen wurde von einzelnen Mitgliedern der Vorbereitungsgruppe übernommen. Im Rahmen einer Pressekonferenz am 13. November 2000 wurde das Mediationsteam öffentlich vorgestellt und die Auftaktveranstaltung beworben.[37]

I.6 Ein Mediationsforum wird eingerichtet

Für die Besetzung des Mediationsforums einigte sich die Vorbereitungsgruppe auf zwei zentrale Aspekte: Einerseits sollte die Vorbereitungsgruppe um weitere Konfliktparteien (InteressenvertreterInnen) erweitert werden, andererseits diese Erweiterung aber ihre Grenzen dort finden, wo das Gremium noch als „arbeitsfähig" gelten

---

32 Die Auftaktveranstaltung fand am 22. November 2000 in der Körner-Halle in Schwechat statt.

33 Vgl. Vorläufiger Endbericht, 2003.

34 Vgl. www.viemediation.at Chronologie: Vierte Sitzung der Vorbereitungsgruppe am 27. September 2000, TOP 4.

35 Zu den einzelnen Referaten siehe: www.viemediation.at Chronologie: Sechste Sitzung der Vorbereitungsgruppe und Auftaktveranstaltung.

36 Liste der Einzuladenden siehe www.viemediation.at Chronologie: Fünfte Sitzung der Vorbereitungsgruppe am 9. Oktober 2000, TOP 4.

37 Vgl. www.viemediation.at Chronologie: Fünfte Sitzung der Vorbereitungsgruppe am 9. Oktober 2000, TOP 6.

könne.[38] Beide Punkte haben in weiterer Folge allerdings zu größeren Schwierigkeiten geführt. Einerseits deshalb, weil von Seiten des Mediationsteams die Zahl 25 als Obergrenze einer arbeitsfähigen Gruppe ausgegeben wurde (und daher die Möglichkeit, „allen" Konfliktparteien einen Platz im Mediationsforum einzuräumen, stark begrenzt wurde), andererseits deshalb, weil die Auswahl der konkreten Personen (InteressenvertreterInnen) einen längeren Prozess beanspruchte, als ursprünglich vermutet. Das hat in weiterer Folge dazu geführt, dass anstelle des ersten geplanten Mediationsforums, das ursprünglich für den 11. Dezember anberaumt wurde, eine weitere, siebente Sitzung der Vorbereitungsgruppe stattfand, die zentral der Frage der Beschickung des Mediationsforums gewidmet war.[39]

In ihr wurde nach breiter Diskussion festgelegt, welche weiteren Parteien und Interessengruppen eingeladen werden sollten, am Mediationsverfahren teilzunehmen. Für die Struktur des Mediationsforums wurde die vorgeschlagene Vorgehensweise des Mediationsteams aufgegriffen, einen inneren und einen äußeren Kreis einzurichten. Der innere Kreis wurde „Arbeitsausschuss" genannt und sollte der operativen Entscheidungsfindung dienen. Zudem wurde festgehalten, dass Arbeitskreise eingerichtet werden können, deren Ergebnisse in weiterer Folge dem Mediationsforum zurückgemeldet werden und solcherart in das Verfahren einfließen sollten. Der Beschluss zur Besetzung des Mediationsforums umfasste zunächst eine Liste von 53 Körperschaften, Institutionen, Parteien etc., die durch das Mediationsteam zur ersten Sitzung des Mediationsforums am 18. Jänner 2001 eingeladen wurden. Als zentrale Inhalte des ersten Mediationsforums wurden folgende Punkte festgelegt: Aufteilung der Teilnehmenden in den äußeren und den inneren Kreis, Möglichkeiten und Modelle der Einbindung von StellvertreterInnen und die Erarbeitung und Diskussion eines „Mediationsvertrages".[40]

II. Verfahrensbeteiligte Gruppierungen

Am Mediationsverfahren Flughafen Wien-Schwechat (MV) nahmen bis Juni 2005 mehr als fünfzig FunktionsträgerInnen teil, die wiederum von mehr als sechzig Personen vertreten wurden: 15 Anrainergemeinden und die Gemeinde Wien, die Umweltanwaltschaften Wien und Niederösterreich, 13 Bürgerinitiativen, drei Siedlervereine, neun politische Parteien aus Wien und Niederösterreich, die Länder Wien und Niederösterreich, 12 Wiener Bezirksvertretungen, zudem acht Kammern, Verbände

[38] Vgl. www.viemediation.at Chronologie: Fünfte Sitzung der Vorbereitungsgruppe am 9. Oktober 2000, TOP 5.

[39] Vgl. www.viemediation.at Chronologie: Sechste Sitzung der Vorbereitungsgruppe am 22. November 2000, TOP 7.

[40] Vgl. www.viemediation.at Chronologie: Siebente Sitzung der Vorbereitungsgruppe am 11. Dezember 2000, TOP 5.

und Interessenvertretungen sowie der Nationalpark Donau-Auen. Der Flugbetrieb stellte mit AUA, ACG und FWAG drei Gruppen. Das ergibt eine Summe von 58 beteiligten Gruppierungen, die von insgesamt 66 Personen vertreten wurden.

Der **Nachbarschaftsbeirat (NBR)** stellt ein Gremium dar, das schon vor dem Mediationsverfahren bestand und das für die FWAG einen wichtigen Gesprächspartner für ihre Anrainerkommunikation darstellte. Im NBR sind die BürgermeisterInnen folgender Anrainergemeinden vertreten: Gemeinde Enzersdorf an der Fischa (1 Sitz), Stadtgemeinde Fischamend (1 Sitz), Stadtgemeinde Groß-Enzersdorf (1Sitz), Gemeindeamt Kleinneusiedl (1 Sitz), Gemeindeamt Rauchenwarth (1 Sitz), Marktgemeinde Schwadorf (1 Sitz), Stadtgemeinde Schwechat (1 Sitz), Stadt Wien (1 Sitz), Gemeinde Zwölfaxing (1 Sitz). Hinzugekommen sind im Laufe des Verfahrens noch VertreterInnen folgender Anrainergemeinden (teilweise mit Sitz und Stimme im Verfahren, teilweise mit Beobachterstatus), welche die Abschlussdokumente unterzeichnet haben: Himberg, Trautmannsdorf, Bruck an der Leitha, Maria Ellend/Haslau, Arbesthal/Göttlesbrunn und Grammatneusiedl. Damit waren insgesamt 15 RepräsentantInnen aus Anrainergemeinden im MV vertreten.

Die **Umweltanwaltschaften (UA)** Wien und Niederösterreich waren mit je einem Sitz im MV vertreten, stellten also zwei Teilnehmer.

Den **Bürgerinitiativen (BI)** gehörten zu Beginn des Verfahrens folgende VertreterInnen an: BI Alternative Liste Schwechat (1 Sitz), BI Enzersdorf/Margarethen (1 Sitz), BI Bürgerliste Fischamend (1 Sitz), BI pro Margarethen (1 Sitz), Bürgerlärm gegen Fluglärm (1 Sitz), Plattform Fluglärm Österreich (1 Sitz), Plattform gegen die dritte Piste (1 Sitz), Schwadorf gegen die dritte Piste (1 Sitz), Überparteiliche Plattform gegen Fluglärm in Wien und Umgebung (1 Sitz). Im Laufe des Verfahrens kamen noch VertreterInnen weiterer BIs hinzu: BI Götzendorf/Pischelsdorf, Bürgerforum Haslau/Maria Ellend, Verein aktiver Umweltschützer Himberg, BI „trau.di". Somit waren 13 BIs im Verfahren vertreten. Die meisten ihrer Mitglieder wohnten dem Verfahren ehrenamtlich bei und investierten unzählige Stunden ihrer Freizeit dafür. Dies vielfach, weil sie persönlich betroffen waren und unter der Belästigung durch den Fluglärm litten. Innerhalb der BIs bestand in vielerlei Hinsicht Einigkeit (vor allem in ihrem Streben, weniger Lärmbelästigungen zu erzielen oder neu hinzukommende zu verhindern), zugleich aber gab es auch durchaus divergente Interessen innerhalb der BIs, vor allem dann, wenn es um mögliche regionale „Lärmverteilungen" ging, von denen die BIs dann eben sehr unterschiedlich betroffen waren.

Zu den **Siedlerverbänden (SV)** zählten folgende Gruppen: Siedlerverband Eßling (1 Sitz), Siedlerverband Lobau (1 Sitz), Zentralverband der Kleingärtner Österreichs (1 Sitz). Damit waren drei stimmberechtigte Personen für die Siedlervereine am Verfahren beteiligt. Die Siedlerverbände (die im Unterschied zu den BIs alle nördlich der Donau angesiedelt waren) sind traditionsreiche Strukturen, die schon lange vor dem Mediationsverfahren bestanden haben und sich ursprünglich mehr der Interessenvertretung der Siedler am Stadtrand Wiens angenommen hatten. Sie konnten zudem auf eine Vorgeschichte mit dem Wiener Flughafen verweisen: Bereits als die zweite Piste am Flughafen Wien gebaut wurde, hatten sie sich um Verbesserungen ihrer Situation bemüht.

Unter der Gruppierung des **Flugbetriebs**[41] wurden folgende RepräsentantInnen zusammengefasst: Austrian Airlines (2 Sitze), Flughafen Wien AG (3 Sitze) sowie Austro Control GmbH (3 Sitze). Die Austrian Airlines sind die wichtigste Fluglinie in Österreich und damit auch eine wichtige Kundin und Kooperationspartnerin für den Wiener Flughafen. Die Flughafen Wien AG (FWAG) ist die Betreibergesellschaft des Flughafens. Die Austro Control GmbH (ACG) ist jene Einrichtung, die sämtliche Flugzeuge von deren Eintritt in den österreichischen Flugraum an begleitet und auch im Lande- und Startverfahren aktiv ist. Sie ist zugleich dafür verantwortlich, Flugrouten zu bestimmen und zu rechnen bzw. diese beim zuständigen Ministerium zu beantragen. Der Flugbetrieb war also mit insgesamt acht Sitzen im MV vertreten.

Folgende **politische Parteien** waren im Verfahren vertreten: FPÖ Niederösterreich (1 Sitz), FPÖ Wien (1 Sitz), Grüne Niederösterreich (1 Sitz), Grüne Wien (1 Sitz), LIF Wien (1 Sitz), ÖVP Wien (1 Sitz), ÖVP Niederösterreich (2 Sitze), SPÖ Niederösterreich (2 Sitze), SPÖ Wien (2 Sitze). Damit verfügten politische Parteien bis zur fünften Sitzung des MF am 4. Juli 2001 über zwölf und danach über elf Sitze im MV (das LIF ist ausgeschieden).

Die **Länder** (Wien, Niederösterreich) hatten je einen Sitz inne und Vertreter des Amtes der Niederösterreichischen Landesregierung bzw. der Stadtbaudirektion entsandt.

Folgende sechs **Wiener Bezirke** waren zu Beginn des Verfahrens mit je einem Sitz vertreten: 10. Bezirk (Favoriten), 11. Bezirk (Simmering), 13. Bezirk (Hietzing), 14. Bezirk (Penzing), 15. Bezirk (Rudolfsheim-Fünfhaus) sowie der 22. Bezirk (Donaustadt). In weiterer Folge kam noch der 23. Bezirk (Liesing) hinzu und es wurden zudem noch RepräsentantInnen folgender Bezirkskonferenzen integriert: Baden, Bruck, Gänserndorf, Mödling, Wien-Umgebung/Süd. Insgesamt wirkten zwölf Bezirke bzw. Bezirkskonferenzen im Verfahren mit.

Den **Kammern, Verbänden und Interessenvertretungen** wurden im Laufe des Verfahrens folgende Organisationen zugerechnet: Arbeiterkammer Österreich (1 Sitz), Landes-Landwirtschaftskammer Niederösterreich (1 Sitz), Bezirksbauernkammer Schwechat (1 Sitz), Wirtschaftskammer Österreich (1 Sitz), Standort-Arbeitnehme-

---

[41] Der Flugbetrieb wurde anfänglich als „Aviation-Side" geführt, vgl. www.viemediation.at Chronologie: Erste Sitzung des Mediationsforums am 18. Jänner 2001, Sitzungsprotokoll.

rInnenvertreter (1 Sitz), Standort Unternehmensvertreter/Airport Jet-Set Service (1 Sitz), Niederösterreich-Werbung GmbH (1 Sitz) sowie der Tourismusverband Wien (1 Sitz). Insgesamt hatte diese Gruppe acht Sitze inne.

Schließlich war die **Nationalpark Donau-Auen GmbH** mit einem Sitz im Verfahren vertreten.

Zur ersten Sitzung des Mediationsforums (MF) wurden zudem folgende Organisationen eingeladen: das Bundesministerium für Verkehr, Technologie und Innovation (bm:vit), die Österreichischen Bundesbahnen (ÖBB) sowie eine Vertretung aus dem 22. Wiener Gemeindebezirk. Für das Ministerium und die ÖBB wurde in der zweiten Sitzung des MF beschlossen, ihnen keinen Mitgliedsstatus zu gewähren, zumal diese einen solchen auch nicht wollten, um Vorwürfen der Befangenheit zu entgehen. Vereinbart wurde jedoch einvernehmlich, dass VertreterInnen der genannten Organisationen in fachlichen Fragen als Auskunftpersonen zur Verfügung stehen würden und umgekehrt ihnen erwünschte Informationen aus dem Verfahren übermittelt werden sollten.[42]

Im Laufe des Verfahrens schieden folgende Gruppen aus: das Liberale Forum Wien (ab Juli 2001, weil es nicht mehr im Wiener Landtag vertreten war), die überparteiliche Plattform gegen Fluglärm in Wien und Umgebung (im Mai 2003, weil sie die Ergebnisse des Teilvertrages nicht mittragen konnte) und die BI Enzersdorf/Margarethen (im Juli 2004, weil aus ihrer Sicht für die stark belastete Gemeinde keine Perspektiven zu erkennen waren).

Insgesamt neun **Sachverständige** wurden im Verfahren beigezogen, deren Bestellung gemäß Mediationsvereinbarung jeweils im Konsens beschlossen wurde: DI Hellfried Aubauer (Luftfahrt), DI Wolfgang Hesina (Forschungszentrum Seibersdorf), Dr. Hans Peter Hutter (Umweltmedizin), Univ.-Prof. Dr. Andreas Kolbitsch (Bauphysik), Prof. Dr. Judith Lang (Lärmtechnik), DI Erwin Pönitz (Raumplanung), Dr. Werner Rosinak (Verkehrsplanung), Kaspar Senn (Flugsicherung), Dr. Heinz Vana (Rechtsanwalt).

In den TeilnehmerInnenlisten des Verfahrens schienen im Laufe der Zeit demgegenüber weit mehr Namen auf, was vor allem damit zu tun hatte, dass auch eingeladene ExpertInnen (z. B.: als Vortragende) geführt wurden, die StellvertreterInnen einzelner Mitglieder namentlich aufgelistet waren sowie auch die Mitglieder des Mediationsteams (drei Personen), der Prozessprovider, die Protokollantinnen und die Mitglieder der Begleitforschung.

[42] Vgl. www.viemediation.at Chronologie: Erste Sitzung des Mediationsforums am 18. Jänner 2001, Sitzungsprotokoll.

III. Struktur des Verfahrens

Die Struktur des Verfahrens wird anhand der Gremien dargestellt, die für die Durchführung des Mediationsverfahrens eingerichtet wurden. Im Verfahren selbst lassen sich drei Arten von Gremien unterscheiden: Solche, die sich zentral der inhaltlichen Arbeit widmeten (hier sind insbesondere die Arbeitskreise und Arbeitsgruppen zu nennen), solche, die schwerpunktmäßig für die Organisation bzw. die Gestaltung des Gesamtprozesses zuständig waren (hier hat die Prozesssteuerungsgruppe zentral gewirkt), und jene, die verfahrensbegleitende Maßnahmen zu planen und umzusetzen hatten (wozu insbesondere ein Arbeitskreis Öffentlichkeitsarbeit zählte). Schließlich gab es mit dem Mediationsforum, dem größten und zugleich „ranghöchsten" Gremium, einen Ort, an dem alle Beschlüsse betreffend die vorgenannten Aspekte gefasst wurden, gleichsam ein „Parlament" des Verfahrens, in dem alle verfahrensbeteiligten Gruppierungen mit Sitz und Stimme vertreten waren. Im Folgenden werden teilweise Kürzel für die einzelnen Gremien verwendet, die jeweils am Beginn eingeführt werden, sie können aber auch im Abkürzungsverzeichnis nachgeschlagen werden.

Das **Mediationsforum (MF)** stellte das größte und zugleich das zentrale Gremium im Mediationsverfahren dar, in dem alle Verfahrensparteien vertreten waren. Das MF war zugleich die formelle Entscheidungsinstanz des Verfahrens, alle anderen Gruppierungen wirkten demgegenüber entscheidungsvorbereitend für die Beschlussfassungen im MF. In 15 Sitzungen von Jänner 2001 bis Juni 2005 fasste das MF sowohl inhaltliche als auch strukturelle Beschlüsse (Aufnahme neuer Mitglieder, Einrichtung von Substrukturen), wobei für sämtliche seiner Beschlüsse festgelegt wurde, dass sie „nur im Konsens aller Parteien" gefasst werden können.[43] Die Beschlussvorlagen kamen in aller Regel aus den einzelnen Arbeitskreisen und Arbeitsgruppen bzw., sofern es strukturelle Fragen betraf, aus der Prozesssteuerungsgruppe.

Der **Arbeitsausschuss (AA)** war das zweitgrößte Gremium im Verfahren. Er wurde in der zweiten Sitzung des MF gleichsam als „innerer Kreis" des Forums eingerichtet und als arbeitsfähigeres Gremium installiert. Er war somit das zweitgrößte Gremium im Verfahren, sollte gleich oft tagen wie das Mediationsforum und beschlussvorbereitend wirken. Im Arbeitsausschuss sollten die wesentlichen Diskussionen stattfinden (z. B. über die Arbeitsergebnisse diverser Arbeitskreise), wohingegen im MF die zugehörigen Beschlüsse getroffen werden sollten. Die Mitglieder des „äußeren Kreises" des MF erhielten das Recht, an allen Sitzungen des AA teilzunehmen, nicht aber das Recht, in ihm mitzudiskutieren. Der Arbeitsausschuss hielt

---

[43] Vgl. www.viemediation.at Chronologie: Dritte Sitzung des Mediationsforums am 1. März 2001, Mediationsvereinbarung.

von Mai 2001 bis September 2002 insgesamt neun Sitzungen ab, im Zuge der Umstrukturierung des Verfahrens (ab Jänner 2003) wurde er aufgelöst.

Die **Prozesssteuerungsgruppe (PSG)** wurde ein halbes Jahr nach Beginn des Verfahrens im Mediationsforum eingerichtet und mit folgenden Aufgaben betraut: „Die Prozesssteuerungsgruppe dient der Beobachtung des Verfahrens und seiner Teile, um einen effizienten und zielorientierten Verfahrensablauf zu gewährleisten, dem frühzeitigen Erkennen von Irritationen und sonstigen das Verfahren gefährdenden Umständen und somit gemeinsam und in Absprache mit dem Mediationsteam dazu, den Ablauf des Mediationsverfahrens zu steuern und die Arbeit und Arbeitsabläufe zwischen den einzelnen Gremien zu strukturieren. Anträge und Anliegen der Verfahrensparteien zum Verfahrensablauf sind der Leitung der Prozesssteuerungsgruppe bekannt zu geben. Entscheidungen bleiben den jeweiligen Gremien vorbehalten. Die Prozesssteuerungsgruppe hat inhaltliche Fragen weder zu behandeln noch zu beraten."[44] Mit der Leitung der PSG wurde der Prozessprovider beauftragt. Das Tätigkeitsprofil der PSG wurde ab Jänner 2003, mit der „PSG neu", deutlich erweitert, zumal ab diesem Zeitpunkt die PSG auch inhaltliche Fragen bearbeiten konnte, sofern in Arbeitsgruppen keine Einigung erzielt werden konnte.[45] Zusammenfassend lassen sich folgende Funktionen der PSG nennen: Sie sollte den Dialog zu allen Interessengruppen herstellen, Feed-back für das Mediationsteam ermöglichen, das Verfahren beobachten (worunter explizit das frühzeitige Erkennen von Irritationen und sonstigen das Verfahren gefährdenden Umständen gemeint war) und Unterstützungsleistungen für einen effizienten Verfahrensablauf erbringen (wobei hier vor allem gemeint war, die Arbeitsabläufe *zwischen* den einzelnen Gremien zu strukturieren und damit letztlich gemeinsam mit dem Mediationsteam den Ablauf des Mediationsverfahrens zu steuern).[46] Sie diente somit zugleich als Steuerungsgremium wie auch als Reflexionsinstanz.

Im Laufe des Verfahrens wurden mehr als 50 offizielle **Arbeitskreise und Arbeitsgruppen** eingerichtet. Manche Arbeitsgruppen waren Untergruppierungen von Arbeitskreisen, andere nicht, manche haben über sehr lange Zeiträume hinweg sehr intensiv getagt, manche wurden kurzfristig eingesetzt um ein Detailproblem rasch zu lösen oder spezifische Aufträge zu erfüllen (beispielsweise Dokumente und Schriftsätze auszuarbeiten). In den meisten Fällen wurden Arbeitskreise und Arbeitsgruppen zur detaillierten Bearbeitung von Sachthemen eingerichtet, einige wenige haben sich mit strukturellen Fragen des Verfahrens befasst. Ein einziger Arbeitskreis hat

---

44 Vgl. www.viemediation.at Chronologie: Vorbereitungssitzung der Prozesssteuerungsgruppe am 27. Juni 2001, Protokoll.

45 Vgl. www.viemediation.at 9. Sitzung des Mediationsforums am 26. November 2002, Protokoll sowie 19. Sitzung der PSG am 14. Jänner 2003.

46 Vgl. www.viemediation.at Chronologie: Fünfte Sitzung des Mediationsforums am 4. Juli 2001, Sitzungsprotokoll und Beschlussprotokoll.

während des gesamten Verfahrens getagt, er war für die kontinuierliche Begleitung des Verfahrens in Fragen der Öffentlichkeitsarbeit zuständig. Die Arbeitskreise und Arbeitsgruppen waren auch jene Gremien, die insgesamt am häufigsten getagt haben. Zudem gab es immer wieder mehr oder minder informelle Untergruppen, für manche Arbeitsgruppen wurden keine Protokolle erstellt – ihre Ergebnisse wurden mündlich berichtet. Wir haben jedenfalls 166 Protokolle aus Arbeitsgruppen gelesen, rechnet man informelle und nicht protokollierte Gremien hinzu, so können ca. 200 Sitzungen von Arbeitsgruppen angenommen werden, die Zahl der zusätzlich erforderlichen Rückbindungen innerhalb der einzelnen Verfahrensparteien bleibt im Dunkeln – viele meinen, insgesamt hätten sie rund 500 Sitzungen absolviert.

Folgende Arbeitskreise und Arbeitsgruppen wurden im Laufe des Verfahrens eingerichtet (chronologische Reihenfolge):

- AG Mediationsvertrag (Februar 2001, 2 Sitzungen)
- AK Inhalt und Struktur (März 2001, 2 Sitzungen)
- AK Öffentlichkeitsarbeit (September 2001 - Juni 2005, 23 Sitzungen)
- AK Lärm (April 2001 - Dezember 2003, acht Sitzungen)
  - AG Dokumentation
  - AG Messplan
  - AG Gleitwinkel
  - AG Lärmkriterien
  - AG Lärmberechnungen
- AK Entwicklungsszenarien (April 2001 - Jänner 2002, 8 Sitzungen)
  - AG Kriterien der Nachhaltigkeit
- AK Ökologie (September 2001 - Juni 2002, 4 Sitzungen)
- AK Aktuelle Maßnahmen (März - November 2002, 8 Sitzungen)
  - AG Redaktionelle Überarbeitung und Systematisierung
  - AG Lärmkarten
- AG Lärmgrenzwerte (März 2002 - März 2003, 14 Sitzungen)
  - Untergruppe Durchrechnungszeitraum
- AK „Szenarien 2010-2020“ (Mai - November 2003, 4 Sitzungen)
- AG „Seibersdorf“
- AG Vorbereitungsgruppe Starts und Verkehrsverteilung (Jänner - März 2003, 3 Sitzungen)
- AG Vorbereitungsgruppe Landungen und Verkehrsverteilung (Jänner - März 2003, 3 Sitzungen)
- AG Regionales Vergleichsmodell (Februar 2003, 1 Sitzung)
- AG Korridore / Sichtanflüge (Februar - März 2003, 3 Sitzungen)
- AG Bodenlärm (Februar - April 2003, 2 Sitzungen)

- AG Lärmmindernde An- und Abflugverfahren bordseitig (Jänner - Februar 2003, 2 Sitzungen)
- AG Lärmarme Flugzeuge (Februar - März 2003, 2 Sitzungen)
- AG Evaluierung Arbeitsergebnisse Seibersdorf (Februar 2003, 1 Sitzung)
- AG Beschwerde- und Informationsstelle (März - Juni 2003, 3 Sitzungen)
- Redaktionsgruppe zum Teilvertrag (Mai 2003, 1 Sitzung)
- AG Landungen (August 2003 - Jänner 2005, 3 Sitzungen)
- AG Way-point Zwölfaxing (Sommer 2003, 1 Sitzung)
- AG Incentive-Modell (September 2003, 1 Sitzung)
- AG Vorbereitungsgruppe Szenarien und Nachtflug (Juni - September 2003, 2 Sitzungen)
- AG Umweltfonds (Juli 2003 - März 2005, 7 Sitzungen)
  - Arbeitsausschuss zur AG Umweltfonds (August 2003, 1 Sitzung)
- AG Arbeitsstruktur – Systemoptimierung (Oktober 2003, 1 Sitzung)
- AG Deckelungen (November 2003 - April 2004, 4 Sitzungen)
- AG Ost-West-Verschiebung 11/20 2220m (Dezember 2003 - Februar 2004, 3 Sitzungen)
- AG Analyse – Verkehrsverteilung 11/29 2220 m (Dezember 2003 - Jänner 2004, 2 Sitzungen)
- AG Technischer Lärmschutz (Dezember 2003 - Mai 2004, 6 Sitzungen)
- Evaluierungsgruppe (März 2004 - Mai 2005, 12 Sitzungen)
- AG Nachtflug (Oktober - Dezember 2003, 4 Sitzungen)
  - Redaktionsgruppe zu „Strukturierung und Zusammenfassung der Nachtflugthemen" (Dezember 2003, 2 Sitzungen)
- AG Nachtflug/Korridore (April - Mai 2004, 2 Sitzungen)
- AG Nachtflug/Lärm (Mai 2004 - Jänner 2005, 4 Sitzungen)
- AG 3-P/Verkehrsverteilung (Juni 2004, 1 Sitzung)
- UVE-Begleitgruppe (September 2004 - April 2005, 5 Sitzungen)
- AG Landwirtschaft (Mai 2005, 1 Sitzung)
- AG Regionales Konfliktmanagement (September 2004 - März 2005, 5 Sitzungen)
- AG Flächenwidmungsplan Enzersdorf/Margarethen (November 2004, 1 Sitzung)

Die meisten Arbeitsgruppen und Arbeitskreise wirkten vorbereitend. Um die unterschiedlichen Ergebnisse zusammenzuführen und sie zu Ende verhandeln zu können, wurden ab 2003 insgesamt **sechs Klausuren** durchgeführt, die jeweils in verschiedenen Wiener Seminarhotels stattfanden und in aller Regel ganztägig anberaumt wurden. Sie sollten sowohl ein Verhandeln im kleinen Kreis ermöglichen als auch den RepräsentantInnen der verschiedenen Interessengruppierungen die Möglichkeit bieten, zwischen den Verhandlungen Rückkoppelungen vor Ort mit ihren KollegInnen durchzuführen.

Nach Abschluss des Teilvertrages wurden mehrere **Bezirkskonferenzen** durchgeführt, die insbesondere der Diskussion von Flugrouten, wie sie im Teilvertrag festgehalten sind, dienten. Zwar waren sie nicht unmittelbar Teil des Mediationsverfahrens, stellten aber eine wesentliche Begleiterscheinung dar, zumal sie Beschlüsse fassten, die in weiterer Folge auf das Verfahren Einfluss nahmen und zu nachträglichen Korrekturen des Teilvertrages führten. Einige ihrer RepräsentantInnen wurden in das Verfahren aufgenommen bzw. erhielten Beobachterstatus, einige von ihnen unterschrieben auch die Abschlusserklärung. Die Moderation und Leitung dieser Konferenzen hatte der Prozessprovider inne.

Erwähnt werden sollen auch noch **Feste**, zu denen in aller Regel die FWAG einlud und die sich die TeilnehmerInnen des Mediationsverfahrens (insbesondere in Form von Weihnachtsfeiern) gönnten. Wenn auch nicht immer alle Verfahrensparteien daran teilnehmen wollten oder konnten, so wurde bei den Festen dennoch über die Zeit das Zusammenrücken der Parteien und das wachsende Vertrauensklima deutlicher. Als Ort der Würdigung erreichter Ziele, aber auch geleisteter Arbeit, trugen sie viel zum wachsenden positiven Klima im Verfahren bei, das zwar keineswegs die inhaltlichen Positionen aufweichen konnte, wohl aber die Gesprächsbereitschaft untereinander deutlich verbesserte.

IV. Das Verfahren

Am 18. Jänner 2001 war es so weit: Mit der ersten Sitzung des Mediationsforums wurde der offizielle Auftakt des Mediationsverfahrens gesetzt. Man stellte sich einander vor, man begab sich in Gruppen und einigte sich auf einen ersten, groben Themenkatalog, man begann über den weiteren Verfahrensverlauf zu phantasieren. Zunächst noch eher zaghaft, von Unsicherheit, Vorurteilen oder gar Misstrauen geprägt. Aller Anfang ist schwer.

Auf dem Themenkatalog, den die Gruppenarbeit zu Tage förderte, stand das meiste, was später verfolgt wurde. Dazu gehörten wirtschaftliche Fragen wie die Ausbaupläne am Flughafen, Wirtschaft im Allgemeinen (Betriebswirtschaft, Volkswirtschaft, Regionalwirtschaft), Fragen zum Wirtschaftsstandort oder zur Tourismusentwicklung und zu regionalpolitischen Aspekten wie etwa dem regionalen Entwicklungspotential. Dazu zählten verkehrstechnische Fragen, Fragen zu Flugbetrieb

(Flugrouten, Flugzeiten, Fluggeräte), Bodenverkehr oder Verkehrsnachfrage. Und dazu gehörten alle Themen, die mit der Umwelt und der Lebensqualität von Menschen und ihrer Beeinträchtigung zu tun hatten: Gesundheit/Lebensqualität, Lärm (Lärmmessung, Lärmkataster), Nachtflugverbot, Natur- und Umweltschutz. Auf der umfassenden To-do-Liste des Verfahrens standen aber auch noch Fragen der Information, der Sicherheit (von Passagieren und AnrainerInnen) sowie zu rechtlichen Aspekten. Und noch etwas wussten die TeilnehmerInnen bereits in dieser ersten Begegnung: Eine Vielzahl von vagen Begriffen verlangte nach Definition und Präzisierung, eine Unmenge an Wissen, verteilt auf verschiedene Köpfe, verlangte nach Vergemeinschaftung.[47] Ein Anspruch, ein Problem, das die VertreterInnen im Mediationsverfahren nie wieder verließ.

IV.1 Wohin will der Flughafen? Und wo bleibt die Region? Szenarien und Entwicklungsperspektiven

Der Flughafen Wien braucht eine dritte Piste, hieß es 1998, bis 2010 sollte sie errichtet werden. Prognosen über die Flugentwicklung sagten unmissverständlich voraus, dass mit den vorhandenen Pistenkapazitäten nicht mehr auszukommen sein würde. 2001 sah alles anders aus. Nach den Attacken auf das World Trade Center in New York hatte der Flugverkehr Einbrüche erlitten. Von ihnen war in keiner der Prognosen zu lesen. Zahlen können nicht irren, heißt es landläufig, Menschen hingegen schon. Selbst jene, die Prognosezahlen liefern.

Die Zukunft lässt sich nicht voraussagen. Dennoch ist es für Wirtschaft und Politik erforderlich, aus Entwicklungen in Vergangenheit und Gegenwart Tendenzen für die Zukunft abzulesen, auf sie mit Maßnahmen zu reagieren, Zukunft also ein Stück weit zu planen. Insbesondere wirtschaftliche und technische Großprojekte – wie der Bau einer neuen Piste –, in die Millionenbeträge investiert werden müssen, bedürfen einer sorgfältigen und langfristigen Planung. Insofern war es auch nahe liegend, mit einer Betrachtung dieser Szenarien das Mediationsverfahren zu beginnen. Dafür wurden zwei Arbeitsgruppen eingerichtet. Der Arbeitskreis „Entwicklungsszenarien" wurde im April 2001 gegründet und tagte bis Jänner 2002 acht Mal, der Arbeitskreis Szenarien 2010-2020 (AK SZ) traf von Mai bis November 2002 vier Mal zusammen.

Viele der weiteren Entscheidungen, die im Mediationsverfahren getroffen wurden, wären nicht möglich gewesen, wenn nicht Szenarien die Grundlage dafür geboten hätten. Noch ist die dritte Piste nicht gebaut. Wo sie liegen und wie sie beflogen werden soll, welche Lärmbelastungen dadurch zu erwarten sind und welche Kom-

---

47 Vgl. www.viemediation.at Chronologie: Erste Sitzung des Mediationsforums am 18. Jänner 2001, Sitzungsprotokoll bzw. Beschlussprotokoll.

pensationszahlungen daher geleistet werden sollen, wurde in der Mediation für das UVP-Verfahren bereits vorentschieden und steht insofern jetzt schon fest. So gut es eben feststehen kann. Dafür waren Prognosen und Szenarien ein unverzichtbares Instrument.

Die Aufgaben und Zielsetzungen des **Arbeitskreises „Entwicklungsszenarien" (AK E)** wurden von dessen Mitgliedern mit folgenden Schwerpunkten festgelegt: In einem ersten Schritt sollten die zukünftige Entwicklung des Flugverkehrs analysiert sowie sämtliche Prognosedaten kritisch untersucht werden um in einem zweiten Schritt die daraus resultierende Nachfrage zu beraten. Dazu aber sollte vorweg eine einheitliche Sichtweise hergestellt werden, wie mit dem Thema der Nachfrage insgesamt umgegangen werden sollte. Auf Basis dessen wollte der AK schließlich mögliche Szenarien für die zukünftige Entwicklung des Flughafens erstellen und disku–tieren. Zudem sollten in weiterer Folge Ergebnisse aus anderen Arbeitskreisen und Arbeitsgruppen in die Diskussion des AK E einfließen, um eine differenzierte Analyse der Entwicklungsszenarien hinsichtlich verschiedener Interessen zu ermöglichen. In einem letzten Arbeitsschritt sollte dann eine Bewertung der Szenarien erfolgen.[48] Wenn auch die Entwicklungsperspektiven des Flughafens zunächst im Vordergrund standen, so war bald klar, dass auch jene der Region und der Menschen, die in ihr leben, Berücksichtigung finden sollten. Zu Ersteren stellte die FWAG in weiterer Folge eine Studie vor, in der die volkswirtschaftliche Bedeutung des Standortes Flughafen Wien in Hinblick auf die Anzahl der Beschäftigten, die Wertschöpfung am Standort Flughafen Wien, die indirekten und induzierten Effekte auf die österreichische Wirtschaft sowie die wirtschaftliche Entwicklung des Flughafens Wien in Zukunft dargestellt wurden.[49] Zu Zweiteren präsentierten Vertreter der Arbeiterkammer ein „Rahmenkonzept zur Infrastrukturentwicklung der EU-Region NÖ", das eine Darstellung der „IST-Situation" der Infrastrukturausstattung in Niederösterreich beinhaltete.[50]

Innerhalb von rund acht Monaten definierte der AK E Begriffe und legte Themen, Indikatoren und Kriterien fest. Ein zentraler Begriff war jener der Nachhaltigkeit. Mit seiner Präzisierung befasste sich die **Arbeitsgruppe „Kriterien der Nachhaltigkeit" (AK KN).** Die dort gesammelten Themen ordnete der AK E in weiterer Folge den drei Säulen „Ökologie", „Ökonomie" und „Soziales" zu.

In der Säule Ökologie sollten folgende Themen bearbeitet werden: Abfallaufkommen, Abwasser, Grundwasser, Energieverbrauch, Bodenverbrauch, Flora/Fauna,

---

48 Vgl. www.viemediation.at Chronologie: Erste Sitzung des AK E am 26. April 2001, Protokoll und Beilagen, insbesondere Handout zu „Aufgabe des AK E".

49 Vgl. www.viemediation.at Chronologie: Zweite Sitzung des AK E am 23. Mai 2001, Dritte Sitzung des AK E am 11. Juli 2001, Protokoll.

50 Vgl. www.viemediation.at Chronologie: Zweite Sitzung des AK E am 23. Mai 2001, Protokoll.

Klimabeeinflussung, Schadstoffemissionen, Transportbedarf, Aufteilung Verkehrsträger, Lärm und Lärmschutz. Diese Säule wurde zur Gänze dem Arbeitskreis „Ökologie" übertragen. Die Säule Ökonomie umfasste folgende Themen: Entschädigungen, Steueraufkommen, Bodenwert, Wettbewerbsfähigkeit der Unternehmen (einschließlich Standortwettbewerb und Betriebsansiedlung), Arbeitsplätze (einschließlich Einkommensentwicklung), Entwicklungsmöglichkeiten der Gemeinden (einschließlich Siedlungsstruktur) sowie die Existenz landwirtschaftlicher Betriebe. In der Säule „Soziales" standen folgende Themen am Programm: Soziale Strukturen, Bevölkerungsentwicklung, Siedlungsstruktur, Externes Risiko, Regionale Verteilung von Lasten und Nutzen, Wohn- und Erholungsqualität sowie Gesundheit.[51]

Als Nächstes wurden Indikatoren entwickelt[52], danach wurde ein Kriterienkatalog zu den Indikatoren erarbeitet.[53] In einem letzten Schritt legte der AK E Szenarien fest, die erstellt und beurteilt werden sollten, wobei schon zu Beginn des AK E vorgeschlagen wurde, ein betriebswirtschaftliches Szenario (vornehmlich für die Gruppe des Flugbetriebs) einem Szenario der „nachhaltigen volkswirtschaftlichen Entwicklung" gegenüberzustellen.

Dabei wurden zunächst Extreme unterschieden: Ein „Szenario 100" (die dritte Piste wird ausgebaut und die prognostizierte Nachfrage wird befriedigt) sollte einem Szenario „0" (die Nachfrage wird nur so weit befriedigt, wie es das bestehende Pistensystem zulässt) gegenübergestellt werden. In der letzten Sitzung des AK E wurden diese beiden Szenarien allerdings noch ergänzt. Schließlich wurde vereinbart, folgende Szenarien jeweils für die Jahre 2000, 2010 und 2020 zu rechnen:

- Szenario A: Bestehendes Pistensystem (= Szenario 0)
- Szenario B: Bau einer dritten Piste (= Szenario 100)

  Szenario B1: 3. Piste parallel zur Piste 11/29 im Abstand von 1035 Metern

  Szenario B2: 3. Piste parallel zur Piste 11/29 im Abstand von 2220 Metern

  Szenario B3: 3. Piste parallel zur Piste 16/34 im Abstand von 2220 Metern
- Darüber hinaus wurde die Betrachtung eines weiteren Szenarios vereinbart:

  Szenario C: 2- oder 3- Pisten-System in Kooperation mit Bratislava

---

51 Vgl. www.viemediation.at Chronologie: Erste bis siebente Sitzung des AK E, Protokolle, Handouts und Beilagen zu den Protokollen.

52 Vgl. www.viemediation.at Chronologie: Vierte Sitzung des AK E am 18. September 2001, Fünfte Sitzung des AK E am 17. Oktober 2001, Protokoll.

53 Vgl. www.viemediation.at Chronologie: Sechste Sitzung des AK E am 14. November 2001, Siebente Sitzung des AK E am 13. Dezember 2001, Protokolle und Beilagen.

Der AK E verstand die Entwicklung von Szenarien als Lernprozess. In ihm sollten Wirkungszusammenhänge sichtbar gemacht werden. Keinesfalls wollten die Mitglieder zu diesem Zeitpunkt aber damit schon ein Präjudiz für Lösungsvarianten schaffen.[54] Verhindern konnten sie das allerdings nicht.

Der **Arbeitskreis „Szenarien 2010 - 2020" (AK SZ)** knüpfte weitgehend an die Ergebnisse des AK „Entwicklungsszenarien" an und verfolgte die Erstellung, Diskussion und Beurteilung der dort vorgeschlagenen Szenarien weiter. Für die Entwicklung von Szenarien wurde hier zunächst noch deren Bearbeitungstiefe entschieden. Dann aber wurde bald klar, dass einige Szenarien nur wenig Aussicht hatten, in die Realität umgesetzt zu werden. So wurde etwa die Hoffnung, dass eine Kooperation mit dem Flughafen Bratislava[55] dem Flughafen Wien den Bau einer dritten Piste ersparen könnte, enttäuscht, wenngleich die FWAG eine Kooperation unabhängig vom notwendigen Bau der dritten Piste für erstrebenswert hielt. Nachdem die Szenarien noch mit den Themen „Lärm", „Wirtschaftlichkeit/Wettbewerbsfähigkeit", „externes Risiko/Level of Safety" und „Entwicklungsmöglichkeit der Gemeinden" verschränkt wurden, sind zwei weitere Varianten ausgeschieden: Weder die „Kooperation mit Linz und Graz" noch das Szenario „Neuer Airport im Großraum Wien" wurden weiter verfolgt. Die verbleibenden vier Varianten sollten vertiefend analysiert, andere mindestens im Sinne einer Kombination mit anderen Szenarien weiter diskutiert werden (womit wiederum insbesondere eine Kooperation mit Bratislava gemeint war, allerdings nicht als Ersatz für den Bau einer dritten Piste).[56] Die Szenarien wurden in weiterer Folge gerechnet.

Eine externe ExpertInnengruppe aus dem Forschungszentrum Seibersdorf hat die beiden Arbeitskreise bei der Szenarienentwicklung und -bewertung maßgeblich unterstützt. Sie hat alle Szenarien gerechnet und in einem umfassenden Endbericht vorgelegt. Umgekehrt wurde für die Unterstützung des Forschungsteams auch im Verfahren eine **Arbeitsgruppe Seibersdorf (AG SD)** eingerichtet.

IV.2 Der Natur zuliebe: Ressourcen schonen, Leben schützen. Die Säule der Ökologie

Mit der Bearbeitung jener Themen, die der AK „Entwicklungsszenarien" der Säule Ökologie zugeordnet hatte, wurde der **Arbeitskreis „Ökologie" (AK ÖK)** beauftragt. Er tagte von September 2001 bis Juni 2002 vier Mal. Dabei widmete er sich folgenden Themen, die teilweise vom ursprünglichen Themenkatalog des AK E ab-

[54] Vgl. www.viemediation.at Chronologie: Dritte Sitzung des AK SZ am 15. Oktober 2002, Protokoll.
[55] Vgl. www.viemediation.at Chronologie: Erste Sitzung des AK SZ am 22. Mai 2002, Protokoll.
[56] Vgl. www.viemediation.at Chronologie: Zweite Sitzung des AK SZ am 27. August 2002, Protokoll.

weichen: Abfallaufkommen, Abwasser, Grundwasser, Energieverbrauch, Bodenverbrauch, Fauna/Flora, Klimabeeinflussung, Schadstoffemission und Landwirtschaft.[57]

Wiederum wurden zu den einzelnen Themen Indikatoren und Kriterien definiert. So wurde beispielsweise für den Bereich der Schadstoffe und möglicher negativer Einflüsse die Formulierung „je geringer, desto besser" gewählt und für erstrebenswerte Bereiche (z. B. erneuerbare Energiepotentiale) als Ziel festgehalten: „je mehr, desto besser".[58] Für die meisten der gewählten Themen hat der AK ÖK Gutachten in Auftrag gegeben.

Auf Basis eines Gutachtens von der Gesellschaft für Luftverkehrsforschung zum Thema *Risiko,* also zur potentiellen Gefährdung von Menschen und Sachgütern durch den Flugverkehr, konnte eine terminologische wie sachliche Einigung erzielt werden. Erstens sollte im weiteren Verfahren zwischen dem „externen Risiko" (der Gefährdung für Menschen auf dem Boden) und dem „Level of Safety" (Sicherheitsstandards in der Luft) unterschieden werden. Zweitens wurde das präsentierte Berechnungsmodell unter Einbeziehung einiger zusätzlicher Aspekte akzeptiert.[59]

Ein Gutachten vom Büro „Land in Sicht" kam im Wesentlichen zu dem Schluss, dass der *Natur- und Biotopschutz* gewährleistet werden kann, sofern der Schwadorfer Wald nicht tangiert wird. In Bezug auf verschiedene Vogelarten erbrachte ein Gutachten zur *Avifaunistik* von Dr. Kollar das Ergebnis, dass durch den Bau einer dritten Piste für unterschiedliche Vogelarten verschiedene Auswirkungen zu erwarten seien (für die einen Vor-, für die anderen Nachteile).

Zum Thema *Forstwirtschaft, Jagdwirtschaft und Wildbiologie* erbrachte ein Gutachten (DI Kühnert) folgende Ergebnisse: Rodungen in den hochwertigen Waldgebieten Donau Auen, Fischa Auen und Schwadorfer Wald sollten vermieden werden, wie auch das Überfliegen des Nationalparks in Hinblick auf dessen Funktion als Erholungsgebiet kritisch zu beurteilen sei. Demgegenüber seien aber kaum Veränderungen im Bereich der Schadstoffbelastungen oder Störungen des Wildes zu erwarten.

In einem Gutachten zu *Boden, Landwirtschaft und Fischerei* (DI Wieshammer) wurde darauf hingewiesen, dass bei einem allfälligen Bau einer dritten Piste hinsichtlich des Verbrauchs der landwirtschaftlichen und forstwirtschaftlichen Nutzflächen eine Variante mit der geringsten Bodenversiegelung zu bevorzugen sei. In Bezug auf organische Schadstoffe wurde eine erhöhte PAH-Konzentration festgehalten, wohin-

57 Vgl. www.viemediation.at Chronologie: Erste Sitzung des AK ÖK am 24. September 2001, Protokoll.

58 Vgl. www.viemediation.at Chronologie: Zweite Sitzung des AK ÖK am 18. Oktober 2001, Protokoll.

59 Vgl. www.viemediation.at Chronologie: Erste Sitzung des AK ÖK am 24. September 2001, Protokoll.

gegen weder bei landwirtschaftlichen Kulturpflanzen noch auf dem Gebiet der Fischerei negative Beeinflussungen festgestellt wurden.[60]

Zur Frage der *Luftreinhaltetechnik* wurden in einem weiteren Gutachten (Prof. Dr. Puxbaum, DI Ellinger) Werte des Immissions-Ist-Zustandes der Luft am Flughafen mit geltenden Richtwerten in nationalen wie internationalen Regelwerken verglichen. Dabei wurde sowohl in Bezug auf die regionale Luftgüte als auch in Bezug auf die standortbegrenzte Luftgüte festgehalten, dass „nur sehr wenige Parameter in einem Bereich zu finden waren, der nahe an einem Grenzwert in einem der Regelwerke lag". Ein zusätzliches Gutachten über *Ausbreitungsrechnung und Meteorologie* (DI Hotes) diente vor allem der Überprüfung der Frage, ob die Messungen aus dem Gutachten zur Luftreinhaltetechnik mit den prognostizierenden Berechnungen übereinstimmen, und kam zu dem Ergebnis, dass durch die Berechnungen eine gute Wiedergabe der gemessenen Werte erfolgt sei.

Einem Gutachten zu *Geologie und Hydrogeologie* (DI Pistecky) ist zu entnehmen, dass für alle Pistenvarianten „nur eine geringe Beeinflussung des Grundwassers zu erwarten" sei, dass allerdings für die Pistenvariante parallel zur Piste „16/34" eine gesonderte Überprüfung des Einflusses auf die Grundwassernutzung von Schwadorf erforderlich sei. Auch in Hinblick auf das Oberflächenwasser bzw. die „qualitative oder quantitative Veränderung des Oberflächenabflusses" konnten keine negativen Beeinflussungen durch die Varianten gefunden werden. Zudem konnte die FWAG eine Versickerung verunreinigender Stoffe (ab 2005) ausschließen, zumal sie dem Abwasserverband Schwechat beigetreten ist und spätestens ab dem genannten Zeitpunkt die gesamten Abwässer des Flughafenbereichs in eine Kläranlage abgeleitet werden sollten.[61]

Kurz vor dem Ende des Verfahrens wurden nochmals ökologische Themen aufgegriffen: Die **Arbeitsgruppe „Landwirtschaft" (AG LW)** tagte im Mai 2005 einmal, um Projekte für die Landwirtschaft, die Fragen von Ablösen, Nachnutzung und Kommassierungen, ein zukünftiges Wegenetz und die konkrete Lage eines Rübensammelplatzes zu beraten. Dabei einigte sie sich darauf, dass ein bestehender Rübensammelplatz, der bei einem Bau einer dritten Piste strategisch ungünstig liegen würde, verlegt werden sollte. Zur Klärung der näheren Details wurde ein weiteres Gespräch zwischen den Vertretern der Landwirtschaft, des Rübenbauernbundes und der FWAG vereinbart. Des Weiteren wurde die Errichtung eines neuen Wegenetzes beschlossen. Für zukünftige Projekte der Landwirtschaft, insbesondere solche, die nachhaltigen Entwicklungen entsprechen, und solche, die von Landwirten eingereicht werden, die durch den Bau der dritten Piste Nachteile erlitten haben (z. B. Enteig-

[60] Vgl. www.viemediation.at Chronologie: Dritte Sitzung des AK ÖK am 13. Mai 2002, Protokoll.
[61] Vgl. www.viemediation.at Chronologie: Vierte Sitzung des AK ÖK am 18. Juni 2002, Protokoll.

nung), wurde in Aussicht gestellt, dass diese im Umweltfonds Berücksichtigung finden sollten.[62]

IV.3 Der Lebensqualität zugute: Lärm verhindern, Lärm mindern Szenarien der Lärmreduktion

„Die Erschütterung der Luft wird erst Schall, wo ein Ohr ist" formulierte Georg Christof Lichtenberg. Was zunächst zynisch klingen mag, hat doch tieferen Sinn. Schall ist zum einen eine physikalische Messgröße, definiert als hörbare elastische Schwingung eines Mediums. Im Medium Luft breitet sich Schall aus. Mathematische Formeln machen ihn berechenbar. Und doch macht es eigentlich erst Sinn, von Schall zu sprechen, wenn auch seine Wahrnehmung mit einbezogen wird. Diese aber ist bekanntlich subjektiv und nicht einfach in Formeln zu packen.

Rund um den Wiener Flughafen fliegen viele Flugzeuge durch die Luft und nutzen dieses Medium für die Verbreitung von Schall. Rund um den Wiener Flughafen leben aber auch viele „Ohren", die ihn wahrnehmen und unter ihm leiden. Ihre VertreterInnen haben immer wieder darauf gepocht, dass es nicht ausreicht, herkömmliche Messkriterien für die Bewertung von Lärm heranzuziehen, zumal diese die Auswirkungen auf den Menschen in ihrer Gesamtheit nicht wiedergeben und insofern auch die subjektiven Empfindungen der Menschen mit einbezogen werden müssen.

Im Mediationsverfahren am Flughafen Wien war das Thema Lärm ein zentrales. Die Bürgerinitiativen „Bürgerlärm gegen Fluglärm", „Überparteiliche BI gegen Fluglärm in Wien und Umgebung" und die „Österreich Plattform Fluglärm" haben ihre Arbeit über und gegen Lärm in ihrer Namensgebung explizit gemacht. Eine Reduktion von Lärmbelastung zu erzielen, war aber auch das Ziel aller anderen AnrainervertreterInnen (und auch der FlughafenvertreterInnen) im Verfahren. Eine solche Reduktion von Lärmbelastung sollte zugleich eine Steigerung der Lebensqualität bewirken. Dass die Interessen, eine Steigerung der Pistenkapazität zu erzielen und eine Steigerung von Lebensqualität durch Reduktion von Fluglärm zu erzielen zueinander in Widerspruch stehen, ist unmittelbar evident. Entsprechend zäh und ernst war auch das Ringen um Einigung in diesen beiden Fragen.

Für die Bearbeitung des Themas Lärm wurden in unterschiedlichen Phasen des Verfahrens verschiedene Gremien einberufen. Ihre Ergebnisse haben sich – vor allem im Bereich der Maßnahmenentwicklung – auch mit denen anderer Gremien überschnitten, auf die später noch eingegangen werden soll. Der Weg zur Entwicklung

62 Vgl. www.viemediation.at Chronologie: Erste Sitzung der AG „Landwirtschaft" am 9. Mai 2005, Protokoll.

von Maßnahmen musste aber erst geebnet werden. So mancher Fels schien ihn zunächst völlig unwegsam zu machen.

Einerseits musste im Verfahren geklärt werden, was Lärm überhaupt ist, dann die Frage, wie er gemessen, beschrieben und abgebildet werden kann. Danach stand die Frage im Raum, welche unterschiedlichen Lärmquellen sich im Fluggeschehen identifizieren lassen und wo auf Seite der Verursacher Lärmreduktionen erzielt werden können. Schließlich wurden Maßnahmen beraten, um nicht mehr reduzierbaren Lärm dennoch von den vorhandenen „vier Wänden" unzähliger Privatwohnungen fern zu halten oder ihn dort wenigstens zu lindern. Dem vorangestellt war allerdings die schwierige Frage, wie viel Lärm den Menschen zumutbar ist bzw. wo Grenzen liegen, die den Einsatz von Maßnahmen gebieten: Lärmgrenzwerte, die auch für zukünftige Generationen Geltung haben sollten.

Der **Arbeitskreis „Lärm" (AK L)** tagte von April 2001 bis Dezember 2002 sieben Mal, seine thematische Arbeit erstreckte sich aber über das gesamte Verfahren. Am Beginn der Verhandlungen stand eine Einigung, die weniger dem Thema als dem Umgang miteinander und dem Charakter der Arbeit im Verfahren diente: Die Beteiligten verständigten sich zunächst darauf, auf das Erstellen von Gutachten und Gegengutachten zu verzichten – gleichsam ein Waffenstillstandsübereinkommen der intellektuellen Verhandlungswelt. Demgegenüber wurden für den Einsatz von externen ExpertInnen bzw. Sachverständigen Kriterien erarbeitet.[63]

Nachdem aber zugleich klar war, dass in diesem Themenbereich eine Vielzahl von Gutachten und Materialien zu sichten und zu bewerten sein würde, stellte der Arbeitskreis eine weitere methodische Frage der inhaltlichen Arbeit voran. Einerseits sollten alle Gutachten im AK L präsentiert und erläutert werden, andererseits sollten alle Zugriff auf die vorhandenen Unterlagen haben. Dazu wurde vereinbart, ein Dokumentationssystem einzurichten, das vollständig, richtig, schlüssig, nachvollziehbar sein sollte und einen Vergleich der verschiedenen Dokumente ermöglichen sollte.[64] Mit der Umsetzung wurde eine Arbeitsgruppe „Dokumentation" beauftragt, die im Juni 2001 einen allgemein verständlichen Zwischenbericht vorlegte.[65]

Was ist Lärm, wie kann er gemessen und wie kann er abgebildet werden?

Die Parteien einigten sich zunächst auf eine *Definition von Lärm* und hielten – in Anlehnung an eine Richtlinie des „Österreichischen Arbeitsrings für Lärmbekämpfung

[63] Vgl. www.viemediation.at Chronologie: Siebente Sitzung des AK L am 18. November 2001, Protokoll und Beilage: Aktenvermerk betreffend Sachverständige für Flugrouten etc.

[64] Vgl. www.viemediation.at Chronologie: Erste Sitzung des AK L am 23. April 2001, Zweite Sitzung des AK L am 22. Mai 2001, Protokoll.

[65] Vgl. Dokumentation der Arbeiten des AK Lärm, Stand: 27. 6. 2001.

(ÖAL)" fest: „Lärm ist – im weitesten Sinn – unerwünschter Schall, der Menschen belästigen, ihre Gesundheit stören, gefährden oder schädigen kann. Insbesondere im Bereich extraauraler Auswirkungen versteht man unter Lärm auch die negativ gefärbte Erlebnisqualität, welche durch bestimmte Schallimmissionen ausgelöst wird und welche mit physiologischen und pathologischen Reaktionen einhergehen kann."[66]

Parallel dazu wurden der Einsatz geeigneter Messverfahren und Möglichkeiten der Abbildung von Lärm geprüft und dabei Systeme und Verfahren gefunden, die im gesamten weiteren Mediationsverfahren angewandt wurden.

Ein solches Verfahren ist „FANOMOS" (**F**light Track **A**nd **NO**ise **MO**nitoring **S**ystem), ein Kontrollsystem von fixen Lärmmessstellen in der Kombination mit der Aufzeichnung der Radarspuren der Überflüge. Ehe die tatsächliche Einigung erzielt werden konnte, das FANOMOS-System der FWAG im Rahmen des AK L als Kontrollsystem und als Grundlage für die Erarbeitung von Verbesserungsvorschlägen einzusetzen, waren allerdings einige „vertrauensbildende" Maßnahmen erforderlich.

Zur Überprüfung des Systems wurden zunächst Vergleichsmessungen mit mobilen, teilweise auch privaten Messstationen durchgeführt, Exkursionen zu Messstationen unternommen und mobile Messeinsätze an verschiedenen Orten vereinbart. Des Weiteren wurde für die Erstellung eines Messprogramms eine eigene **Arbeitsgruppe „Messplan"** eingerichtet. Diese unterbreitete schließlich den Vorschlag, die erhaltenen Messwerte bezüglich der von den Lärmmessstellen ausgewiesenen Überflugspegel zu überprüfen und zudem eine vertikale und eine horizontale Evaluierung sowie eine „Weiße-Flecken-Messung" durchzuführen. Die AG führte in weiterer Folge verschiedene Messungen durch und dokumentierte diese, wobei sie bei den Messstationen verschiedene Varianten zur „Einstellung der Geräte" ausprobierte (z. B. Veränderung der Höhe des Mikrophons auf die Höhe des menschlichen Ohrs). Zudem diskutierte sie eine Vielzahl möglicher Einflüsse auf Messergebnisse: von der Höhe des An- oder Abflugs über dem Messpunkt über den Einfluss der Bodenbeschaffenheit und der Bebauung rund um die Messstation bis hin zum Einfluss des Verkehrslärms. Schließlich konnte sich die AG jedoch darüber verständigen, das FANOMOS-System der FWAG im Rahmen des AK L als Kontrollsystem, Simulationssystem und als Grundlage für die Erarbeitung von Verbesserungsvorschlägen einzusetzen[67], eine Entscheidung, der sich der AK Lärm in weiterer Folge anschloss.

Das zweite System ist das *„Sydney Modell"*, das die Zahl der Einzelereignisse festlegt, die einen vereinbarten Maximalpegel überschreiten. Auf Basis des Sydney Modells wurde es möglich, Lärmkarten zu erstellen, die für jeden Punkt im weiteren

---

[66] Vgl. ÖAL-Richtlinie 6/18, S. 5) sowie www.viemediation.at Chronologie: Dritte Sitzung des AK L am 12. Juni 2001, Vierte Sitzung des AK L am 3. Juli 2001, Protokoll.

[67] Vgl. www.viemediation.at Chronologie: Erste Sitzung des AK L am 23. April 2001, Zweite Sitzung des AK L am 22. Mai 2001, Fünfte Sitzung AK L am 11. September 2001, Protokoll.

Umfeld des Flughafens eine realitätsgerechte Darstellung der Lärmsituation auf Basis von Überflugshäufigkeit und Lärmpegelüberschreitung abbilden sollten.

Für die Darstellung der Fluglärmzonen wurde vereinbart, diese mittels *Dauerschallpegel* (Leq) abzubilden bzw. mittels Sydney-Modell zu erfassen. Dafür wurde das *Integrated Noise Model* eingesetzt, ein Verfahren, das die amerikanische Luftfahrtbehörde FAA (Federal Aviation Authority) entwickelt hat.

Des Weiteren hat der AK L eine Gegenüberstellung von Modellen durchgeführt, die Durchschnittswerte erzielen, und solchen, die Einzelereignisse messen. Festgehalten wurde dabei, dass Berechnungen, die taugliche Aussagen über Durchschnittswerte (Leq) liefern, nur wenig über das subjektive Lärmempfinden aussagen. Daher wurden im AK drei Möglichkeiten der Beschreibung des Fluglärms unterschieden, nämlich jene, die sich anhand der Messdaten ergibt, jene, die sich aus Lärmberechnungen erfassen lässt, und schließlich jene, welche die „subjektive" Wahrnehmung der AnrainerInnen beschreibt (Betroffenheitskoeffizient).[68]

Parallel dazu arbeitete eine Untergruppe des AK „Aktuelle Maßnahmen" an Erläuterungen zu den im Verfahren verwendeten „Lärmkarten". Die **Arbeitsgruppe „Lärmkarten" (AG LK)** legte dazu am 3. Juli 2002 ein Dokument über „Grundlagen der Lärmzonen" vor.[69]

Nach der Einigung über die Art der Messung und Beschreibung von Lärm wurde mit der Erhebung des Ist-Zustandes begonnen, wobei zugleich folgende Faktoren geprüft wurden: die Flugroute, die Gestaltung des Pistenverteilungsplanes, die Gestaltungsmöglichkeiten von Piloten, die Führung von An- und Abflügen, die technischen Möglichkeiten und die technische Machbarkeit. Ein umfangreiches Unterfangen, nicht nur in inhaltlicher Hinsicht: Für die Darstellung der Flugrouten musste eine CD-ROM gebrannt werden, denn der Umfang ihres Datenmaterials hätte zweifelsohne so manchen Datenspeicher überfordert. In weiterer Folge wurde vor allem an der Optimierung der Flugrouten gearbeitet.[70]

In einem nächsten Schritt wurden auch im AK Lärm Themen, Indikatoren und Kriterien definiert. Für die Ausarbeitung derselben wurde eine **Arbeitsgruppe „Lärmkriterien"** eingerichtet. Diese legte folgende Themenbereiche fest, die für allfällige lärmreduzierende Maßnahmen als relevant erschienen: Lärm, Sicherheit, Wirtschaftlichkeit, Luftschadstoffe und Entwicklungsmöglichkeiten (der Gemeinden). Danach definierte sie für alle Themen Indikatoren (mess- oder beobachtbare Größen von Systemzuständen) und legte Kriterien (Ziel-, Schwell- oder Grenzwerte) zu den

68 Vgl. www.viemediation.at Chronologie: Dritte Sitzung des AK L am 12. Juni 2001, Fünfte Sitzung des AK L am 11. September 2001, Sechste Sitzung des AK L am 8. Oktober 2001, Protokoll.

69 Vgl. www.viemediation.at Chronologie: Fünfte Sitzung des AK AM am 2. Juli 2002, Protokoll und Beilagen.

70 Vgl. www.viemediation.at Chronologie: Vierte Sitzung des AK L am 3. Juli 2002, Fünfte Sitzung des AK L am 11. September 2001, Protokoll.

einzelnen Indikatoren fest. Für das Thema Lärm sollten der Dauerschallpegel (nach ÖAL 24) und der Spitzenschallpegel (Höhe, Überflughäufigkeit, zeitlicher Verlauf) herangezogen werden. Für das Thema Sicherheit sollte das Risiko in der Luft (Sicherheit des Flugverkehrs etc.) und das externe Risiko (für Personen am Boden) analysiert werden. Für das Thema Wirtschaftlichkeit wurden folgende Indikatoren festgelegt: die Anzahl der Blockstunden (jene Zeit, die vom Zeitpunkt des Abrollens des Flugzeuges bis zum Stillstand nach der Landung vergeht), die Anzahl der Aircraftcycles (Anzahl der Starts und Landungen einer Maschine pro Tag), Code Shares (Zugangsmöglichkeiten für anderer Fluglinien, die mit älteren und lauteren Maschinen fliegen, damit die AUA im Gegenzug andere Flughäfen anfliegen kann), Connecting Time (Zeit, die bei Anschlussflügen für das Umsteigen zur Verfügung steht) sowie die Ausnützung der maximalen Pistenkapazität. Für das Thema der Luftschadstoffe sollten Luftschadstoffemissionen herangezogen werden und für das Thema Entwicklungsmöglichkeiten „jene Flächen, die für eine Wohnbebauung zur Verfügung stehen" betrachtet werden.[71]

Was erzeugt Lärm und wie kann er reduziert werden?

Flugzeuge erzeugen Lärm und zwar in der Luft und am Boden, beim Starten und beim Landen. Manche von ihnen sind lauter, andere vergleichsweise leiser. Den unterschiedlichsten Lärmquellen rund um das Fliegen waren verschiedene Arbeitsgruppen auf der Spur, immer auch getragen von der Hoffnung, mögliche Maßnahmen für Lärmreduktionen zu finden – häufig wurde diese Hoffnung enttäuscht.

Die **Arbeitsgruppe „Lärmarme Flugzeuge" (AG LF)** wurde von Februar bis März 2003 zwei Mal einberufen und befasste sich mit der unterschiedlichen Lärmbelastung, die verschiedene Flugzeuge vor allem beim Starten erzeugen. Beraten wurde ferner, ob es sinnvoll wäre, unterschiedliche Gebühren einzuheben bzw. auch verschiedene Flugrouten vorzuschreiben. Nachdem diesbezüglich aber einerseits gesetzliche Änderungen (In-Kraft-Treten einer EU-Richtlinie) sowie andererseits internationale Bestimmungen zu berücksichtigen waren, wurde die AG mit Beschlüssen zu geringfügigen Änderungen im Teilvertrag beendet.[72]

Die Arbeitsgruppe **„Lärmmindernde An- und Abflugverfahren bordseitig" (AG LMA)** informierte sich im Jänner und Februar 2003 über technische Details

[71] Vgl. www.viemediation.at Chronologie: Fünfte Sitzung des AK L am 11. September 2001, Sechste Sitzung des AK L am 8. Oktober 2001, Protokoll und Beilagen, Siebente Sitzung des AK L am 12. Dezember 2001, Protokoll und Beilagen: „Vorschlag für die Bestimmung von Lärmgrenzwerten (Lärmkriterien) in der Vie-Mediation" sowie Protokoll der Arbeitsgruppe Lärmkriterien vom 23.10.2001, Achte Sitzung des AK L am 22. Jänner 2002, Protokoll.

[72] Vgl. www.viemediation.at Chronologie: Sitzungen der AG Lärmarme Flugzeuge am 10. Februar 2003 und am 10. März 2003, Protokolle.

betreffend Start- und Landeverfahren und beleuchtete unterschiedliche Verfahren in Hinblick auf ihr Potential, lärmmindernd zu wirken,. Dabei wurde offenkundig, dass lärmmindernde Verfahren mitunter mehr kosten als andere oder unter gewissen Bedingungen gar nicht angewandt werden können (beispielsweise bei Schlechtwetter). Die AG sprach sich schließlich für den Einsatz von zwei Anflugvarianten aus, die Lärmminderung versprechen. Dies sind das *„Low Drag- Low Power-Verfahren“*[73] und der *„Continuous Decent“*, zwei Verfahren, in denen versucht wird, möglichst wenig (lauten) Schub zu geben. Zudem regte sie an, Fahrwerke möglichst über unbesiedeltem Gebiet auszufahren.[74]

Die **Arbeitsgruppe „Bodenlärm“ (AG B)** tagte von Februar bis April 2003 zwei Mal mit dem Ziel „eine Vorbereitung von Empfehlungen zu Maßnahmen“ zu erarbeiten. Dabei wurden zunächst folgende Lärmquellen identifiziert: Bewegung der Flugzeuge auf Rollwegen, Warteschlangen beim Start, Enteisung, Schub beim Start, standing take-off vs. rolling take-off (wenn Flugzeuge im Stehen Schub geben, erzeugt dies mehr Lärm als im Rollen), Schubumkehr bei Landungen, Aufsetzgeräusch bei Landungen, Turbinentests, sonstige Betriebsgeräusche im Flughafenbereich (z. B. von Fahrzeugen). Für viele dieser Lärmquellen musste zur Kenntnis genommen werden, dass sie aus sicherheitstechnischen Gründen weder reduziert werden können noch örtlich veränderbar sind. Folgende Maßnahmen wurden schließlich von der AG genauer geprüft: Die Errichtung eines Lärmschutzwalls (Erdwall), die Errichtung eines Baumschutzgürtels und die Reduktion von Warteschlangen.[75]

Ein weiteres Thema, das den AK L immer wieder beschäftigte, war die Frage der „Gleitwinkel“, zumal die Vermutung bzw. die Hoffnung bestand, dass sich durch Veränderungen des Gleitwinkels massive Änderungen in Bezug auf die Lärmbelästigung ergeben würden. Zur Bearbeitung dieser Frage wurde schließlich eine eigene **Arbeitsgruppe „Gleitwinkel“** eingerichtet, die sich vor allem mit einem Vergleich der Gleitwinkel von 3,0 bzw. 3,5 Grad befasste. Das Ergebnis war allerdings wenig Erfolg versprechend: Zwar wurde klar, dass durch die Einführung eines Gleitwinkels von 3,5 Grad eine Lärmverminderung im Ausmaß von 0 - 1,5 Dezibel zu erwarten sei, zugleich aber diese unter der Wahrnehmbarkeitsgrenze von drei Dezibel liegen würde. Demgegenüber wurden durch die Einführung eines solchen Gleitwinkels allerdings weit reichende Konsequenzen in Bezug auf Sicherheitsfragen erwartet, was sich auch in internationalen Studien bestätigte, die von der Einführung eines solchen Gleitwinkels abrieten. Auch das andernorts befürwortete „Low Drag-Low Power-

[73] Für dieses Verfahren finden sich an verschiedenen Stellen unterschiedliche Schreibvarianten; im Folgenden soll die hier gewählte Variante beibehalten werden.

[74] Vgl. www.viemediation.at Chronologie: Sitzungen der AG Lärmmindernde An- und Abflugverfahren bordseitig am 28. Jänner 2003 und am 17. Februar 2003, Protokolle.

[75] Vgl. www.viemediation.at Chronologie: Sitzungen der AG Bodenlärm am 10. Februar 2003 und am 1. April 2003, Protokolle.

Verfahren" kann nur bei einem Präzisionsanflug von 3,0 bis 3,15 Grad angewandt werden, was wiederum gegen eine Veränderung des Gleitwinkels sprach. Die AG schlug also in weitere Folge keine Veränderung des Gleitwinkels vor, immerhin schuf sie aber Verständnis, warum eine Veränderung des Gleitwinkels wenig aussichtsreich ist.[76]

Auf der Suche nach Grenzen: Wie viel Lärm ist den Menschen zumutbar?

Wo keine natürlichen Grenzen vorhanden sind, müssen Grenzen gezogen werden. Historisch haben ganze Kriege davon gehandelt. Wer ohne Gewalt auskommen will, muss streiten, diskutieren und verhandeln um Grenzen setzen zu können. Ein zäher, ein langwieriger Prozess. So auch im Mediationsverfahren am Flughafen Wien-Schwechat.

Bereits frühzeitig hatte man im Verfahren damit begonnen, mögliche Maßnahmen zu diskutieren. Dafür wurde ein eigener Arbeitskreis „Aktuelle Maßnahmen" eingerichtet. Dort musste man aber bald feststellen, dass die Diskussion über Maßnahmen eine Einigung über Grenzwerte bedingt, ab denen unterschiedliche Maßnahmen ergriffen werden sollen. Diese schwierige Aufgabe wurde der **Arbeitsgruppe „Lärmgrenzwerte" (AG LGW)** übertragen, die von März 2002 bis März 2003 vierzehn Mal tagte und zentrale Begriffe für das Verfahren erarbeitete.

Zum einen sollte in ihr der Begriff *„Zumutbarkeit"* definiert werden, zum anderen ging es darum, *Lärmzonen* festzulegen, die in weiterer Folge für die unterschiedlichsten Maßnahmen als Grundlage herangezogen werden sollten. Dies alles unter Berücksichtigung diverser gesetzlicher Grundlagen und fachlicher Gutachten. Dazu wurde vereinbart, einen Methoden-Mix anzuwenden, der sowohl qualitative Befragungsergebnisse als auch quantitative Messwerte zulassen sollte. Diese Entscheidung ermöglichte es letztlich, dass objektive Messkriterien und subjektive Empfindungen in die Analyse Eingang fanden.

Dazu unterschied die AG LGW zunächst Belästigungsgrade (unzumutbar, schwer zumutbar, teilweise zumutbar, zumutbar)[77], wobei dafür an späterer Stelle noch Unterscheidungen in unterschiedliche Fluglärmzonen getroffen wurden.[78] Zusätzlich wurden mit den Begriffen *„Schädigungsschwelle"* und *„Nutzungsschwelle"* Grenzbereiche definiert, jenseits derer einerseits „die Lärmbelästigung mit hoher Wahrscheinlichkeit zu physiologischen, psychologischen oder sozial erheblichen,

[76] Vgl. www.viemediation.at Chronologie: Vierte Sitzung des AK L am 3. Juli 2001, Fünfte Sitzung des AK L am 11. September 2001, Sechste Sitzung des AK L am 8. Oktober 2001, Protokoll und Beilage: Zusammenfassung der Ergebnisse der Arbeitsgruppe „Gleitwinkel 3,5 zur Piste 11".

[77] Vgl. www.viemediation.at Chronologie: Erste Sitzung der AG LGW am 27. März 2002, Protokoll.

[78] Vgl. www.viemediation.at Chronologie: Vierte Sitzung der AG LGW am 25. Juni 2002, Protokoll.

nachweisbaren Beeinträchtigungen führt" (Schädigungsschwelle) und andererseits der „Umfang der erforderlichen Lärmschutzmaßnahmen technisch oder ökonomisch die Nutzung einer Anlage durch den Betreiber nicht mehr ermöglicht" (Nutzungsschwelle).[79] In weiterer Folge wurden die einzelnen Bereiche der Zumutbarkeit sowohl verbal verdeutlicht (z. B. wurde für den Bereich „kaum zumutbar" festgehalten, dass hier die Nutzung der Freiräume wie Garten oder Erholungsgebiete nur mehr teilweise möglich ist) als auch mit Vorschlägen für konkrete Werte (in Dezibel) versehen, die naturgemäß – interessenbedingt – vorerst deutlich divergierten. Auch sollte zwischen Tag und Nacht unterschieden werden, zumal insbesondere für die VertreterInnen der BI die Lärmbelästigung in der Nacht das entscheidende Problem darstellte.[80] Wie in den meisten Gruppen wurde auch hier mit großer Sorgfalt die Frage des Messsystems diskutiert, wobei nach langem Ringen Einigung sowohl in Hinblick auf den *„Bezugszeitraum Dauerschallpegel"* als auch auf den *Durchrechnungszeitraum* erzielt werden konnte[81] und eine Kombination mit dem Sydney-Modell beschlossen wurde.[82] Für die Festlegung des Durchrechnungszeitraumes wurde eine eigene **Untergruppe „Durchrechnungszeitraum" (UG DR)** eingerichtet.

Im nächsten Schritt wurden Maßnahmenpakete geschnürt, deren Leistungsumfang in ein direkt proportionales Verhältnis zur sinkenden Zumutbarkeit gesetzt wurde. In diesem Bereich wurde sowohl die teilweise Förderung von Maßnahmen (z. B. Lärmschutzfenster) vorgesehen als auch die völlige Kostenübernahme durch die FWAG.[83] Die Maßnahmen wurden noch im Detail geprüft (z. B. Schallschutzwirkung bei gekippten Fenstern).[84] Über diese Zwischenergebnisse legte die AG einen Bericht vor.[85]

In weiterer Folge klärte die AG, welche Lärmkarten sie für die Fortsetzung ihrer Arbeit benötigte[86], einigte sich auf eine Evaluierung der aktuellen Nachtflugsituation, ehe ein äußerst langwieriges Ringen um die Festlegung von Grenzwerten begann, also jene Werte, die zukünftig für das Setzen von Maßnahmen relevant sein würden. Im März 2003 konnte die AG Lärmgrenzwerte schließlich folgende Dokumente verabschieden: einen Bericht „Evaluierung Nachtflug" sowie einen Entwurf über vorläufige Vereinbarungen zum Thema Lärmgrenzwerte.

---

79 Vgl. www.viemediation.at Chronologie: Zweite Sitzung der AG LGW am 23. April 2002, Protokoll.
80 Vgl. www.viemediation.at Chronologie: Dritte Sitzung der AG LGW am 29. Mai 2002, Fünfte Sitzung bis Zehnte Sitzung der AG LGW, Protokolle.
81 Vgl. www.viemediation.at Chronologie: Fünfte bis Zehnte Sitzung der AG LGW, Protokolle.
82 Vgl. www.viemediation.at Chronologie: Elfte Sitzung der AG LGW am 6. Dezember 2002, Protokoll.
83 Vgl. www.viemediation.at Chronologie: Vierte Sitzung der AG LGW am 25. Juni 2002, Protokoll.
84 Vgl. www.viemediation.at Chronologie: Sechste bis Achte Sitzung der AG LGW, Protokolle.
85 Vgl. www.viemediation.at Chronologie: Zehnte Sitzung der AG LGW am 12. November 2002, Protokolle.
86 Vgl. www.viemediation.at Chronologie: Elfte Sitzung der AG LGW am 6. Dezember 2002, Protokoll.

Zwischenstation: Auf dem Weg zu einer ersten Einigung

Am 27. Mai 2003 konnten mit der Unterzeichnung eines Teilvertrages wesentliche Zwischenergebnisse im Mediationsverfahren gesichert werden. In ihm sind erste Vereinbarungen festgehalten, die unabhängig vom Ausgang des Verfahrens gelten sollten und vor allem die Festlegung neuer Flugrouten sowie von Lärmschutzmaßnahmen betreffen.

Eine wichtige Vorarbeit für die Erstellung dieses Teilvertrages leistete der **Arbeitskreis „Aktuelle Maßnahmen" (AK AM)**, der von März 2002 bis November 2002 acht Mal tagte. Er diente in erster Linie der Erhebung von Forderungen, Wünschen und Vorschlägen für aktuelle Maßnahmen. In ihm wurden aber auch viele der Themen weiterbearbeitet, die im AK „Lärm" und dessen Arbeitsgruppen bereits vorbereitet worden waren, wie beispielsweise ein Bericht über die Überprüfung der Eingabedaten für die Erstellung von Lärmkarten.[87] Der AK AM arbeitete mit Unterstützung des Seibersdorfer Forschungsteams und zog zudem einen externen Experten für die Klärung von „Abweichungen, Toleranzen und Korridorbelegungen" bzw. auch für die Bearbeitung des Themas der Landungen hinzu.[88]

Die Vorgehensweise folgte weitgehend der Logik der anderen Arbeitskreise, der Erstellung von Themen sollte die Definition von Indikatoren und Kriterien folgen (wiederum mit Unterstützung durch die Expertise von Seibersdorf), wobei es in Bezug auf die Maßnahmen auch noch darum ging, diese in aktuelle und langfristige zu unterscheiden und zudem erste Verhandlungen über Maßnahmen aufzunehmen.

Eine erste Auflistung solcher Maßnahmen brachte einen Katalog von Überlegungen zutage, der sich in folgende Themenbereiche untergliederte:

- *„Verursacherseitige (emittentenseitige) Maßnahmen"* (Flugrouten, Flughöhen und Auslastungsregelungen, Maßnahmen für Piloten, Pistennutzung und Flugzeuge),
- *„Schutzmaßnahmen"* (Lärmschutzfenster, Schutz von besonderen Objekten wie Schulen etc., Bodenlärm),
- *„Sonstige Maßnahmen"* (Entschädigungszahlungen, Durchführung von Untersuchungen, Regelungen für Grenzüberschreitungen oder besonders laute Flugzeuge, Nutzung alternativer Verkehrssysteme, Änderung gesetzlicher Bestimmungen, Treffen von Zeitvereinbarungen etc.).

---

[87] Vgl. www.viemediation.at Chronologie: Erste Sitzung des AK AM 5. März 2002, Protokoll.

[88] Vgl. www.viemediation.at Chronologie: Vierte Sitzung des AK ÖK am 18. Juni 2002, Fünfte Sitzung des AK AM am 2. Juli 2002, 6. Sitzung des AK AM am 29. August 2002, Protokoll und Beilagen.

Für die Zusammenfassung (redaktionelle Arbeit) und Verteilung von Arbeitsaufträgen bzw. die Entwicklung einer Systematik zur Bearbeitung der Forderungen wurde eine **Arbeitsgruppe „Redaktionelle Überarbeitung und Systematisierung“** eingerichtet, die neben dem erwünschten Forderungskatalog auch ein „To-do-Liste“ erstellte.[89] Der AK AM überarbeitete den Forderungskatalog noch mehrfach und feilte ihn weiter aus. Zudem setzte er Prioritäten in Bezug auf die Bearbeitung der genannten Vorschläge und vereinbarte, die Diskussion anhand der optionalen Pistenvarianten zu strukturieren. Die Systematik der Bearbeitung folgte dabei folgender Logik: Zuerst sollten die Begriffe so weit vergemeinschaftet werden, dass sie von allen TeilnehmerInnen einheitlich verwendet werden konnten, dann jene Forderungen herausgearbeitet werden, die zueinander in Widerspruch stehen und schließlich Formen des Umgangs mit diesen Themen gefunden werden. In weiterer Folge wurden Stellungnahmen zu den einzelnen Forderungen von unterschiedlichen Verfahrensparteien (insbesondere aber den potentiell für die Umsetzung Verantwortlichen) eingeholt und eingearbeitet.[90] In einem letzten Schritt wurden schließlich die Forderungen in zwei „Körbe“ unterteilt. Korb I enthielt jene Maßnahmen, „die losgelöst von der Diskussion über die Errichtung einer dritten Piste behandelt werden können“, und Korb II demgegenüber jene Maßnahmen, „welche nur im Zusammenhang mit kapazitätserweiternden Maßnahmen und wirtschaftlichen Entwicklungsmöglichkeiten realisierbar sind“. Damit wurde die Möglichkeit geschaffen, einige der erstellten Forderungen bzw. der vorgeschlagenen Maßnahmen auch unabhängig vom Ausgang des Mediationsverfahrens zu bearbeiten und umzusetzen[91] – prozesstechnisch gesehen, ein zentraler Schritt im Verfahren. Die Aufteilung in Körbe lieferte nach der Umstrukturierung des Verfahrens (ab 2003) die Basis für die Einrichtung neuer Arbeitsgruppen. Die Punkte aus Korb I wurden schließlich ausverhandelt und im Teilvertrag festgelegt.

Inhaltlich trieb der AK AM zudem die Diskussion um Lärmgrenzwerte voran und richtete dafür die bereits erwähnten Arbeitsgruppen „Lärmgrenzwerte“ (AG LGW) und „Lärmkarten“ (AG LK) ein. Zentral ging es aber darum, zwei Themen vertiefend zu beraten und wenn möglich zu tragbaren Zwischenergebnissen zu bringen: die Festlegung von SIDs (Anflugrouten) und die Frage der Landungen. Beide Themen werden im Kapitel über die Verhandlungen rund um das Thema Verkehr eingehender dargestellt.

Verhandelt wurden die konkreten Maßnahmen im Wesentlichen in der ersten von insgesamt sechs Klausuren am 5. April 2003.

---

89 Vgl. www.viemediation.at Chronologie: Zweite Sitzung des AK AM am 11. April 2002, Dritte Sitzung des AK AM am 6. Mai 2002, Protokoll und Beilagen.

90 Vgl. www.viemediation.at Chronologie: Alle Sitzungen des AK AM, Protokolle und Beilagen.

91 Vgl. www.viemediation.at Chronologie: Achte Sitzung des AK AM am 5. November 2002, Protokoll.

Regionen im Vergleich: Wer gewinnt, wer verliert?

Im Zuge der Debatten und Entscheidungen rund um das Thema Lärm stellte sich immer wieder die Frage, welche Region durch welche Entscheidungen bevorzugt oder benachteiligt wird, insbesondere ging es hier auch um die Frage des Vergleichs zwischen Wien und Niederösterreich. Dafür wurde eine eigene **Arbeitsgruppe „Regionales Vergleichsmodell" (AG RV)** eingerichtet, die im Februar 2003 einmal tagte, um ein solches „Werkzeug zum regionalen Vergleich von Maßnahmen und die für dieses Werkzeug notwendigen Kriterien zu bestimmen". Ein solches Vergleichsmodell sollte „für alle Flugbewegungen gelten, nachvollziehbar sein, dem Stand der Technik und Wissenschaft entsprechen und dokumentierbare Ergebnisse liefern" und eine „Entscheidungshilfe, aber kein Präjudiz für Verhandlungsergebnisse liefern". Das Modell sollte ferner die „regionale Gesamtlärmbelastung" im Gegensatz zur individuellen Belastung abbilden und „ein Werkzeug sein, um festzustellen, ob und welche Auswirkungen regional zu erwarten sind, wenn Änderungen (wie beispielsweise Änderungen der Flugwege, des Pistennutzungskonzeptes, der Belegungen einzelner Flugrouten, des Flottenmix, der An- und Abflugverfahren etc.) erfolgen". Zudem sollten in ihm „sowohl die Anzahl der betroffenen BewohnerInnen als auch die Intensität der Betroffenheit" ausgewiesen werden. Dies wiederum in Lärmkarten, die mit Bevölkerungsdaten verknüpft werden. Die AG einigte sich schließlich darauf, einen Vorschlag für ein Berechnungsmodell aufzugreifen, den ein Mitglied der Gruppe unterbreitet hatte, und einen Probelauf mit ihm zu wagen. Das Berechnungsmodell ist als „Rosinak-Modell" in das Verfahren eingegangen, benannt nach seinem Erfinder.[92]

Lärmschutz

Als geklärt war, was und wie gemessen werden sollte und ab welcher Höhe technischer Lärmschutz finanziert werden sollte, ging es darum die Frage zu klären, was „Technischer Lärmschutz" eigentlich ist und wie er in weiterer Folge angewandt werden soll. Zu diesem Thema tagte die Arbeitsgruppe „Technischer Lärmschutz" (AG TL) von Dezember 2003 bis Mai 2004 insgesamt sechs Mal. Die AG erledigte mit Unterstützung eines medizinischen Sachverständigen und eines Lärmschutzexperten für bauphysikalische Maßnahmen folgende drei Aufgaben: Sie definierte die Begriffe „Aufenthaltsräume" und „Sensible Objekte", legte Richtwerte für die Förderung von Lärmschutzmaßnahmen fest und stellte eine Übersicht über die bisherigen Maßnahmen zusammen.

---

[92] Vgl. www.viemediation.at Chronologie: Erste Sitzung der AG Regionales Vergleichsmodell am 12. Februar 2003, Protokoll.

Die AG legte dafür drei Fluglärmzonen fest (54-57dB Leq, 57-60 dB Leq, 60-65 dB Leq), definierte sodann für diese Lärmzonen einen unterschiedlichen Anspruch auf Maßnahmen (Einbau von Schallschutzfenstern und -türen in einem Raum, anteilige Finanzierung von Wintergärten etc.) und einigte sich auf Rahmenbedingungen für die zeitliche Umsetzung. Vereinbart wurde zudem, dass nach Abschluss des Mediationsverfahrens ein Masterplan erstellt werden sollte, in dem festgelegt wird, wann welches Gebiet an die Reihe kommt.[93]

Gegen Ende des Verfahrens wurde eine Arbeitsgruppe „Lärmberechnungen" (AG LB) damit beauftragt, eine allgemein verständliche Darstellung der Berechnungsgrundlagen und -formen zu erstellen. Unter dem Titel „Lärmzonenberechnung Flughafen Wien – Grundlagen und Erklärungen für Berechnungen und Methoden im Rahmen des Mediationsverfahrens", legte die AG am 16. Juni 2005 ein Dokument vor, das auch im Ordner der Abschlussdokumente zu finden ist.

IV.4 Wann ist Lärm gerecht verteilt? Szenarien alternativer Verkehrsverteilung

Wenn Lärm nicht abzuschaffen ist, so lässt er sich eventuell doch „besser" verteilen, gibt es doch Regionen und Menschen, die ungleich höher belastet sind als andere. Ein heikles Unterfangen. Wie soll jenen, die bisher nur wenig oder auch gar keinen Fluglärm gehört haben, plausibel gemacht werden, dass in Zukunft Flugzeuge über ihre Grundstücke fliegen, zumal dann, wenn sie selbst keine Gelegenheit hatten, im Mediationsverfahren an solchen Entscheidungen mitzuwirken?

Die Themen Verkehr und Verkehrsverteilung wurden in unterschiedlichen Phasen des Mediationsverfahrens behandelt. Im Zuge der Verhandlungen zum Teilvertrag ging es zentral darum, die aktuelle Verkehrsverteilung zu erfassen bzw. die technischen Voraussetzungen von Starts und Landungen zu verstehen und schließlich darum, nach Optionen und Möglichkeiten zu suchen, die eine bessere (weil weniger Menschen belastende) oder eine gerechtere (weil besonders belastete Regionen entlastende) Verkehrsverteilung zu finden.

Betrachtet wurden in weiterer Folge aber nicht nur das bestehende Zwei-Pisten-System, sondern auch das geplante Drei-Pisten-System, wobei Starts und Landungen untersucht wurden, die Verkehrsverteilung analysiert und beraten wurde, und einmal mehr dem Thema „Nachtflug" besonderes Augenmerk geschenkt wurde.

[93] Vgl. www.viemediation.at Chronologie: Sitzungen der Arbeitsgruppe Technischer Lärmschutz am 2. Dezember 2003, 14. Jänner 2004, 11. Februar 2004, 10. März 2004, 21. April 2004, 3. Mai 2004, Protokolle.

Starten und Landen

Der Arbeitskreis **„Aktuelle Maßnahmen" (AK AM)** hatte bereits 2002 damit begonnen, erste diesbezügliche Fragen zu thematisieren bzw. auch konkrete Vorschläge zu erarbeiten. Dies vor allem in Bezug auf die Festlegung von Flugrouten (SIDs) und Landeverfahren.

Bei den *„Standard Instrument Departures"* (SIDs) handelt es sich um *Abflugrouten*, die von der Austro Control GmbH (ACG) geplant und festgelegt und den Piloten vorgegeben werden. Die Mitarbeiter der ACG verbrachten unzählige Stunden damit, neue SIDs auf Basis des Forderungskataloges zu erstellen, wobei sie versuchten, dafür den „sinnvollsten Kompromiss zwischen den Aspekten ‚Sicherheit', ‚Kapazität', ‚Wirtschaftlichkeit' und ‚Ökologie'" zu finden. Für diese kreative Leistung wurde der ACG vielfach von den anderen Mitgliedern im Verfahren Dank gezollt. Nachdem SIDs der ministeriellen Genehmigung bedürfen, sollten diese nach dem Zustandekommen einer Einigung (Teilvertrag) im Mediationsverfahren eingeholt werden, was wiederum aufgrund gesetzlicher Bestimmungen frühestens im Frühjahr 2003 möglich war. Die Details zu den neuen SIDs wurden schließlich in Einzelterminen zwischen ACG und den verfahrensbeteiligten Gruppierungen (mit Unterstützung des Teams aus Seibersdorf) diskutiert.[94] In weiterer Folge wurden dann neue Lärmkarten für die vorgeschlagenen SIDs (auf Basis der Pistenkapazität des Jahres 2000) erstellt.[95]

In Bezug auf die *Landeanflüge* wurden anhand einer Stellungnahme eines Sachverständigen (Kaspar Senn, CH) vorerst die Differenz von Sicht- und Instrumentenanflügen bzw. unterschiedliche Verfahren der beiden Anflugvarianten diskutiert, wobei nur beim Sichtanflug Verfahren geflogen werden können, die nicht standardmäßig verlaufen müssen und daher eine gewisse Variabilität besitzen. Während Instrumentenanflüge radarunterstützt erfolgen, bei denen sich das Flugzeug auf einem bestimmten Gleitstrahl befinden muss, können bei einem Sichtanflug auch Kurven geflogen werden, was zwar eine breitere räumliche Streuung der Anflugslinien ermöglicht, demgegenüber aber auch zu größeren Lärmbelästigungen führen kann (wenngleich nicht muss). Der *„Curved Approach"* ist ein neuartiges Anflugverfahren, das gekurvte Instrumentenanflüge ermöglicht, was allerdings die Schaffung entsprechender Bedingungen voraussetzt, die der Sachverständige als aufwändig beschrieb.[96] Das Verfahren ist derzeit noch im Entwicklungsstadium, seine Zulassung noch ausständig.

---

[94] Vgl. www.viemediation.at Chronologie: Vierte bis Achte Sitzung des AK AM, Protokolle.

[95] Vgl. www.viemediation.at Chronologie: Siebente Sitzung des AK AM am 8. Oktober 2002, Protokoll.

[96] Vgl. www.viemediation.at Chronologie: Sechste Sitzung des AK AM am 29. August 2002, Siebente Sitzung des AK AM am 8. Oktober 2002, Protokoll.

Die **Arbeitsgruppe „Starts/Verkehrsverteilung“ (AG SV)** hat von Jänner 2003 bis März 2003 drei Mal getagt und wesentliche Vorbereitungsarbeiten für die Klausur am 5. April 2003 (Verhandlungen zum Teilvertrag) geleistet. Zunächst wurde in der Arbeitsgruppe festgelegt, welche Lärmkarten vom Flughafen erstellt und welche Kriterien dafür angewandt werden sollten (Dauerschallpegel, sechs Monate Durchrechnungszeitraum, Isolinien 1dB, Unterste Linie Tag 50 dB, Abend 45 dB, Nacht 40 dB, bestimmte Höhenangaben und nach Möglichkeit auch Angaben zu Distanzen). Diese sollten in weiterer Folge mit Bevölkerungsdaten verschränkt werden. Letztlich sollten alte und neue SIDs sowohl quantitativ als auch qualitativ bewertet werden, wobei hinsichtlich der qualitativen Bewertung unterschiedliche Ansichten bestanden.[97]

Im Verlauf der Arbeit wurde aber auch klar, dass es nicht möglich sein würde, neue Flugrouten zu definieren, bei welchen alle Lärmbetroffenen Verbesserungen erfahren würden, bzw. dass sogar klar sei, „dass es bei manchen Gemeinden auch zu relativen Verschlechterungen kommen wird“. Insofern verständigte sich die Arbeitsgruppe darauf, alle Entscheidungen sehr gut und nachvollziehbar zu begründen. Dazu wurde weiters festgehalten, dass „Maßnahmen, die zu Reduktionen in hoch belasteten Gebieten führen, rechtfertigen, dass andere Bevölkerungsteile mehr bzw. neu belastet werden“.[98]

Ähnlich verfuhr die **Arbeitsgruppe Landungen/Verkehrsverteilung (AG LV)** – sie traf sich von Jänner bis März 2003 drei Mal. Auch sie widmete sich maßgeblich der Vorbereitung der Klausur und dabei insbesondere der Aufbereitung von Unterlagen, die in weiterer Folge als Entscheidungsgrundlagen dienen sollten.

In ihr wurden verschiedene Anflugrouten besprochen, die Frage Bündelung vs. Streuung thematisiert und unterschiedliche Forderungen, die vor allem Verlagerungen von Landungen betrafen, zur Kenntnis genommen und diskutiert. Erläutert wurden in dieser Arbeitsgruppe nochmals verschiedene Arten der Landung (visual-approach, Sichtanflug bzw. short-approach, radargeführter Anflug), deren Gestaltungspotential in weiterer Folge überprüft wurde. Die AG LV erhob zudem technische Erfordernisse, die bei der Landung bzw. in der Phase ihrer Vorbereitung (Einklinken auf Lichtstrahl, Ausfahren von Fahrwerk und Landeklappen etc.) relevant sind, und lernte die Arbeit von Fluglotsen und die Funktion technischer Instrumente, die Fluglotsen unterstützen (z. B. Arrival-Manager) kennen.[99]

Die Arbeitsgruppe **„Korridore/Sichtanflüge“ (AG KS)** beriet in drei Sitzungen von Februar bis März 2003 folgende Themen im Detail: Sichtanflüge, short-approach,

97 Vgl. www.viemediation.at Chronologie: Sitzungen der AG Starts und Verkehrsverteilung am 22. Jänner 2003, 26. Februar 2003, Protokolle.

98 Vgl. www.viemediation.at Chronologie: Zweite Sitzung der AG Starts und Verkehrsverteilung am 26. Februar 2003, Protokoll.

99 Vgl. www.viemediation.at Chronologie: Zweite Sitzung der AG Landungen/Verkehrsverteilung am 29. Jänner 2003, 11. März 2003, 25. März 2003, Protokolle.

verfrühte Freigabe, Korridore und Monitoring. Die Erläuterung einiger Themen führte in dieser AG zu so manchem AHA-Effekt, wie etwa die Begründung, warum Abweichungen von Flugrouten (SIDs) möglich sind. SIDs geben nämlich keine „strichförmigen" Flugrouten vor, sondern immer einen bestimmten „Korridor", worunter wiederum ein Bereich von 700 m rechts und 700 m links von einer SID-Linie verstanden wird. Wenn auch die meisten Flugzeuge ungefähr in der Mitte des Korridors fliegen, so gilt der Abstand gleichsam als möglicher Spielraum einer Flugroute. Zudem gibt es aber auch Gründe, dass selbst ein Korridor verlassen werden kann bzw. muss, beispielsweise dann, wenn Wettereinwirkungen, Windeinfluss, Verkehrsaufkommen etc. dies erforderlich machen. Nach diesen Erläuterungen betonte ein Mitglied der AG, „dass eine Vermittlung des hier dargestellten Wissens bezüglich Fluggenauigkeit an die Bevölkerung wesentlich zur Beruhigung beitragen könnte".[100] Möglicherweise hätte sie auch im Verfahren bereits zu einem früheren Zeitpunkt viel zum Verständnis aller beigetragen.

In weiterer Folge widmete sich die AG dem Thema der Sichtanflüge und diskutierte dabei selbst Vorschläge, die „(noch) nicht erprobt, (noch) nicht zugelassen, (noch) nicht publiziert" waren. Besprochen wurden des Weiteren die unterschiedlichen Lärmauswirkungen von Kurvenflügen und geraden Flügen (bei Ersteren ist der Lärmkegel breiter, dafür bei Zweiteren die Lärmintensität höher).

Das zu entwickelnde Monitoring-System sollte eine „Beobachtung und Kontrolle der Umsetzung von getroffenen Vereinbarungen im Themenbereich Korridore/Sichtanflüge"[101] ermöglichen bzw. auch klären, „wie man mit späteren Diskussionen und Konflikten" umgeht, „wenn beispielsweise ein Korridor nicht eingehalten wurde" und andererseits Überlegungen für ein Anreizmodell beinhalten, um Korridore einzuhalten.[102] In Bezug auf potentielle Konflikte legte die AG zudem fest, dass bei allen Überlegungen, die Änderungen von Flugrouten betreffen, auch an jene gedacht werden müsse, die nicht in einer AG oder im Verfahren vertreten sind.[103] Für das Monitoring-System wurden innerhalb der AG noch unterschiedliche Vorschläge festgehalten, die in weiterer Folge von der Aviation-Group überprüft werden sollten und später in anderen Arbeitsgruppen (z. B. Incentive-Modell, Evaluierung) weiter verfolgt wurden.

---

[100] Vgl. www.viemediation.at Chronologie: Erste Sitzung der AG Korridore/Sichtanflüge vom 11. Februar 2003, Protokoll.

[101] Vgl. www.viemediation.at Chronologie: Dritte Sitzung der AG Korridore/Sichtanflüge vom 20. März 2003, Protokoll.

[102] Vgl. www.viemediation.at Chronologie: Erste Sitzung der AG Korridore/Sichtanflüge vom 11. Februar 2003, Protokoll.

[103] Vgl. www.viemediation.at Chronologie: Zweite Sitzung der AG Korridore/Sichtanflüge vom 5. März 2003, Protokoll.

Die Arbeitsgruppe konnte schließlich folgende Einigungen erzielen: eine *Höhenangabe*, ab der Korridore von Flugzeugen frühestens verlassen werden dürfen (6000 ft. bei Tag, 10.000 ft. bei Nacht) und eine neue, engere *Breitenangabe* für Korridore, die für „95 Prozent aller Flugzeuge" Geltung beanspruchen kann (555 m links und 555 m rechts der jeweiligen SID-Centerline).[104]

In einem Zwischenschritt wurden die geplanten Verkehrsverteilungen der SIDs mit VertreterInnen aus Wien und Niederösterreich im Detail vorgestellt und nochmals beraten. Danach wurde ein zunächst informelles Gremium einberufen, das sich mit den gewonnenen Vorschlägen aus den regionalen Veranstaltungen befasste. Die **AG „Verkehrsverteilung" AG „Verkehrsverteilung SIDs" (AG VS)** firmierte auch unter der Bezeichnung „Bibliotheksrunde". Sie führte in drei Sitzungen die Forderungskataloge zusammen und arbeitete Formulierungsvorschläge für den Teilvertrag aus.[105]

Die bisher geschilderten Vorbereitungen und Ergebnisse wurden in weiterer Folge für den Teilvertrag ausverhandelt. Das Thema der Verkehrsverteilung war damit aber bei weitem noch nicht abgeschlossen. Zum einen, weil die neuen Flugrouten zu neuen Konflikten führten und neue Diskussionen entfachten, zum anderen, weil noch viele unerfüllte Wünsche und Forderungen bestanden, die in weiterer Folge noch thematisiert sein wollten (insbesondere die Lage der dritten Piste). Mit dem Bau der dritten Piste wurde schließlich die Hoffnung verbunden, dass sie die beiden anderen Pisten ein Stück weit entlasten könnte. Wiederum haben sich unterschiedliche Arbeitsgruppen um die Aufbereitung von Diskussionsgrundlagen und um die Entwicklung von Optionen bemüht.

Die **Arbeitsgruppe „Landungen" (AG L)** traf von August 2003 bis Jänner 2005 vier Mal zusammen und beriet die Themen *Continuous Decent, Sichtanflüge* und das Thema der *Transition Arrivals*. Dabei handelt es sich um standardisierte Anflugrouten, die von der ACG festgelegt worden waren und die in der AG in Hinblick auf mögliche Verbesserungen untersucht wurden. Nachdem an den bestehenden Anflugrouten keine Änderungen vorgenommen werden konnten, wurden in weiterer Folge für alle vier Pisten völlig neue Transition Arrivals festgelegt. Diese neuen Anflugrouten wurden zunächst mittels Flugsimulatoren probegeflogen. Nach breiten Diskussionen wurden von der Arbeitsgruppe schließlich neue Transition Arrivals festgelegt, darunter auch solche, die Verbesserungen (aber auch Veränderungen) gegenüber

[104] Vgl. www.viemediation.at Chronologie: Dritte Sitzung der AG Korridore/Sichtanflüge vom 20. März 2003, Protokoll.

[105] Vgl. www.viemediation.at Chronologie: Sitzungen der AG „Verkehrsverteilung SIDs" am 5. Mai. 2003, 26. Mai 2003, Protokolle.

dem Teilvertrag darstellten.[106] Die Arbeitsgruppe Landungen blieb auch über das Verfahren hinaus aktiv und trieb die Optimierung der Landungen voran.

Die **Arbeitsgruppe „Analyse-Verkehrsverteilung 11/29 2220 m" (AG VV)** bemühte sich in zwei Sitzungen (Dezember 2003 und Jänner 2004) um die Datenaufbereitung, welche die Verhandlungen über die zukünftige Verkehrsverteilung der dritten Piste ermöglichen sollte. Wenngleich sie diese nicht endgültig verabschiedete, so konnten die in ihr diskutierten Unterlagen in weiterer Folge doch verwendet werden.[107]

Die **Arbeitsgruppe „Ost-West-Verschiebung 11/20 2220m" (AG OW)** lotete in drei Sitzungen von Dezember 2003 bis Februar 2004 Möglichkeiten aus, die von der FWAG geplante Lage der dritten Piste zu verschieben, wobei sowohl Ost-West- als auch Nord-Süd-Verschiebungen geprüft wurden. Während in der ersten Phase der Arbeitsgruppe allein die Diskussion einer solchen Frage von manchen TeilnehmerInnen als „zutiefst unmoralisch" abgelehnt wurde, weil „die massivst Betroffenen auch noch untereinander ausstreiten sollen, wo die Piste liegt, obwohl die Betroffenen diese gar nicht wollen", einigte sich die Arbeitsgruppe schließlich auf ein pragmatisches Vorgehen, das Vor- und Nachteile verschiedener Verschiebungen der Piste in einer Matrix transparent zu machen. Diese Matrix wurde schließlich als Unterlage für eine der Klausuren aufbereitet.[108]

Die Arbeitsgruppe „3. Piste/Verkehrsverteilung (AG 3PV)" tagte im Juni 2004 einmal um einen Vorschlag der FWAG zu verschiedenen Varianten der Verkehrsverteilung zu diskutieren. Dabei wurden vor allem unterschiedliche Interessen von AnrainerInnen gesammelt und zu Protokoll genommen.[109]

Dem Lärm ein (Höchst-)Maß geben...

Der Gedanke, durch Deckelungen ein Höchstmaß an Flügen festsetzen zu können, birgt enormes Konfliktpotential in sich: Einerseits verspricht er betroffenen AnrainerInnen, keine ewige Steigerung der Lärmbelästigung hinnehmen zu müssen, zugleich bedeutet er aber eine echte Bedrohung für ökonomische Wachstumsinteressen. Die umliegenden Anrainergemeinden pochten auf die Möglichkeit, gesicherte Entwicklungsmöglichkeiten zu haben bzw. zu wissen, wo noch gebaut werden kann,

---

[106] Vgl. www.viemediation.at Chronologie: Sitzungen der Arbeitsgruppe „Landungen" am 11. August 2003, 26. Februar 2004, 10. November 2004, 24. Jänner 2005, Protokolle.

[107] www.viemediation.at Chronologie: Sitzungen der AG „Analyse Verkehrsverteilung 11/29 2220 m" am 9. Dezember 2003, 21. Jänner 2004, Protokolle.

[108] Vgl. www.viemediation.at Chronologie: Sitzungen der AG „Ost-West-Verschiebung" am 16. Dezember 2003, 29. Jänner 2004, 18. Februar 2004, Protokolle.

[109] Vgl. www.viemediation.at Chronologie: Erste Sitzung der AG „3. Piste/Verkehrsverteilung", Protokoll.

wohingegen der Flughafen das Interesse formulierte, sich gegen herannahende Neubauten zu schützen. Hier wurden gravierende Unterschiede in den Interessen formuliert und festgehalten, bearbeitet und konsequent Annäherungen verhandelt.

Dieser heiklen Frage nahm sich vor allem die **Arbeitsgruppe „Deckelungen" (AG D)** an, die sich von November 2003 bis April 2004 fünf Mal traf. Dabei stieß die AG zunächst auf ein technisches Problem: Da die Flächenwidmungspläne der Gemeinden nicht einheitlich vorlagen, mussten diese zunächst digitalisiert werden. Die Kosten dafür trug die FWAG. Auch das Verschneiden der Lärmkarten mit den digitalisierten Flächenwidmungsplänen wurde letztlich von der FWAG übernommen.

Schließlich konnte sich die AG über Deckelungen am Tag einigen (jene für die Nacht wurden an die AG „Nachtflug/Korridore" delegiert). Im Wesentlichen wurde vereinbart, dass Wohngebiete, die in Lärmzonen über 54dB Leq liegen, keine weitere Fluglärmbelastung erfahren dürfen und umgekehrt Gemeinden jene Gebiete, die in solchen Zonen liegen, nicht mehr für Wohnzwecke widmen dürfen. Für das weitere Prozedere wurde festgehalten, dass im weiteren Verlauf des Verfahrens noch Verhandlungen zwischen FWAG und den betroffenen Gemeinden stattfinden sollten und die Ergebnisse auch in verbindlichen Verträgen festgehalten werden sollten.[110]

Eine solche Detailverhandlung wurde in der **Arbeitsgruppe „Flächenwidmungsplan Enzersdorf/Margarethen" (AG EM)** geführt, die im November 2004 einmal tagte. In ihr wurde festgelegt, dass zwischen jenen Gebieten, die in der 54dB Zone liegen (Deckelungszone), und jenen Gebieten, die noch für Siedlungsgebiete gewidmet werden können (Siedelungszone), ein Puffer bestehen sollte. Zudem wurde vereinbart, weitere Gespräche über jene Zonen zu führen, die innerhalb der 54dB Zone bereits für Bauland gewidmet waren, und bezüglich möglicher Umwidmungen (in Betriebsgründe) zu verhandeln.[111]

Verkehr in der Nacht

Die **Arbeitsgruppe „Szenarien und Nachtflug" (AG SN)** beriet in zwei Sitzungen von Juni bis September 2003, welche Unterlagen für die Klausur zur Verfügung stehen sollten, wobei sie sich auf bestimmte Szenarien, die gerechnet werden sollten, einigte und Kriterien entwickelte. Inhaltliche Diskussionen sollte diese AG nicht führen.

Die **Arbeitsgruppe „Nachtflug" (AG NF)** tagte von Oktober bis Dezember 2003 vier Mal und bereitete die wesentlichen Themen- und Fragestellungen auf, um die es

---

[110] Vgl. www.viemediation.at Chronologie: Sitzungen der AG „Deckelungen" am 26. November 2003, 27. Jänner 2004, 9. März 2004, 22. April 2004, 28. April 2004, Protokolle.

[111] Vgl. www.viemediation.at Chronologie: Erste Sitzung der AG „Flächenwidmungsplan Enzersdorf/Margarethen" am 26. November 2004.

in allen weiteren Nachtflugverhandlungen gehen sollte. Ihre zentralen Fragen dabei waren: Wie viele nächtliche Flüge gibt es? Wo finden diese statt? Welche Maßnahmen gibt es bzw. sind notwendig, um eine akzeptable Regelung für die jeweils betroffene Bevölkerung zu finden (technischer Lärmschutz)? Diese Fragen sollten sowohl für das bestehende 2-Pisten-System als auch für das bestehende 2-Pisten-System mit curved approach sowie für ein 3-Pisten-Modell ausgearbeitet werden.

In weiterer Folge bemühte sich die AG vor allem um die Strukturierung und Aufbereitung der vielschichtigen Nachtflugthematik und holte zu einzelnen Fragestellungen auch externe Gutachten (vor allem in medizinischer Hinsicht) ein. Zur Aufbereitung der Thematik richtete sie eine eigene **Redaktionsgruppe** zu „Strukturierung und Zusammenfassung der Nachtflugthemen" ein, die im Dezember 2003 zwei Mal zusammentraf, um der Arbeitsgruppe ein akkordiertes Arbeitspapier vorzulegen, das alle Konfliktthemen und divergenten Forderungen umfasste.[112]

Die Arbeitsgruppe **„Nachtflug/Korridore" (AG NK)** befasste sich in zwei Sitzungen von April bis Mai 2004 maßgeblich mit Vorschlägen seitens der FWAG zum Thema Nachtflug, wobei sowohl die Anzahl der nächtlichen Flüge als auch die Richtung von Starts und Landungen auf den einzelnen Pisten thematisiert wurde. In weiterer Folge wurden zum Vorschlag der FWAG Stellungnahmen von den betroffenen Gruppierungen eingeholt und diskutiert.

Gesucht wurde nach möglichst siedlungsfreien Korridoren, über die der Nachtflug abgewickelt werden könnte, wobei schnell klar wurde, dass Lärmimmissionen für jene Siedlungsgebiete, die neben Korridoren liegen, dadurch nicht ausgeschlossen werden können. Thematisiert wurde in dieser AG auch das heikle Themen der *Absiedelung*, zu dem festgehalten wurde, dass zwar kein rechtliches Instrumentarium besteht, mit dem Absiedelungen erzwungen werden können, die Möglichkeit der freiwilligen Absiedelung (bei Entschädigung ihrer Objekte) aber als Option betrachtet werden kann, um siedlungsfreie Korridore zu erzielen.

Die AG einigte sich schließlich darauf, dass der Flughafen Wien in den Nachtstunden geöffnet bleiben sollte und Starts und Landungen, die Notfälle betreffen, uneingeschränkt zulässig sind. Verspätungen von Flugzeugen, die planmäßig vor 22:00 Uhr landen sollten, wurden bis 23:00 Uhr toleriert und Verfrühungen von Flugzeugen, die planmäßig nach 06:00 Uhr landen sollten, ab 05:30 Uhr. Jene Themen, über die keine Einigung in der AG erzielt werden konnte, sollten im Rahmen einer Klausur weiter verhandelt werden.

In der Arbeitsgruppe **„Nachtflug/Lärm" (AG NL)**, die von Mai 2004 bis Jänner 2005 zu vier Sitzungen zusammentraf, wurde zunächst versucht, die unterschiedli-

[112] Vgl. www.viemediation.at Chronologie: Sitzungen der AG „Nachtflug" am 27. November 2003, 17. Dezember 2003, Protokolle.

chen Positionen zum Thema Nachtflug zu identifizieren. Dies sowohl in Bezug auf die Festlegung von Kernzeiten als auch in Hinblick auf die Anzahl von Flugbewegungen. Dass es dabei gravierende Auffassungsunterschiede gab, ist evident – VertreterInnen von AUA und Flughafen traten für engere Kernzeiten und höhere Flugzahlen ein, alle Lärmbetroffenen hingegen für eine Ausdehnung der Zeiten und eine möglichst weitgehende Reduktion von Überflügen.

Da dieses Thema eines der zentralen Konfliktthemen im Verfahren war, ging es in dieser AG auch entsprechend kontrovers zu. Sie war zentral geprägt vom Kernkonflikt des Wettbewerbsrechts (und möglicher Konkurrenznachteile am enger werdenden Flugmarkt) und vom Bedürfnis nach Lebensqualität und Ruhe. Die Nacht wurde zum Tor der Bedürfnisse aller. Für Fluglinien, weil in der Nacht ein wirtschaftliches Wachstumspotential liegt, für Menschen, weil die Nacht eine zentrale Zeit der Erholung und Regeneration ist.

Schließlich wurden die Vereinbarungen über die dritte Piste von den Vereinbarungen zum Umweltfonds und zur Nachtflugregelung abhängig gemacht (und umgekehrt). Grundstücke, die bereits abgelöst wurden, sollten zukünftig nicht mehr für Wohnzwecke genützt werden dürfen. Für die Schaffung von siedlungsfreien Korridoren wurden drei verschiedene Maßnahmen festgehalten: Raumplanung, Absiedelungen und technischer Lärmschutz. Für die weiteren Verhandlungen sollten drei Varianten von möglichen Nachtflugregelungen mittels Lärmkarten und Bevölkerungsdaten als Diskussionsgrundlage erstellt werden und die zentralen Entscheidungen zum Thema Nachtflug in einer Klausur im März 2005 getroffen werden.

Damit war für eine der schwierigsten Hürden zumindest ein erster Anlauf genommen worden.

Sämtliche Details zu Flugrouten sind in ihrer aktuellsten Form jeweils im Internet abzurufen.[113]

IV.5 Den Konflikt auf Dauer stellen, den Themen und Ergebnissen Zukunft geben
Strukturelle Maßnahmen zur Bewältigung zukünftiger Aufgaben

Schritt für Schritt hatte man sich in der Bearbeitung der großen thematischen Brocken angenommen, sie zunächst in einzelne Teil-Probleme zerlegt um sie abschließend wieder zusammenzuführen. Immer mehr Einigungen wurden sichtbar, immer mehr Maßnahmen konnten vereinbart werden. Unter ihnen auch solche, welche die strukturelle Verwaltung der Zukunft betrafen. Noch im laufenden Mediationsverfahren wurden Vereinbarungen über zukünftige Gremien getroffen, die letztlich

[113] http://www.vie-umwelt.at/CDA/main/DE/UM/Flugbewegungen

auch im umfassenden Vertragswerk festgehalten wurden. Dazu zählten die Einrichtung einer Beschwerde- und Informationsstelle, die Einrichtung eines Umweltfonds, die frühzeitige Etablierung einer Begleitgruppe zum parallel angelaufenen UVE-Verfahren oder auch die Definition einer Struktur, die nach dem Mediationsverfahren dessen Aufgaben übernehmen sollte: ein Verein für regionales Konfliktmanagement. Mit der Ausarbeitung von deren Aufgaben und strukturellen Form wurden wiederum einzelne Arbeitsgruppen beauftragt.

Die **Arbeitsgruppe „Beschwerde- und Informationsstelle" (AG B&I)** tagte von März bis Juni 2003 drei Mal um ein Thema aufzugreifen, das bereits an vielen Stellen moniert und im AK Öffentlichkeitsarbeit bereits mehrfach diskutiert worden war. Für die Beschwerde- und Informationsstelle wurden zwei zentrale Ziele festgehalten: einerseits sollte es sich dabei um eine *zentrale* Stelle handeln, die umfassend und kompetent informieren kann, und andererseits sollte sie möglichst unabhängig sein und in der Nähe einer noch einzurichtenden Monitoring-Gruppe positioniert werden. Diese Stelle sollte einen 24-Stunden-Betrieb gewährleisten, Öffentlichkeitsarbeit betreiben, ein Monitoring für die beschlossenen Maßnahmen aus dem Mediationsverfahren durchführen und Feedback-Funktionen erfüllen. Schließlich wurde eine Untergruppe mit der Erstellung eines operativen Konzeptes inkl. Kalkulation der Kosten beauftragt. In weiterer Folge konnte sich die AG zwar auf die beschriebenen Aufgaben einigen, keinen Konsens konnte sie allerdings in Bezug auf die Frage erzielen, ob die Beschwerde- und Informationsstelle Teil des Flughafens oder einer externen Einrichtung sein sollte, und wer für die Bestellung der Leitung zuständig sein sollte. Diese Frage blieb auch im Teilvertrag offen.[114] Sie wurde in weiterer Folge von der Evaluierungsgruppe und in der AG „Organisationsentwicklung" wieder aufgegriffen.

Nachdem die FWAG bereits 2004 mit den Vorbereitungen des UVP-Verfahrens begonnen hatte, indem sie die Unterlagen zum Einreichen vorbereitete (UVE), wurde im Mediationsverfahren beschlossen, eine Gruppe einzurichten, die dieses Einreich-Verfahren begleiten sollte. **Die AG „UVE"** tagte von September 2004 bis April 2005 fünf Mal um „zu prüfen und zu sichern, dass die Entscheidungen aus dem Mediationsverfahren wirklich haltbar sind" bzw. ob sie in ausreichender Form dort eingeflossen sind. Zudem holte diese Gruppe neuerliche Gutachten ein (Umwelthygiene, Naturschutz, Avifaunistik, Forstwirtschaft[115]), bereits bestehende Gutachten wurden von Mitgliedern der FWAG präsentiert.

---

[114] Vgl. www.viemediation.at Chronologie: Sitzungen der AG Beschwerde- und Informationsstelle vom 26. März 2003, 2. Juni 2003, 24. Juni 2003, Protokolle.

[115] Vgl. www.viemediation.at Chronologie: Sitzungen der AG UVE am 28. September 2004, 21. Oktober 2004, 27. Jänner 2005, 2. März 2005, 14. April 2005, Protokolle.

Eine weitere zukunftsichernde Maßnahme wurde mit der Etablierung einer Struktur für ein zukünftiges regionales Konfliktmanagement gesetzt. Für die Klärung ihrer strukturellen Rahmenbedingungen tagte die **Arbeitsgruppe „Regionales Konfliktmanagement“ (AG RKM)** von September 2004 bis März 2005 fünf Mal. Schon zu Beginn war man sich weitgehend einig, dass die Einrichtung einer solchen Struktur im Mediationsvertrag festgehalten werden soll. Eine wichtige Intention dabei war es, für zukünftige regionale Konflikte einen Ort zu schaffen, an dem diese im Geiste der Mediation weiter verfolgt werden können. Dazu wurden Wünsche und Anforderungen gesammelt, Aufgaben und personelle Besetzung definiert. Für den Fall, dass das Mediationsverfahren zu keinem Ergebnis kommen sollte, wurde festgehalten, dass dann das regionale Konfliktmanagement seine Aufgaben übernehmen sollte.[116] In weiterer Folge wurden durchaus verschiedene Modelle eines solchen Konfliktmanagements beraten, wobei die Frage, wie nahe oder fern diese Einrichtung zur Flughafen Wien AG stehen sollte, eine besonders heikle war, zumal sie einerseits möglichst unabhängig sein sollte, andererseits aber eng mit den Einrichtungen am Wiener Flughafen kooperieren sollte. Schließlich entschied sich die AG RKM für die Einrichtung eines Vereins, dem der Namen „Dialogforum Flughafen Wien“ gegeben wurde. Mit der Ausarbeitung der Statuten sowie eines Vertrages, der die ökonomische Absicherung des Vereins durch die FWAG sicherstellen sollte, wurde ein Wiener Rechtsanwalt beauftragt.[117]

V. Weißer Rauch von Rom bis Wien
Das zähe Ringen um Ergebnisse

In den einzelnen Arbeitsgruppen, die im Laufe des Verfahrens eingesetzt wurden, wurden Schritt für Schritt Szenarien und Lösungsoptionen erarbeitet. Beschlossen wurden sie in aller Regel aber nicht in den Gremien selbst. Die Ergebnisse der meisten Arbeitsgruppen trugen „vorläufigen“ Charakter. Entschieden werden sollte entweder im Mediationsforum oder auch in eigens eingerichteten Verhandlungsstrukturen (Klausuren und Sondersitzungen). Mühsam wurden diese vorläufigen Ergebnisse als Entscheidungsgrundlagen von Gremium zu Gremium getragen, Schritt für Schritt wurden sie im Laufe des Verfahrens dann beschlossen. Ob es eine Gesamteinigung geben würde, war fast bis zum Ende des Verfahrens offen. Es gab eine ausverhandelte Pistenlage, man war in der Frage der Verkehrsverteilung weitgehend einig geworden, hatte sich auf Lärmdeckelungen und Maßnahmen geeinigt, man wusste bereits, in welcher Struktur zukünftig gearbeitet werden sollte. Nur eines

116 Vgl. www.viemediation.at Chronologie: Zweite Sitzung der AG RKM am 19. Oktober 2004.

117 Vgl. www.viemediation.at Chronologie: Sitzungen der AG „Regionales Konfliktmanagement“ am 23. September 2004, 19. Oktober 2004, 26. Jänner 2005, 22. Februar 2005, 15. März 2005, Protokolle.

wusste man nicht: Ob in der Frage des Nachtflugs ein Kompromiss zustande kommen würde – so schmerzlich er auch für beide Seiten sein mochte. Aber ohne Einigung in dieser Frage standen auch fast alle anderen im Raum. Entsprechend gebannt warteten alle in der Endphase auf die Verhandlungsrunden, in denen im Wesentlichen die Vorstände des FWAG, VertreterInnen der BIs und ein Mitglied der Wiener Grünen um ein Ergebnis rangen.

Zwei solche Treffen gab es, ehe im Mediationsverfahren am Wiener Flughafen „weißer Rauch" aufstieg und man handelseins geworden war. Andernorts rauchte es ebenfalls: In Rom war zur gleichen Stunde der neue Papst gewählt worden.

In verschiedenen Phasen des Verfahrens wurde die Routine der Arbeitsgruppen unterbrochen, um vorläufige Zwischenergebnisse einer Einigung zuzuführen, die wiederum vielfach nur mit Vorbehalt getroffen werden konnte. Der Ort für diese Verhandlungen waren die Klausuren, in denen konsequent um Einigungen gerungen wurde. Die erste Klausur am 5. April 2003 diente der Verhandlung erster Zwischenergebnisse, die in weiterer Folge im Teilvertrag festgelegt wurden. In der zweiten Klausur am 4. Oktober 2003 wurde festgelegt, welche Szenarien vertiefend verfolgt werden sollten. In der dritten Klausur am 6. März 2004 wurden die zukünftige Pistenlage sowie Fragen der Verkehrsverteilung und diverse Kompensationsleistungen beraten und teilweise vereinbart. In der vierten Klausur am 8. Mai 2004 wurden die Themen: Nachtflug/Korridore, Technischer Lärmschutz und Deckelungen verhandelt, in der fünften Klausur am 19. Juni 2004 wiederum das Thema Technischer Lärmschutz und erstmals Nachtflug, die sechste Klausur am 12. März 2005 war ausschließlich dem Thema Nachtflug gewidmet.

Eine weitere wesentliche Maßnahme im Verfahren stellt die Einrichtung eines Umweltfonds dar. Zu seiner Vorbereitung tagte die **Arbeitsgruppe „Umweltfonds" (AG UF)** von Juli 2003 bis März 2005 sieben Mal und gab sich folgende Aufgabenstellung:

- Definition des Umweltfonds (Zahlung an Gemeinden, individuelle Entschädigung, technischer Lärmschutz etc.)
- Klärung seiner Organisationsform
- Festlegung von Zeitpunkten und Ereignissen, die zu Zahlungen aus dem Fonds führen sollten
- Kriterien der Verteilung (Aufteilungsschlüssel)
- Widmung und Verwendung der Gelder
- Definition der zahlenden Instanz
- Festlegung grundsätzlicher Ziele für den Fonds

Für die konkrete Organisationsform und spezielle rechtliche Fragen wurde ein **„Arbeitsausschuss zur AG Umweltfonds“** eingerichtet, eine Expertenrunde, die im August 2003 in einer Sitzung darüber beriet, welche steuerlichen Konsequenzen zu beachten seien und welche Vor- und Nachteile eine privat- oder öffentlich-rechtliche Konstruktion haben würde.[118]

Im Zuge der weiteren Sitzungen der AG UF wurde nicht nur die konkrete Organisationsform immer deutlicher, nach zähem Ringen wurde auch geklärt, dass ein Teil der Gelder (75 Prozent) nach einem bestimmten Schlüssel den Gemeinden zufließen sollte und ein anderer Teil der Gelder (25 Prozent) für Projekte zur Verfügung stehen sollte. Umstritten war hingegen über weite Strecken, welche Kriterien für die Ausschüttung von Geldern herangezogen werden sollten, nach welchen Formeln dies berechnet werden kann und auch welche Bezugsgröße für die Dotierung des Fonds durch die FWAG herangezogen werden sollte. Insofern ist es auch wenig verwunderlich, dass es vergleichsweise lange dauerte, hier Einigungen zu erzielen.[119] Festgelegt wurden diese letztlich in der Satzung zum Umweltfonds.

Das Mediationsverfahren endete am 22. Juni 2005 mit der Unterzeichnung unterschiedlicher Abschlussdokumente, die am Ende des Berichtes beschrieben werden.

VI. Verfahrensbegleitende Maßnahmen

VI.1 Öffentlichkeitsarbeit: Transparenz im Verfahren

Das Mediationsverfahren am Flughafen Wien wurde eingerichtet, um ein öffentliches Thema zu verhandeln. Was lag also näher, als einer breiten Öffentlichkeit Einblick in das Verfahren zu gewähren? Und umgekehrt: Was lag ferner? Wollte man doch in einem geschützten Raum unter Einhaltung von Prinzipien wie Vertraulichkeit arbeiten und hatte man sich doch darauf geeinigt, immer nur gemeinsam an die Öffentlichkeit heranzutreten. Öffentlichkeitsarbeit im Kontext eines solchen Verfahrens hat also zwei unterschiedliche Zielsetzungen: Sie soll gerade so viel Transparenz gewähren, als ein Mindestmaß an allgemeiner Information hergestellt werden kann (dies ist beispielsweise durch das Publizieren der Protokolle aus dem Verfahren geschehen). Sie soll aber zugleich ein Höchstmaß an Schutz des Verfahrens gewähren, um gemeinsame Entscheidungen auch als solche kommunizieren zu können. In

[118] Vgl. www.viemediation.at Chronologie: Sitzung des Arbeitsausschusses Umweltfonds am 19. August 2003, Protokoll.

[119] Vgl. www.viemediation.at Chronologie: Sitzungen der Arbeitsgruppe Umweltfonds am 2. Juli 2003, 16. September 2003, 7. Oktober 2003, 28. Oktober 2003, 10. Februar 2004, 12. Mai 2004, 16. März 2005, Protokolle.

heiklen Phasen von Verhandlungen können verfrühte Pressemeldungen zu einem ungewollten Scheitern führen.

Um diese Aufgabe zu bewältigen wurde der **Arbeitskreis „Öffentlichkeitsarbeit" (AK ÖA)** als verfahrensbegleitendes Instrument etabliert und mit der operativen Umsetzung der Öffentlichkeitsarbeit betraut. Der AK ÖA tagte von September 2001 bis Juni 2005 insgesamt 23 Mal. Der AK ÖA kooperierte darüber hinaus häufig mit externen ExpertInnen, die mit einzelnen fachspezifischen Agenden betraut wurden (z. B. Logo-Entwicklung, technische Umsetzung der Website, journalistische Aufbereitung des Newsletters). Die strategische Dimension des Themas Öffentlichkeitsarbeit wurde in verschiedenen Gremien beraten, insbesondere kooperierte der AK Öffentlichkeitsarbeit eng mit der PSG.

Der Arbeitskreis übernahm bzw. erledigte folgende Aufgaben:

- Vorbereitung und Organisation von Pressekonferenzen (19. Oktober 2001[120], 3. Dezember 2001[121], 29. April 2002[122], 2. Dezember 2002[123], 28. Mai 2003[124]).
- Erstellung von Presseunterlagen (Presseaussendungen, Informationen etc.) für Pressekonferenzen und als eigenständiges PR-Instrument, das anlassbezogen verwendet werden konnte.
- Vorbereitung, Organisation und Durchführung einer öffentlichen Veranstaltung: Am 20. November 2001 wurden in der Körnerhalle in Schwechat erste Ergebnisse des Mediationsverfahrens einer externen Öffentlichkeit vorgestellt. Im Rahmen der vierstündigen Veranstaltung erhielten InteressentInnen die Möglichkeit, sich über die Inhalte und ersten Ergebnisse des Verfahrens wie auch dessen Verlauf zu informieren und konnten zudem mit den RepräsentantInnen des Verfahrens wie auch mit der Leitung Kontakt aufnehmen. In thematisch orientierten „Corners" wurden Detailinformationen angeboten und die VertreterInnen des Verfahrens standen als Auskunftspersonen zur Verfügung. Für sämtliche Inhalte wurden durch den AK ÖA Poster und Informationsmaterialien erarbeitet.[125]

---

[120] Vgl. www.viemediation.at Chronologie: Zweite Sitzung des AK ÖA am 5. September 2001, Protokoll.
[121] Vgl. www.viemediation.at Chronologie: Dritte Sitzung des AK ÖA am 16. November 2001, Vierte Sitzung des AK ÖA am 21. 11. 2001, Protokoll.
[122] Vgl. www.viemediation.at Chronologie: Siebente Sitzung des AK ÖA am 20. März 2002, Achte Sitzung des AK ÖA am 22. April 2002, Protokoll.
[123] Vgl. www.viemediation.at Chronologie: 13. Sitzung des AK ÖA am 30. September 2002, 14. Sitzung des AK ÖA am 13. November 2002, 15. Sitzung des AK ÖA am 27. November 2002, Protokoll.
[124] Vgl. www.viemediation.at Presseinformation vom 28. Mai 2003.
[125] Vgl. www.viemediation.at Chronologie: Dritte Sitzung des AK ÖA am 16. November 2001, Vierte Sitzung des AK ÖA am 21. 11. 2001, Protokoll.

- Erstellung von Checklisten für die Durchführung von öffentlichen Veranstaltungen und Pressekonferenzen.[126]
- Regelmäßige Herausgabe eines Newsletters, der im AK jeweils umfassend diskutiert wurde, sowohl in Hinblick auf die Entscheidung, wann eine weitere Ausgabe erscheinen sollte als auch in Bezug auf seine inhaltliche Schwerpunktsetzung und schließlich in Bezug auf die einzelnen Texte. In den Newsletter haben neben Informationen über das Verfahren und seine Ergebnisse auch aktuelle Themen Eingang gefunden, die Anlass zu öffentlichem Ärgernis waren, wie beispielsweise einige Veränderungen in den Flugrouten aufgrund von einer Pistensperre.[127]
- Bearbeitung des Beschwerde- und Informationssystems mit dem Ziel, hier Verbesserungen zu erzielen[128], wobei dieses Thema auf einen Antrag aus dem AK Lärm zurückging und von diesem an den AK ÖA delegiert worden war. Später wurde für die Bearbeitung des Themas eine eigene Arbeitsgruppe gegründet. Zentrales Interesse dabei war es, die Informationspolitik des Flughafens zu bündeln, Zuständigkeiten zu klären und die gezielte und einheitliche Weitergabe von Informationen zu erzielen. Der AK ÖA arbeitete in weiterer Folge mehrfach an der Entwicklung eines einheitlichen Beschwerde- und Informationssystem am Flughafen Wien.[129]
- Diskussion allgemeiner Fragen zur Öffentlichkeitsarbeit bzw. insbesondere der Frage, welche öffentlichen Aktivitäten einzelnen verfahrensbeteiligten Gruppierungen gestattet werden sollten und welche – auch im Rahmen der Mediationsvereinbarung – als nicht akzeptabel abgelehnt werden sollten.
- Reflexion der eigenen Tätigkeit: Im Rahmen des AK ÖA wurde auch regelmäßig „Manöverkritik" geübt, wurden Veranstaltungen und Produkte (z. B. Newsletter) nicht nur vorbereitet, sondern auch nachbereitet und kritisch diskutiert um daraus für die Zukunft zu lernen und Verbesserungsvorschläge zu generieren. Eine wichtige Lernerfahrung war dabei, dass die Berichterstattung der Medien mitunter deutlich von den ausgegebenen Informationen abwich, so wurde beispielsweise mehrfach über den allfälligen Bau einer dritten Piste berichtet, obgleich im Rahmen der Pressekonferenz niemand davon gesprochen hatte und – ganz im Gegenteil – dieses Thema auch nur unter größter Bedachtnahme auf eine geeignete Wortwahl besprochen wurde.[130] Gegenstand der Reflexion wa-

---

[126] Vgl. www.viemediation.at Chronologie: Fünfte Sitzung des AK ÖA am 17. Dezember 2001, Protokoll.
[127] Vgl. www.viemediation.at Chronologie: 20. Sitzung des AK ÖA am 12. Februar 2004, Protokoll.
[128] Vgl. www.viemediation.at Chronologie: Vierte Sitzung des AK ÖA am 21. November 2001, Protokoll.
[129] Vgl. www.viemediation.at Chronologie: Fünfte Sitzung des AK ÖA am 17. Dezember 2001, Sechste Sitzung des AK ÖA am 27. Feber 2002, Achte Sitzung des AK ÖA am 22. April 2002, Neunte Sitzung des AK ÖA am 6. Mai 2002, Elfte Sitzung des AK ÖA am 5. Juni 2002, Protokoll.
[130] Vgl. www.viemediation.at Chronologie: Fünfte Sitzung des AK ÖA am 17. Dezember 2001, Protokoll.

ren auch mehrfach Überlegungen zur Rückbindungsproblematik und zwar sowohl in Hinblick auf die Frage, ob die personelle Besetzung des AK ÖA ausreichend repräsentativ sei[131], als auch in Bezug auf die Frage, wie die Rückbindung der RepräsentantInnen im Verfahren zu „ihren" Gruppen insgesamt funktioniert und gelingen kann.

- In einigen wenigen Fällen wurden auch Berichte und Anfragen zu spezifischen Themen im AK ÖA angehört (z. B. zu einer öffentlichen Veranstaltung der BIs, zum Bau eines neuen Towers am Flughafen, zu bestimmten Presseaussendungen etc.)[132].

Im Verfahren hatte die Website eine zentrale Funktion. Sie sollte nach außen eine breitestmögliche Transparenz herstellen und nach innen die Funktion eines umfassenden Archivs übernehmen. Die Betreuung der Website (Platzierung sämtlicher beschlossener Protokolle des Verfahrens auf der Website, Betreuung des Presseteils der Website etc.) übernahmen der Prozessprovider und die PR-Verantwortliche der FWAG für das Mediationsverfahren, die zugleich ständiges Mitglied im AK Öffentlichkeitsarbeit war, gemeinsam; zudem wurden in regelmäßigen Abständen die Auswertungen über Zugriffe auf die Website präsentiert, wobei vor allem die relativ langen Anwendersitzungen[133] sowie steigende Zugriffszahlen in zentralen Phasen des Verfahrens auffielen.

Öffentlichkeitsarbeit kann sich aber auch mit der strategischen Entwicklung von PR-Maßnahmen befassen, die geeignet sind, das eigene Tun anschaulich zu dokumentieren. Als ein solches Vorhaben lässt sich die Entwicklung eines Incentive-Modells beschreiben, die 2003 in Angriff genommen wurde. Die **Arbeitsgruppe „Incentive-Modell" (AG IM)** traf sich im September 2003 ein Mal um der Anforderung im Teilvertrag gerecht zu werden, welche die „Erarbeitung eines Konzeptes für ein Incentive-Modell betreffend Einhaltung der Korridore" vorsah, also ein Modell, das Anregungen, freiwillig das Richtige zu tun formulieren sollte, etwa im Gegensatz zu einem Sanktionsmodell bei Nichteinhaltung, zumal ein rechtlicher Zugriff auf Piloten und Airlines nur sehr schwer, wenn überhaupt, möglich ist. Das Incentive-Modell sollte zudem als PR-Instrument verwendet werden, um zu zeigen, dass „aktiv etwas zur Verbesserung getan wird".

In teilweiser Anlehnung an ein bestehendes Modell in Manchester hielt die AG schließlich folgende Bausteine und Rahmenbedingungen für ein funktionierendes Incentive-Modell fest: Die Daten sollten „zur Überprüfung der individuellen Performance"

[131] Vgl. www.viemediation.at Chronologie: Siebente Sitzung des AK ÖA am 20. März 2002, Protokoll.
[132] Vgl. www.viemediation.at Chronologie: Zwölfte Sitzung des AK ÖA am 17. September 2002, 14. Sitzung des AK ÖA am 13. November 2002, Protokoll.
[133] Vgl. www.viemediation.at Chronologie: Fünfte Sitzung des AK ÖA am 17. Dezember 2001, Protokoll.

durch den zuständigen Piloten selbst abrufbar sein und in einem Ranking die Häufigkeit der Einhaltung von Korridoren in Prozenten ausgewiesen werden. Zudem wurde die Verleihung eines Awards an Fluglinien vorgesehen und zwar sowohl an jene, „die das Ziel erreicht haben", als auch an „diejenige, die sich am meisten verbessert hat", sowie an „den besten Newcomer". Die Übergabe sollte im Rahmen einer Feier einmal jährlich erfolgen und von entsprechenden Maßnahmen der Öffentlichkeitsarbeit begleitet werden.[134]

VI.2 Evaluation: Selbstkontrolle im Verfahren

Evaluation kennt zweierlei Ausrichtung: Sie kann der Überprüfung von Ergebnissen dienen (bzw. deren Umsetzung und Einhaltung) oder auch als Steuerungselement verwendet werden. Sie kann intern oder extern erfolgen. Beides hat im Verfahren stattgefunden. Mit der Etablierung einer Begleitforschung zum Mediationsverfahren am Flughafen Wien wurde eine fortlaufende wissenschaftliche Begleitung des Verfahrens gesichert und zudem eine externe Sichtweise eingeholt. In regelmäßigen Rückmeldungen durch die Begleitforschung ist deren Feedback in das Verfahren eingeflossen. Auch das Mediationsteam hat immer wieder Feedback-Schleifen und Reflexionen zum Verfahren eingeleitet, eine Art der Selbstevaluation, die mehrfach Gelegenheit bot, Stimmungen und Befindlichkeiten zu identifizieren. Drittens wurden im Mediationsverfahren aber zwei Strukturen eingerichtet, die explizit der Evaluation gewidmet waren: für die Ergebnisse des Forschungsteams aus Seibersdorf und für die Überprüfung der Ergebnisse des Teilvertrages.

Die **Arbeitsgruppe „Evaluierung Arbeitsergebnisse Seibersdorf" (AG EVAS)** traf im Februar 2003 nur einmal zusammen, um zu klären, ob die in enger Kooperation mit dem Forschungszentrum Seibersdorf in verschiedenen Arbeitskreisen und -gruppen (AK Entwicklungsszenarien, AK Ökologie, AK Aktuelle Maßnahmen, AK Szenarien) erarbeiteten Unterlagen eine ausreichende Grundlage für die Beurteilung im weiteren Verfahren bieten. Das zugrunde liegende Ziel war es, zu den Kriterien, die zu Beginn des Verfahrens definiert worden waren (Ökologie, Ökonomie und Soziales) Indikatoren zu entwickeln, mit denen die erfolgte Annäherung an die einzelnen Ziele beurteilt werden könnte. Die AG gelangte zu der Auffassung, dass die „Beurteilungs- und Bewertungsgrundlagen im Großen und Ganzen ausreichend sind", hielt aber auch einige offene Fragen fest, die sie zur Beantwortung an andere Gremien delegierte.[135]

---

[134] Vgl. www.viemediation.at Chronologie: Erste Sitzung der Arbeitsgruppe „Incentive-Modell" am 26. September 2003, Protokoll.

[135] Vgl. www.viemediation.at Chronologie: Erste Sitzung der AG „Evaluierung Arbeitsergebnisse Seibersdorf" am 25. Februar 2003, Protokoll.

Von März 2004 bis Mai 2005 tagte zwölf Mal die **AG „Evaluierungsgruppe" (AG EV)**, die eigentlich als Parallelstruktur zum Verfahren eingerichtet wurde, um die Umsetzung der Ergebnisse aus dem Teilvertrag zu überprüfen. Sie befasste sich dabei mit unterschiedlichsten Anfragen und Beschwerden, die von externen Gruppierungen an das Mediationsverfahren herangetragen wurden. Einige der Beschwerdeführer wurden in weiterer Folge auch in den Evaluierungsprozess integriert. Für die Bezirke Baden, Bruck, Mödling und Liesing hat die AG die Durchführung von regionalen Bezirkskonferenzen beschlossen. Die AG hat aber auch Themen weiterverfolgt, die nach Abschluss des Teilvertrages noch offen waren oder nach Präzisierung verlangten, wie etwa die Frage der Informations- und Beschwerdestelle bzw. des Call-Centers oder des geplanten Monitorings etc. Schließlich legte die Evaluierungsgruppe einen umfassenden Evaluierungsbericht vor, in dem die erfolgte Umsetzung der im Teilvertrag vereinbarten Maßnahmen dokumentiert ist. Dieser Bericht wurde am 25. Mai 2005 öffentlich präsentiert. Die Protokolle der Arbeitsgruppe wurden hingegen nicht publiziert.

Ein Ergebnis aus den Evaluationstätigkeiten war, wie bereits erwähnt, die Durchführung von **Bezirkskonferenzen**, die ab September 2004 abgehalten wurden. Sie waren zwar nicht unmittelbar Teil des Verfahrens, wurden allerdings vom Prozessprovider geleitet und nahmen in weiterer Folge Einfluss auf die Ergebnisse im Verfahren. In ihnen sollten die Ergebnisse des Teilvertrags einerseits nochmals kommuniziert werden, andererseits sollten alle Kritikpunkte an bestehenden Fluglinien gesammelt und Lösungsmöglichkeiten beraten werden. Solche Bezirkskonferenzen wurden für Bruck sechs Mal, für Mödling fünf Mal, für Baden, Gänserndorf und Wien-Umgebung/Süd je zwei Mal durchgeführt. Einige VertreterInnen der Bezirkskonferenzen wurden in weiterer Folge auch in das Verfahren aufgenommen. Alle Bezirke und Bezirkskonferenzen trugen die Abschlusserklärung mit – damit konnten letztlich über 100 Gemeinden eingebunden werden.

Die **AG „Organisationsentwicklung" (AG OE)** tagte von Mai bis Oktober 2004 fünf Mal, um die Organisationsentwicklung des Beschwerde- und Informationssystems, des Monitorings und der Evaluierung zu beraten. Sie definierte die Aufgaben für ein Call-Center, das rund um die Uhr besetzt sein sollte, wobei Anrufe in der Nacht nur entgegengenommen werden, aber nicht beantwortet werden sollten. Innerhalb von 24 Stunden sollte sowohl für schriftliche als auch für telefonische Anfragen eine Antwort zugesichert werden (auch wenn die Information nur darin besteht, dass die Frage nicht oder noch nicht beantwortet werden kann). Des Weiteren wurden monatliche Berichte des Call-Centers vereinbart. Für ein einzurichtendes Monitoring wurden jene Zahlen, Daten und Fakten vereinbart, die zu Lärmberechnungen und Vergleichsberechnungen der Lärmkarten erstellt werden sollten. In weiterer Folge wurde ein Vorschlag der FWAG für ein Monitoring-System diskutiert. Auch für die begleitende Evaluierung wurden Arbeitsaufträge vergeben und die Erstellung eines Evaluierungsberichtes vereinbart.[136]

VII. Organisation, Leitung und Steuerung des Verfahrens

Ein Verfahren, das so komplexe Themen zu beraten hat, die miteinander verschränkt sind und voneinander abhängig gemacht werden, braucht eine möglichst klare Struktur, braucht eine Leitung, braucht an manchen Stellen Moderation, Mediation, Dokumentation – kurz: Planung, Organisation und Steuerung. Nun ist die Organisation freilich nicht von Inhalten loszulösen und umgekehrt. Dennoch ist die Hoffnung, dass in so komplexen Strukturen und bei Beteiligung so vieler Menschen Selbstorganisation greifen kann, illusorisch. Dass dies nicht von selbst geschieht, haben auch die Mitglieder des Mediationsteams und des Mediationsforums erkannt und frühzeitig darauf reagiert. Im Verfahren haben verschiedene Personen und verschiedene Gremien steuernd gewirkt. Zum einen natürlich das Mediationsteam als Verfahrensleitung. Zum anderen der Prozessprovider, dessen Verantwortung ja in der Beobachtung und Weiterentwicklung des Prozesses lag. Dafür war Abstimmung von Nöten, die nicht immer reibungsfrei verlief, letztlich aber immer gelang. Insbesondere nach dem Ausscheiden eines Mitglieds des Mediationsteams verbesserte sich die Kooperation zwischen Mediationsteam und Prozessprovider zunehmend, zumal neue Wege der Zusammenarbeit vereinbart wurden. Dennoch konnte das Leitungsteam Entscheidungen immer nur vorbereiten, indem sie Vorschläge unterbreiteten. Abgesegnet werden mussten diese immer – von unterschiedlichen Gremien und Strukturen, die im Verfahren dafür zuständig gemacht wurden.

Am Beginn des Verfahrens übernahm diese Aufgabe der **Arbeitskreis „Inhalt und Struktur“ (AK I&S)**, der im März 2001 zwei Mal zusammentraf, um „Vorschlägen für die inhaltliche Arbeit“ des Mediationsverfahrens und „deren Strukturierung“ zu erarbeiten[137]. Dabei griff er jene Themenkataloge wieder auf bzw. bearbeitete sie weiter, die einerseits im Rahmen der Auftaktveranstaltung (am 22. November 2000) und andererseits im Rahmen der ersten Sitzung des MF (18. Jänner 2001) erstellt wurden. Vom AK I&S wurde gleichsam der erste Arbeitsschritt in der zweiten Phase der Mediation geleistet, in dem er eine „Themensammlung und Konkretisierung der zu bearbeitenden Themen“ erstellte.[138]

[136] Vgl. www.viemediation.at Chronologie: Sitzungen der AG „Organisationsentwicklung“ am 17. Mai, 14. Juni 2004, 8. Juli 2004, 13. September 2004, 4. Oktober 2004, Protokolle.

[137] Vgl. www.viemediation.at Chronologie: Dritte Sitzung des Mediationsforums am 1. März 2001, Sitzungsprotokoll bzw. Beschlussprotokoll.

[138] Vgl. www.viemediation.at Chronologie: Erste Sitzung der AG I&S am 16. März 2001, Protokoll.

Der AK untergliederte die Themen in drei Bereiche und reihte sie schließlich nach Prioritäten: Zunächst sollten die Ausbaupläne des Flughafens betrachtet werden (Folgen, Alternativen, rechtliche Rahmenbedingungen, Flugsicherheit, Regionalentwicklung, Verkehr, flugtechnische Maßnahmen, übergeordnete Rahmenbedingungen), zweitens das Thema Lärm bearbeitet werden (Flugrouten und Flughöhen, Messung, Verbesserungsvorschläge, Auswirkungen, Sonstiges) und drittens das Thema Umwelt behandelt werden (Landschaftsbild – Kulturgüter, Landwirtschaft, Umweltgutachten, Ökologie, Gesundheit). Eine hohe Priorität räumte der AK zudem einem „Ausgleich des Wissensstandes" aller verfahrensbeteiligten Gruppierungen ein, weshalb er in weiterer Folge beschloss, mit einer Präsentation der Ausbauvorhaben durch die FWAG zu beginnen um in weiterer Folge entscheiden zu können, welche weiteren Informationen für eine vollständige Erfassung des Ist-Zustandes nötig sein würden. Zusätzlich wurde der Wunsch festgehalten, im Verfahren zu einheitlichen Begriffsbestimmungen zu gelangen um kommunikationsfähig zu bleiben.

Der AK schlug weiters vor, die Öffentlichkeit im Rahmen einer Pressekonferenz über diese Pläne zu informieren und schlug dem Mediationsforum vor, einen Arbeitskreis für „Öffentlichkeitsarbeit" einzurichten – eine wichtige verfahrensbegleitende Maßnahme.[139]

Das zentrale Gremium der Prozesssteuerung war im weiteren Verlauf des Verfahrens jedoch die **Prozesssteuerungsgruppe (PSG)**. Ihre Einrichtung wurde über geraume Zeit hinweg mehrfach gefordert bzw. diskutiert. Ein früher Befürworter der PSG war der Prozessprovider, im Mai 2001 wurde schließlich von Seiten des Mediationsteams und des Prozessproviders ein schriftlicher Vorschlag für die Einrichtung einer PSG formuliert, der im Wesentlichen die Grundzüge, die der PSG durch das MF schließlich auch gegeben wurden, umfasste.[140]

Die PSG wurde durch das Mediationsforum in seiner fünften Sitzung eingerichtet und beauftragt, das Verfahren zu beobachten, effizienzsteigernde Strukturierungsvorschläge zu erarbeiten, das Mediationsteam zu beraten und gleichsam auch als Ort der Reflexion („kritische Instanz") zu wirken. Die PSG beriet demgegenüber bis zur Umstrukturierung des Verfahrens (Ende 2002) keine inhaltlichen Fragen, sondern widmete sich zentral der organisatorisch-strukturellen Aufgabenstellung. Ende 2002 erhielt die PSG erweiterte Kompetenzen: Nach Abschaffung des Arbeitsausschusses sollte sie neben ihrer Funktion in der Prozesssteuerung auch zunehmend als inhaltliches Vorbereitungsgremium für das Mediationsforum wirken und wurde für den Fall,

[139] Vgl. www.viemediation.at Chronologie: Erste Sitzung der AG I&S am 16. März 2001, Zweite Sitzung der AG I&S am 19. März 2001, Protokolle.
[140] Vgl. Schreiben des Mediationsteams vom 22. Mai 2001.

dass in den Arbeitsgruppen keine Entscheidung erzielt werden sollte, auch mit inhaltlicher Entscheidungskompetenz betraut.[141]

Die PSG tagte in etwa monatlich, von Juli 2001 bis Juni 2005 wurden 49 Sitzungen durchgeführt und das Verfahren somit kontinuierlich begleitet. Die Leitung der PSG oblag dem Prozessprovider, das Mediationsteam hatte vorerst seine Teilnahme abgesagt – mit der Begründung, ein Gremium, das unter anderem zur Beratung des Mediationsteams eingerichtet wurde, weder leiten noch personell besetzen zu wollen.[142] Diese Haltung gab das Mediationsteam ab der fünften Sitzung der PSG auf, ab dann nahm das Mediationsteam an den Sitzungen der PSG teil, auch vor dem Hintergrund, dass von Seiten der PSG mehrfach die Einbindung des Mediationsteams in die Steuerungsfunktion der PSG erwünscht wurde. Ab 2003 („PSG neu") wurde die PSG gemeinsam von Prozessprovider und einem Mitglied des Mediationsteams geleitet.

Die PSG übernahm im Verlauf ihrer Tätigkeit im Wesentlichen folgende Rollen und Aufgaben:

- Definition der Struktur des Verfahrens (Einrichtung, Besetzung, Anhörung und Schließung von Gremien, Klärung von Steuerungsfragen)
- Festlegung von Arbeitsprogrammen (Definition „neuer" Sachthemen und Zuordnung derselben zu einer ihnen adäquaten Struktur, Arbeitsprogramme, Meilensteine, Berichtswesen)
- Gesamtplanung des Verfahrens (Termine, Abläufe, Dokumentation)
- Vorbereitung von Mediationsforen, Arbeitsausschüssen und Klausuren
- Reflexionsinstanz des Verfahrens

VII.1 Das Verfahren braucht Struktur

Die Struktur des Mediationsverfahrens musste während des Gesamtprozesses mehrfach verändert, ergänzt oder angepasst werden, immer wieder mussten neue Gremien eingerichtet werden, um bestimmten Sachthemen Orte zu verschaffen. Zur Einrichtung gehörte es auch, ihre (möglichst ausgewogene) Besetzung zu klären, zumal in aller Regel mehr Personen teilnehmen wollten, als aus Sicht der Prozesssteuerung daran teilnehmen sollten. Immer wieder wurden Gremien auch nach vollendeter Arbeit von der PSG geschlossen. Auch die Diskussion über die strategische[143] wie personelle Einsetzung von Sachverständigen und ExpertInnen[144]

[141] Vgl. Neunte Sitzung des Mediationsforums am 26. November 2002, Beschlussprotokoll.
[142] Vgl. Schreiben des Mediationsteams vom 9. Juli 2001.
[143] Vgl. www.viemediation.at Chronologie: Erste Sitzung der PSG am 12. Juli 2001, Protokoll.

bzw. über diverse Gutachten im Verfahren[145] fand maßgeblich innerhalb der PSG statt.

Weil die Zuständigkeit von Personen und Gremien nicht immer trennscharf zu unterscheiden war, waren laufend Diskussionen über Steuerungs- und Leitungsaufgaben sowie die Kooperation zwischen Mediationsteam und Prozessprovider vonnöten, die im Rahmen der PSG einen öffentlichen Verfahrensort fanden[146]. Schließlich war die PSG auch jener Ort, an dem das Entscheidungsprozedere diskutiert wurde. So wurde etwa zu Beginn des Jahres 2004 ein Vorgehen beschlossen, dass jede der Verfahrensparteien ihre „Conditio sine qua non" bzw. Situationen formulieren sollte, in denen für sie ein „No Go" erreicht würde. Für den Fall, dass eine der Parteien an solche Grenzen stößt, sollten sich alle anderen dazu verpflichtet fühlen, gemeinsam nach Alternativen zu suchen.[147]

VII.2 Die Arbeit braucht Ziele und Meilensteine

Der PSG oblag weiters die Definition „neuer" Sachthemen und die Entscheidung darüber, welche Themen in weiterer Folge verfolgt und bearbeitet werden, welche demgegenüber vorerst zurückgestellt werden sollten. Mitunter richtete sie dafür neue Gremien ein, mitunter ordnete sie die Themen auch bestehenden zu. Beispiele für solche Themen sind etwa „Verkehr" (in Bezug auf die Länder Wien und Niederösterreich), die in weiterer Folge unter den Begriffen „regionale Interessenkonflikte" bzw. „regionales Ausgleichsmodell" im MV firmierten[148], oder Auffassungsunterschiede in Bezug auf die Mediationsvereinbarung[149] oder auch Kritik am Verfahren, die aus Sicht einer externen Öffentlichkeit formuliert wurde[150].

Um die inhaltliche Bearbeitung der Themen aber auch ausreichend nachvollziehen zu können bzw. den Zuständigen einen Orientierungsrahmen für ihre Tätigkeit mit auf den Weg zu geben, versuchte die PSG mehrfach, Etappenziele, Meilenstei-

---

144 Vgl. www.viemediation.at Chronologie: Zweite Sitzung der PSG am 3. September 2001, Fünfte Sitzung der PSG am 26. November 2001, Siebente Sitzung der PSG am 25. Jänner 2002, Achte Sitzung der PSG am 25. Feber 2002, 22. Sitzung der PSG am 9. April 2003, 27. Sitzung der PSG am 24. September 2003, Protokoll.

145 Vgl. www.viemediation.at Chronologie: Zwölfte Sitzung der PSG am 13. Mai 2002, 14. Sitzung der PSG am 4. Juli 2002, Protokoll.

146 Vgl. www.viemediation.at Chronologie: Erste Sitzung der PSG am 12. Juli 2001, Sechste Sitzung der PSG am 19. Dezember 2001, 19. Sitzung der PSG am 14. Jänner 2003, Protokoll.

147 Vgl. www.viemediation.at Chronologie: 32. Sitzung der PSG am 28. Jänner 2004, Protokoll.

148 Vgl. www.viemediation.at Chronologie: Sechste Sitzung der PSG am 19. Dezember 2001, 13. Sitzung der PSG am 19. Juni 2002, 14. Sitzung der PSG am 4. Juli 2002, 15. Sitzung der PSG am 4. September 2002, 16. Sitzung der PSG am 20. September 2002, 17. Sitzung der PSG am 14. Oktober 2002, Protokoll.

149 Vgl. www.viemediation.at Chronologie: Zwölfte Sitzung der PSG am 13. Mai 2002, 13. Sitzung der PSG am 19. Juni 2002, 14. Sitzung der PSG am 4. Juli 2002, Protokoll.

150 Vgl. www.viemediation.at Chronologie: Zweite Sitzung der PSG am 3. September 2001, 13. Sitzung der PSG am 19. Juni 2002, Protokoll.

ne, Arbeitsprogramme sowie Arbeitsschwerpunkte für die einzelnen Gremien im MV festzulegen. Zur Beobachtung des Fortschrittes der Gremien nahm sie regelmäßig deren Berichte entgegen. Hinzu kamen fallweise Berichte zu Einzelveranstaltungen, die im Kontext des Verfahrens durchgeführt wurden oder an denen einzelne Verfahrensparteien teilgenommen hatten.

Das permanente Berichtswesen diente zudem aber auch dem Vorhaben, Abstimmung zwischen den einzelnen Gremien zu erzielen und deren Ergebnisse zusammenzuführen. Besonders deutlich wurde dies immer dann, wenn Zwischenetappen erreicht bzw. Zwischen- und Endergebnisse gesichert werden sollten: In der Vorbereitung der letzten Sitzung des Mediationsforums vor der Umstrukturierung des Verfahrens (Ende 2002), in der es darum ging, alle Schlussberichte sämtlicher Arbeitskreise zu beschließen und diese aus ihrer Tätigkeit zu „entlassen"[151], in dem zähen Ringen um einen Teilvertrag[152] oder auch im Erstellen, Diskutieren und Verabschieden der unterschiedlichen Abschlussdokumente, deren unterschiedlicher Status zunächst noch geklärt werden musste.[153]

Als die PSG mehr und mehr auch inhaltliche Agenden übernommen hatte (ab 2003), wurde eine eigene Untergruppe eingerichtet, die sich – entlastet von allen inhaltlichen Fragen – ausschließlich der weiteren Prozessgestaltung widmen sollte, also jenen Aufgaben, für die die PSG ursprünglich eingerichtet worden war. Die **Arbeitsgruppe „Arbeitsstruktur – Systemoptimierung" (AG AS)** traf sich im Oktober 2003 einmal um einen Entwurf des Prozessproviders zu diskutieren, in dem dieser eine „Zusammenfassung und Strukturierung der Vorschläge zur Systemoptimierung" vorbereitet hat und die in weiterer Folge mit wenigen Ergänzungen an die PSG weitergeleitet wurde.[154]

Im fortschreitenden Verfahren wurde innerhalb der PSG mehrfach diskutiert, wie mit Anträgen auf Neuaufnahme von Parteien umzugehen wäre. Während anfänglich diesbezüglich noch eher Skepsis herrschte (bzw. die PSG sich dafür zunächst noch unzuständig erklärte), wurde in weiterer Folge mehreren Parteien der Beobachterstatus verliehen bzw. die Aufnahme einzelner Parteien von der PSG effektiv empfoh-

---

[151] Vgl. www.viemediation.at Chronologie: 16. Sitzung der PSG am 20. September 2002, 17. Sitzung der PSG am 14. Oktober 2002, Protokoll.

[152] Vgl. www.viemediation.at Chronologie: 19. Sitzung der PSG am 14. Jänner 2003, 20. Sitzung der PSG am 13. Februar 2003, 21. Sitzung der PSG am 17. März 2003, 22. Sitzung der PSG am 9. April 2003, 23. Sitzung der PSG am 6. Mai 2003, 24. Sitzung der PSG 18. Mai 2003, 25. Sitzung der PSG am 11. Juni 2003, Protokoll.

[153] Vgl. www.viemediation.at Chronologie: 44. Sitzung der PSG am 17. Februar 2005, 47. Sitzung der PSG am 12. Mai 2005, 48. Sitzung der PSG am 2. Juni 2005, 49. Sitzung der PSG am 16. Juni 2005, Protokoll (Anmerkung: von der 48. Sitzung der PSG liegt kein genehmigtes Protokoll vor).

[154] Vgl. www.viemediation.at Chronologie: Erste Sitzung der AG „Arbeitsstruktur und Systemoptimierung" am 27. Oktober 2003, Protokoll.

len[155]. Dafür hat sie zudem den Charakter der verschiedenen Zugehörigkeitsformen zum Verfahren präzisiert.[156] Die PSG hat aber auch das Ausscheiden verschiedener Parteien (und eines Mediators) aus dem Verfahren zu Kenntnis nehmen müssen bzw. deren Entschluss, die Ergebnisse nicht mittragen zu können.[157]

VII.3 Sitzungen brauchen Termine und Protokolle

Zu einer wichtigen Aufgabe der PSG gehörte das Zeit- und Terminmanagement. Ihr oblag es, sämtliche Termine festzulegen, dabei Aufmerksamkeit auf die unterschiedlichen Wünsche und Anforderungen aus dem Verfahren zu legen (auf Wunsch der BIs sollten Termine vornehmlich in den Abendstunden stattfinden, bei allen Terminen galt es genau zu beachten, ob jede Partei in ausreichendem Ausmaß den Termin wahrnehmen konnte, in Bezug auf den Fahrplan des Mediationsforums musste jeweils beachtet werden, ob alle andere Gremien im Stande waren, bis zu den entsprechenden Terminen ihre Aufgaben zu erfüllen etc.). Zugleich musste die PSG auf das kontinuierliche Voranschreiten des Prozesses achten. Immer wieder waren die Mitglieder der PSG bemüht, das Ende des Verfahrens in den Blick zu rücken, ein Vorhaben, das mehrfach verschoben, mitunter aber sogar rituell beschworen wurde, beispielsweise in der Formulierung eines protokollierten „Neujahrsvorsatzes" zu Beginn des Jahres 2004, spätestens an dessen Ende das Verfahren beenden zu wollen – und zwar unabhängig vom Vorliegen von Ergebnissen.[158]

Im Voranschreiten des Verfahrens wurden auch Rückbindungstermine der einzelnen Gruppierungen explizit durch die PSG transportiert und damit auch verfahrensöffentlich gemacht.[159] Die Erstellung des Terminfahrplans durch das Mediationsverfahren erledigte die PSG praktisch in allen ihren Sitzungen. Im Detail hat die PSG jeweils die Sitzungen der Mediationsforen, der Arbeitsausschüsse und der Klausuren[160] vorbereitet (Erstellung der Tagesordnung, Festlegung der Teilnahme im Falle der Klausuren) bzw. die dafür vorbereiteten Vorschläge von Prozessprovider und Mediationsteam bestätigt.

[155] Vgl. www.viemediation.at Chronologie: 26. Sitzung der PSG am 3. September 2003, 32. Sitzung der PSG am 28. Jänner 2004, 33. Sitzung der PSG am 18. Feber 2004, 34. Sitzung der PSG am 24. März 2004, 37. Sitzung der PSG am 8. Juni 2004, 39. Sitzung der PSG am 8. September 2004, 40. Sitzung der PSG am 6. Oktober 2004, 41. Sitzung der PSG am 4. November 2004, 42. Sitzung der PSG am 15. Dezember 2004, Protokoll.

[156] Vgl. www.viemediation.at Chronologie: 39. Sitzung der PSG am 8. September 2004, Protokoll.

[157] Vgl. www.viemediation.at Chronologie: 38. Sitzung der PSG am 23. Juni 2004, 48. Sitzung der PSG am 2. Juni 2005, Protokoll.

[158] Vgl. www.viemediation.at Chronologie: 31. Sitzung der PSG am 7. Jänner 2004, Protokoll.

[159] Vgl. www.viemediation.at Chronologie: 26. Sitzung der PSG am 3. September 2003, 27. Sitzung der PSG am 24. September 2003, Protokoll.

[160] Vgl. www.viemediation.at Chronologie: Sechste Sitzung der PSG am 19. Dezember 2001, 21. Sitzung der PSG und folgende, Protokoll.

Schließlich spielte die PSG durch ihre Aufgabe der Zusammenführung sämtlicher Zwischenergebnisse im Verfahren eine wesentliche Rolle in der Dokumentation des Gesamtverfahrens[161], insofern ihre Protokolle auch immer zentrale Orientierungspapiere zum aktuellen Verfahrensstand darstellten. Im Zusammenhang damit wurden durch die PSG auch mehrfach Maßnahmen zur externen Öffentlichkeitsarbeit beraten und beschlossen bzw. in Kooperation mit dem zuständigen Arbeitskreis umgesetzt.[162]

VII.4 Die Prozessebene braucht Reflexion und mitunter Konfliktbearbeitung

Die PSG begriff sich von Anfang an auch als interne Reflexionsinstanz des gesamten Verfahrens[163] und war der Ort, an dem Standortbestimmungen vorgenommen wurden[164]. In ihr sollten unterschiedliche Befindlichkeiten der verfahrensbeteiligten Gruppierungen wahrgenommen werden, wobei vor allem der häufige Termindruck thematisiert wurde[165] bzw. auch insgesamt die zeitliche Struktur des Verfahrens (vor allem in Hinblick auf dessen vorerst definierten Endzeitpunkt) kritisch diskutiert wurde.[166] Ein wichtiges ebenfalls immer wiederkehrendes zentrales Thema war jenes der „Rückbindungsproblematik", das freilich zentral mit dem Thema des Termindrucks und der Zeitstruktur des Verfahrens zusammenhing und das immer dann besonders relevant wurde, wenn die Zahl der Sitzungen stark angestiegen war und einzelne verfahrensbeteiligte Gruppierungen zu wenig Zeit hatten, die Sitzungen entsprechend vor- bzw. nachzubereiten.[167] Beispielhaft institutionalisiert wurden Rückbindungen im Rahmen der so genannten „Wiener Runde", zu der regelmäßig alle politischen Parteien, Bürgerinitiativen und alle betroffenen Bezirke eingeladen wurden.

Teil dieser Reflexionsleistung war auch die Bearbeitung interner Konflikte, die nicht auf der Sachebene lagen und insofern auch an keine Arbeitsgruppe delegiert

---

161 Vgl. www.viemediation.at Chronologie: Erste Sitzung der PSG am 12. Juli 2001, Protokoll.

162 Vgl. www.viemediation.at Chronologie: Erste Sitzung der PSG am 12. Juli 2001, Zweite Sitzung der PSG am 3. September 2001, Vierte Sitzung der PSG am 22. Oktober 2001, Fünfte Sitzung der PSG am 26. November 2001, Neunte Sitzung der PSG am 19. März 2002, Zehnte Sitzung der PSG am 15. April 2002, Elfte Sitzung der PSG am 23. April 2002, 15. Sitzung der PSG am 4. September 2002, 16. Sitzung der PSG am 20. September 2002, 18. Sitzung der PSG am 14. November 2002, 21. Sitzung der PSG am 17. März 2003, 24. Sitzung der PSG am 18. Mai 2003, 31. Sitzung der PSG am 7. Jänner 2004, 49. Sitzung der PSG am 16. Juni 2005, Protokoll.

163 Vgl. www.viemediation.at Chronologie: Erste Sitzung der PSG am 12. Juli 2001, Dritte Sitzung der PSG am 3. Oktober 2001, Protokoll.

164 Vgl. www.viemediation.at Chronologie: 25. Sitzung der PSG am 11. Juni 2003, 31. Sitzung der PSG am 7. Jänner 2004, Protokoll.

165 Vgl. www.viemediation.at Chronologie: Dritte Sitzung der PSG am 3. Oktober 2001, Protokoll bzw. Beilage zur PSG am 22. 10. 2001: „Analyse des Termindrucks".

166 Vgl. www.viemediation.at Chronologie: Vierte Sitzung der PSG am 22. Oktober 2001, Protokoll.

167 Vgl. www.viemediation.at Chronologie: Vierte Sitzung der PSG am 22. Oktober 2001, Protokoll.

werden konnten. Dies betraf mehrfache Konflikte, die ausgelöst wurden, weil einzelne Parteien oder Personen im Verfahren andere persönlich kränkten, verletzten, beleidigten oder auch gegen Grundsätze der Mediationsvereinbarung verstießen. Häufig betraf dies öffentliche Aussagen zum Mediationsverfahren, die nicht mit den anderen MediationsteilnehmerInnen akkordiert waren, oder die Frage der Berechtigung zur weiteren Teilnahme am Verfahren (z. B. für Parteien, die dem Teilvertrag nicht zugestimmt hatten oder nachträglich ihre Zustimmung zurück gezogen hatten oder aus Gremien ausgeschlossen werden sollten).[168] Die Bearbeitung dieser Konflikte beanspruchte immer wieder viel Zeit innerhalb der PSG, mitunter wurde in weiterer Folge auch das Mediationsforum mit ihnen befasst.[169] Eine Maßnahme zur inneren Konfliktregelung wurde beispielsweise durch das Formulieren eines Fairnessabkommens für die Gemeinderatswahlen in Niederösterreich (2005) gesetzt.

In einzelnen Fällen ging es weniger um die Bearbeitung von Konflikten als viel mehr um das Formulieren von aufgetretenen Unsicherheiten, beispielsweise in Bezug auf die zukünftige Teilnahme von Verfahrensmitgliedern, die in Anfragen thematisiert wurden (dies betraf vor allem politisch gewählte Mandatare oder politisch besetzte Funktionsträger).[170]

Ein Element der Reflexion, das Fremdsicht von außen anbot, wurde mit der wissenschaftlichen Begleitforschung installiert. Auch über ihre Einbindung (insbesondere in Bezug auf Rückbindungen und Präsentationen[171]) wurde innerhalb der PSG beraten bzw. wurden von ihr die Rückmeldungen der Begleitforschung auch entgegengenommen.[172]

VIII. Vereinbarungen und Dokumente

Das Verfahren begann mit der Erarbeitung einer Vereinbarung und es endete mit der Unterfertigung verschiedener Vereinbarungen und Verträge. Am Beginn stand die Mediationsvereinbarung, die gemeinsame Grundlagen und Richtlinien für das Mediationsverfahren schuf, am Ende Ergebnisse, die festgehalten werden sollten. Dazwischen lag ein Teilvertrag, in dem ein erster Maßnahmenkatalog niederge-

[168] Vgl. www.viemediation.at Chronologie: 24. Sitzung der PSG am 18. Mai 2003, 26. Sitzung der PSG am 3. September 2003, 29. Sitzung der PSG am 5. November 2003, 31. Sitzung der PSG am 7. Jänner 2004, 32. Sitzung der PSG am 28. Jänner 2004, 36. Sitzung der PSG am 18. Mai 2004, 40. Sitzung der PSG am 6. Oktober 2004, 42. Sitzung der PSG am 15. Dezember 2004, Protokoll.

[169] Vgl. www.viemediation.at Chronologie: 21. Sitzung der PSG am 17. März 2003, Protokoll.

[170] Vgl. www.viemediation.at Chronologie: 30. Sitzung der PSG am 10. Dezember 2003, Protokoll.

[171] Vgl. www.viemediation.at Chronologie: Zweite Sitzung der PSG am 3. September 2001, Dritte Sitzung der PSG am 3. Oktober 2001, Vierte Sitzung der PSG am 22. Oktober 2001, Sechste Sitzung der PSG am 19. Dezember 2001, Neunte Sitzung der PSG am 19. März 2002, 17. Sitzung der PSG am 14. Oktober 2002, Protokoll.

[172] Vgl. www.viemediation.at Chronologie: 18. Sitzung der PSG am 14. November 2002, Protokoll.

schrieben ist. Für die Erarbeitung der Dokumente bzw. für deren Endredaktion wurden jeweils Arbeitsgruppen eingerichtet.

Die **Arbeitsgruppe „Mediationsvertrag" (AG MV)** tagte im Februar 2001 zwei Mal um einen Entwurf für einen „Mediationsvertrag" (der in weiterer Folge „Mediationsvereinbarung" genannt wurde) auszuarbeiten. Der Prozessprovider legte in der ersten Sitzung einen Entwurf vor, der diskutiert bzw. ergänzt wurde.[173] In Hinblick auf die Namensgebung (Mediationsvertrag oder Mediationsvereinbarung) wurde schließlich zugunsten des Titels Mediationsvereinbarung entschieden, die als Willenserklärung der verfahrensbeteiligten Gruppierungen zur Mediation bezeichnet wurde und die von allen Parteien unterzeichnet werden sollte. Zudem wurde beschlossen, dass zwischen Mediationsforum und Mediationsteam ein Werkvertrag abgeschlossen werden sollte. Dies auf ausdrücklichen Willen des Mediationsteams, das sich „eine klare Beauftragung aller Parteien" wünschte. Dieser wurde in weiterer Folge von allen Parteien und dem Mediationsteam unterzeichnet. Schließlich wurde auch noch eine Honorarvereinbarung für das Mediationsteam erstellt, die vom Prozessprovider als Vertreter des Mediationsforums und dem Mediationsteam unterzeichnet werden sollte. Über den Inhalt der Mediationsvereinbarung konnte in weiten Teilen Einigkeit erzielt werden, jene Passagen, für die das nicht galt, wurden kursiv gesetzt und der Entwurf schließlich zur Beschlussfassung dem Mediationsforum vorgelegt. Einzelne Aspekte wurden zur weiteren Bearbeitung dem Prozessprovider und dem externen Experten übertragen[174], danach aber wiederum im Verfahren selbst diskutiert und beschlossen.

Auch für die Letztkorrekturen am „Teilvertrag aktuelle Maßnahmen" wurde eine **Redaktionsgruppe Teilvertrag „Aktuelle Maßnahmen" (RG TV)** eingerichtet, die sich im Mai 2003 ein Mal traf, um den Text in eine konsistente Version zu bringen.[175] Und vor Abschluss des Verfahrens wurde in einer **Sondersitzung der Vertragsparteien** am 1. Juni 2005 die Letztfassung des Mediationsvertrages verabschiedet und Stellungnahmen jener Parteien eingesammelt, die nur mit Vorbehalt oder auch gar nicht unterschreiben wollten.[176]

Nachstehend werden die Dokumente kurz beschrieben und im Anschluss in einem Verzeichnis ein Überblick geboten, welche Partei welches Dokument unterschrieben bzw. nicht unterschrieben hat.

---

173 Vgl. Erste Sitzung der AG MV am 12. Februar, Protokoll.
174 Vgl. Zweite Sitzung der AG MV am 19. Februar, Protokoll.
175 Vgl. www.viemediation.at Chronologie: Sitzung der Redaktionsgruppe Teilvertrag „Aktuelle Maßnahmen" am 14. Mai 2003, kein Protokoll vorhanden.
176 Vgl. www.viemediation.at Chronologie: Sondersitzung Vertragsparteien am 1. Juni 2005, Protokoll.

VIII.1 Die Mediationsvereinbarung

Das Mediationsforum diskutierte in seiner dritten Sitzung am 1. März 2001 die Mediationsvereinbarung nochmals, überarbeitete sie gemeinsam und beschloss sie schließlich auch. Von einigen Mitgliedern wurde diese allerdings nur „m. V." (mit Vorbehalt) unterfertigt – ein Schicksal, das fast alle Dokumente und Vereinbarungen des Verfahrens miteinander teilen. Die „Vereinbarung über das Mediationsverfahren Flughafen Wien" umfasste folgende Punkte:

- Ausgangslage (allgemeine Konfliktbeschreibung)
- Gegenstand und Ziel des Mediationsverfahrens (insbesondere Erarbeitung von Lösungen; Unterzeichnung eines verbindlichen Vertrages, in dem die Lösungen festgehalten werden; Einrichtung geeigneter Abläufe und Kontrollmittel zur Sicherung der Umsetzung der vereinbarten Maßnahmen)
- Parteien (Auflistung aller vertretenen Parteien)
- Regeln der Zusammenarbeit (Festlegung von Prinzipien wie Freiwilligkeit der Teilnahme, Konsenspflicht für Beschlussfassungen, Transparenz in Hinblick auf sämtliche verfahrensrelevanten Unterlagen, Vertraulichkeit, Ergebnisoffenheit, gegenseitige Wertschätzung und Akzeptanz, Verpflichtung zur Rückbindung durch die RepräsentantInnen im Verfahren)
- Struktur (Organigramm)
- Mediationsforum (Aufgaben, Zusammensetzung, Rechte, Funktionen, Leitung)
- Arbeitsausschuss (Aufgaben, Zusammensetzung, Rechte, Funktionen, Leitung)
- Arbeitskreise (Aufgaben, Zusammensetzung, Leitung)
- Mediationsteam (Aufgaben, Rechte, personelle Besetzung, Finanzierung)
- Vertretung des Mediationsforums (personelle Vertretung, Aufgaben, Finanzierung)
- Protokolle (Protokollarten, Verfahren zur Erstellung, Veröffentlichung)
- Sachverständige (Berufungsmodalitäten)
- Öffentlichkeitsarbeit (Zielsetzungen, Charakter, Finanzierung)
- Ausscheiden einzelner Parteien
- Abänderung dieser Vereinbarung
- Wissenschaftliche Begleitforschung (explizite Zustimmung durch das MF)

Die Mediationsvereinbarung hat im Laufe der Jahre einige Änderungen erfahren (insbesondere in Bezug auf den nachträglich eingerichteten Beobachterstatus und die Aufgaben der PSG). In der Dokumentensammlung, die am Ende des Verfahrens zusammengestellt wurde, ist sie daher in der **Fassung aus 2005** abgedruckt.

VIII.2 Teilvertrag „Aktuelle Maßnahmen"

Der Teilvertrag „Aktuelle Maßnahmen" wurde vom Mediationsforum in seiner zehnten Sitzung (27. Mai 2003) verabschiedet. Er galt der Verbesserung der aktuellen Situation der vom Lärm betroffenen Bevölkerung. In ihm wurde von Seiten der Flughafen Wien AG ein umfassendes Leistungspaket zugestanden und zwar unabhängig von der Tatsache, ob es innerhalb des Verfahrens zu einer Zustimmung zum Bau einer dritten Piste kommen würde oder nicht. Neben einleitenden Bemerkungen und Erläuterungen zu Berechnungsgrundlagen, Darstellungsformen und der Pistenkonfiguration am Flughafen Wien (Kap. I-IV) regelt der Vertrag Bestimmungen zu folgenden Themen und Maßnahmen:

- Abflüge und Landungen (Kap. V)
- Starts und Abflüge (Kap. VI)
- Festlegung der Abflugkorridore (Kap. VII)
- Fensterförderung (Kap. IX)
- Lärmmessstellen (Einrichtung einer AG zur zukünftigen Aufstellung derselben, Kap. X)
- Untersuchungen (Kap. XI)
- Bodenlärm (Kap. XII)
- Messstellen – Luftschadstoffe und Kerosin (Kap. XIII)
- Abwasserentsorgung (Kap. XIV)
- Öffentlichkeitsarbeit (Kap. XV)
- Evaluierung (Kap. XVI)
- Monitoring (Kap. XVII)
- Beschwerde- und Informationssystem (Kap. XVIII)
- Streitbeilegungsverfahren (Kap. XIX)

Ein Glossar (Kap. XX), eine Definition der Parteien (Kap. XXI) und ein umfassendes Beilagenverzeichnis (20 Beilagen, Kap. XXII) ergänzen den Teilvertrag. Im Dokumentenordner ist er wiederum in veränderter Fassung abgedruckt. Die Änderungen des Teilvertrages betreffen einerseits Ergebnisse aus den verschiedenen Bezirkskonferenzen, in denen Verschiebungen von Flugstrecken und neue Verkehrsverteilungen auf den Pisten festgelegt wurden. Andererseits wurde nachträglich das „Standard Instrument Departure Routes" festgelegt und zugleich wurden neue SIDs vereinbart. In dieser Form trat er am 12. Mai 2005 in Kraft.

VIII.3 Abschlusserklärung

Am Beginn des Dokumentenordners, der zugleich das Ende des Mediationsverfahrens dokumentiert, steht eine **„Zusammenfassung sämtlicher Verfahrensergebnisse des Mediationsverfahrens Flughafen Wien und Erklärungen der Verfahrensparteien“**, die 34 Seiten, zuzüglich acht Seiten abweichender Erklärungen umfasst und auch als „Abschlussvereinbarung“ bezeichnet wird[177]. In der Präambel (Kap. I) finden sich einige Anmerkungen zu Bedingungen, Herausforderungen und Grenzen eines so umfangreichen Mediationsverfahrens, gefolgt von einer Kurzbeschreibung zum Verfahrensverlauf (Kap. II). Es folgen Ausführungen zum Teilvertrag (Kap. III), dem UVP-Verfahren zur dritten Piste (Kap. IV) und zu getroffenen Prozessvereinbarungen (Kap. V). Im Anschluss daran werden die zentralen Themen, um die im Verfahren gerungen wurde, und die diesbezüglichen Verhandlungsergebnisse dargestellt: Nachtflugregelung (Kap. VI), Technischer Lärmschutz (Kap. VII), Bodenlärm (Kap. VIII), Lärmzonendeckelung (Kap. IX) und Landwirtschaft (Kap. X). Danach werden die neuen strukturellen Einrichtungen und die sie begleitenden Verträge und Vereinbarungen beschrieben: Der Umweltfonds (Kap. XI), das Regionale Konfliktmanagement (Kap. XII), der Schiedsvertrag (Kap. XIII) sowie eine Verbindlichkeitsklausel (Kap. XIV). Des Weiteren werden die externe Begleitung durch die wissenschaftliche Begleitforschung (Kap. XV) und Sachverständige und Gutacher (Kap. XVI) gewürdigt. Ergänzt wird die Zusammenfassung von einem Unterschriftskatalog, in den sich die meisten der beteiligten Gruppierungen eingetragen haben, sowie eine Sammlung abweichender Erklärungen jener Parteien, welche die Ergebnisse des Verfahrens nicht mittragen konnten. Als Beilagen werden alle weiteren Dokumente geführt.

VIII.4 Allgemeiner Mediationsvertrag

Der **Allgemeine Mediationsvertrag** wurde zwischen der Flughafen Wien AG als eine Vertragspartnerin und den Ländern Wien und Niederösterreich sowie den Anrainergemeinden (Enzersdorf/Fischa, Fischamend, Groß-Enzersdorf, Himberg, Kleinneusiedl, Rauchenwarth, Schwadorf, Schwechat, Wien, Zwölfaxing) und dem Verein „Arbeitsgemeinschaft von Bürgerinitiativen und Siedlervereinen um den Flughafen Wien“ – einem im Zuge des Verfahrens gegründeten Dachverband – unterfertigt. In ihm wird zum UVP-Verfahren (Kap. I) im Wesentlichen festgehalten, an welche getroffenen Vereinbarungen aus dem Mediationsverfahren sich die FWAG bei der Einreichung der Pläne hält, wohingegen sich die anderen Parteien bereit erklären, im

[177] Vgl. Vereinsstatuten „Verein Dialogforum Flughafen Wien“, S. 1.

Verfahren keine Schritte zu unternehmen, die es verzögern könnten. In Hinblick auf die Nachtflugregelung (Kap. II) sind die jeweiligen Nachtflugverbote für die einzelnen Pisten festgehalten (sowie Ausnahmeregelungen für Ambulanzflüge oder Flüge, die aus Sicherheitsgründen nicht anders geführt werden können), gefolgt von Erläuterungen zur Abwicklung des Nachtflugverkehrs bei unterschiedlichen Windlagen, den vereinbarten Nachtflugdeckelungen und den Vereinbarungen zum Übergangsprozess in das neue Modell. Für den Bereich: Technischer Lärmschutz (Kap. III) sind – geordnet nach Lärmzonen und Betroffenheit der AnrainerInnen – jene Maßnahmen festgehalten, die jeweils von der Flughafen Wien AG gesetzt werden. Die Vereinbarungen zur Lärmzonendeckelung (Kap. IV) sehen für besonders belastete Gebiete (Lärmzone 54dB Leq, im Durchrechnungszeitraum der 6 verkehrsreichsten Monate) eine absolute Deckelung vor, zugleich aber auch die Verpflichtung der Gemeinden, Zonen, die in dieser Lärmzone liegen, zukünftig nicht mehr für Wohnzwecke zu widmen bzw. in bereits gewidmeten Zonen möglichst eine Entflechtung anzustreben. Ergänzt wird der Vertrag von einer Mediationsklausel (Kap. V), in der sich alle Parteien bei Streitigkeiten zunächst zur Durchführung einer Mediation und in weiterer Folge zur Anrufung des neu eingerichteten Schiedsgerichts (Kap. VI) verpflichten. Der letzte Punkt umfasst eine Klarstellung der Länder Niederösterreich und Wien (Kap. VII), in der vor allem deren behördliche Funktion erläutert wird.

VIII.5 Vereinsstatuten Verein Dialogforum Flughafen Wien

Die Vereinsstatuten Verein Dialogforum Flughafen Wien wurden bereits vor Ende des Verfahrens bei der zuständigen Behörde eingereicht. Der Zweck des gemeinnützigen Vereins (§ 2) umfasst „die Behandlung und Diskussion von Themen und Konflikten, die im Zusammenhang mit dem Fluggeschehen auf [dem][178] und rund um den Flughafen Wien sowie der Umsetzung der in der Abschlussvereinbarung des Mediationsverfahrens viemediation.at festgehaltenen Vereinbarungen entstehen". Mit der Einrichtung dieses Vereins wurde ein Verfahrensort für alle zukünftigen Konflikte und Kommunikationsprozesse geschaffen und damit zugleich die Möglichkeit der weiteren Diskursgestaltung über das Mediationsverfahren hinaus gesichert. In den Statuten sind zudem folgende Punkte zum Verein festgehalten:

- Name, Sitz und Tätigkeitsbereich (§ 1)
- Tätigkeiten und Mittel zur Verwirklichung des Vereinszwecks (Übernahme des regionalen Konfliktmanagements in Nachfolge zum Mediationsverfahren, § 3)
- Arten der Mitgliedschaft (ordentliche, fördernde und Ehrenmitglieder, § 4)

[178] Einfügung L. Krainer.

- Erwerb und Beendigung der Mitgliedschaft (§ 5 bzw. § 6)
- Rechte und Pflichten der Mitglieder (§ 7)
- Vereinsorgane (Generalversammlung, erweiterter Vorstand, Vorstand, RechnungsprüferInnen, Schiedsgericht, GeschäftsführerIn, § 8)
- Bestimmungen zu ordentlichen und außerordentlichen Generalversammlungen und deren Aufgaben (§ 9 bzw. § 10)
- Zusammensetzung und Aufgabenbereich des Vorstandes sowie einzelner Vorstandsmitglieder (insgesamt sechs Personen, davon je eine von Flughafen Wien AG, Verein „Arbeitsgemeinschaft von Bürgerinitiativen und Siedlervereinen um den Flughafen Wien", Land Wien, Land Niederösterreich und zwei Personen von den Nachbargemeinden, § 11 bzw. § 12)
- Zusammensetzung und Aufgaben des erweiterten Vorstandes. Der Vorstand sollte in allen Konfliktthemen als erweiterter Vorstand tagen, dem folgende 28 Mitglieder (inkl. jene aus dem Vorstand) angehören: 2 Personen der Flughafen Wien AG, je ein Mitglied der Austrian Airlines und der Austro Control Österreich, 5 Mitglieder aus niederösterreichischen Gemeinden, ein Mitglied einer Wiener Gemeinde, 5 Delegierte des Vereins „Arbeitsgemeinschaft von Bürgerinitiativen und Siedlervereinen um den Flughafen Wien", 6 VertreterInnen vom Land Wien, 7 vom Land Niederösterreich und ein Vertreter für das Land Burgenland (§ 13).
- Funktion der RechnungsprüferInnen (§ 14), Aufgaben des Geschäftsführers bzw. der Geschäftsführerin (§ 15)
- Mediationsklausel und Schiedsgerichtsvereinbarung (§ 16 bzw. § 17)
- Bedingungen für die Auflösung des Vereins (§ 18)
- Allgemeines (z. B. Rechnungsjahr, § 19)

VIII.6 Kooperationsvertrag Verein Dialogforum Flughafen Wien – Flughafen Wien AG

In einem **Kooperationsvertrag** zwischen Verein Dialogforum Flughafen Wien und der Flughafen Wien AG sind nach einer kurzen Präambel (Kap. I) jene Leistungen festgehalten, welche die FWAG zur Unterstützung des Vereins erbringen wird (Kap. II-III). Unterzeichnet wurde der Vertrag einerseits vom designierten Vereinsobmann und dessen beiden Stellvertretern für das Dialogforum Flughafen Wien und andererseits von den drei Vorstandsmitgliedern der FWAG. Neben der finanziellen Unterstützung von Maßnahmen zur Kommunikations- und Öffentlichkeitsarbeit betreffen die Leistungen im Kern die Finanzierung von zwei Stellen (Geschäftsleitungsposition und administrative Kraft) sowie die Finanzierung von Räumen und Infrastruktur des Vereins. Der Vertrag wurde auf unbestimmte Dauer abgeschlossen (Kap IV). Neben Bestimmungen betreffend Vertragsänderungen, Mediations- und Schiedsgerichtsklausel (Kap. VI- VIII) sind unter „Sonstiges“ Datenschutzfragen, Geheimhaltung und ein Good-Faith-Agreement (in Bezug auf öffentliche Aussagen) im Vertrag festgehalten (Kap. V).

VIII.7 Satzung Umweltfonds

Die **Satzung** zum **Umweltfonds – Fonds zur Förderung einer nachhaltigen Entwicklung der Region rund um den Flughafen Wien** wurde ebenfalls bereits vor Abschluss des Verfahrens von der zuständigen Stiftungsbehörde überprüft und mit Bescheid für zulässig erklärt. In der Präambel heißt es: „Die Flughafen Wien AG gründet zur Unterstützung und Förderung jener Gemeinden, die durch Fluglärm im besonders hohem Ausmaß belastet sind, und jener Gemeinden, deren Entwicklungsmöglichkeiten durch den Flugbetrieb erheblich eingeschränkt werden, sowie zur Förderung von Projekten, die eine nachhaltige Entwicklung der Region unterstützen, einen gemeinnützigen und mildtätigen Fonds“. In weiterer Folge wird ein komplexes Verteilungsverfahren von Geldern beschrieben, die aus den Töpfen der FWAG gespeist werden. 75 Prozent der Fondsmittel fließen direkt an die Gemeinden, 25 Prozent sind Projekten gewidmet. Des Weiteren wird unter den Gemeinden unterschiedlich verteilt, wobei die Hälfte der Gelder nach Ermittlung von Lärmpunkten erfolgt, sodass stärker belastete Gemeinden auch mehr Mittel erhalten, die andere Hälfte der Gelder nach einem fixen Schlüssel verteilt wird. Über die Verwendung der Projektgelder entscheidet ein Beirat, dem zehn Mitglieder von Anrainergemeinden, acht Delegierte des Vereins „Arbeitsgemeinschaft von Bürgerinitiativen und Siedlervereinen um den Flughafen Wien“, vier VertreterInnen der Flughafen Wien AG und ein/e RepräsentantIn der Bezirksbauernkammer Bruck/L.-Schwechat. Zur Beantragung von Projektgeldern ist festgehalten, dass sowohl Gebietskörperschaften als auch juristische Personen oder Einzelpersonen berechtigt sind, Anträge an den Vorstand des Fonds zu richten. Die innere Gliederung der Satzung umfasst folgende Teile: Name, Sitz und Wirkungsbereich (Kap. I), Vermögen des Fonds (Kap. 2), Zweck und Tätigkeit des Fonds (Kap. III), Verwendung der Fondsmittel (Kap. IV), Verwendung der Gemeindemittel (Kap. V), Verwendung der Projektmittel (Kap. VI), Verwaltungs- und Vertretungsorgane des Fonds (Kap. VII), Vorstand (Kap. VIII), Beirat (Kap. IX), Zeichnungsberechtigung und Bekanntmachung des Fonds (Kap. X), Rechnungslegung (Kap. XI), Wirtschaftsprüfer (Kap. XII), Satzungsänderungen (Kap. XIII), Mediationsklausel und Schiedsgericht (Kap. XIV bzw. XV), Vermögensbindung bei Auflösung des Fonds (Kap. XVI), Satzungsausfertigung (Kap. XVII).

VIII.8 Leistungsvertrag Umweltfonds – Flughafen Wien

Im **Leistungsvertrag Umweltfonds – Flughafen Wien AG** ist schließlich die Dotierung des Fonds durch die FWAG festgehalten. Diese wurde an die Anzahl der ankommenden und abfliegenden Passagiere gekoppelt, wobei pro Passagier 20 Cent in den Fonds fließen (für Passagiere, die zwischen 22.00 Uhr und 6.00 Uhr früh ankommen und abfliegen, 60 Cent). Diese Regelung wird in Abständen von fünf Jahren jeweils einer Überprüfung unterzogen, wobei dafür sowohl Veränderungen der Lärmbelastung Berücksichtigung finden sollen (können zur Erhöhung oder Reduktion der Zahlungen führen) als auch Indexanpassungen vorgenommen werden können (Kap. IV). Zudem verpflichtet sich die FWAG dem Fonds jährlich Lärmkarten (unter Ausweis spezieller Lärmzonen) sowie die Anzahl der Passagiere (getrennt für Tag und Nacht) zu übermitteln (Kap. II bzw. Kap. III). Dem Vertrag sind verschiedene Dokumente (Lärmkarten, Statistik) für das Jahr 2004 beigelegt, die als Berechnungsgrundlage dienen sollten (Kap. V). Auch in diesem Vertrag finden sich Mediations- und Schiedsgerichtsklausel (Kap. VI bzw. VII). Der Leistungsvertrag wurde für den Fonds vom Vorstandsvorsitzenden, dessen Stellvertreter und einem weiteren Vorstandsmitglied unterzeichnet, für die FWAG von deren drei Vorstandsmitgliedern.

VIII.9 Vorbehaltsvereinbarung

In einer **Vorbehaltsvereinbarung** wurde die Rechtswirksamkeit aller Verträge an ihre rechtswirksame Unterzeichnung durch alle VertragspartnerInnen gebunden, da diese teilweise erst die Zustimmung zuständiger Gremien und Organe erhalten mussten (Aufsichtsrat FWAG, Landesregierungen, Gemeinderäte etc.). Im Detail ist für jedes Dokument (mit Ausnahme der Abschlusserklärung, die zu diesem Zeitpunkt bereits unterfertig worden war) angeführt, für welchen Vertrag wessen Zustimmung noch erforderlich ist. Als Frist wurde der 30. September 2005 festgehalten, mit der Sammlung der Unterschriften und der Information aller Betroffenen über den Eintritt der Rechtswirksamkeit wurde ein Wiener Anwalt betraut. Unterzeichnet haben die Vorbehaltsvereinbarung all jene, die auch die vorgenannten Dokumente unterfertigt haben.

VIII.10 Schiedsgerichtsvertrag

In einem **Schiedsgerichtsvertrag** bekennen sich die Vertragsparteien dazu, dass für alle Streitigkeiten, die aus den vorher genannten Verträgen (letztlich also aus den im Mediationsverfahren getroffenen Vereinbarungen) entstehen, ein Schiedsgericht zuständig und damit der ordentliche Rechtsweg ausgeschlossen sein soll. Die sachliche Zuständigkeit des Schiedsgerichtes bezieht sich auf alle zuvor beschriebenen Verträge sowie die Vereinsstatuten und die Fonds-Satzung (Kap. II). Als anzuwendendes Recht wurden primär die genannten Verträge und Unterlagen festgelegt, zudem aber der Rückgriff auf Unterlagen aus dem Mediationsverfahren ermöglicht und letztlich das österreichische Recht als Grundlage festgelegt (Kap. III). Des Weiteren werden die im Vorfeld bereits gewonnenen Schiedsrichter genannt und deren Aufgaben umschrieben (Kap. IV) und das Verfahrensrecht festgelegt (Kap. VI). Die weiteren Punkte umfassen: Sitz des Schiedsgerichts (Kap. V), Verhandlungsprotokolle (VII), Zustellvorschriften (Kap. VIII), Schiedsspruch (Kap. IX), Vertreter von Parteien (Kap. X), Kosten (Kap. XI), Rechtsmittel (Kap. XII), Aufhebung des Schiedsspruchs (Kap. XIII), Aufhebungsklage; Zuständigkeit; Klagefrist (Kap. XIV), Gültigkeitsklausel (Kap. XV), Änderungen des Vertrages (Kap. XVI) und Ausfertigungen (Kap. XVII).

VIII.11 Einzelverträge Flughafen Wien AG – Gemeinden

In mehreren Einzelverträgen zwischen der Flughafen Wien AG und einzelnen Gemeinden wurden bilaterale Vereinbarungen festgehalten. Im Ordner der Abschlussdokumente ist als Beispiel für diese Verträge jener mit der Marktgemeinde Enzersdorf/Fischa enthalten. In ihm sind „grundsätzliche Vereinbarungen über den technischen Lärmschutz und die Trennung von Wohn- und Siedlungsgebieten und Fluglärmzonen > 54dB Leq Tag festgelegt“, wobei sich die FWAG verpflichtet, die Maßnahmen zu technischem Lärmschutz (lt. Pkt. III Mediationsvertrag) umzusetzen und die vereinbarten Fluglärmzonen einzuhalten, die Gemeinde verpflichtet sich im Gegenzug Flächen in Lärmzonen oberhalb einer bestimmten Grenze nicht mehr für Wohnzwecke zu widmen (Kap. III, IV bzw. Kap. V). Vereinbart werden zudem wiederum Mediationsklausel und Schiedsgericht (Kap. VI bzw. VII).

VIII.12 Lärmzonenberechnung

Den Abschluss des umfassenden Dokumentenordners bildet eine Darstellung der **Lärmzonenberechnung Flughafen Wien**, in der Grundlagen und Erklärungen für Berechnungen und Methoden im Rahmen des Mediationsverfahrens erläutert werden.

Gremien und Gruppierungen im Mediationsverfahren auf einen Blick

Die grafische Darstellung der einzelnen Gremien im Mediationsverfahren soll ihre unterschiedliche Größe und auch ihr Zustandekommen und die Häufigkeit ihrer Treffen in den verschiedenen Phasen des Verfahrens anschaulich verdeutlichen.

Ersichtlich ist in ihr auch, in welcher Zusammensetzung die Gremien geleitet wurden. Nicht verzeichnet sind in ihr demgegenüber die Mitwirkung von ExpertInnen oder auch der wissenschaftlichen Begleitforschung im Verfahren, zumal diese jeweils punktuell stattgefunden haben und die Graphik einer allgemeinen Darstellung der Verfahrensstruktur verpflichtet ist.

1. Vorbereitungsphase
Jänner 2000 bis Dezember 2000

Prozess-/Strukturthemen
- Auftrag an Prozessprovider
- Kontaktaufnahmen / Vertrauensbildende Maßnahmen
- Einsetzung einer Vorbereitungsgruppe
- Ausschreibung und Auswahl des Mediationsteams
- Öffentliche Auftaktveranstaltung

Prozessprovider

Vorbereitungsgruppe, 7x, vom 12. 7. bis 11. 12. 2000
TeilnehmerInnen: min. 12, max. 16, ø14

Mediationsteam

Öffentliche Auftaktveranstaltung, 1x, 22. 11. 2000
TeilnehmerInnen: ca. 250

2. Contracting / Auftragsklärung / Strukturierungsphase
Jänner 2001 bis 1. März 2001

Sachthemen
- Erste Themenliste
- Herstellen eines Informationsgleichstandes bezüglich der Ausbaupläne

Prozess-/Strukturthemen
- Namen, Logo und CD der VIEmediation
- Einrichtung des Mediationsforums
- Klärung der Zugehörigkeit
- Strukturenentscheidungen
- Grundsatzentscheidung zur ÖA
- Rückmeldungen der wissenschaftlichen Begleitforschung

Mediationsforum (MF), 3x, vom 18. 1. bis 1. 3. 2001
TeilnehmerInnen: min. 58, max. 63, ø60

Arbeitsgemeinschaft Mediationsvereinbarung (AGMV), 3x, vom 12. 2. bis 28. 2. 2001,
TeilnehmerInnen: min. 10, max. 13, ø12

Arbeitsgruppe Struktur (AGSt), 2x, vom 16. 3. bis 19. 3. 2001
TeilnehmerInnen: min. 7, max. 22, ø15

3. Entwicklung der Themenbereiche / Klärung der Organisation
5. April 2001 bis 27. Februar 2002

Sachthemen
- Themensammlung (Themenkatalog)
- Präzisierung und Definition von Begriffen
- Entwicklung von Szenarien und Entwicklungsperspektiven
- Entwicklung von Kriterien
- Entwicklung von Indikatoren
- Sichten und bewerten von Gutachten
- Methodische Grundsatzentscheidung für die Szenarien Entwicklung

Prozess-/Strukturthemen
- Masterplan
- Installation der PSG
- Bildung von Arbeitskreisen zur Aufbereitung der Themen
- Einbindung von Experten und Expertensystemen
- Einigung auf das "FANOMOS-System" und das "Sidney-Modell" als Kontroll- und Simulationssysteme
- Rückmeldungen der wissenschaftlichen Begleitforschung

Mediationsforum (MF), 4x, vom 5. 4. 2001 bis 26. 2. 2002
TeilnehmerInnen: min. 24, max. 69, ø47

Arbeitsausschuss (AA), 4x, vom 2. 5. 2001 bis 30. 1. 2002
TeilnehmerInnen: min. 28, max. 41, ø35

Prozesssteuerungsgruppe (PSG), 8x, vom 12. 7. 2001 bis 25. 2. 2002
TeilnehmerInnen: min. 9, max. 15, ø12

Arbeitskreis Lärm (AKL), 8x, vom 23. 4. 2001 bis 22. 1. 2002
TeilnehmerInnen: min. 21, max. 39, ø30

3. Entwicklung der Themenbereiche / Klärung der Organisation
(Forsetzung)

Arbeitskreis Entwicklungsszenarien (AKE),
8x, vom 26. 4. 2001 bis 15. 1. 2002
TeilnehmerInnen: min. 20, max. 40, ø25

Arbeitskreis Ökologie (AKÖk), 2x, vom 24. 9. 2001 bis 18. 10. 2001
TeilnehmerInnen: min. 16, max. 17, ø16

Arbeitskreis Öffentlichkeitsarbeit (AKÖA),
6x, vom 5. 9. 2001 bis 27. 2. 2002
TeilnehmerInnen: min. 7, max. 9, ø8

Öffentliche Rückbindung, 1x, 3. 13. 2001
TeilnehmerInnen: ca. 80

4. Entwicklung der Entscheidungsgrundlagen und Verhandlung des Teilvertrages
1. März 2002 bis 27. Mai 2003

Sachthemen
- Aktuelle Maßnahmen (Lärmgrenzwerte, Maßnahmen zur Entlastung, ...)
- Szenarien 2010 bis 2020 (Entwicklung von Ausbauszenarien, Kompensationsmaßnahmen, Entscheidungsgrundlagen, ...)
- Eingrenzung der Szenarien
- Fachliche Grundlagen (Lärmmessungen, Lärmkarten, ...)
- Erstellung des Forderungskataloges (Korb I und Korb II)
- Vorentscheidungen
- Bearbeitung des Forderungskataloges (Korb I)
- Verteilung der Ab- und Anflugrouten
- Abschluss des Teilvertrages

Prozess-/Strukturthemen
- Auflösung AA
- Umstrukturierung PSG (Erweiterung personell und aufgabenmäßig)
- Einführung des Beobachterstatus
- Aus- und Einstiege von Mediationsparteien
- Verkleinerung MT (Ausscheiden eines Mediators)
- Rückmeldungen der wissenschaftlichen Begleitforschung

Mediationsforum (MF), 3x, vom 24. 4. 2002 bis 27. 5. 2003
TeilnehmerInnen: min. 47, max. 68, ø55

Arbeitsausschuss (AA), 5x, vom 3. 4. 2002 bis 10. 9. 2002
TeilnehmerInnen: min. 27, max. 28, ø28

Prozesssteuerungsgruppe (PSG), 10x, vom 19. 3. bis 14. 11. 2002
TeilnehmerInnen: min. 10, max. 24, ø17

Prozesssteuerungsgruppe NEU (PSG), 6x, vom 14. 1. bis 18. 5. 2003
TeilnehmerInnen: min. 22, max. 29, ø26

4. Entwicklung der Entscheidungsgrundlagen und Verhandlung des Teilvertrages (Fortsetzung)

AG Lärmgrenzwerte, 14x,
vom 27. 3. 2002 bis 18. 3. 2003
TeilnehmerInnen: min. 6, max. 17, ø13

Arbeitskreis Aktuelle Maßnahmen (AK-AM),
8x, vom 5. 3. 2002 bis 5. 11. 2002
TeilnehmerInnen: min. 31, max. 42, ø36

Arbeitskreis Szenarien (AK-S), 4x, vom 22. 5. 2002 bis 4. 11. 2002
TeilnehmerInnen: min. 11, max. 14, ø13

Arbeitskreis Ökologie (AKÖk), 2x, vom 13. 5. 2002 bis 18. 6. 2002
TeilnehmerInnen: min. 19, max. 21, ø20

Arbeitskreis Öffentlichkeitsarbeit (AKÖA), 10x, vom 20. 3. 2002 bis 4. 12. 2002
TeilnehmerInnen: min. 4, max. 11, ø8

4. Entwicklung der Entscheidungsgrundlagen und Verhandlung des Teilvertrages (Fortsetzung)

Klausur, 1x, am 5. 4. 2003
TeilnehmerInnen: 42

12 Thematische Arbeitsgruppen, 1-3x

5. Aufarbeitung des Teilvertrages (Evaluierung) und Verhandeln der Kernthemen, Verträge und Abschlusserklärung

Juni 2003 bis 22. Juni 2005

Sachthemen

- Verhandlungen Korb II
- Nachtflug
- Bodenlärm
- Umweltfonds
- UVP-Verfahren
- Szenariendiskussion und Systementscheidung über ein Zwei- oder Dreipistensystem
- Technischer Lärmschutz und individuelle Entschädigungen
- Beschwerde- und Informationsstelle
- Vertragserstellung
- Formulierung der Vorbehalte
- Abschlusserklärung
- Vertragsunterzeichnung

Prozess-/Strukturthemen

- Einrichtung einer Evaluierungsgruppe, Start Evaluierungsprozess für den Teilvertrag
- Organisation von Bezirkskonferenzen
- Start des UVP-Verfahrens
- Gründung Umweltfonds
- Vereinsgründung "Dialogforum"
- Abschluss des Verfahrens
- Rückmeldungen der wissenschaftlichen Begleitforschung

Mediationsforum (MF), 5x, vom 15. 1. 2004 bis 22. 6. 2005
TeilnehmerInnen: min. 51, max. 70, ø60

Prozesssteuerungsgruppe NEU (PSG), 25x, vom 11. 6. 2003 bis 16. 6. 2005
TeilnehmerInnen: min. 21, max. 40, ø30

Klausur, 5x, vom 4. 10. 2003 bis 12. 3. 2005
TeilnehmerInnen: min. 31, max. 52, ø42

5. Aufarbeitung des Teilvertrages (Evaluierung) und Verhandeln der Kernthemen, Verträge und Abschlusserklärung
(Fortsetzung)

Arbeitskreis Öffentlichkeitsarbeit (AKÖA),
7x, vom 4. 6. 2003 bis 7. 6. 2005, TeilnehmerInnen: min. 4, max. 9, ø7

Arbeitsgruppe Nachtflug, 4x, vom 8. 10. 2003 bis 17. 12. 2003
TeilnehmerInnen: min. 15, max. 21, ø18

Arbeitsgruppe Umweltfonds, 8x, vom 2. 7. 2003 bis 16. 3. 2005
TeilnehmerInnen: min. 10, max. 18, ø14

Arbeitsgruppe Technischer Lärmschutz,
6x, vom 2. 12. 2003 bis 3. 5. 2004, TeilnehmerInnen: min. 10, max. 18, ø14

Arbeitsgruppe UVE-Begleitgruppe,
5x, vom 28. 9. 2004 bis 14. 4. 2005, TN. min. 12, max. 17, ø14

Arbeitsgruppe Landwirtschaft, 1x, 9. 5. 2005, TeilnehmerInnen: 10

5. Aufarbeitung des Teilvertrages (Evaluierung) und Verhandeln der Kernthemen, Verträge und Abschlusserklärung
(Fortsetzung)

Arbeitsgruppe Evaluierung, 12x, vom 18. 3. 2004 bis 23. 5. 2005
TeilnehmerInnen: min. 14, max. 26, ø20

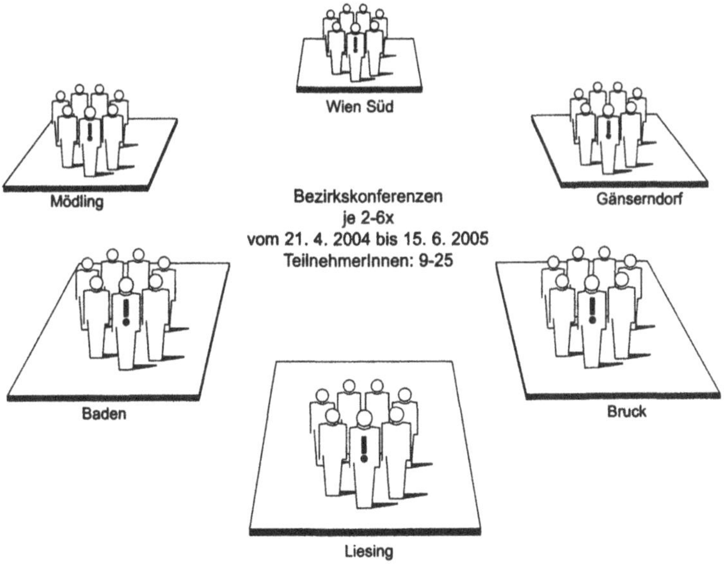

Mediation als Widerspruchsmanagement

(ihre Möglichkeiten – ihre Grenzen)

Dokumentation der Ergebnisse einer umfassenden Teamdiskussion

Peter Heintel

Mediation dient der Konfliktregelung. Was sie ausmacht, über welche Methoden sie verfügt, welche Haltung ein Mediator, eine Mediatorin mitbringen soll, darüber gibt es schon viel an zusammenfassender Literatur. Auffallend demgegenüber ist, wie wenig sie sich mit ihrem eigentlichen „Gegenstand" beschäftigt, dem Konflikt selbst. Er wird einfach so als gegeben hingenommen, Mediation fängt erst an, wenn es ihn eben schon gibt. Zwar mag dies uneingestanden besagen, dass Konflikte nicht aus der Welt zu schaffen sind, man also weiterhin mit ihrem Auftreten wird rechnen können; die Selbstverständlichkeit ist aber oft Hindernis für genaue Analysen; die dann doch wiederum für Lösungswege brauchbar sind.

Übliche Mediationen sehen sich an ihrem Beginn, wie sie sagen, mit Positionen konfrontiert, die nicht miteinander vereinbar, Grund für Streit und Konflikt sind. Der Mediationsprozess dient einer „Verflüssigung" der zunächst meist starren Positionen; Verflüssigung geschieht, indem man die hinter den Positionen liegenden Interessen und Bedürfnisse zu erkunden sucht. Sie sind von anderem Charakter, beweglicher, plastischer und nicht nur in *einer* Lösung befriedigbar, so wie sie oft von Positionen gefordert werden. Positionen sind somit eigentlich nur die Antworten auf Interessen, die man sich selbst gegeben hat, von denen man meint, dass sie den eigenen Bedürfnissen am besten entsprechen. Und weil man sich in diesen selbst gegebenen Antworten gleichsam bei sich selbst angekommen fühlt, meint man sie auch mit Recht vertreten zu können. In Streitzusammenhängen sind Positionen jenes „sichere" Terrain, auf dem ich stehe, das ich zu verteidigen habe, das außerdem anerkannt werden will. Es sichert mir eine gewisse Identität, die umso notwendiger ist, als schwerere Konflikte diese ja gefährden.

Nun haben aber meist alle Beteiligten *ihre* Positionen und die wenigsten sind vereinigbar, eben weil sie Antworten sind, die keinem gemeinsamen Auseinandersetzungsprozess entstammen. Der Mediationsprozess muss zwar diese anfangs zur Kenntnis nehmen, er hat aber, obwohl in den Lösungsbestrebungen zukunftsorientiert, analytisch einen „gegenwartsbezogenen" Rückverfolgungsauftrag. Die Position ist immer schon Resultat eines Prozesses, eben Antwort; es ist also wichtig, die Ausgangsfrage und -problematik, dahinter liegende Beweggründe und ihre Bedeutung zu identifizieren. Dies ist der Schritt von den Positionen zu den Interessen und Bedürfnissen. Positionen werden dabei in Bewegung gebracht und ist man einmal beim Ausgang angekommen (Ausgang hat hier nicht zufällig zwei Bedeutungen), stellt sich heraus, dass es weit mehr Antwortmöglichkeiten als die mitgebrachten Positionen gibt. Dieses Aufschließen in die Welt der Möglichkeiten ist Bedingung für zukünftige Einigungen.

Der erste Schritt dorthin ist der eigentlich bahnbrechende, es weiß aber jeder Mediator, dass er zugleich der schwierigste ist. Die Beteiligten müssen nämlich eine doppelte Leistung vollbringen. Einmal ihre bisherige Identität jedenfalls zum Teil aufgeben, die in ihrer Lösung gewonnene Sicherheit verlassen (die Bereitschaft, sich auf einen Mediationsprozess einzulassen, ist zwar eine gewisse Voraussetzung und Garantie, dass man sich auf das Wagnis einlässt, dies heißt aber noch lange nicht, dass man seine Positionen so ohne weiteres verlässt), zum anderen, sich auch persönlich ausliefern. Positionen sind meist so gestaltet, dass die Personen dahinter nicht mehr sichtbar zu sein brauchen. Sie sind an Sachliches, an Rechtliches, an sonst Normatives gebunden, treten auf wie Befestigungsanlagen, gleichsam von „steinerner" Objektivität. Bedürfnisse sind viel direkter an das Wünschen und Wollen der Subjekte gebunden und zeigen sie daher ohne den Schutz gut „befestigter" Positionen. Da es aber erklärtes und notwendiges Ziel der Mediation ist, dass „Subjekte" miteinander verhandeln, müssen diese sozusagen zum Vorschein gebracht werden. Praktisch heißt dies gegenseitiges Vertrauen auf den Weg zu bringen. Der Mediator spielt hier gleichsam als „Medium" eine wichtige Rolle.

Subjekte sind hier nicht nur Einzelpersonen, wie meist die Scheidungsmediation für sich annehmen kann (obwohl sich manchmal herausstellt, dass ganze Familiensysteme im Hintergrund platziert sind), auch Gruppen, Organisationen, Systeme. Umwelt-, Wirtschaftsmediation etc. hat es mit diesen Sozialkonstellationen zu tun, und hier werden Situation und Prozess komplexer. Wie werden „Kollektive" zu Subjekten? Wie das Mediationsverfahren Flughafen Wien bestens gezeigt hat, zu Beginn kamen die unterschiedlichsten Gruppierungen mit ihren Positionen (eine Gruppe hat eine solche gleich in ihrem „Taufnamen" fixiert: „Plattform *gegen* die dritte Piste"). Alle diese müssen wie sonst auch exploriert und „verflüssigt" werden, Interessen und Bedürfnisse aufgesucht werden. Nur: Kollektive tun sich naturgemäß damit noch schwerer als Individuen. Positionen sind nämlich nicht bloß eine Antwort auf Interessen, sie haben gleichzeitig „Synthesefunktion", garantieren Gemeinsamkeit der individuellen, unterschiedlichen Positionen *und* Bedürfnisse. Kollektivpositionen sind gerade aus letzterem Grund zunächst schwer in Bewegung zu bringen. Sie konstituieren nämlich die „kollektive Identität" und diese ist nicht bloß eine Position in der Sache, sondern eine im Sozialen. Zumal als Vertreter tut man sich mit der „Aufgabe" Letzterer besonders schwer, es droht immer das „Verrätersyndrom". Insofern ist es für Mediationsprozesse besonders wichtig, bei kollektiven Identitäten diese zweite Dimension im Auge zu behalten.

Soziales, Organisatorisches kann nur durch Soziales und Organisatorisches „aufgefangen" werden. Es wäre naiv zu meinen, man könne bloß auf der Ebene von Position und Interesse arbeiten; es gibt eben ein zusätzliches Interesse, das mit der Existenzerhaltung des jeweiligen Sozialkörpers zusammenhängt. (Manchmal ist eine Person sogar Mitglied mehrerer Sozialkörper im Hintergrund, die zueinander sogar in Widerspruch stehen können; diese Tatsache kann Schwankungen im Verhalten an den Tag bringen, die für „Außenstehende" schwer begreifbar und einzuordnen sind.) Diese Interessenlagen werden oft nicht in ausreichendem Maße wahrgenommen und artikuliert. Viele Mediationsprozesse werden gerade durch diesen Mangel mühsam und zeitaufwändiger, als es notwendig wäre. Das Paradoxon besteht darin, dass man glaubt, „schneller weiterzukommen", wenn man Sachpositionen ausschließlich auf Sachinteressen zurückführen kann. Das Gegenteil ist der Fall; man braucht länger.

Die mitgebrachten und anfangs zur Verfügung gestellten Positionen stehen zunächst wie Objekte unverbunden nebeneinander. Das Verfahren muss sie miteinander in Verbindung, ins Gespräch bringen. Diese Forderung klingt trivialer, als sie praktisch ist. Es verschlingen sich nämlich in diesem Prozess mehrere Kommunikationsebenen ineinander. Die Positionen in ihren Unterschieden sind Ausdruck für die bestehende Konfliktlage und die Antworten, die sich die einzelnen Gruppen zurechtgelegt haben. In ihnen konstituiert sich, wie schon gesagt, kollektive Identität als Synthese zwischen einer Antwort in der Sache (für oder gegen die dritte Piste) und einer in Bezug auf das Soziale, das Gemeinsame, bzw. Gemeinsamkeit Stiftende. Um im Verfahren weiterzukommen, müssen diese Positionen zu Beginn deutlich gemacht werden. Dieser Prozess selbst ist aber sofort ein neues, hinzukommendes Element, das eine neue soziale Situation schafft, zusätzlich zu mitgebrachten werden durch das Verfahren selbst geschaffene neue Konflikte angesammelt. Sie entstehen durch allgemein bekannte Phänomene.

Die einen sind imstande, ihre Position stark zu vertreten, kräftig zu argumentieren, die anderen nicht. Einige sind sich ihrer Position gar noch nicht so sicher, andere wurden „geschickt", um die unverrückbaren Interessen ihrer Institution zu vertreten. Es gibt Informations- und Wissensunterschiede, die auch als Druckmittel verwendet werden können; schließlich unbeabsichtigt plötzlich unerwartete Koalitionen, ebenso Gegnerschaften. Auch der immer wieder auftretende Widerspruch zwischen strategischem und „ehrlichem" Verhalten beschäftigt die Verfahrensteilnehmer (wie viel „mehr" muss ich zunächst fordern, um schließlich etwas halbwegs Akzeptables zu bekommen, was mache ich transparent, womit halte ich noch zurück usw.). Selbst wenn eine hohe Bereitschaft besteht, sich aufeinander einzulassen, um diese konfliktreiche Anfangssituation kommt kaum ein Verfahren herum. Hinzu kommt ein Weiteres: Ein größeres Verfahren wie das am Flughafen Wien braucht selbst eine Struktur. Eine (Projekt-)Organisation muss aufgebaut werden; es können nicht immer alle mit allen reden. Größere und kleinere Organisationseinheiten müssen gegründet, etabliert und arbeitsfähig gemacht werden. Zeit- und Belastungsmanagement muss ebenso ein Thema sein wie Terminplanung, Rückbindungs- und Öffentlichkeitsveranstaltungen. Wer ist Mitglied wichtiger Arbeitsgruppen, wie wird die interne Informationsweitergabe organisiert? Und vor allem, „*wer* ist dazu befugt, wer darf das eigentlich" und wie bekommt er Zustimmung?

„Gründungen" sind traditionell an „Gründer" gebunden und diese sind daher auch die Autorität. Anfänge entstehen nicht aus dem Nichts, sie sind immer „gesetzt". Deshalb ist eine Bedeutung des griechischen Wortes dafür (Arche) auch „Herrschaft" (erhalten z. B. noch im Erzbischof, was nicht mit „Erz", sondern mit Arche zusammenhängt, wie im Englischen noch besser erhalten). Nun könnte man freilich der Meinung sein, dass der oder die Initiatoren eines Mediationsprozesses Autoritäten sind, und tatsächlich kommt ihnen noch eine große Bedeutung zu (siehe Vorbereitungsgruppe). Ebenso wäre es nicht unplausibel, jene als eigentliche Autorität zu bezeichnen, die bezahlen, finanzielle Mittel, Räume, Verpflegung etc. zur Verfügung stellen. „Wer zahlt, schafft an", heißt es auch und sicherlich kommt auch dieser Instanz „nachhaltige Bedeutung" zu. Dann gibt es da auch noch die Vertreter von Politik und politischen Parteien, die sich als die eigentliche Autorität im Hintergrund bezeichnen können, weil nicht nur Bevölkerungsmehrheiten hinter ihnen stehen, sondern sie zu wissen glauben, dass das Verfahren nur gestartet ist, weil Landeshauptleute und Bürgermeister dies „geduldet" haben. Nicht zu vergessen sind auch die internationalen Fluglinien und deren „Routenmanager", die den Flugverkehr weltweit konzipieren und letztlich mit einem „Handstreich" plötzlich Knotenpunkte von Flugrouten verändern können. Schließlich kann es auch die Inanspruchnahme von Autorität geben durch eine Selbstzuschreibung das „moralisch" Höherwertige zu vertreten, das Gute ist sozusagen auf „meiner" Seite. Schließlich – und nicht zuletzt – gibt es da auch noch die Mediatoren, die als Konfliktregler engagiert, auch von sich aus Autoritäts-Ansprüche zumindest in Bezug auf die Verfahrensgestaltung stellen müssen. Wir bemerken, was alles zur Ausgangssituation und ihren Positionen an Problemen und Konflikten hinzukommt.

Die Frage ist nun, welchen Stellwert man diesem Paket zuordnet. Es stört zweifellos die Arbeit „an der Sache" (die Bearbeitung ursprünglicher Positionen). Man tut sich aber keinen guten Dienst, wenn man versucht, es in den Hintergrund zu drängen, womöglich gar nicht zur Sprache kommen zu lassen. Es ist daher notwendig, immer wieder die Ebenen zu wechseln, den ad hoc auftretenden Konflikten und Problemen einen adäquaten Ort einzuräumen. (Rückblickend lässt sich sagen, dass das Mediationsverfahren am Flughafen Wien-Schwechat sich an diesem Thema immer wieder „abgekämpft" hat. Die unterschiedlichen Sichtweisen in seiner Wichtigkeit haben immer wieder Konfliktsituationen heraufbeschworen, im Gesamten, besonders aber zunächst im Mediationsteam, einschließlich des „Prozessproviders"; hier ging es auch immer wieder um die Frage der Steuerungsautorität, wobei u. E. die Problematik des Verhältnisses von Organisations- und Projektentwicklung zur Mediation im engeren Sinn miteinander zu wenig geklärt wurde. Im Sinne eines „geglückten Aktionismus" war es allerdings bewundernswert, wie immer wieder gekonnt auf strukturell-organisatorischer Ebene auf aktuelle Probleme eine Antwort gefunden wurde; manchmal hat dies auch zu zeitlichen Überforderungen aller Beteiligten geführt und es bleibt die Frage offen, ob nicht eine gemeinsame Thematisierung der beschriebenen Situation geholfen und einige Mühe erspart hätte.)

Wir haben für diesen Abschnitt des Berichtes, wie inzwischen nachvollziehbar, nicht zufällig den Titel „Mediation als Widerspruchsmanagement" gewählt. Bisher haben wir nichts anderes beschrieben als einen Teil der Widersprüche, die den Anfang eines komplexeren Verfahrens betrafen, die der Organisation und Strukturierung zu verdanken und, ob man will oder nicht, implizit oder explizit zentrales Thema sind. Im Weiteren werden wir noch einige Widerspruchsfelder beschreiben. Das Bisherige hatte zwei Ziele:

Erstens zu zeigen, dass die Ausgangssituation eines komplexeren Mediationsverfahrens mehrdimensional widersprüchlich ist und daher *aus sich selbst* Konflikte produziert, die die eingangs mitgebrachten oft so stark überlagern, dass diese anscheinend in den Hintergrund treten müssen. Diesen „neuen" Konflikten muss irgendein adäquater Ort zugewiesen werden. Sie sind aber von grundsätzlich anderer Art als die mitgebrachten – und, was ihre Stärke und Kraft anlangt, sie sind Teil eines (emotionellen) Erlebnisses *aller*; es beginnt hier nicht nur ihre gemeinsame Geschichte, es wird ein Fundament gezimmert, das es dort ermöglicht, auf die divergierenden Positionen einzugehen.

Zweitens sollte aufgezeigt werden, dass, wie manchmal in Kreisen von Mediatoren vertreten, der Schritt von Position zu Interesse bzw. Bedürfnis für sich genommen keineswegs ausreicht; bei „der Sache" zu bleiben, ist schlicht naiv. Es geht auch nicht und manche legen es als Hartnäckigkeit oder Verweigerung aus, was der nicht bewältigten Situation geschuldet ist. Selbst wenn es gelänge, diesen Schritt zu vollziehen, wäre nicht viel gewonnen. Dies aus zwei Gründen: erstens besteht die Gefahr einer Individualisierung (die ein Bedürfnisbegriff immer nahe legt), die das Widerspruchsthema ausklammert, zweitens ist das momentan wichtigere Bedürfnis, das Erleben mit der Anfangssituation zu klären und ein vernünftiges Verfahren auf die Beine zu bekommen, also eine Organisation aufzubauen.

Hierbei hilft, dass man hinter den aktuellen Konflikten die *Widersprüche,* auf die sie zurückgehen, aufsucht, benennt und analysiert. Hinter diesem Vorschlag steht allerdings ein theoretisches Konzept, über das wir an dieser Stelle auskunftspflichtig sein wollen.[1] VS, Verlag für Sozialwissenschaften, 2005. Wenn hier von Widersprüchen die Rede ist, sind selbstverständlich *nicht* die logischen, kontradiktorischen gemeint. Es handelt sich vielmehr um aporetisch-dialektische, für die folgende Figur gilt: Es gibt zwei – oder mehrere – sich widersprechende Aussagen, Interessen: Beide oder eben alle sind wahr bzw. berechtigt; und alle sind voneinander abhängig.) Den Anfang des Artikels wieder aufnehmend – es geht um eine „Konflikttheorie", die sich Mediatoren so oft ersparen, von der aber gezeigt werden soll, wie sie vor allem für komplexere Verfahren nützlich sein kann. „Klassische" Mediationsverfahren (von der Position zum Bedürfnis und zu Interessen) neigen, aus dem Ursprung der Scheidungsmediation kommend, zur Individualisierung und Personalisierung von Konflikten; wo es sich um Paare handelt, kann das auch durchaus sinnvoll und wichtig sein: Trennung bedeutet immer auch Zurückgeworfen-Sein auf sich selbst (also Individualisierung) und es ist daher wichtig wahrzunehmen, wer man nun selbst wieder ist bzw. sein will; was seine Interessen und Bedürfnisse sind. Neben vielen „abgeleiteten" Widersprüchen geht es eigentlich nur um das Management *„eines zentralen"* Widerspruchs: Wie ist eine ursprüngliche Paarbeziehung (Paaridentität) über eine Trennung (Individualisierung, Entfremdung) in eine neue andere Paarbeziehung zu verwandeln – und wenn Letztere auch nur im gemeinsamen Konsens, im Mediationsvertrag besteht? Da dieser Widerspruch ohnehin ständig prozessiert wird, muss man ihn nicht noch gesondert zum Thema machen.

Anders in komplexeren Verfahren; in ihnen hilft eine Widerspruchsdiagnose allemal, während man mit Personalisierungen und Individualisierung kaum weiterkommt. (Auch das Flughafenverfahren hat dies gezeigt: Wenn jemand allzu sehr auf seine individuellen Bedürfnisse – so berechtigt diese auch gewesen sein mögen, nämlich *als* Individueller – beharrt hat, ohne die Widerspruchslage zu akzeptieren, hat er oder sie sich mehr oder weniger selbst aus dem Verfahren ausgeschlossen; für die in ihm Bleibenden war dies allerdings immer wieder eine schwierige Situation, weil sie sowohl eine Grenze des Sozialen aufzeigt, als aber auch eine solche des Verfahrens; „bloß" individuelle Bedürfnisse können nicht berücksichtigt werden; diese Tatsache erschwert nicht nur den Umgang mit ihnen, zumal wenn sie sich nicht endgültig ausschließen, sie erzeugt Schuldgefühle und Solidaritäten von solchen, die sich gerade nicht entsprechend „gewürdigt" fühlen.)

[1] Weitere Ausführungen zur Widerspruchstheorie finden sich im Handbuch Mediation und Konfliktmanagement von Falk/Heintel/Krainz (Hg.) 2005.

Eine weitere Problematik der so gefassten Individualisierung ist ihre Nähe zu einem klassischen Konfliktverhalten; vielmehr einer klassischen Konfliktreaktion, nämlich jener der Schuldzuweisung. Ein Konflikt tritt auf, wir suchen nicht nach Ursachen, sondern versuchen jemanden ausfindig zu machen, dem man die Schuld geben kann. Vorwurf-Verteidigung, Aggression und Gegenangriff wechseln mit unendlichem Argumentieren, wie wir wissen, bis hin zur Erschöpfung. Da es heute im zivilisierten Leben kaum mehr eindeutige Sieger und Verlierer gibt (zumindest sind Letztere nicht einfach „aus der Welt zu schaffen"), bringen individuelle Schuldzuweisungen selten befriedigende Lösungen (letztlich nicht einmal im Strafrecht). Dennoch handelt es sich hier um ein menschheitsgeschichtlich fixiertes altes Muster, aus dem wir uns noch kaum befreit haben, das wir von Kindesbeinen an auch gut eingeübt haben; (d. h. nicht, dass die Schuldthematik überhaupt obsolet ist; sie sollte nur aus ihrer engen Fixierung herausgelöst werden).

Anfangs sagten wir bereits, dass eine Hürde, den Schritt von der Position zum Bedürfnis zu gehen, darin besteht, dass man sich als Subjekt „deutlicher" zeigen muss und sich daher in gewissem Sinne mehr ausliefert. Die Angst, damit den Weg in obiges Muster aufzutun, ist kaum vermeidbar. Eine Position lässt sich immer noch viel leichter und vor allem distanzierter argumentieren als ein Interesse oder Bedürfnis. Man kann fürchten, als Individuum nun in Schuldzusammenhängen festgelegt zu werden; „das Problem besteht eben darin, dass du so bist, und auf deine Bedürfnisse nicht verzichten willst". In Analogie dazu kann es auch in komplexeren Zusammenhängen dazu führen, dass ein allzu lineares Vorgehen in Richtung Interessen die Positionen eher verhärtet als verflüssigt; Vorurteile und stereotype Zuweisungen haben hier ihren Tummelplatz („jetzt wissen wir endlich, wieso diese oder jene diese blödsinnige Position beziehen").

Um aus dieser Nähe und Analogie herauszukommen, empfiehlt es sich, öfter sozusagen gerade „gegenteilig" vorzugehen; nach Gründen, Ursachen zu suchen, die unabhängig der jeweiligen Individuen und Interessengruppen die gesamte Konfliktlandschaft ausmachen. Und hier eröffnet sich uns ein weites Feld *notwendiger* Widersprüche, die nicht individualisierbar sind, die gleichsam selbst „Subjekte" sind und Individuen zu Trägern (Objekten) machen („nicht ich habe einen Konflikt, sondern der Konflikt hat mich").

In unserem theoretischen Konzept[2] gehen wir nämlich zunächst von einer Unterscheidung aus: Es gibt notwendige, unvermeidbare, sinnvolle Konflikte und solche, die einem Irrtum, einem Fehler, einem Missverständnis entspringen; Letztere ließen sich bei mehr Aufmerksamkeit, Kontrolle, Vorsorge etc. vermeiden, Erstere nicht. Dies deshalb, weil sie ihre Wurzeln nicht in Fehlern oder Böswilligkeiten von Perso-

[2] Vgl. Heintel 2005.

nen haben, sondern in ebenso notwendigen Widersprüchen, die zwar immer wieder gelöst werden müssen, nie aber „endgültig" gelöst werden können. Bevor wir einige ihrer Dimensionen zur besseren Verständigung beispielhaft nennen, sei noch einiges zum Sinn einer solchen Perspektivenergänzung für Mediation angegeben.

Es gibt einen nachhaltigen Grund, der, wie auch vielfach in der Mediation wirksam, dafür maßgebend ist, dass wir Konflikte gleichsam als schicksalhaft, naturgegeben hinnehmen, ohne uns intensiver um ihre Herkunft, ihre Ursachen zu kümmern. Diese Art der Hinnahme, die auch ein „Hineinstolpern" garantiert, gibt zwar einen Hinweis auf ihre Notwendigkeit, lässt aber auf deren Charakter nicht genauer hinsehen. Der Grund dafür liegt u. E. in einer durchgängigen emotionell-negativen Besetzung von Konflikten; und diese ist menschheitsgeschichtlich geprägt und eingeübt. Bis hin in physiologische (leibliche) Reaktionen (Adrenalinschübe) macht sich diese Prägung bemerkbar. Konflikte bringen und brachten vor allem Gefahren mit sich, die bis in die Gefährdung des Lebens hineinreichten (Ausschluss aus der Gemeinschaft, Niederlage im Kampf, Trennung und Identitätsgefährdung etc.). Unsere unmittelbare Reaktionsweise auf emotional Negatives ist Verdrängung, Verleugnung oder Angriff. Unsere Forschungen und Erfahrungen haben ergeben, dass die meisten Menschen bei auftretenden Konflikten im ersten Schritt nur in vier Mustern reagieren, die hier nicht näher beschrieben werden sollen. Diese entsprechen den oben genannten zwei Richtungen und laufen meist auch in einer ganz bestimmten Abfolge ab (eines dieser Muster haben wir schon erwähnt: Die Angriff-Verteidigungsreaktion, meist gekoppelt mit Schuldzuweisungen).

Es sind aber gerade diese Reaktionsformen, die es uns immer wieder schwierig machen, Konflikte zu analysieren, auf seine Herkünfte zu schauen. Wir agieren, für nüchterne Betrachtung (Reflexion, Analyse) fehlt uns die Distanz. Sie wäre aber nötig, um einen Konflikt als etwas Notwendiges, ja Sinnvolles begreifen zu können. Was die Vernunft „weiß", ist dem Gefühl nicht unmittelbar zugänglich. Betrachtet man die historisch entwickelten Konfliktlösungen, so muss man den Eindruck gewinnen, dass die meisten sich eher nach den Gefühlsreaktionen gerichtet haben als nach vernünftiger Einsicht. Auch diese Lösungstraditionen haben Ursachenanalysen verhindert. Erst moderne Demokratien (die staatliche Etablierung eines Widerspruchsmodells) und die Einsicht in die „Unheiligkeit" und Aussichtslosigkeit von Kriegen haben uns hier ein Stück weitergebracht. Kompromiss- und Konsenslösungen bei Konflikten setzen Verhandlungen, Auseinandersetzungen voraus. Sie fallen nicht vom Himmel und werden uns nicht geschenkt. (Davon könnten die am Mediationsverfahren Beteiligten ein Lied singen.)

Sobald man sich aber zu Verhandlungen zusammenfindet, wird in doppelter Hinsicht der Konflikthorizont erweitert: Erstens wird durch das Verfahren Distanz möglich; schon indem man sich zwingt, die Position des/der anderen wahrzunehmen, wird die eigene relativierbar. Zweitens wird die Konfliktsicht erweitert. Argumente, Gründe etc. werden ausgetauscht. In einem solchen Verfahren kann es grundsätzlich gelingen, trotz aller zwischenzeitlichen „Rückfälle" in die vier alten Muster, sie zu überwinden. Und was sich allmählich auch in die Emotionen einbürgert, ist das Verlassen des „logischen" Standpunktes (wer hat Recht, was ist richtig, was ist falsch, wahr – unwahr etc.; „binäres" Denken wird überwunden, man bemerkt trotz des Widerspruchs, dass beide oder mehrere Seiten Recht haben, ihre Standpunkte berechtigt sind). Der Prozess führt zu einer gegenseitigen Anerkennung, *trotz* Akzeptanz des vorliegenden Unterschieds, Widerspruches, Interessengegensatzes. Diese Akzeptanz macht einfach „gescheiter" und lässt die am Prozess Beteiligten allmählich auch „emotionell" lernen. Im Flughafen-Mediationsverfahren wurde übrigens diese Tatsache übereinstimmend als eine der wichtigsten persönlichen Erfahrungen genannt. Unsere Vermutung: Es gibt weder Kompromisse noch gar einen Konsens, wenn diese Erfahrung nicht – und zwar kollektiv – stattfindet.

In der Mediation werden schon von ihrer methodischen Anlage her Unterschiede, Gegensätze, Widersprüche anerkannt. Ihre Praxis besteht darin, mit ihnen zu verfahren. Der Explorationsweg in Richtung Interessen, Bedürfnisse ist die fruchtbringende Möglichkeit nach *einer* Seite hin, zur Auflockerung der erstarrten Positionen. Auf ihm kann deutlich gemacht werden, dass es für Bedürfnisse und Interessen eine Vielzahl von Lösungen gibt, in denen sich die Gegensätze möglicherweise begegnen, treffen können. Im Allgemeinen bleiben die Interessen, wie auch die Lösungen, personen-, gruppen-, organisationsgebunden. Das schadet nicht, denn schließlich müssen diese ja in ihnen weiterleben. Oft wird aber auch auf diesem Weg die Konfliktanalyse gekappt, vorzeitig abgebrochen. In manchen Mediationsideologien wird dies als Lösungs- und Zukunftsorientierung ausgegeben. Nun wissen wir zwar, dass es vor allem in Konfliktzusammenhängen, besonders wenn sie in dem genannten Muster (Angriff – Verteidigung) verlaufen, so etwas wie eine „unendliche Analyse" (eigentlich einen Austausch von Schuldzuweisungen bis immer weiter in die Geschichte hinein) gibt. Von dieser ist freilich nichts zu halten. Was aber sehr wohl Lösungen – und Zukunftsorientierung fördert, ist das Einschlagen eines Weges in die andere Richtung; und diese haben wir als Wahr- und Ernstnehmen der Widersprüche bezeichnet. Letztere können nämlich unabhängig von Individuen, besonderen Ausprägungen und Interessen von Gruppen und Organisationen identifiziert werden. Sie eigentlich sind zentrale Ursache von Konflikten, Personen und anderen sozialen Konstellationen ihrer Trägerschaft. Sie „repräsentieren" eine Antwort, eine Lösung. Andere repräsentieren eine andere, aber zum gleichen Widerspruch.

Ein zentrales Thema des Flughafen-Mediationsverfahrens war z. B. jenes von Vertretung, z. B. in der Prozesssteuerungsgruppe oder in einer wichtigen Arbeitsgruppe, der Qualität und Informiertheit des Mediationsforums und mit ihm das der Rückbindung an „seine Leute". Emotionell besonders berührend waren hierbei das Auftreten des „Verrätersyndroms" und die diversen Reaktionsformen von „Außenstehenden", von solchen, die den Prozess selbst nicht *miterleben* konnten oder durften. Die Thematik erweitert sich dann auch noch um die Fragen der Verantwortung, der Entscheidung *für andere,* des Spielraums, den man dabei hat, sowie um die Unsicherheit, Kompromisse plausibel machen und vermitteln zu können. Mit diesen Themen und Problemen sind nun nicht nur Personen, Vertretungen, Gruppen, Außenstehende befasst, sie gehören *strukturell* zur Widerspruchsdimension sozialer Konstellationen. Insofern kommen sie nicht nur in Mediationsverfahren vor, sondern in *allen* Repräsentationsmodellen; übrigens auch im Grundproblem unserer Demokratien. Es gibt hier ein ganzes Paket notwendiger Widersprüche: jenen von Gruppe und Organisation (z. B. PSG – Mediationsforum), den von AG zu PSG (in Sachen Entscheidung und Steuerung), den der Person (als Vertreter zur Gruppe der anderen Vertreter), jenen der Person zu ihrem Klientel usw. Man findet also in dem Verfahren die unterschiedlichsten sozialen Konstellationen – vom Individuum bis zu seinem Wiener Bezirk – die alle ihre eigenen Gesetze und vor allem Begrenzungen gegenüber den anderen aufweisen. Überall an den Grenzen treten *notwendige* Widersprüche auf, die ausreichend Konfliktpotential in sich haben.

Die vorgeschlagene Richtungsumkehr macht sich auf den Weg, dieses Potential zu identifizieren. Auf die Verfahrenspraxis bezogen, heißt dies nun keineswegs, einen theoretischen Gewaltakt zu vollziehen. Die aus den beispielhaft genannten Widersprüchen resultierenden Konflikte treten mit Sicherheit auf und müssen bewältigt werden. Da aber meist und nachvollziehbar mit Recht die „eigentlichen" Sachprobleme im Vordergrund stehen sollen, neigt man dazu – auch im Sinne der Reaktionsformen – diese neu auftretenden Konflikte zu verdrängen, sie jedenfalls als Störung zu empfinden. Dies kann aber Folgen haben. Wenn z. B. nachträglich immer wieder festgestellt wird, dass der Rückbindung doch etwas zu wenig Aufmerksamkeit gewidmet wurde, so kann dies in der genannten Vernachlässigung seine Ursache haben. Oder es werden Personen in ihrer „Leidensgeschichte" als Verräter-Vertreter allein gelassen, beginnen sich selbst Schuld zuzurechnen und geraten in eine starke emotionelle Belastungssituation.

All das heißt aber, dass die Widersprüche nicht wirklich aufgegriffen und bearbeitet werden, sondern als ungelöste Konflikte ihr Wesen treiben. Das könnte man noch in Kauf nehmen, wenn nicht dadurch letztlich auch inhaltliche Lösungen und Ergebnisse gefährdet würden (siehe z. B. auch die Reaktion der ÖVP-Wien; nun gibt es da zweifellos auch noch einen weiteren Widerspruch, nämlich den von Mediation als System und dem politischen, hier parteipolitischen System; wir bezeichnen dieses Widerspruchsfeld als „systemisch". Es wurden aber dennoch Stimmen laut, die behauptet haben, dass eine bessere Rückbindung hier vielleicht geholfen hätte, doch eine Zustimmung zum Endergebnis zu bekommen). Sich dem vorhin hervorgehobenen Widerspruchsfeld im Verfahren zu widmen, heißt freilich auch den inhalts- und sachbezogenen Prozess zu unterbrechen und eine Situationsanalyse, eine Standortbestimmung vorzunehmen. Dies mag als irritierend empfunden werden. Unserer Erfahrung nach ersparen solche Irritationen viel Zeit und Mühsal. Und sie machen vor allem eines deutlich: Eine „vernünftige", distanzfähige Handhabung von Konflikten setzt voraus, dass die Widersprüche bekannt sind, die sie verursachen. Man muss diesen nämlich auf *ihrer* Ebene begegnen. D. h. im konkreten Fall, da es sich um sozial- und organisationsbedingte Konflikte handelt, dass man Lösungen auch nur in diesem Bereich suchen soll, also z. B. die Frage gemeinsam diskutiert, wie man Rückbindungen am besten gestaltet und organisiert, welche Probleme und Erfahrungen es dabei gibt.

Das Identifizieren der Widersprüche hat aber auch noch einen weiteren sehr hilfreichen Effekt. Es entlastet von dem ganzen leidigen Schuldzuweisungsthema. Nicht Individuen, Gruppen und Organisationen sind „schuld" an den Konflikten, sie resultieren vielmehr aus notwendigen Widersprüchen, mit denen alle Betroffenen zu tun haben. Damit geraten die beteiligten Personen in eine ganz andere Rolle. Und hier erst beginnt für uns die beschwörende Lösungsorientierung. Sie müssen sich nicht mehr mit Zuweisungen und Zurechnungen herumschlagen, können davon „befreit" agieren. Sie sind nun nicht mehr für den Konflikt selbst verantwortlich zu machen; dieser ist unvermeidbar und soll und darf daher als solcher aufgegriffen werden. Verantwortlich zu machen ist man ab jetzt nur mehr für einen „pfleglichen" Umgang mit ihnen und für das Erreichen gemeinsamer Lösungen. Letztere sind nämlich immer konkrete Antworten auf die identifizierten Widersprüche unter bestimmten historischen, zeitlichen, organisatorischen, personellen Bedingungen. Genau einen diesbezüglichen Charakter haben sie auch. Sie sind ständig gefährdet, einem neuen Aufbrechen der Widersprüche wieder zum Opfer zu fallen, zumindest relativiert und korrigiert zu werden. (Zur „Weisheit" des hier genannten Mediationsverfahrens gehört unserer Meinung nach, diese Wahrheit von Widersprüchen berücksichtigt zu haben: einerseits hat man Ergebnisse erzielt, Antworten, Lösungen von Widersprüchen, auf der anderen Seite eine Struktur für die Zukunft geschaffen, einen Ort und eine Organisation, die es gestatten, ein Neuaufbrechen der Widersprüche erfassen und behandeln zu können; wichtig erscheint es allerdings, dass zwischen dem einen Ende und dem anderen Anfang nicht ein zu großes Vakuum entsteht sowie dass die neu hinzukommenden Personen ein Verfahrensverständnis vermittelt bekommen, das die „Gleich"-Bleibenden sich in mehrjähriger Arbeit erworben und erlebensmäßig verankert haben.)

Wir haben bisher die zwei Richtungen beschrieben, die ein Mediationsverfahren einschlagen kann. Die eine war die von den Positionen zu Interessen und Bedürfnissen, die zweite von den Positionen als Antworten auf Konflikte, zu Konflikten und von diesen zu den ihnen zugrunde liegenden notwendigen Widersprüchen. Unsere Behauptung ist nun die, dass es einem Verfahren hilft, *beide* Richtungen zu verfolgen. Das Flughafenverfahren hat sich z. B. eher auf die erstgenannte Richtung konzentriert. Wir von der „Begleitforschung" haben uns bemüht, in unseren Rückmeldungen einiges aus der zweitgenannten zu ergänzen; deshalb auch dieser Berichtsteil, der sich bemüht, die Ergänzungen noch zu vervollständigen.

Vielleicht noch ein kleiner Hinweis auf den ersten Weg. Interessen und Bedürfnisse sind ebenso wenig wie Konflikte einfach so da. Ihren Inhalt, ihre Konkretion bekommen sie aus Anlässen, Ereignissen etc. So mag zwar die subjektive Bandbreite der Lärmempfindlichkeit sehr groß sein, es bedarf aber des vorhandenen Fluglärms, um sein Bedürfnis nach Lärmminderung konkret zu äußern. Ebenso ist es mit den Interessen; der Flughafen muss zwar ein wirtschaftlich-gewinnorientiertes Interesse verfolgen und das heißt in unserem Wirtschaftssystem zunächst allemal Wachstum, das Interesse wird aber erst konkret im Zusammenspiel von Aktionären, Fluglinien und den antizipierten Zumutbarkeiten für die Umgebung. Was mit diesen Hinweisen gesagt sein soll, ist Folgendes: Interessen und Bedürfnisse sind selbst erste unterschiedliche Antworten, auch Widersprüche, die man sich zu *seinen* Gunsten auszulegen versucht. Dies ist nichts Verwerfliches, es bezeichnet nur den Grund für die oft konträren Einstiege ins Verfahren. Und diese können sich ihrer Entstehung gemäß radikal unterscheiden.

So kann man durchaus mit subjektivem Recht in Berufung auf Umwelt und Lebensqualität das Interesse vertreten, den Flughafen „klein" zu halten, wenn man ihn nicht überhaupt irgendwohin „in die Wüste" verlegen will. Mit genau demselben Recht kann man in unserem ökonomisch dominierten System so möglich und von der Entwicklung angeboten, unbeschränktes Verkehrswachstum fordern (Arbeitsplatzsicherung, Kommunalsteuer, Infrastruktur, Konkurrenzgewinne etc.). Die Beispiele ließen sich fortsetzen; sie sollen nur zeigen, dass Interessen und damit zusammenhängende Bedürfnisse immer schon spezifische Antworten auf Widersprüche sind, die man aus *seiner Perspektive* zu lösen versucht.

Es ist in größeren Mediationsverfahren anfangs zu beobachten, dass füreinander wenig Verständnis besteht. Man hält sich – wie das auch gesagt wurde – gegenseitig für dumm, uninformiert, diagnostiziert Querulanten, kann es einfach nicht glauben, wie dieser oder jener zu solch abstrusen Ideen kommt. Dabei übersieht man, dass in unserer ausdifferenzierten, „fraktionierten“ Gesellschaft gar kein anderer Zustand zunächst möglich ist. Wir nennen übrigens diese Widerspruchsdimension die *„systemische“*. Unterschiedliche Systeme (Stände, Militär, Kirche etc.) gab es zwar auch schon früher, es gibt aber mindestens zwei wesentliche Differenzen. Einmal waren sie einfach weniger: Dies bedeutete, dass man sich auch über andere Systeme, in denen man nicht verankert war, eine gewisse Übersicht verschaffen konnte; dies ist heute unmöglich. Zum anderen gab es zumindest *eine* Instanz (die Kirche, eine Staatsreligion etc.), die *universell* war, sich sozusagen für *allzuständig* erklärte. Auch diese institutionelle Autorität gibt es so nicht mehr. Die Folge davon ist die spezialistische Aufteilung der zu bewältigenden Widersprüche und Probleme. Dieses Verfahren ist dort weitgehend problemlos, wo sich Themen tatsächlich spezialistisch ohne Qualitätsverlust einschränken und aufteilen lassen (also z. B. im technischen Bereich, wenn es um die Entwicklung einer neuen Kupplung, eines neuen Motors geht). Das geht aber nicht überall, schon gar nicht, wenn wie im Falle des Flughafens von den spezialistischen Zielsetzungen *eines* Systems viele andere mitbetroffen sind.

Wir bemerken hier ein zentrales Problem unserer Gegenwart: Die meisten wichtigen Problemstellungen und -lösungen haben eine systemübersteigende Gestalt. Nun ist aber unsere gesamte Gesellschaft „sektorial“ aufgebaut. Die so extremisierte Arbeitsteilung hat zwar im speziellen Detail Erfolg, der Gesamtumfang des zu lösenden Problems wird aber beiseite gestellt. Was fehlt, ist geglückte Koordination. Also muss man auch weiterhin damit rechnen, dass systemeigene Lösungen unvereint und unverbunden nebeneinander stehen. Dieser Zustand ist unbefriedigend. Es gibt daher vielerlei Bemühungen, ihm zu begegnen (Forderungen nach Interdisziplinarität und Intersektorialität, Ordnung des Kompetenzdschungels, Bürgerbeteiligung, UVPs, Förderung von Zentren für Allgemeinmedizin, Planungszellen, interministerielle Kommissionen – aber auch Interventionsforschung und *Mediation*).

Mediation lässt die verschiedensten Systeminteressen und Logiken auftreten, in der Hoffnung, dass durch Kooperationen im Prozess am Ende gemeinsame Lösungen herauskommen, die möglichst vielen Dimensionen des Problems gerecht werden; insofern hat sie eine gesellschaftsintegrierende, koordinierende Funktion. Diese ergibt sich aber erst im Prozess mit der Zeit. Anfangs stehen die einzelnen Systeminteressen, ihre eigenlogischen Antworten unvereinbar gegenüber (eine im Umraum des Flughafens wohnende Familie mit Garten *muss* ein anderes Interesse vertreten wie eine Wirtschaftskammer, eine Gemeinde, ein Land, eine politische Partei in Wahlkampfzeiten etc.). Das Überraschende und Erfreuliche an einem gelingenden Mediationsverfahren ist, dass das zu Beginn vorhandene gegenseitige Unverständnis allmählich einem Verständnis weicht, ohne dass man die Interessen der anderen zu den eigenen machen muss. Was ist die Ursache dieses „Wunders", das oft mit Staunen zur Kenntnis genommen wird und uns auch für die Zukunft hoffen lässt?

Wir sehen die Ursache zumindest in drei Voraussetzungen: In einem vertrauensaufbauenden Prozess, in der oft vorhandenen „Mehrfachmitgliedschaft" von Personen sowie letztlich in der gemeinsamen Anstrengung, die nicht unbelohnt bleiben will.

Das erste Moment ist bei der beschriebenen Ausgangslage eher unwahrscheinlich zu vermuten. Tatsächlich ist hier die Prozessgestaltung von großer Bedeutung. Im konkreten Mediationsverfahren war es wohl wichtig, das Ganze nicht sofort „in voller Breite" zu beginnen, sondern zunächst eine Vorbereitungsgruppe zu schaffen, die aus wichtigen Handlungsträgern bestand; in der gemeinsamen Vorbereitung, so jedenfalls unsere Vermutung, wurde das Fundament für Späteres gelegt. Umgekehrt kann festgestellt werden, dass Späteinsteiger, die diese Prozesse nicht miterlebt hatten, schwer den Anschluss finden konnten. Für Vertrauensbildung sind jedenfalls Prozesse und Zeiten nötig, die man sich einfach zum gegenseitigen Kennenlernen geben muss. Im Übrigen spielen hier auch Pausen, Miteinander-Essen (das von außen als „Bestechung" ausgelegt wird), informelle Gespräche und Zusammenkünfte eine große Rolle.

Dies alles stellt aber zugleich einen Balanceakt dar. Informelles kann, wenn es nicht transparent gemacht wird, leicht als „Mauschelei" ausgelegt werden, harmlose Tischgespräche als neue Koalitionen usw. Und *ein* zentraler Widerspruch bewegt alle, nämlich der bereits genannte von offenem und strategischem Verhalten; wie ehrlich darf ich sein, ohne naiv sofort wichtige Anfangsvorteile zu riskieren; andererseits weiß jeder: Wenn es nur strategisch zugeht, gibt es keinen Vertrauensaufbau. Hier muss man sich also Schritt für Schritt vortasten und es gibt auch Rückfälle. Dennoch schien im Mediationsprozess Flughafen Wien hier vieles gelungen zu sein, zumindest bei den zentral engagierten Personen; es hat sich ein *eigenes*, sozial tragfähiges System Mediation gebildet – und das ist für Ergebnisse notwendig, was die außerhalb Sehenden mit Verdacht, Argwohn, Unverständnis bemerken.

Diese Systembildung kann für einzelne Vertreter problematisch werden. Konkret im Verfahren gab es für manche politische Vertreter hier spürbare Loyalitätsprobleme; überhaupt ist für uns fraglich geworden, ob politische Parteien gemäß ihrer – wahlorientierten – Verhaltenslogik „paktfähig" sein können. Der Widerspruch zwischen der Politik im weiteren Sinn als System – Wien und NÖ – und den einzelnen politischen Parteien ist jedenfalls augenfällig.

Psychologisch, philosophisch kann hier ergänzt werden, dass es vor allem die wachsende *Anerkennung* ist, die Vertrauen schafft. Anerkannt wird aber weniger das geäußerte Interesse oder die Position, sondern die Person, die dahinter steht und die zugleich den „guten Willen“ für mögliches Gemeinsames zum Ausdruck bringt. Fehlt Letzterer, wird die Person im Allgemeinen ausgeschlossen oder schließt sich selbst aus.

Was dem Vorankommen des Prozesses zweifellos hilft, ist die genannte Mehrfachmitgliedschaft von Einzelpersonen. Diese ist nämlich dafür maßgeblich, dass der Widerspruch nicht bloß in getrennten Gruppierungen auftritt, sondern in ihnen und ihren Repräsentanten selbst. Das schafft Verständnis füreinander. (Ein auf der Hand liegendes Beispiel sind die Bürgermeister der umliegenden Gemeinden, die womöglich noch Grün-Gruppierungen politisch „im Nacken“ sitzen haben; eine Gemeinde ist ja schon ein Gesamtsystem recht unterschiedlicher Teilsysteme und deren Interessen. Da gibt es lärmempfindliche Subjekte und Familien; die Gemeinde hat für Lebensqualität zu sorgen. Dort leben am Flughafen Beschäftigte, für die die Sicherung ihrer Arbeitsplätze im Zentrum steht, zur Gemeindeentwicklung braucht man Kommunalsteuer und lebendige Infrastrukturen, andererseits ist es problematisch, wenn man Flächen umwidmet. Ein ausgehandelter Umweltfonds schafft budgetäre Möglichkeit für Entwicklungen, Gemeindebürger halten es für „unmoralisch“, sich den Lärm abkaufen zu lassen usw. Sieht man nun hier näher hin, so wird im Rahmen der zentralen Positionen des Verfahrens kaum jemand zu entdecken sein, der nicht irgendeinen Widerspruch in sich hat. Zumindest sind auch die Flughafenkontrahenten Fluggäste und sind auch Vorstände in der Nacht lärmempfindlich.)

Diese hier beschriebene Mehrfachzugehörigkeit als „Produzent“ innerer Widersprüche zeigt ein hoffnungsweisendes Paradoxon: Auch wenn wir in der ausdifferenzierten Gesellschaft daran gewöhnt wurden, Probleme „kleinzuhacken“ und spezialisierten Teilsystemen und Experten zuzuweisen, mit den Menschen ist uns Gleiches nicht „geglückt“. Zwar gibt es sicher mehr oder weniger Identifizierte (früher nannte man sie „Fachidioten“, auch manche Funktionäre neigen dazu), eindeutige Zuordnungen sind aber kaum durchzuhalten. Auch hier kann Mediation „Widerspruchsmanagement“ sein, die Widersprüche, die in Personen und Gruppierungen liegen, ans Tageslicht fördern. (Geschieht dies nicht, kann das eine störende, auch unrealistische Blockbildung zur Folge haben, die im Fortgang hemmt; so war bemerkbar, dass auf Wirtschaftsseite insbesondere der Flughafen „zum Gegner“ aufgebaut wurde. Dabei wurde z. B. die AUA „vergessen“, die sich daher erst recht spät massiver ins Verfahren einklinkte; man konnte dann auch die Widersprüche zwischen FWAG und AUA bemerken. Ebenso haben die Bürgerinitiativen mehrere Widersprüche in sich zu verwalten. Vielleicht waren sie im Sinne einer Gefahr „auseinander dividiert“ zu werden auch zu wenig bereit, diese zuzugeben und zu veröffentlichen; es kommt hier sicher auf ein richtiges „Timing“ an, dennoch halten wir daran fest: Diese durch alle

Beteiligten sich „durchziehenden" Widersprüche sind eine wichtige Basis für Einigungschancen.)

Wenn man einige Jahre an etwas gemeinsam arbeitet, muss es schon mit dem Teufel zugehen, dass alles den Bach hinuntergeht. Schließlich wurde viel an Lebenszeit investiert, viele Anstrengungen unternommen und gemeinsam wurden „Höhen und Tiefen" erlebt. Ein derart intensives Miteinander-Erleben bindet. Man will sich eigentlich nicht mehr gegenseitig enttäuschen. Die Dramatik der letzten Verhandlungen (Nachtflugverbot) hat diese Tatsache bestätigt. Es waren zwar einige Gesprächsrunden notwendig und alles „am Kippen", letztlich ist man aber von allen Seiten, wie gesagt, „ans Äußerste gegangen". Und selbst einige, die dann nur unter Vorbehalten „unterschrieben" haben, lobten die Ergebnisse. In solchen „Kippsituationen" klärt sich einiges an Systemmitgliedschaft. Wir haben uns daher als Begleitforschung im Team die Frage gestellt (eine, die man übrigens nie vergessen soll): „Wer profitiert davon, wenn das Verfahren scheitert?" Unsere Ergebnisse verblüfften uns selbst. Es gab für viele Beteiligten auch mehr oder weniger Vorteile im Fall des Scheiterns. Ein Vorteil konnte für alle als Beruhigung gelten: Wenn ein derartig ambitioniertes, teures, zeitaufwändiges Verfahren zu keinem Ergebnis führt, dann heißt dies eben, dass es *so* nicht geht, aller guter Wille nicht ausreicht. Dieses „Ergebnis" hätte zumindest alle Skeptiker, aber auch alle, die an traditionellen, rechtlich-politischen Verfahren orientiert sind, bestätigt. Aber auch alle intensiven Verfahrensbeteiligten hätten „aufatmen" können. Schließlich sind die Ergebnisse nicht so beschaffen, dass überall eitel Wonne herrscht. Man hat zwar wahrscheinlich das Bestmögliche erreicht, das aber werden alle Außenstehenden und VertreterInnen nicht so sehen. Zusätzlich sind auch die noch nicht gestarteten Zukunftsmaßnahmen nicht ganz leicht vermittelbar. Nach der Devise „ich habe gekämpft bis zum Letzten, aber leider ...." hätten viele „heldenhaft" ihr Gesicht wahren können, jedenfalls jenes, das sich die Außenstehenden gewünscht haben. Trotz dieser zweifellos vorhandenen Vorteile hat man das gemeinsame Ergebnis „gewagt". Die „letzte" Motivation dafür liegt sicher auch in der langen gemeinsamen Arbeit und den damit verbundenen Bemühungen. Diejenigen, die sich letztendlich den Ergebnissen überhaupt nicht anschlossen, wurden entweder von außen unter Druck gesetzt oder das Gesamtverfahren war nicht in der Lage sie zu integrieren; so unsere Vermutung.

Dennoch, es soll an dieser Stelle nicht verschwiegen werden, dass von allen, die sich den Ergebnissen nicht anschließen konnten, ein Grundwiderspruch repräsentiert wird, der einerseits ihr Handeln verständlich machen kann, der andererseits die Frage aufwerfen lässt, ob „klassische" Mediation für ein derartiges Verfahren das geeignete Instrument ist. Klassische Mediation legt nämlich auf zwei Voraussetzungen Wert: erstens eine Ergebnisoffenheit (es darf nicht von vornherein feststehen, was am Ende herauskommen soll), zweitens eine „Waffengleichheit" der Konfliktpartner, d. h. ausgewogene Machtverhältnisse (wenn diese anfangs nicht vorhanden sind, was durchaus der Fall sein kann, haben eben die Mediatoren dafür zu sorgen, dass sich diese mit der Zeit herstellen). Wenn diese Bedingungen nicht erfüllt sind, lässt sich jedenfalls von vornherein keine Win-Win-Situation versprechen und auch Einstimmigkeit kaum erreichen. Mediation bekommt dann einen anderen Charakter. Es *muss* Gruppierungen geben, die sich mehr herausholen können, und solche, die weniger profitieren; und es gibt vielerlei kleinere und größere Kompromisse.

Nimmt man viele Äußerungen von Außenstehenden ernst, die negativ von „Beschäftigungstherapie für alle Betroffenen", von „Scheinverhandlungen" gesprochen haben (und noch davon sprechen, auch nach dem Ergebnis), wohlwollend von einer Transparenz wünschenden Bürgernähe des FWAG-Vorstandes sprechen, so dürfte das Bild in der Öffentlichkeit entgegen jenem der Unterzeichner kein allzu positives sein. Natürlich ist diese auch über die inneren Geschehnisse nicht oder schlecht informiert und reduziert ihr Urteil auf die Entscheidung „Dritte Piste, ja oder nein." Dennoch sehen es Informierte ähnlich und zu fragen ist, warum diese Übereinstimmung.

Fasst man den Grundwiderspruch in seiner abstraktesten Form, so ist er jener von Macht und Ohnmacht, also Inhalt der zweiten Voraussetzung. Konkreter hat er viele Facetten und zu beobachten ist, wie das Verfahren mit ihm umgegangen ist. Dass es ein Machtgefälle gegeben hat, wird wohl von niemandem bezweifelt werden; dass dieses nicht auf irgendeiner Art persönlicher Anmaßung beruhte, mag ebenso zugestanden werden. Gegnerschaftsphantasien ist es auch immer leicht möglich gewesen, diese Macht zu identifizieren: beim Flughafen und seinem Vorstand (wer zahlt, schafft an, wer Brötchen bezahlt, will bestechen), bei der sich im Hintergrund haltenden „hohen Politik", die eigentlich die Fäden zieht, bei einem „gekauften" Prozessprovider, der die Interessen der Macht exekutiert usw. Gegnerschaften dieser Art denken meistens „binär" und personalisieren gerne. Insofern war es für manche gegen Ende des Verfahrens überraschend, mit welcher Vehemenz die AUA auftrat, die sich bisher immer zurückgehalten hatte, nun aber in gewissem Sinn auch gegen den Flughafen ihr Existenzinteresse dramatisch zur Geltung brachte; die Nachtflugregelung wäre fast nicht zustande gekommen. Ebenso differenziert sich die politische Szenerie in eigentümlichen Schattierungen; die Spitze (die LHs) sind erfreut über die Ergebnisse, „begrüßen" sie, obwohl sie verschiedenen Parteien angehören. Die eine Partei in Wien stimmt aber dagegen (aus Bürgerschutzgründen, wie mitgeteilt wird), die Wirtschaftskammer ebenso, allerdings aus ganz anderen – wirtschaftlichen – Gründen usw. Auch wenn sich also bei näherem Hinsehen Machtverhältnisse auffächern und Gegnerschaften linearer Form erschweren, muss doch unbestritten bleiben, dass es dieses Machtgefälle gibt. Welche Konsequenzen hat das für ein Mediationsverfahren?

Kommen wir z. B. zurück zum Thema Ergebnisoffenheit (die Forderung danach hat übrigens auch das UVP-Verfahren betroffen; man hat ein weiteres Verfahren ins Leben gerufen, die „Strategische Umweltverträglichkeit und -planung"). Immer wieder wurde sie beteuert und beschworen. Es sollten alle Optionen offen gehalten werden; auch die zukünftige Existenz einer dritten Piste wurde in diese Offenheit mit einbezogen. (Ob diese Offenheit allerdings z. B. für eine Gruppe gelten kann, die sich in ihrem Taufnamen „Plattform *gegen* die dritte Piste" bereits festgelegt hat, kann ebenso bezweifelt werden wie die Haltung einer Wirtschaftskammer, die interessenfestgelegt agiert.) Nehmen wir aber die allgemeinen Versicherungen in Bezug auf die Ergebnisoffenheit ernst und unterstellen wir, dass sie ehrlich gemeint waren; in unseren derzeitigen gesellschaftlichen Verhältnissen und Verfasstheiten kann sie nur in beschränkten Teilbereichen zugesichert werden (was es ja im konkreten Verfahren ermöglicht hat, zu Ergebnissen zu kommen). Zu dieser Verfasstheit gehört nun einmal die Dominanz des ökonomischen Systems im Rahmen eines globalen Verdrängungswettbewerbes. Wie allen bekannt, verdanken wir diesem System allerlei Benefizien: einen relativ hohen Lebensstandard, Kommunalsteuern, die Basis eines Beschäftigungssystems, in besonderem Fall auch Mobilität und Flexibilität, Kurzurlaube in Mauritius, frische Kiwis zum Frühstück etc. Der Leistung dieser Ökonomie kann sich niemand entziehen, sie muss anerkannt und, wie viele meinen, auch in ihrem Weiterbestand gesichert werden (für die Region, den „Wirtschaftsstandort" Wien wäre es sicher eine mittlere Katastrophe, wenn ihr Flughafen zu einem Provinzbetrieb degradiert würde, diese Gefahr bestünde aber ohne eine eigene Fluglinie; also muss auch auf sie Rücksicht genommen werden ...). Denkt man aber in Richtung Sicherung, sind viele Weichen schon gestellt, auch weil mit ihr in unserem System Weiterentwicklung verbunden ist; Ergebnisoffenheit ist eingeschränkt. Man kann auch einem vorsorgenden Unternehmen nicht den Vorwurf machen, für seine Zukunftsplanung Szenarien zu entwickeln, wie z. B. einen Masterplan; freilich wird dieser sofort dem Verdacht ausgesetzt, es sei das gesamte Ergebnis schon vorweg bestimmt.

Es ist an dieser Stelle nicht angebracht, zu dieser Gesellschaftsverfasstheit Stellung zu nehmen, zu fragen, ob diese Dominanz auch gut und sinnvoll ist. Im Moment scheinen wir nicht nur die Benefizien zu genießen, wir bemerken auch den Preis, den sie kosten (im Übrigen dürfte sich die Gesamtlage insofern zuspitzen, als auch die gewohnten Benefizien nicht mehr garantiert sind. Im Gegenteil, die Wirtschaft „sorgt" für Arbeitslosigkeit und statt Steuern abzuliefern – Flucht in Steuerparadiese – verlangt sie immer mehr pekuniäre Hilfe vom politischen System; siehe das eben „verabschiedete" Milliardenpaket). Und es ist genau dieser Preis, der immer stärker auch bedrohlicher wahrgenommen wird. Historisch gesehen und als Paradoxon vermerkt, ist dieses Phänomen eine Wohlstandsfolge. Erst ein gewisser Lebensstandard leistet es sich, die Frage nach der Lebensqualität zu stellen, zugleich aber auf ihn nicht verzichten zu wollen. Bürgerinitiativen, Umweltbewegungen etc., also alles, was sich gegen das bestehende Wirtschaften richtet, markiert den immer deutlicher sichtbaren Preis, den uns diese Dominanz kostet. Über ihn gibt es in Wohlstandsgebieten ziemliche Einigkeit. Uneinig ist man sich nur über die Maßnahmen. Die einen plädieren für Systemanpassungen, die anderen für Umbau. Was aber haben diese kurzen Hinweise mit unserer Mediation zu tun?

Es geht nicht bloß um die dadurch erklärte eingeschränkte Ergebnisoffenheit, sondern um die Situierung des Grundkonfliktes. Im Zusammenhang mit Flughafen und Flugverkehr ist derzeit das zentrale Thema der Lärm. Er ist der Preis für internationale Mobilität. Flughäfen erlebten in den letzten Jahren mit wenigen Ausnahmen permanentes Wachstum und insofern wuchs auch die Lärmbelastung. Wie wir wissen, hat aber dasselbe Wachstum auch eine Reihe von Vorteilen. Man kann nicht die Letzteren lukrieren wollen, ohne die Ersteren mit in Kauf nehmen zu müssen. Das wissen alle und dieses Dilemma macht nicht nur die Lärmgegner hilflos. Eigentlich ginge es ja um das rechte *Maß* im Verhältnis von Vorteil und Preis. Hier gelangen wir aber zu einem Grundproblem unseres Wirtschaftssystems – es ist in ihm Maßlosigkeit implizit. Also müsste man es von seiner Substanz her umbauen; darin wäre aber ein Mediationsverfahren völlig überfordert.

Dies lässt sich gerade am Beispiel Nachtflug deutlich machen. Verzichten hier Flughafen und AUA auf Frequenzen, so kann es geschehen, dass sie nicht mehr konkurrenzfähig sind, selbst wenn ihnen von ihren Aktionären ein solcher „unkapitalistischer" Richtungswechsel grundsätzlich ermöglicht wird. Daher gäbe es hier nur einen Ausweg: eine Änderung der internationalen Regelungen, die alle Konkurrenten vor die gleichen Ausgangsbedingungen stellen – und sie so daran hindern, sich auf dieser Basis zum Schaden der Lärmbetroffenen blödsinnig niederzukonkurrenzieren. Im konkreten Fall hätte das zweierlei bedeutet: einmal, wie geschehen, eine Regelung zu treffen, die für die meisten Beteiligten halbwegs erträglich ist, zum anderen aber internationale politisch zu treffende Regelungen zu fordern, die ein besseres Maß, bessere Umwelt und Lebensqualität ermöglichen; schließlich sind ja nicht nur Zwölfaxinger von dem Problem betroffen, es existiert weltweit.

Geht man diesen Schritt nicht – und hier zeigt sich die Grenze jedes klassischen Mediationsverfahrens, ist man entweder zur Selbstanpassung an die beschriebenen Rahmenbedingungen gezwungen und kann sich innerhalb derselben nach Kompromissen, kleinen Spielräumen umsehen oder man muss aus dem Verfahren aussteigen. (Beide Bewegungen finden sich in der gegenständlichen Mediation; manchmal sogar in einer Person repräsentiert).

Für die Machtthematik hat diese beschriebene Gesamtsituation aber eine seltsame Konsequenz, die ebenso in eigentümliche Widersprüche führt: Geht man nämlich von der Dominanz des ökonomischen Systems und seinen inneren Gesetzmäßigkeiten aus, so muss klar sein, dass auch *im* Verfahren deren Vertreter die eigentliche Macht besitzen; zumal wenn diese selbst von den anderen nicht in Frage gestellt wird. Aber, geht man vom selben Phänomen aus, muss man anerkennen, dass auch dieser Macht die Hände gebunden sind. Irgendwie sind sie gleich – ohnmächtig und müssen sich darüber wundern, wie viel Macht und Handlungsspielraum ihnen von den „Gegnern" eingeräumt wird. Es ist diese Widersprüchlichkeit nicht auf den ersten Blick zu sehen, noch schwerer ist es, sie emotionell anzunehmen. Weil das aber so ist, gibt es immer wieder Verwirrung und unberechtigte Schuldzuschreibungen. Manchmal verstellt es auch die Aussicht auf Lösungen, die für beide Seiten akzeptabel wären. Die Verwirrung hat allerdings wahrscheinlich einen Vorteil; sie lässt Radikalismen und Härten vermeiden (die Frage ist allerdings, ob das nur gut ist).

Eigentlich müsste man sich fragen: Wenn man den Rahmenbedingungen des Systems und seiner Dominanz zustimmt, d. h. Wachstum und Entwicklung für richtig hält, was folgt dann für eine Flughafenregion? Und hier wären es klare Antworten, die gegeben werden müssten: Absiedelung aller Lärmbetroffenen oder Flughafenverlegung – wobei man kaum mehr dünn besiedelte Gebiete findet, oder Investition in Technik (Flüsterflieger oder Senkrechtstarter und -lander) und das Ganze weltweit. Wir ahnen, dass diese und ähnliche Forderungen zwar konsequent, aber weitgehend unrealistisch sind. Nicht nur, weil es psychologisch ganz schwierig ist, z. B. Bauern abzusiedeln (der Gewaltakt Hitlers im Allentsteiger Truppenübungsplatz kann hier in Erinnerung gebracht werden), sondern weil es sich teilweise um Maßnahmen handelt, die eben dasselbe Wachstum gefährden könnten – denn wer investiert ohne gesetzliche Gesamtregelung in teure technische Innovationen, wenn es auch so geht.

Ebenso scheuen sich aber die Wachstumsgegner in die radikale Konsequenz zu gehen, weil sie genau wissen, was dies bedeuten würde; nämlich das voraussichtliche Ende des Flughafens und der Airline. Mag sein, dass man in dieser Situation noch dort und da einen besseren „Detailkompromiss" finden wird, dafür wäre ja auch das Dialogforum (das übrigens manche nicht zu Unrecht lieber als Konfliktmanagement bezeichnet wissen wollten) geschaffen worden.

Das insgesamt Unbefriedigende an all dem mag aus der bisherigen Beschreibung ersichtlich sein. Für Mediationsverfahren – auch für die Zukunft – folgt für uns mindestens zweierlei: Es ist einmal sinnlos und frustriert im Weiteren nur in euphemistisch abstrakter Weise, durchgängigen Konsens und Win-Win-Situationen zu versprechen bzw. zu prophezeien. Es ist zum Zweiten klar zu machen, was die Ausgangssituation ist und wofür man sich entscheidet; im Verhältnis von Macht und Ohnmacht würde das zugleich eine wichtige Rollenklärung bedeuten.

Die Schwierigkeit konsensueller Lösungen ergibt sich schon von der Ausgangssituation her. Steigender Flugverkehr bringt mehr Lärm und von diesem sind Gemeinden und Städte in der näheren und ferneren Umgebung des Flughafens in unterschiedlichem Maße betroffen. Nun kann man sich zwar bemühen, bestmögliche Flugrouten („Korridore", SIDs, curved approaches etc.) auszuknobeln, darum hat man sich auch sehr bemüht und Erfolge erzielen können, letztlich ist aber für manche Orte die stärkere Belastung unvermeidbar, es sei denn, man entschließt sich, ganze Gebiete abzusiedeln. Hier müsste man auch der für Haus- und Grundwertminderung relevanten Entschädigungsfrage nahe treten, was z. B. im Flughafengebiet Zürich – „Gold-Küste" wahrscheinlich zu überproportionalen finanziellen Nachforderungen führen würde. Ebenso ist eine Umverteilung im Sinne allgemeiner Gerechtigkeit nicht unproblematisch; hier schlägt das im Verfahren oft zitierte Florianiprinzip zu. Neue Konfliktzonen entstehen, die die Mediation zumindest organisatorisch erweitern (siehe Bezirkskonferenzen).

Der Widerspruch, der hier auftritt, ist der zwischen allgemeiner Gerechtigkeit und subjektiv-regionalen Bedürfnissen. Auf der einen Seite ist unschwer nachvollziehbar, dass der Lärm möglichst gleich, gerecht verteilt wird, ebenso lässt sich aber verstehen, dass Gegenden, die bisher von wenig Lärm belastet waren, aufschreien. Meine Lärmempfindlichkeit wird nicht dadurch geringer, dass ich mir vorsage, ein gerechter Mensch zu sein. Um Gerechtigkeit dennoch plausibel zu machen, wird gern zum quantitativen Argument gegriffen; wo leben mehr Menschen. Ein Wiener Bezirk „wiegt" dann mehr als sämtliche Umlandgemeinden des Flughafens. Aber auch dieses Argument kann nicht befriedigen. Würde diese Art der Quantität Qualität haben, dann müsste dies bedeuten, dass mit jedem hinzukommenden Bürger das Lärmempfinden weniger sensibel wird. Im subjektiven Empfinden neigt daher jeder Mensch zum Fundamentalismus; es ist vielleicht durch Gewöhnung trainierbar, ebenso kann man sich mehr als notwendig hineinsteigern; es ist aber durch rationale Argumentation *nicht* relativierbar. Auffallend ist auch, wie rasch sich in ihm kollektive Solidarität einstellt, die rasch zu einer nicht unerheblichen Einflussgröße werden kann. Man muss auch wissen, dass man in diesem Empfinden wenig flexibel und daher auch wenig verhandlungs- und konsensbereit ist. Es steht *für sich* und es geht nur um mehr oder weniger. Wenn das Weniger nicht garantiert werden kann, bleibt das (negative) Empfinden bei sich selbst stehen.

Zwei Problemfelder tun sich hier auf. Erstens das der Verhandlungsbereitschaft, zweitens das der Kompensationsangebote. Vor allem in Repräsentationssystemen sinkt die Verhandlungsbereitschaft gegen Null, wenn die Ansicht schwindet, auch nicht den geringsten Erfolg nach Hause zu bringen. Haben es schon Gruppen in sich schwer, einen sie selbst schädigenden Konsens zu fassen („Selbstamputationseffekt"), verstärkt sich diese Schwierigkeit in der Vertreterrolle. Wie soll auf dieser „Verliererposition" eine gelingende Rückbindung gestaltet werden? Wenn aber das angestrebte Weniger oder Überhaupt-Nicht in keinem Fall erreicht werden kann, bleibt man sozusagen auf seinen negativen Empfindungen sitzen; wahrscheinlich auch *ein* Grund, warum man von Betroffenen in solchen Fällen so schwer Zustimmung bekommt.

Folgende Argumentation war da zu hören: „Es ist unmoralisch, sich den Lärm abkaufen lassen zu wollen." Auch wenn fraglich ist, was hier die Moralität zu suchen hat (offensichtlich steht im Hintergrund die Bestechungsvermutung), bezeichnet dieses Zitat recht eindringlich den Charakter der Situation. Der Satz müsste aber richtig und schärfer gefasst lauten: Es ist unmöglich, sich den Lärm abkaufen zu lassen; das Empfinden ändert sich nicht, auch wenn zu ihm Geld dazukommt. Hier zeigt sich das zweite Problemfeld, das der Kompensationsangebote. Da gibt es zum Teil direkt wirksame, die tatsächlich das Empfinden treffen, z. B. den „technischen Lärmschutz". Großzügige Lösungen werden hier ins Auge gefasst. Der Nachteil: Man muss für eine optimale Wirkung die Fenster geschlossen halten und bei den Gartenbenützern bleibt alles beim Alten. Anders beim Umweltfonds; hier wird Geld zur Verfügung gestellt und das hat zunächst wirklich nichts mit Lärmentlastung zu tun. Moral wird hier generell gern ins Spiel gebracht, weil man die Üblichkeiten von woandersher kennt. Bestechungen, Ruhigstellungen, Linderungs- und Trostpflaster, Ablenkung, Kompensation. Wenn man aber den Lärm nicht abschaffen kann, die Empfindungen unverändert bleiben, man sich auch nicht trennen (absiedeln) will und wie vorhin beschrieben, die Existenz eines Flughafens grundsätzlich in unserem Wirtschaftssystem nicht in Frage stellt, was bleibt über? Die Währung der Wirtschaft ist das Geld, was soll sie sonst bieten? Mitleid mit den Betroffenen, auch wenn es ehrlich gemeint und empfunden wird, würde eher als Hohn denn als Trost betrachten werden. Mit der Moral kommt man daher nicht sehr weit; ganz abgesehen davon, dass man mit vorhandenem Geld wenn schon nicht den Lärm lindern, so doch „moralische" Unternehmungen, wie etwa das Schaffen und Ausstatten von Kindergärten, stützen kann.

Was nun die Mediation betrifft, so wird im Sinne ihrer „klassischen Versprechen" hier die Unmöglichkeit nachgewiesen. Das heißt aber nicht, dass ein Verfahren vorliegender Art sinnlos ist, zu keinen befriedigenden Ergebnissen führen kann. Jetzt abgesehen von den auch erreichten lärmlindernden Maßnahmen und den eingerichteten Nachfolgestrukturen (Regionalform) – ein Umweltfonds (Geld) ist besser als kein Umweltfonds. Und dies nicht nur deshalb, weil die betroffenen Gemeinden das Geld für sich und sinnvolle Projekte ausgeben können, sondern weil dieser ein für alle Male die Unvereinbarkeit der zwei Seiten des Verfahrens repräsentiert, nämlich die von Empfindung und Geld. Der Mediationsprozess wechselt hier sozusagen die Ebene. Es nützt hier wenig, von den Positionen auf die Bedürfnisse zu rekurrieren, weil es für sie keine Antworten von woandersher gibt. Ihre Forderung lautet: Weniger Lärm, und dabei bleibt es auch. Also muss der Weg der Mediation mit zwei Direktiven ausgeschildert sein: Für die Lärmminderung zu tun, was möglich ist, ansonsten zur Kenntnis zu nehmen, dass das Bedürfnis bleibt und sich wahrscheinlich immer wieder zu Wort melden wird. Dennoch sollen Äquivalenzen und Kompensationen nicht verachtet werden; und zwar über ihren „Eigenwert" hinaus. Ihr „symbolischer" Charakter muss mit Beachtung finden. Zeigen sie doch die prinzipielle *Anerkennung* eines nicht lösbaren Problems und den guten Willen, das Mögliche zu tun. Wenn man nun davon auszugehen hat, dass es nicht gerade zu den auffälligsten Kundgebungen von Dominanz und Macht gehört, selbst angerichtetes Leid anzuerkennen, ja überhaupt zu bemerken, sollte diese Symbolik nicht zu gering eingeschätzt werden (sie wurde auch im unterschiedlichen Verhalten der früheren zu den gegenwärtigen Vorständen zur Sprache gebracht; hervorgehoben wurde hier – manchmal fast mit leiser Bewunderung –, *dass* sich der Vorstand überhaupt auf ein solches Verfahren eingelassen hätte, und vor allem, dass er *selbst* meistens *anwesend* war, und auf diese Weise sein Interesse und Engagement unter Beweis gestellt hat).

Auch wenn hier zweifellos eine Grenze einer inhaltlich konsensorientierten Mediation erreicht ist – ein Teilnehmer meinte, dass es sich eher um Verhandlungen gehandelt habe –, heißt das keineswegs, dass man daher von vornherein auf sie verzichten sollte; selbst dann nicht, wenn man schon zu Anfang wüsste, was man meistens ohnehin erst im Nachhinein weiß. Die Ausgangssituation ist trotz allem Vorwissen nämlich von einem hohen Grad an *Unwissenheit* gekennzeichnet. Jede Position, die in das Verfahren einsteigt, weiß im Grunde hauptsächlich nur, was *sie will*, und hat eine gewisse Ahnung davon, was die anderen wollen könnten. Man weiß weder, wie die vorhandenen Widersprüche aufeinander beziehbar sind, noch welche unvermeidbar sind; man kennt die Gruppierungen und ihre Vertreter kaum oder überhaupt nicht, weiß zunächst auch wenig darüber, in welcher Organisationsform man am besten weiterkommt. Eigentlich begibt man sich in einen offenen Lernprozess (und es gibt nach dem Verfahren kaum jemanden, der nicht von sich behauptet, er habe dazugelernt).

Wiederum eine paradoxe, widersprüchliche Situation: Man weiß zwar *genau*, was man will, sonst aber rein gar nichts; und sehr rasch, wenn man sich auf den

Prozess einlässt, weiß man auch Ersteres nicht mehr so ganz. Die erste Prozessphase dient daher nicht bloß dem gegenseitigen Kennenlernen, sondern auch dem notwendigen „Wissenserwerb“. Denn sehr rasch stellt sich heraus, dass das Gesamtthema und -problem weit mehr Facetten und Differenzierungen aufweist, als die einzelnen mitgebrachten Positionen in sich aufweisen. Man informiert sich gegenseitig, und, weil man sich auch noch nicht so ganz traut und es auch sonst nicht schaden kann, werden Experten eingeladen; die Materie wird immer komplexer, für die einen unübersichtlich, die anderen entwickeln sich hingegen selbst zu Spezialisten (wiederum eine Differenz, die im Prozess berücksichtigt und mediativ „behandelt“ werden muss).

In all dem wird ein Maß an Komplexität erzeugt, das die ursprünglichen Problemlagen völlig verändern kann; jedenfalls werden Anfangspositionen verunsichert, es ist nicht mehr so klar, ob man das noch wollen kann oder soll, was man anfangs anstrebte. Erst allmählich wird klar, wo die Vereinbarkeiten, wo die Unvereinbarkeiten sich befinden. Selbst ob ein Verfahren scheitert oder nicht, weiß man oft erst in der so genannten „heißen Phase“, wo die wichtigsten und letzten Dinge entschieden werden, die man sich auch meist bis zum Schluss aufhebt. Und siehe da, im letzten Hauptthema ging es nicht um Geld oder sonstige Äquivalenzen und Kompensationen, sondern *„rein“* um das mit allem Unvereinbare, den Lärm und sonst um nichts. Man mag mit der getroffenen Entscheidung, dem „äußersten“ Kompromiss, wie von allen Seiten behauptet, nicht wirklich zufrieden sein, dass er aber überhaupt möglich war und jedenfalls besser ist als keine Entscheidung, die für die Nacht jedenfalls bis in absehbare Zeit „alle Freiheit“ aufgemacht hätte, wird von den meisten „Unterzeichnern“ betont.

Mediation als Widerspruchsmanagement verstanden, kann, das sollte die obige Darstellung illustrieren, sehr wohl auch für Verfahren hilfreich sein, in denen es um scheinbare oder reale Unvereinbarkeiten geht. Zumindest werden sie klarer und identifizierbar. Außenstehende können dergleichen überhaupt nicht beurteilen und befleißigen sich einer gewissen Anmaßung, insofern sie das zu wissen glauben, was nicht einmal die im Prozess zunächst wissen können. Dennoch ist durchaus zuzugeben, dass unvereinbare Widersprüche auch die Grenzen von Mediationsverfahren konstituieren.

Hier wäre es immer von Vorteil, diese möglichst früh im Prozess zu identifizieren und dann eine Unterscheidung zu treffen. Es wird Widersprüche und Materien geben, die im Verfahren lösbar sind, wo die Beteiligten tragfähige Kompromiss- und Konsensentscheidungen treffen können (hier: Verlegung von Flugrouten, technischer Lärmschutz, Umweltfonds, Nachfolgestruktur etc.). Im Grunde handelt es sich hier um solche, bei denen die beteiligten Gruppen, Systeme etc. diese nicht nur selbst treffen können, sondern auch den Einfluss, die Macht besitzen, sie durchsetzen zu können. Sie enden dort, wo sie entweder diesen Einfluss nicht haben, es „mächtigere" Spieler gibt, die auch nicht im Verfahren mitmachen, z. B. auch die „hohe Politik", und wo die eigene Existenz, ihr Überleben gefährdet, zumindest aber erheblich eingeschränkt wird. Hier sollte nicht die Illusion aufgebaut werden, Ergebnisse erreichen zu können.

Aber auch bezüglich dieser Punkte ist ein Mediationsverfahren nicht vergeblich. Es dient der Identifikation und der *Entscheidungsvorbereitung.* Wir haben dies am Beispiel Nachtflug bereits angedeutet. Es wurde zwar eine Entscheidung getroffen – zugleich ist man aber „bis ans Äußerste" gegangen; d. h., man hat die eigene Grenzerfahrung dabei erlebt. Dass dies ein emotionell aufwühlendes Erlebnis war, wurde von vielen Seiten bestätigt. Bemerkbar dabei war aber trotzdem, dass man dank der bisherigen gemeinsamen Mediationsgeschichte nicht in die gewöhnlichen Konfliktreaktionsmuster zurückfiel (Freund-Feind-Schema, Sieger-Verlierer-Muster, formales Taktieren). Es schienen alle in gleicher Weise betroffen und Verständnis für die Gegenpositionen zu haben. Es war u. E. daher die Grenzerfahrung selbst, die den Kompromiss ermöglichte. Dieser kann aber nicht wirklich befriedigend sein; das zeigt sich nicht nur an den Unterschriftsverweigerungen und Vorbehalten (Außenstehende und Taktierer sind schnell wieder mit dem Sieger-Verlierer-Schema dahergekommen), sondern bei den Entscheidenden selbst. Es ist einfach kein schönes, nachhaltiges Erlebnis, ab nun durch eine Entscheidung zum andauernden Grenzgang gezwungen zu werden. Dieses sind dann jene Stellen, an denen ein jedes Mediationsverfahren vor die Überlegung gestellt wird, ob es eine „Grenzentscheidung" trifft oder sie sein lässt. Aber, selbst wenn sie sie trifft, sollte damit die Arbeit nicht beendet sein. Im Sinne von Entscheidungsvorbereitungen wären die gesamte Widerspruchslage, die Unvereinbarkeiten, aber auch die Lösungsrichtungen und -maßnahmen anzugeben und an die erwarteten oder erhofften Entscheidungsinstanzen zu richten. Die Grenzen der Entscheidungsmacht korrelieren mit den sozialen Systemgrenzen der Mediation selbst.

Über das Schicksal einer Fluglinie im internationalen Wettbewerb entscheidet sie selbst nicht allein, sondern das ganze ökonomisch vernetzte System, vielleicht auch noch eine immer schwächer werdende nationale Politik. Zumutbare Lärmgrenzen werden trotz aller subjektiven Betroffenheitsunterschiede in einer Kombination von medizinischer Expertise und politischem Gesetz ausgearbeitet und gesetzt. Es gibt also eine außenwirksame Verwobenheit von Instanzen, Verfahren, Einflüssen etc., die für solche Grenzentscheidungen zuständig gemacht werden muss; wenn man in der Umgebung des Flughafens Wiens viel weniger Lärm will, so ist dieser Wunsch unter den gegenwärtigen Bedingungen nur dann erfüllbar, wenn dadurch Flughafen und Luftlinie nicht existenzgefährdet werden. M. a. W. und sehr vereinfacht formuliert: Der lokale Wunsch muss internationaler Wunsch werden, z. B. in einem international rechtlich abgesicherten Flugzeitgesetz, in gesetzlich geregelten Nachtflugverboten etc. Ein einzelnes Mediationsverfahren kann die dafür einzuschlagenden Wege vorschlagen, begründen; damit enden aber seine Möglichkeiten. Zur gegenwärtigen Situation einer „Herrschaft“ neoliberaler Ideologen ist allerdings zu sagen, dass mit solchen Vorschlägen wenig Hoffnung zu verbinden ist und insofern war der „Grenzkompromiss“ im konkreten Fall wahrscheinlich doch noch die bessere Variante.

Auch wenn Mediation in ihren Vereinbarungen und Verträgen auf die Rahmenbedingungen des bestehenden Rechtssystems verwiesen ist, hat sie auch, wie übereinstimmend gesagt wird, „Rechtsschöpfungscharakter“. Im Zusammenhang mit Verträgen, die für die konkreten Konfliktpartner zur Geltung gebracht werden, ist diese Aussage gut nachvollziehbar. Im größeren, komplexeren Mediationsverfahren kann sie auch durch Detailverträge wie auch im Flughafenverfahren verifiziert werden (z. B. Verträge zur Einrichtung des Umweltfonds, zur Gestalt des Diagonalforums etc.). Für hier aber oft auftretende problematische Gesamtkomplexe ging es um Rechtsschöpfungen, die einen viel weiteren „Geltungsbereich“ ausschildern würden; wie bekommt man zu diesem Zugang?

Viele Umwelten der Mediation sind nicht nur „geheime“ Mitakteure, sie handeln nach geltenden Gesetzen und diese haben oft eine recht unterschiedliche politische und soziale Herkunft. Weil sie behauptetermaßen der „freien“ Wirtschaft sehr oft im Wege stehen, will sie die neoliberale Ideologie allesamt wegfegen. Vernünftigerweise kann es sich hier aber nur um einen Zwischenschritt handeln. Es mag Sinn haben, „tabula rasa“ zu machen, weil damit vielleicht auch die Ungerechtigkeiten, Machtvorteile etc., die in nationaler, historischer Gesetzgebung niedergeschrieben sind, an ihr zeitliches Ende gelangen könnten. Sich aber der Illusion hingeben zu wollen, dass damit die Welt vom freien Markt automatisch und sinnvoll geregelt würde, hätte fatale Konsequenzen. Konsequenzen, Konflikte, Widersprüche würden eskalieren. Jedes Mediationsverfahren der hier beschriebenen Art zeigt die Schwächen dieses „Zwischenschrittes“ auf. Einer liberalen „Entrechtlichung“ steht ein Rechtsschöpfungsauftrag gegenüber (paradox übrigens, mit welch politisch-rechtlicher „Härte“, Entschlossenheit in nicht demokratisch legitimierten Gremien diese Rechtsaufhebungen stattfinden). Dieser Auftrag hat aber anscheinend keinen Adressaten. Deshalb sollte an dieser Stelle noch ein letztes Mal über die Rolle der Politik etwas gesagt werden.

Sie ist ja noch nicht so lange mit Mediationsverfahren konfrontiert. Allerdings muss sie schon seit längerem zur Kenntnis nehmen, dass alles „sehr kompliziert“ ist (BK Sinowatz im Zusammenhang mit der Hainburger-Au) und dass bundesweit, lokal und regional Bürgerinitiativen das „Regieren“ schwerer gemacht haben. Ebenso stellen sie einen Schwund nationalstaatlicher Macht (vor allem gegenüber der sich globalisierenden Wirtschaft) sowie ein wahlperiodenbezogenes Voranschreiten eines medial unterstützten Populismus fest; zusätzlich sind Themen und Probleme ins Zentrum gerückt, in deren Lösung sie recht hilflos erscheinen (Arbeitslosigkeit, Umwelt, Ressourcen, neue Armut, Gesundheit, Lebensqualität etc.). Letztere sind gerade jene Themen, die national in nur sehr geringem Maße aufgegriffen und selbstständig behandelt werden können. Gerade deshalb werden sie auch von den verschiedensten Bürgerinitiativen besonders gern aufgegriffen; sie offenbaren die Schwächen unserer gesamten gesellschaftlichen Verfasstheit. Auch im Flughafenprojekt stehen sie zweifellos im Zentrum. Wenn sich aber die Politik hier schon überfordert sieht, was kann dann diese überhaupt ausrichten? (Politiker, die sich diese Frage gestellt haben, kamen daher sehr rasch zum Ergebnis, dass ohnehin nichts herauskommen wird.) Andererseits, dritte Pisten etc. sind keine politischen Lappalien, nicht nur wegen der dafür nötigen Maßnahmen, sondern weil sie sich ebenso politisch (populistisch) vor allem in Wahlzeiten ausnützen lassen. Diese Tatsache hat übrigens das Verfahren als ständige Begleitmusik bis zum Ende verfolgt.

Also wird die Politik gezwungen, sich zu „verhalten". Sie kann sich in den parteipolitischen Alltagskampf hineinstürzen, in dem man aber immer Gefahr läuft, medial „an die Wand gestellt" zu werden (wer kann es schon wagen, Lärmbetroffenheit so einfach mit der linken – besser rechten – Hand wegzuschieben). Sie kann sich aber auch darüber freuen, dass gerade eine Mediation beabsichtigt ist. Diese entlastet nämlich in mehrfacher Hinsicht. Man muss als Politiker nicht permanent – und notwendigerweise zum Teil uninformiert – Stellung nehmen; man kann auf ein laufendes Verfahren hinweisen. Man muss sich nicht den medial arrangierten Kämpfen und Konfliktkonfrontationen stellen, da die Konfliktpartner selbst im Verfahren vertreten sind. Schließlich kann es – zu beiderseitigem Vorteil – gelingen, das Verfahren (damit auch die brisanten Themen) aus Tagespolitik und Wahlkampf herauszuhalten (was im Übrigen im Verfahren der Flughafenmediation medial weitgehend gelungen ist). Zusätzlich hat ja Mediation auch so etwas wie eine basisdemokratische „Schlagseite", was sich im gegenwärtig politikkritischen Zeitalter auch nicht schlecht ausnimmt.

Damit ist allerdings ein gewisser Machtverlust verbunden, den Politiker nicht so ohne weiteres verkraften. Eine Reaktion darauf ist es, dass sie (Länder, Behörden, Kammern, Parteien) selbst Vertreter in die Mediation schicken. Dies kann im Sinne z. B. der zukünftigen Exekution von im Verfahren getroffenen Entscheidungen sinnvoll sein, es hat aber auch seine Tücken, die insbesondere wie hier bei einem solch langen Verfahren, zur Geltung kommen. Für die Politiker werden nämlich mehrere Widersprüche relevant, mit denen sie sich auseinander zu setzen haben.

Wir beginnen mit dem ersten, psychologischen. In der Mediation sind sie anderen „gleichgestellt“, ihre politische Position ist nicht so relevant wie „draußen“; sie müssen sich zweitens an ihnen ungewohnte Verfahren und Verhandlungsformen gewöhnen (zeitaufwendige Erörterungen und Diskussion, das Fehlen des Mehrheitsprinzips usw.). Sie müssen drittens besondere Rücksicht auf ihr Wähler- und Interessensklientel richten, und viertens in Wahlen und Wahlperioden denken, was zeitlich nicht immer mit dem Verlauf der Mediation und ihren Beschlussnotwendigkeiten kompatibel ist. Parteigebundene und -beauftragte Politiker tun sich hier verständlicherweise besonders schwer; vor allem knapp vor Wahlen. So kann es geschehen, dass die offizielle Parteilinie ihre eigenen Vertreter „umdreht“, sie Beschlüsse des Verfahrens nicht mittragen lässt, bzw. sogar andere Beschlüsse fasst, als ihre eigenen Vertreter in der Mediation.

Ebenso ist es aber für gewählte „Volksvertreter“ nicht empfehlenswert, unmittelbar vor Wahlen „unpopuläre“ Entscheidungen zu treffen und zu verkünden. Wahlvorbereitungen und Wahlveranstaltungen gehorchen eigenen Gesetzen und auch diese sind mit denen von Mediationen nicht in Übereinstimmung zu bringen, müssen aber mitberücksichtigt werden. Man könnte nun auf Grund der genannten Widersprüche – auch um den Politikern ihre Loyalitätsprobleme zu ersparen – Zweifel daran haben, Politiker in ein Mediationsverfahren aufzunehmen (besonders schwer haben es solche, deren Partei für ein bestimmtes Klientel steht; oder Kammerfunktionäre, die ausdrücklich partikulare Interessen vertreten müssen). Auf der anderen Seite ist in dem gegenständlichen Verfahren auch deutlich geworden, dass auch hier einiges im Fluss ist. So hat sich z. B. die ÖVP Wien eindeutig gegen die Mediationsvereinbarung gestellt und beteuert, sie ginge ihr nicht weit genug; ob sie damit wirtschaftliche Interessen gestützt hat, ist natürlich fraglich. Vertreter der „Grünen“ durften, obwohl im Verfahren höchst engagiert, und für das Ergebnis mitbestimmend, ebenso nicht unterschreiben, weil den Parteigremien die Vereinbarung zu wenig weit ging.

Die offizielle Stellungnahme der Vertreterin der Wiener Grünen darf u. E. nicht bloß wahltaktisch ausgelegt werden. Sie macht den Charakter des *„Grenz-“* kompromisses deutlich. Die Grünen engagieren sich maximal für Lebensqualität, Umwelt etc. Insofern muss ihnen unter den gegebenen Umständen jeder Kompromiss dieser Art unzureichend sein. Darauf zu verweisen, trägt ihnen nicht zu Unrecht den Fundamentalismusvorwurf ein; er besagt aber in eine andere Richtung gewendet, dass mit dem Fundament, auf dem solche Kompromissentscheidungen erfolgen, etwas nicht in Ordnung ist; dass somit Unvereinbares gar nicht wirklich miteinander ins Gespräch kommen könne. Dass mit diesem Votum auch das gesamte Mediationsverfahren äußerst skeptisch gesehen werden muss, versteht sich von selbst. Ob dieser Blickwinkel allerdings aber allein möglich ist, bleibt ebenso fraglich. Es spiegelt aber die geschilderte Situation nicht mehr und nicht weniger als den zentralen Widerspruch der „Grünen" in sich selbst wider. Auf der einen Seite müssen sie sich realpolitisch „verhalten" – auch im Verfahren hat die engagierte Mitarbeit davon Zeugnis abgelegt –, auf der anderen einer Politik das Wort reden, die eben – noch nicht – ist. Dieser Widerspruch ist für diese Politik essentiell und kann gar nicht aus der Welt geschafft werden – es sei denn, sie wird entweder eine „ganz normale Partei" oder sie verschwindet im Minderheitenschicksal. Es ist in unserer politischen Welt nur schwer, die Notwendigkeit dieses Widerspruches zu vermitteln bzw. ihn auf Personen verteilt in sich selbst auszuhalten.

Wir sehen also, die Zweifel an der Teilnahme von Politikern haben große Berechtigung; sie aber auszuschließen, ist mindestens ebenso problematisch. Was wiederum empfehlenswert erscheint, ist einerseits zu differenzieren, andererseits sich die Widersprüche bewusst zu machen und mit ihnen zu arbeiten (so wurden z. B. wichtige Beschlüsse erst nach den jeweiligen Wahlen gefasst – *ein* Versuch der Berücksichtigung). Es gibt nämlich auch eine ganze Reihe von Gründen für die Aufnahme, auch wenn man an der Paktfähigkeit von Politikern – strukturell bedingt – immer wieder zweifeln wird müssen. Die Gründe dafür sind aus einer Differenzierung abzuleiten.

Erstens kann und darf ein öffentlichkeitsrelevantes Verfahren nicht ohne politisches Wissen, Mitwissen und auch Ermöglichung ablaufen. Schließlich kann die „hohe Politik", die vielleicht in Letztentscheidungsaufgaben gestellt wird, sich nicht in eine Fait-accompli-Situation hineinmanövrieren lassen. Sie braucht Informanten und eine Rückbindung des Verlaufs. Zweitens ist es sinnvoll, deutlich zu machen, welche Positionen sich von der Politik veranlasst im Problemkomplex befinden (welche Interessen werden politischerseits vertreten und verfolgt und wie wirkt sich das auf das Verfahren bzw. auf mögliche Ergebnisse aus?). Gerade in dieser Fragestellung wird deutlich, dass sogar die einzelne politische Position *in sich selbst* widersprüchlich sein kann. (Ein Bürgermeister vertritt die gesamte Gemeinde und politisch gesehen Einzelinteressen; er vertritt die Erhaltung oder Verbesserung der Lebensqualität in seiner Gemeinde und es bedarf zu ihrem Überleben des Flughafens und der Kommunalsteuer. Auf anderer Ebene geht es den Landeshauptleuten nicht besser; sie vertreten den Flughafen als Aktionärsvertreter, sie sind für die Lebensqualität verantwortlich, schließlich auch gegenüber ihren Parteiinteressen.) Das Bild der politischen Position differenziert sich also in sich als widersprüchlich und charakterisiert damit überhaupt „das Wesen" des Politischen. Bürgerinitiativen sind in ihrem Erst- und Hauptzweck wenig widersprüchlich. Sie wissen, was sie wollen und wogegen sie sind, die Widersprüche in ihnen selbst werden erst mit der Zeit deutlich; Kammerfunktionäre sind ähnlich gestrickt. Ein Wirtschaftsunternehmen hat erst ebenso eindeutige Zielsetzungen, wenngleich der Flughafen das Verfahren nicht initiiert hätte, wären diese Zielsetzungen so reibungslos verfolgbar gewesen (Andeutung und Ahnung eines Widerspruchs); insofern sind die letztgenannten Teilnehmer am Verfahren im klassischen Sinn „unpolitisch". Demokratische Politik hat es von ihrer Herkunft her aber immer schon mit Interessenausgleich, d. h. Widerspruchsvermittlung zu tun. Dergleichen muss auch im Mediationsverfahren geschehen. Unserer Beobachtung nach haben die politischen Vertreter, indem sie ihre Rolle klar gemacht haben, hier schon eine katalysatorische Rolle eingenommen und die Widerspruchsdimension für alle in Bewegung gebracht (vielleicht ist es auch nicht zufällig, dass der Obmann des Dialogforums Bürgermeister, d. h. Politiker ist). Vermutet wird hier allerdings auch, dass sich die „hohe" Politik auf der anderen Seite deshalb so „elegant" im Hintergrund gehalten hat, weil sie ihre zentralen Interessen, die allesamt eher in die ökonomische Richtung gingen, nicht wirklich gefährdet sahen.

Es ist davon auszugehen, dass sich unsere nationalstaatlich verfasste Politik in einer Krise und Umbruchsituation befindet. Für diesen Befund gibt es viele und „handfeste" Gründe, die sich zwischen einer partiellen Auflösung durch die Konstruktion größerer politischer Räume (EU) und den Folgen einer wirtschaftlich-technischen Globalisierung bewegen. Man kann nicht behaupten, dass die nationalen Politiken in dieser Phase ein sehr glückliches Bild bieten. Weder sind sie imstande, die Konsequenzen eines Wirtschaftsliberalismus „aufzufangen" (siehe Thema Arbeitslosigkeit), noch zeigen sie einen guten Umgang mit der Widersprüchlichkeit national-gesamteuropäisch (siehe Streit um den Konvent, Abstimmungsniederlagen etc.); vielfach schlagen sie sich auf die Seite populistischer Ressentimentbildung, je nachdem, wo sie gerade agieren (gegen einen „fernen" Feind lässt sich immer trefflich argumentieren, wenn man „nahe" Zustimmung braucht).

Es ist aber gerade diese Ungelöstheit der vielen Widersprüche, die Probleme und vor allem viel Arbeit und Mühe machen. M. a. W., die nationale Politik ist heillos überfordert, aber nicht nur, weil alles viel komplexer und großräumiger geworden ist, sondern weil man Probleme vor sich herschiebt, deren Nichtlösung ständiges „Krisenmanagement" nach sich zieht. Nicht geleistetes Widerspruchsmanagement führt in Richtung Selbstverkomplizierung. Diesem Mangel leistet auch eine Primitivideologie Vorschub (wir nennen sie einen durch neoklassische ökonomische Theorien gestützten Marktliberalismus), die in anscheinend widerspruchsfreien Modellen glaubt, die Verantwortung auf Selbstregelungen abschieben zu können. Weil aber auch diese nicht in gewünschtem Maß erfolgen, häufen sich die Problemlagen.

Was, kann man sich fragen, hat diese zugegeben pauschale Charakterisierung einer „Großwetterlage" mit einem einzelnen „Mediationsverfahren" zu tun? Wenn es um die Rolle der Politik in ihm geht, wohl sehr viel. Zunächst stellt sich *im* Verfahren heraus, dass es um Themen und Probleme geht, die weit über es selbst hinausführen. Allgemein ließe sich daraus schließen, dass *jedes* komplexere Mediationsverfahren auf Widersprüche verwiesen wird, die nicht nur es selbst hat. Ein größerer Verweisungszusammenhang wird rasch sichtbar, der Konsensbereitschaft schnell an ihre Grenzen bringt (ein Flughafen kann nicht entscheiden, ob er wachsen oder eher nicht mehr wachsen will, eine Fluglinie ebenso wenig, ob sie auf Flüge verzichtet und sich damit härteren Konkurrenzbedingungen aussetzt, eine Bürgerinitiative kann nicht für ihre „Lokalität" Lösungen verantworten, die wiederum *andere* schädigen usw.). Wie schon berichtet, kann im Verfahren nur jener Kompromiss erreicht werden, indem alle betroffenen Systeme und Gruppierungen an ihre „äußersten Grenzen" gehen.

Das ist nicht nichts und u. E. hat die gegenständliche Mediation gezeigt, was alles hier möglich ist. Es sind aber dabei Probleme bewusst geworden, die das Verfahren eindeutig überfordern. Der Widerspruch zwischen lärmfreier Lebensqualität und wirtschaftlicher Entwicklung (vielleicht auch wirtschaftlichem Überleben) ist geblieben. Die Lösungen, die gefunden wurden, sind zwar respektabel, es bleibt aber sicher die Unruhe, dass alle Beteiligten doch eigentlich „mehr" wollten. Es liegt aber diese Unruhe, so wie wir es sehen, nicht an der schlechten Qualität der Ergebnisse, sondern an der prinzipiellen Unlösbarkeit des Widerspruchs *im* Mediationssystem. Die Probleme und Entscheidungsmaterien, die identifiziert wurden, haben eine Reichweite in die Widersprüche, die als gesamtgesellschaftlich zu bezeichnen sind und die auch über den Staat, das Land hinausgehen. Solche gesamtgesellschaftlichen Themen werden gemeinhin als „politische" bezeichnet. Nun befindet sich aber die Politik selbst in der beschriebenen misslichen Lage. Die Probleme werden bei mangelndem Widerspruchsmanagement „ortlos" (das deutsche Wort für „utopisch").

Die Verführung für die Politik ist es, nun in dieser Situation die Mediation als Alibiveranstaltung einzusetzen; so zu tun, als könnten die Betroffenen allein und aus sich selbst alle Widersprüche miteinander regeln und lösen. Klingt noch dazu gut und modern und man hat das Problem einige Zeit vom Hals; muss sich den globaleren Widersprüchen nicht widmen. Nun ist es sicher so, dass auch Letztere immer zunächst lokal, anlassbezogen auftreten. Sie erscheinen in konkreten Gestalten, die sich als ihre Trägerschaft oft selbst nicht darüber im Klaren sind, welche Grundwidersprüche sie agieren. Auch emotionell wird man vorerst dazu verleitet, da und dort seine Feinde, da und dort seine möglichen Koalitionspartner zu sehen. Mediale Berichterstattung unterstützt diese lokale „Konfrontierung". Personen, Situationen, Szenarien lassen sich viel besser darstellen und vermitteln als Widersprüche, Strukturen, Denkmodelle. Die Verführung kann aber auch für die Betroffenen selbst Geltung bekommen. Sie werden – was zweifellos auch richtig ist – zu etwas Besonderem, Menschen, die sich „auf etwas eingelassen haben“, worüber sie befragt werden, auf Kongresse eingeladen, zu anderen Verfahren herbeigerufen werden usw. Diese Rolle kann zu einer hinderlichen Selbstüberschätzung führen. Man versetzt sich auch gegenseitig in den Glauben, mehr an Konsens zu erreichen, als dem System möglich ist. Misslingt dieser aber, kann „einmütige“ Enttäuschung die Folge sein.

Wiederum kann an dieser Stelle gefragt werden, ob denn bei einer solchen übergreifenden Widerspruchslage überhaupt der Einsatz von Mediation sinnvoll ist. Ob sie sich nicht ständig dem Alibivorwurf, dem der „Beschäftigungs- und Ablenkungstherapie“ aussetzt. Von einer ebenso verführten Öffentlichkeit wird nämlich immer mehr erwartet, als in diesen Fällen dann herauskommen kann; Sieger und Verlierer werden definiert und es gelingt den Mediationsteilnehmern schwer, ihre doch auch vorhandene Zufriedenheit zu vermitteln. Diese Sinnfrage soll nun in differenzierterer Form als in einem Entweder-Oder beantwortet werden.

Erstens ist es sinnvoll, Politik zu entlasten, einen umfangreicheren und intensiveren Klärungsprozess einzuleiten und durchzuführen, als dieser meist möglich ist; schließlich ihr dadurch mehr an Wissen und Information zugänglich zu machen, die *im* Prozess erst erarbeitet werden. Fehlt Letzterer, gibt es Erstere nicht.

Zweitens ist es immer zielführender, größere Probleme aus dem Tagesgeschäft und seiner medialen Beobachtung herausnehmen zu können. Medien fordern oft unzeitgemäß heraus, provozieren Antworten, die man eigentlich (noch) gar nicht geben kann, und überlagern die konkreten Ereignisse mit weiteren ganz anderen Prozessen.[3]

Drittens ist es meistens zunächst nicht klar, welche kleineren und größeren Widersprüche sich hinter den Konflikten verbergen. Diese müssen aber ans Tageslicht, damit man nicht die falschen löst und sich damit noch mehr Probleme einhandelt.

Viertens ist es für die betroffenen Gruppierungen ungeheuer wichtig, in „geregelten Bahnen“ aufeinander zu treffen, die Positionen, Interessen und deren Begründung der jeweils anderen kennen zu lernen. Dabei werden alle in einen gegenseitigen Lernprozess versetzt. Zugespitzt ausgedrückt: Vor dem Mediationsverfahren wissen die einzelnen Gruppierungen gar nicht, wovon sie sprechen. (Von diesem Lernprozess profitiert auch Politik; im Allgemeinen werden die Vermittlungschancen größer, die Gut-Böse-Struktur gemildert.)

Fünftens wird ausgekundschaftet, was bis zu welcher Grenze tatsächlich vor Ort ausgehandelt werden kann.

Und sechstens werden jene Widersprüche markiert, die das Verfahren überfordern, wo andere und weitere Handlungsträgerschaft eingefordert werden muss. Für

[3] Vgl. Heintel: Mediation und Politik.

sie wäre aber eine wichtige Vorarbeit bereits geleistet worden. Für die Politik hieße das eine gute Entscheidungsvorbereitung gewährleistet zu bekommen.

Allerdings wäre es Aufgabe eines Mediationsabschlusses, seine Grenzen und die Gründe dafür auch öffentlich und für die Politik deutlich zu machen, sie auch aufzufordern, tätig zu werden. Letzteres würde sie in das von uns vorhin vermisste Widerspruchsmanagement hineinführen. Will man mehr Lebensqualität vor Ort und deshalb zumindest ein ausgedehnteres Nachtflugverbot, muss dies in internationaler Gesetzgebung verhandelt und müssen diesbezügliche Richtlinien verpflichtend festgelegt werden. Auch wenn dies ein mühevoller Prozess sein mag, Einzelregelungen in diese Richtung sind u. E. á la longue chancenlos, und der „freie Markt" wird auch nicht seinen mahnenden Finger heben, wenn mehr Menschen immer billiger und mehr Güter immer schneller fliegen wollen.

Wir haben Mediation hier unter dem Aspekt eines Widerspruchsmanagements am Beispiel des Flughafenprojektes darzustellen versucht. Wir hoffen plausibel gemacht zu haben, in welcher Weise das Gesamtverfahren mit Widersprüchen konfrontiert, mit diesen emotionell und organisatorisch umgegangen ist; welche ihrer Teilbereiche gelöst werden konnten, wo aber auch die Grenzen von Einzelprojekten liegen. Deutlich geworden sollte hier sein, dass nur aufeinander beziehbare Widersprüche mediativ behandelbar sind, dass es aber auch nicht-beziehbare, unvereinbare gibt, die die Entscheidungsmacht einer einzelnen Mediation übersteigen; die Grenzen der Mediation hängen somit auch eng mit den (Macht- und Sozial-)Grenzen des eingerichteten Systems und seiner Teilnehmenden zusammen.

Da wir in unserer Forschung lange schon zum Ergebnis kamen, dass notwendige Konflikte ihre Ursachen in ebenso notwendigen Widersprüchen haben, war ein Focus im Rahmen unserer Begleitforschung besonders auf diese gerichtet. Wie bereits erwähnt, haben wir schon früher den Versuch gemacht, diese Widersprüche nach bestimmten Dimensionen zu ordnen – zu eigener und fremder Orientierungshilfe.[4] Zusammenfassend und abschließend möchten wir daher eine Übersicht darüber geben und einzelne Widersprüche beispielhaft zuordnen.

Wir unterscheiden fünf Widerspruchsdimensionen:

1.) Existenzielle Widersprüche
2.) Widersprüche, die sich aus unterschiedlichen sozialen Konstellationen ergeben
3.) Systemische Widersprüche
4.) Widersprüche durch historische Ungleichzeitigkeiten

---

[4] Vgl. Heintel 2005.

5.) Und eine querliegende Dimension, nämlich strukturelle und prozessuale Widersprüche (Dieses Widerspruchsfeld wurde insbesondere durch L. Krainer erschlossen und hinzureklamiert.)

ad 1.):

Hier handelt es sich um fundamentale, zur Existenz des Menschen gehörende Widersprüche (Mensch – Natur, Mann – Frau, alt – jung, Leben – Tod, gesund – krank usw.). Antworten auf sie wurden in der Geschichte hauptsächlich durch Institutionen verwaltet und womöglich auf längere Dauer gesichert. Dennoch ist beobachtbar, dass sie in der Geschichte immer wieder aufbrechen und neue Lösungen verlangen. Auch in Mediationsverfahren spielten sie eine bedeutende Rolle, teils implizit, teils explizit. Die Thematik Naturpark Donauauen im Verhältnis zum Flughafenverkehr fragt nach den Regelungen Mensch – Natur; die Lärmbelästigung erinnert zumindest an den Widerspruch gesund – krank, die Sicherheitsthematik (dass z. B. in gewissen Fällen die Letztverantwortung allein beim Flugpiloten liegt) an den Widerspruch Leben – Tod. Aber auch die gesamte Beschäftigung und Arbeitslosenthematik und die mit ihr verbundene Existenzsorge, und -angst, hängt mit diesem Grundwiderspruch zusammen. Auch das Generationsthema hat in mehrfacher Weise eine wichtige Rolle gespielt. Die Kinder, für deren Zukunft Vorsorge getroffen werden soll, traten ebenso auf wie die Last einer Verantwortung jetzt schon Entscheidungen treffen zu müssen, die vor allem für nachfolgende Generationen wirksam werden. Natürlich werden auch im „normalen“ Leben viele solcher Entscheidungen getroffen, im Mediationsverfahren wird aber ihre Reichweite besonders bewusst, ebenso das, was Verantwortung heißt.

ad 2.):

Unsere Gesellschaft, unser Zusammenleben ist sozial konfiguriert, in verschiedene Sozialelemente aufgegliedert (in aufsteigender Reihenfolge: Person, Paar, Dreieck, Gruppe, Organisation, Institution, System). In jedem herrschen eigene Gesetze, die ihm je bestmögliches Überleben sichern sollen. Jedes muss sich aber auch eingrenzen, abgrenzen gegenüber den anderen Elementen. An den Grenzen und Schnittstellen ergeben sich Widersprüche und Konflikte (was für ein Individuum gut ist, kann für das Paar störend sein, ein Paar wiederum ist für eine Gruppe schwer verdaulich und Gruppen, Abteilungen, Projekte haben sehr oft ein gestörtes Verhältnis zur Organisation usw.).

Eine besondere Bedeutung haben Sozialkonstellationen für eine auch für die Mediation höchst bedeutsame Differenz, nämlich jene von direkter („face to face“) Kommunikation und indirekter Kommunikation. Konsensuelle Konfliktlösungen müssen zunächst aus vielen hier nicht zu referierenden Gründen in direkter Kommunikation erfolgen; das aber geht nur in Gruppen bis zu einer gewissen Größe, die das gegenständliche Verfahren weit überstiegen hat. Ganz abgesehen von den Rückbindungen nach außen, die noch ein Spezialthema sozialer Konstellationen darstellen, musste dieses Problem auch schon innerhalb des Verfahrens relevant werden (z. B. im Verhältnis von Arbeitsgruppen und PSG, vor allem aber in den von Untergruppen und Mediationsforum).

Heiß diskutiert wurde immer auch die Frage von Neuaufnahmen, Angliederungen, Ausschlüssen etc. Vor allem gegen Ende des Verfahrens, als sich heftig neue Betroffene meldeten, sah man sich gezwungen, die eigenen, bisher geschützten Systemgrenzen zu überschreiten und neue Sozialelemente „anzulagern" (die mehrfach als nützlich bezeichnete Erfindung der Bezirkskonferenzen). Bezüglich der Gruppengröße gab es bereits zu Beginn einen „Streit" mit den Mediatoren, die das Forum auf 26 Teilnehmer reduzieren wollten.

Ein zentraler Widerspruch, der sich durch das ganze Verfahren durchzog und immer wieder Probleme schaffte, war der der Repräsentation, Vertretung. Als Individuum ist man hier immer in einer unaufhebbaren Doppelrolle: Man vertritt Abwesende, denen man sich verpflichtet fühlt, man ist aber zugleich Mitglied der jeweiligen Aushandlungsgruppe, der man ebenso angehören *muss,* weil sonst im Prozess nichts weitergeht; man muss die ursprünglichen „festen" Positionen verlassen, Einiges kommt in Bewegung. Vermittelt man das aber seinen Leuten, trifft man nicht immer gerade auf Verständnis. Das Misstrauen ist groß (er/sie hat sich über den Tisch ziehen lassen, ist „durch Speis und Trank bestochen worden" ...) und seine Bemühungen bleiben ungewürdigt. Das eigene Erleben und die (emotionellen) Lernprozesse sind kaum vermittelbar. Mit *Notwendigkeit* ist daher mit der Vertreterrolle das „Verrätersyndrom" verbunden. Und weil man sich nicht gern Verdächtigungen und Abwertungen aussetzt, neigt man dazu, Rückbindungen zu vernachlässigen. Für Verfahren dieses Ausmaßes *müssen* sie aber zentrales Organisationselement sein; denn, je besser sie gelingen, umso wahrscheinlicher letztlich die Ergebnisakzeptanz außerhalb; aber nicht nur diese. Jeder Vertreter bewegt sich *im* Verfahren umso sicherer und selbstbewusster, je mehr Rückhalt er in seiner Gruppe hat.

Nach Abschluss des Verfahrens wurde daher von einigen Teilnehmern rückblickend bedauert, dass in der Gesamtorganisation dem Thema Rückbindung zu wenig Bedeutung beigemessen wurde. Zu diesem Widerspruchsfeld gehört auch der unterschiedliche Charakter der Repräsentation, sowohl quantitativ wie qualitativ. Es ist nicht dasselbe, ob man 30/40 Leute oder einen ganzen Stadtteil vertritt; ebenso nicht, ob man eine Gemeinde, ein Land oder ein Wirtschaftsunternehmen, eine Kammer oder eine politische Partei vertritt. Weiters macht es einen Unterschied, ob man als Repräsentant selbst betroffen ist (z. B. vom Lärm) oder Betroffene vertritt usw. Auch die bereits erwähnte Widersprüchlichkeit zwischen Offenheit und Verschwiegenheit, Strategie und „Ehrlichkeit" hängt mit der Zugehörigkeit zu sozialen Konstellationen zusammen; wirkliches und wirksames Vertrauen – die Voraussetzung für Offenheit – bleibt meist auf die Gruppe beschränkt, in der man es mit der Zeit aufzubauen imstande war.

Der Widerspruch an der Systemgrenze des Mediationsverfahrens kann an folgendem Phänomen aufgezeigt werden: Selbst die im Verfahren oft „kritischsten Geister" haben bei Angriffen von außen fast immer das Verfahren geschützt und verteidigt; und wenn ein Randmitglied mit Negativbotschaften an die Öffentlichkeit ging, unter „Zitat" einiger anderer Mediationsteilnehmer, haben Letztere sofort die Angelegenheit zurechtgerückt; diejenigen wurden dann zu Außenseitern.

Zur Sozialkonstellation gehört aber auch die Empfindlichkeit von gewachsenen Gruppen, „Neue" zu integrieren, ebenso „deprimiert" gewissermaßen der Verlust, Austritt von Mitgliedern. Jedenfalls muss man sich mit all dem intensiv beschäftigen, obwohl es *„inhaltlich"* ja ganz andere Probleme zu bewältigen gäbe.

Widersprüche spezieller Art treten an einer ganz besonders schwierigen Grenze auf. Sie sind bekannt unter dem Thema *Öffentlichkeitsarbeit.* Wie repräsentiert man sich nach außen hin, was gibt man kund, wo hält man sich bedeckt, wie geht man mit Transparenz um, wie schützt man das Verfahren, insbesondere in heiklen Situationen, wie vermittelt man die „Substanz" seiner Arbeit und das kurz und bündig. Öffentlichkeitsarbeit ist in mehrfacher Hinsicht in Mediations- und Konfliktregelungsverfahren eine äußerst heikle Angelegenheit. Einmal, weil Öffentlichkeit benützt werden kann, um sich im Verfahren Vorteile zu verschaffen (hier hat die „Fairnessspielregel", die man vereinbart hat, große Bedeutung gehabt); dann kann man Öffentlichkeit verwenden, um Druck zu machen, Verhandlungen zu beschleunigen. Wenn nicht etwa durch die oben genannte Spielregel die Systemgrenzen deutlich und verbindlich geschützt werden, kann jede Mediation ad absurdum geführt werden. Aber auch in die andere Richtung ist es nicht einfacher. Newsletter, Pressekonferenzen – vor allem dann, wenn eben die Konflikte noch nicht gelöst sind – können ebenso für Positionierungen, strategische Weichenstellungen genützt werden. Da kommt es dann auf jedes Wort an und es wird über Endformulierungen heftig diskutiert. Eines der Hauptprobleme zusätzlich ist der abstrakte Charakter von Öffentlichkeit; eigentlich weiß man ja nie, an wen man sich eigentlich wendet. Dies führt gegenläufig (und auch aus Kürzungsgründen) ebenso zu einer abstrakten Sprache, zu einer Art von „Entindividualisierung", die Gefahr läuft, dass sich Verfahrensteilnehmende „im Text" nicht mehr wiederfinden.

Das Mediationsverfahren am Flughafen Wien-Schwechat hat durch seine Veröffentlichung auf der Homepage eigentlich „totale" Transparenz intendiert. Diese ist zweifellos so lobenswert wie notwendig. Aber auch hier darf man sich nicht zu viel erhoffen; erstens aus Quantitätsgründen (wer liest schon in unserer schnelllebigen Zeit alle Protokolle), zweitens aus Qualitätsgründen: selbst Protokolle vermögen niemals das eigentliche und intensive Innenleben eines Verfahrens wiederzugeben.

Eine ähnliche Schwierigkeit, die übrigens in jedem Mediationsverfahren am Ende auftritt, ist die des Übergangs vom „lebendigen" Prozess in eine auch rechtsverbindliche Vertragssprache. Es reicht zwar dieser Widerspruch auch noch in eine nächste Dimension hinein, hat aber hier einen seiner Ursprünge. Bisher Lebendiges, Emotionales, eine ganze „Geschichte" soll plötzlich in „totes" Papier übersetzt werden. Und dieses noch dazu jene tragfähige Verbindlichkeit auch für die Zukunft haben, die bisher noch durch ganz andere – persönliche – Säulen gestützt war. Wie transportiert man diese dort hinüber? Wie wissen auch Nachfolger, wie es „wirklich" gemeint war? Wie begegnet man Mehrdeutigkeiten usw.? Die Endverträge gab es in mehreren immer wieder korrigierten Fassungen. Zeitdruck und Resignation haben schließlich letzte Fassungen zustande kommen lassen. Perfektion ist nämlich hier unmöglich. Das sagen übrigens nicht nur die „intim" Betroffenen. Auch relativ außen stehende Fachjuristen sehen dieses Problem und hoffen, dass die zukünftige „Gesprächsbereitschaft" der Betroffenen (z. B. im Dialogforum) diesen Mängeln begegnen kann. Ein Vertragswerk muss sich ebenso auf eine Abstraktionsebene begeben, die so manche erwünschten Details einfach nicht berücksichtigen kann. Ungeklärt blieb u. E. noch ein Weiteres: Wie steht es mit der Rechtsverbindlichkeit der Mediationsvereinbarungen? Können sie eingeklagt werden oder sind sie bloß „Willenserklärungen", vielleicht Interpretationsmittel, das mitberücksichtigt werden kann? Dieser Widerspruch zwischen unverbindlichen Erklärungen und einem rechtsgültigen Vertrag ist der Mediation in gewissem Sinn bereits „in die Wiege gelegt". Ist sie doch gerade deshalb ins Leben gerufen worden, *weil* dem vorhandenen Rechtssystem ein alternatives Konfliktregelungsverfahren zur Seite gestellt werden sollte; zugleich blieb man aber insofern der juristischen Begrifflichkeit verbunden, als man von Vereinbarungen und „Verträgen" (zu Anfang und zum Schluss) gesprochen hat. Insofern gibt es vom Prozess zum Vertrag, zur Vereinbarung, immer „Übergangsschwierigkeiten".

Eine Differenz innerhalb des Mediationssystems, die nicht ohne Konsequenzen war, ist diejenige von Bezahlten und Nichtbezahlten, von TeilnehmerInnen, deren Beruf mit dem Verfahren korrespondierte (Flughafen, AUA, ACG, politische Funktion, Nachbarschaftsbeirat), und jenen, die sozusagen ehrenamtlich ihre Zeit zur Verfügung stellten (und diese war nicht schmal bemessen). Nun soll nicht behauptet werden, dass nicht auch die beruflich Engagierten weit über ihre normale Zeitverpflichtung hinaus gearbeitet haben (in Bezirkskonferenzen oder wenn wieder einmal schnell etwas durchgerechnet werden musste); es geht aber nicht bloß darum. Wenn man unbezahlterweise seine Zeit für etwas „opfert", dann muss diese Sache eine

„höhere“ Bedeutung haben als das Normal-Berufliche. Diese kann nun in individueller Betroffenheit bestehen (persönliche Lärmbelastung). Dann ist sie schnell nachvollzogen, macht aber in der Position schwächer. Man versteht zwar, aber unter dem Zusatzgedanken, „der kann ja nicht anders“. Wenn man aber selbst gar nicht betroffen ist, dann bekommt das Anliegen gleich einen ganz anderen Wert; man tritt sozusagen für das Recht von Benachteiligten ein. Für einige rückt das Anliegen in Richtung Moral; man vertritt einen „höheren“ Wert (eine „Ehre“). Es ist aber gerade auch dasselbe, das als besonders verpflichtend wahrgenommen wird. Man arbeitet mit doppeltem Einsatz, bis hin zur Selbstausbeutung (allerdings ist man dann auch besonders „verletzlich“; wenn nämlich der Einsatz gerade dort, wo man sich verpflichtet fühlt, nicht ankommt; Phänomene dieser Art konnten u. E. im Verfahren mehrfach beobachtet werden).

Ein letztes hier beispielhaft zu erwähnendes Thema im Rahmen der Sozialkonstellationen ist das der so genannten Beobachter. Es ist völlig verständlich, wenn, vor allem zu Beginn, wo man sich gegenseitig misstraut, aber auch dort, wo es „um die Wurst“, also um die wichtigen Entscheidungen geht, ein gesteigertes Bedürfnis nach Sozialkontrolle besteht. Ebenso ist klar, dass Entscheidungsgruppen nur eine gewisse Größe haben dürfen und nach einiger Zeit Zusammenarbeit nicht einfach Neue dazunehmen können; also werden sie das Bedürfnis zurückweisen. Im Prozess der Flughafenmediation hat man diesen Widerspruch durch das Einräumen des Beobachterstatus zu lösen versucht und dank einer weitgehenden Disziplin der Beobachter – sie durften nichts sagen, sich nicht einmischen – hat dies auch zeitweise funktioniert. Der Vorteil dieser Einrichtung besteht darin, dass Rückbindungen leichter vonstatten gehen können (man hat sozusagen einen „Zeugen“ mit), ein Weiteres besteht in schneller Informationsweitergabe und Transparenz. Allerdings hat sie auch ihren Preis. Er besteht in einer doppelten „Freiheitseinschränkung“, die man durchzustehen hat. Die Beobachter dürfen sich nicht einmischen, was emotionell schwer durchzuhalten ist, vor allem dann, wenn man meint, seine Interessen nicht ausreichend vertreten zu sehen. Die Akteure aber fühlen sich beobachtet, den Außensitzenden mehr verpflichtet, als es dem Fortschritt in der Sache oft gut tut. Es ist also eine Abwägungssache zu entscheiden, wann Beobachter gut sind, wann nicht. Die Debatte darüber ist zu führen.

ad 3.):

Im Allgemeinen ist die „systemische Dimension“ der Widersprüche leicht zu vermitteln und zu beobachten. Sie hängt einerseits mit der neuzeitlichen Ausdifferenzierung unserer Gesellschaft zusammen (sektorale und organisatorische Arbeitsteilung), andererseits mit den inneren Eigengesetzlichkeiten, die die unterschiedlichen Systeme entwickeln; diese Unterschiede bestimmen auch Denk- und Verhaltensformen (so wurde beispielsweise im Mediationsverfahren anerkennend festgestellt, dass sich anfangs die ACG „typisch wie eine Behörde verhalten", sich dann aber „bewegt" habe; Expertensysteme sind im Verfahren recht unterschiedlich aufgetreten: traditionell spezialistisch mit fachautoritärem Gehabe, aber auch modern informierend, zurückhaltend in Wertungen, mit generalisierendem Angebot; Politikvertreter waren naheliegenderweise vor allem vor Wahlen parteipolitisch bestimmt, wenngleich, wie bereits berichtet, die Logiken der Politik deshalb nicht so eindeutig sind, was immer auch Bürger, Außenstehende verunsichert, weil ihr Zweck ja auch Widerspruchsvermittlung, Interessenausgleich ist).

Wo diese unterschiedlichen Eigenlogiken von Systemen – sie sind natürlich speziell für die Erfüllung des ihnen zugewiesenen Zwecks entwickelt worden (ein Produkt herzustellen und damit Gewinn zu machen, eine Dienstleistung anzubieten und weiterzuentwickeln, Bildung zu organisieren und zur Verfügung zu stellen etc.) – aufeinander treffen, treten Widersprüche auf, die zu Konflikten führen. Zwei Tatsachen kommen hinzu, die Lösungen zunächst erschweren. Die erste besteht im Unverständnis, das man füreinander hat; die zweite in den Vorurteilen, durch die man dieses Unverständnis zu kompensieren versucht. Obwohl man die Positionen der anderen eigentlich nicht nachvollziehen kann, kennt man „seine Pappenheimer" genau. Vorurteile haben wertenden Charakter; sie ordnen die Welt in bessere und schlechtere, wobei die Besseren es sind, die meist zu meinen Denkhaltungen eben besser dazupassen. Der Anfang eines Mediationsverfahrens ist somit meist eine Landschaft von weißen Flecken des Nicht-Wissens, durchzogen von „Vorurteils-Gebirgen". (Der Flughafen ist ein bloß gewinnorientierter Kapitalist, die Bürgerinitiativen Ignoranten einer Fundamentalopposition, Interessenvertreter typische Funktionäre, Apparatschicks etc.) Der weitere Prozess der Mediation besteht, wie trivial formuliert, im gegenseitigen Kennenlernen. Dazu gehört für diese Widerspruchsdimension zweierlei: Man muss erstens wissen, wie das jeweilige System und warum es so „tickt", welche Kultur, welche Denkmodelle es entwickelt hat. Die weißen Flecken werden zu einer wohlbestellten Landschaft; nicht, dass ich deshalb gern in ihr wohnen möchte, ich kann sie aber als in sich sinnvoll zur Kenntnis nehmen, auch wenn meine Landschaft und seine Gliederung einen anderen Sinn repräsentiert. Und man muss zweitens an seinen Vorurteilen arbeiten. Im Allgemeinen wird Letzteres durch den strukturierten Verständigungsprozess erleichtert. Man muss nämlich oft mit Erstaunen bemerken, dass die Repräsentanten anderer Systeme zwar in gewissen Grenzen ihrer Logik verharren müssen (da ja sonst das Gesamtsystem gefährdet wäre), dass es aber trotzdem weit mehr Spielraum und differenziertes Denken gibt, als zunächst angenommen.

Ein Weiteres hilft: Bei näherem Hinsehen kann man bei Systemen und Organisationen zwar eine übergeordnete Logik bemerken (z. B. dass ein Wirtschaftsunternehmen gewinnorientiert arbeiten muss und Konkurrenzbeobachtung dabei wichtig ist oder dass Politiker Wahlen nicht einfach unberücksichtigt lassen können, ebenso, dass Bürgerinitiativen, die Lebensqualität und Bedürfnis-Gerechtigkeit vertreten, nicht einfach auf Lärmminderung verzichten können usw.), aber auch *in* ihnen selbst subsystembedingte Widersprüche; sie machen gegenseitig anschlussfähig; allerdings eben nur bis zu einer bestimmten Grenze, die die übergeordnete Logik, die systemerhaltend wirkt, vorschreibt (z. B.: auch die Mitglieder der Bürgerinitiativen haben Kinder, die in der Region einen wirtschaftsgesicherten Arbeitsplatz brauchen, manche von ihnen fliegen womöglich gern; ebenso kann es im Flughafen Mitarbeiter geben, die lärmempfindlich sind und in der Gegend wohnen; jedenfalls gab es aber seit langem einen Nachbarschaftsbeirat, der sich bemühen musste, alle Interessenunterschiede und Systemlogiken wenigstens teilweise unter einen Hut zu bringen).

Damit spiegelt der Prozess eines solch komplexen Mediationsverfahrens in strukturierter und organisierter Form nichts anderes, als die Gesamtsituation unserer Gesellschaft brennglasartig wider. Unser größtes Problem ist es nämlich, nach der hoch komplexen Ausdifferenzierung wiederum so etwas wie eine problembezogene Integration und Koordination zu erreichen. (So wird z. B. auch im politischen Bereich der völlig unübersichtlich gewordene „Zuständigkeitsdschungel" diagnostiziert und bedauert, selten wird ihm aber effizient, organisatorisch auf den Leib gerückt.) Für die Lösungen unserer Probleme braucht man aber immer mehr „intermediäre" Einrichtungen, die intersektorale und transdisziplinäre Zusammenarbeit zustande bringen können. Dass man hier in anderen Zeitdimensionen denken wird müssen, hat auch das Flughafenprojekt vor Augen geführt. Weil man sich aber oft Zeit und Mühe ersparen will, versucht man erst gar nicht, in solche Richtungen zu gehen, fällt rasche Entschlüsse, die zwar kurzfristig das Problem vom Hals schaffen, langfristig allerdings zu meist noch größeren Schwierigkeiten führen, teuer sind oder, was auch immer häufiger im Zusammenhang mit UVPs und Bürgerinitiativen der Fall ist, sich um Jahre verzögern.

Im Besonderen lassen sich als einige Beispiele folgende systemische Widerspruchsdimensionen anführen: Da gibt es zuallererst – auch weil sie auch sonst dominant ist – die wirtschaftliche System- und Eigenlogik. Sie näher zu beschreiben ist hier nicht der Platz. Interessant sind für uns – und auch für ein Verständnis des Verfahrens – die Facetten der *inneren* Differenzen dieser Logik, so wie sie in der Mediation zu beobachten waren. Sie zeigen sich auch im Abschluss, der Unterzeichnung der Vereinbarung. Der Flughafen hat ohne Vorbehalte unterschrieben, die AUA ist bis an die „äußerste" Grenze gegangen, muss aber Vorbehalte anmelden, der Vertreter der Wirtschaftskammer hat wohl die meisten Vorbehalte, auch wenn er Mediationsverfahren grundsätzlich nicht ablehnt. Die allgemeine wirtschaftliche Systemlogik gilt zweifellos für alle in gleicher Weise (Gewinnorientierung, Überleben im Verdrängungswettbewerb, ein immer mehr deregulierter Markt, kaum internationale Regelungsbereitschaft). Woher dann die inneren Unterschiede und Differenzen mit ihrem erheblichen Konfliktpotential? Sie lassen sich, wie wir meinen, sehr gut aus der jeweiligen Vertretungsposition verstehen.

Der Flughafen ist ein einzelnes Unternehmen, natürlich der allgemeinen Logik unterworfen, ist aber durch die Eigentümerstruktur darüber hinaus noch in andere Gesetzlichkeiten verstrickt (landespolitische, kommunalpolitische etc.). Zusätzlich ist er *der* konkrete *Ort* des Problems. Hier starten und landen die Flugzeuge, hier wird der „freie" Verkehr sichtbar, hörbar, gebündelt. Egal welche anderen Einflussgrößen im Hintergrund den Flugverkehr bestimmen, er wird bei Problemen immer das erste „Angriffs-Ziel" sein. Eine dritte Landebahn verstärkt noch den „Ortsangriff", den „territorialen Imperialismus". Er ist jener, der hauptverantwortlich dafür gemacht wird, dass diese „Luftgeräte" am Boden „Heimat" haben; damit auch die erste Ursache für die Lärmbelästigung. Gegenüber allen anderen Subsystemen steht er daher immer und als Erster in Bezug zu seiner Umgebung und ist ebenso erster Ort jeweiliger Auseinandersetzungen. Schon aus letzteren Gründen muss er auch an einem guten Verhältnis zu seiner Nachbarschaft interessiert sein. Imageverlust oder Flughafenblockaden, die gar nicht so schwer zu organisieren sind, haben letztlich auch ökonomisch nachteilige Konsequenzen. Die Einsicht in diese eigene Position und Rolle hat wohl Vorstand und Flughafenteam nicht nur veranlasst, eine Mediation zu initiieren (nach den schlechten Erfahrungen des vorhergehenden Vorstandes und seiner missglückten Informationsveranstaltungen), sondern sich an ihr mit aller Intensität zu beteiligen; so wurde auch von den anderen die Präsenz des Vorstandes als ungewöhnlich bezeichnet und in ihr das Zeugnis für „ehrliches" Engagement gesehen; als es gegen Ende um das Nachtflugthema ging, konnte man von außen den Eindruck gewinnen, dass sich gegenüber der AUA der Flughafen strukturell emotionell auf Seiten der BI befand.

Die AUA als nächstes Wirtschaftsunternehmen befindet sich in einer – auch psychologisch – anderen Situation. Sie stand daher zunächst *nicht* im Vordergrund des Verfahrens, ist aber später energisch geworden, als die sie betreffenden Entscheidungen anstanden; dann aber, wie wir beobachten konnten, in beschwörend dramatischen Auftritten. Auch wenn hier im Verfahren eine gewisse Theatralik vermerkt wurde, wissen doch alle, dass im Flugverkehr ein mörderischer Verdrängungswettbewerb stattfindet, von dem man sagt, dass in Europa nur wenige aus ihm siegreich hervorgehen werden; hinzu kommt die Konkurrenz der Billig-Airlines. Selbst wenn ein

Einzelunternehmen wie die AUA hier im Verfahren noch mit technischen Detaillösungen wie Routenverlegungen etc. mitziehen kann, wenn es um tatsächliche Bewegungseinschränkungen geht, muss sie Vorbehalte anmelden, da sie sonst für die oben beschriebene Situation nicht ausreichend gerüstet ist. So hat sie zwar dem Ergebnis zugestimmt, zugleich aber Vorbehalte auch insofern anmelden müssen, als sie die nächsten Entwicklungen in der Flugwirtschaft gar nicht absehen kann.

Schließlich gibt es noch andere Vertreter der Wirtschaft, z. B. der Wirtschaftskammer und der Landwirtschaftskammer. Jeder Vertreter einer Wirtschaftskammer muss eigentlich skeptisch auf regionale Partikularlösungen hinschauen. Er vertritt nämlich erstens viele nicht-anwesende Wirtschaftstreibende, z. B. solche, die auf Grund ihrer Exportorientiertheit ein „internationales Drehkreuz" brauchen, aber auch Zulieferer, Gewerbetreibende, die direkt oder indirekt von einem Wachstum des Flughafens profitieren, zweitens repräsentiert er auch in gewisser Weise das „Gesamtsystem" Wirtschaft in ihrer global ausgerichteten Vernetzung. In letzter Rolle muss er regionale Einzelbeschlüsse und Vereinbarungen relativieren. Weiß er doch nur zu gut, dass die „Kräfte des Marktes" international sehr rasch hier alles durcheinander bringen. Insofern vertritt er, was ihn im Verfahren nicht gerade angenehm macht, die Seite der unvereinbaren Widersprüche, die Grenzen von mediativen Einzelverfahren sowie überhaupt den politischen und internationalen Aspekt. (Interessanterweise meint er auch, dass der Auftraggeber für ein solches Verfahren nicht ein Beteiligter sein dürfe, sondern die „Republik"; eine Meinung, die übrigens auch von Bürgerinitiativen und hier wiederum aus ganz anderen Gründen vertreten wird.) Er weiß für sich auch genau, dass mit der nun getroffenen Vereinbarung das Verfahren nicht zu Ende ist; dass sich das notwendigerweise Ungelöste zurückmelden wird. Von seinem Standpunkt aus muss er allerdings dazu neigen, die positive Seite der erreichten Ergebnisse zu unterschätzen (z. B. im Verhältnis von Flughafen und Umland und die hier erreichte Kommunikationsbasis); wie auf der anderen Seite dem Aspekt einer notwendigen politischen Internationalisierung des Problems auch zu wenig Rechnung getragen wurde. Wahrscheinlich hätte er strikter zur Geltung gebracht werden sollen.

Ganz anders wiederum die Vertretung der Landwirtschaftskammer; ihr Aufgabenfeld ist regional und lokal ausgeschildert: Möglichst wenig Verlust an gutem Boden, Zur-Verfügung-Stellung von Ersatz, möglichst teure Ablösen für die Betroffenen. Aber auch in dieser Systemlogik ist der Lärm z. B. keine zentrale Kategorie. Ökonomisch wären durchaus auch Absiedelungen diskutabel. Hier aber wird ein anderer Widerspruch in dieser Systemlogik sichtbar. Das eine ist die Wirtschaft, das andere generationsübergreifende Mentalität. Ein Bauer gibt nicht so ohne weiteres seinen Grund und Boden ab.

Die vier Beispiele für die Differenziertheit der Systemlogik Wirtschaft; sie wurde deshalb etwas ausführlicher beschrieben, um auch ihre immanenten Widerspruchsdimensionen deutlich zu machen. Sie bringen nämlich Konflikte *im* eigenen System hervor, die für die Mediation relevant sind. Es wechseln dann oft auch Koalitionen.

Über die Systemlogik der Politik und ihre inneren Widersprüche wurde schon viel gesagt, wir lassen es dabei bewenden.[5] Interessant ist natürlich auch das Hereinreichen der medialen Logik, die wir bereits am Beispiel Öffentlichkeitsarbeit gestreift haben. Von einigen Verfahrensteilnehmern wurden die Medien auch heftig kritisiert („die haben entweder bewusst falsch berichtet oder sie sind Ignoranten"). Kennt man aber die derzeitige innere Gesetzmäßigkeit medialer Berichterstattung, kann man zwar so urteilen, muss aber auch verstehen lernen, was sie im Hintergrund bestimmt (z. B. viel zu wenig Zeit für genaue Recherche, populistische Politik wegen der Einschaltstatistik, Konflikte sind daher interessant, Konsens ist langweilig etc.). Die Grundsatzfrage hier ist also einerseits, ob Medien überhaupt im Zusammenhang mit Mediationen zur Aktivität aufgefordert sein sollen, und wenn ja, dann wie? Derzeit scheinen die Verfahrenslogik eines Mediationssystems und die der Medien sehr weit auseinander zu liegen.

Auch über die zwei verschiedenen Expertenrollen wurde bereits einiges gesagt. Expertensysteme zeichnen sich durch zwei Grundcharakteristiken aus: spezialistische Sachverpflichtung und Fachautorität. Ihr Referenzsystem sind die Spezialistenkollegen und die ihnen zugewiesenen Themen. Innerhalb ihres Systems gilt Logik und Widerspruchsfreiheit, jedenfalls in den jeweiligen Lösungen. Schon deshalb befinden sie sich im Widerspruch zur Widerspruchslogik des Mediationssystems. Das muss sich Letzteres aber erst mit der Zeit begreiflich machen. Zunächst gibt es, wie gesagt, einiges an gegenseitigem Misstrauen, auch an Wissensdifferenzen, die ausgeglichen werden müssen, und man hofft über Experten und Gutachten, die Widersprüche lösen zu können. Dieser hoffnungsfrohe Expertenglaube korrespondiert mit der vorgetragenen Autoritätshaltung. Bald aber wird klar: Experten können zwar Informationen, Auskünfte geben, können naives Problemverständnis aufklären, auch und vor allem im technischen Bereich, Mögliches vom Unmöglichen unterscheiden helfen; was sie aber nicht können, ist von ihrer spezialistischen Position her eine Synthese für das Gesamtproblem anzubieten; obwohl es natürlich auch Experten dafür gibt, die sich, wie auch im konkreten Fall, um Wirkzusammenhänge, Szenarien etc. kümmern. Aber auch diese müssen sich eingestehen, dass einerseits eine Differenzierung endlos werden kann, was die Komplexität enorm steigert, dass den Betroffenen schließlich auch die *Bewertung* der Indikatoren nicht erspart bleibt; sie nicht stellvertretend Entscheidungen treffen können. Auch wenn im gegenständlichen Me-

[5] Vertiefend siehe: Heintel/Krainer 2004 a, Heintel/Krainer 2004 b.

diationsverfahren die systemischen Widersprüche beider Systeme hier deutlich wurden, besteht dennoch sein Verdienst, gerade für diese Deutlichkeit gesorgt und sie bewusst gemacht zu haben. UVP-Verfahren haben diese in den wenigsten Fällen erreicht.

Ein Seitenkapitel zu den Expertensystemen wird vom „System der Zahlen" geschrieben. Des Öfteren wurde über Messungen, Messungsstellen (alte, neu einzurichtende), vor allem aber auch über Manipulations- und Fälschungsmöglichkeiten diskutiert. Dass man dabei auch manchmal heftig aneinander geriet, macht den Ausgangszweck, nämlich mit der Objektivität von Zahlenmaterial zu arbeiten, problematisch. Nun liegt es in einem Mediationsverfahren, das sich mit Flugbewegungen und Lärm beschäftigt, natürlich nahe, sich mit Zahlen zu befassen. Der Flughafen, Flugroute, SID, Zeiten, Flugsicherung, alles zusammen bildet in seinem Fundament einen „technischen Apparat", der sich durch Zahlen zum Ausdruck bringt. Und wie soll Lärmbelastung anders als durch Messung objektiviert werden? Auch wenn die zahlenbegründete Erfassung aller wichtigen Daten bereits eine Wissenschaft für sich ist, kann mit Bewunderung festgestellt werden, wie aus „Laien" im Verfahren selbst Experten wurden. Von außen ist es schwer, hier die Überforderungsgrenze zu finden. Sie wird auch personenbezogen recht unterschiedlich sein, was im Verfahren übrigens nicht unproblematisch ist, weil es leicht zu einer Mehrklassengesellschaft kommen kann. Letztere führt auch zu unterschiedlichen Reaktionen. „Laienexperten" werden für ihr Wissen und ihren Einsatz sowohl bewundert als auch verdächtigt, schon zu sehr auf die Seite der technikbedingten Einrichtungen (FWAG, ACG) hinübergewandert zu sein. Weniger „Fortgeschrittene" schwanken oft zwischen Misstrauen und Glauben. Das Misstrauen hat nicht so sehr seine Wurzel im Wissen um den Vorsprung der anderen als in der eigenen Unsicherheit, einiges verstanden zu haben, anderes nicht. Für den Glauben hingegen nützt die Wissensdemonstration der anderen nur bedingt etwas. Er braucht jenes oft zitierte Vertrauensklima, das sich das Verfahren mit der Zeit geschaffen hat.

Es gibt aber bezüglich der Objektivität der Zahlen einige verfehlte Hoffnungen und Missverständnisse. Die Ersteren beruhen darauf, in ihr „letzte Sicherheiten", Beweise und Unumstößlichkeiten zu bekommen; die Zweiten, dass man meint, mit der Logik (die Mathematik als die Wissenschaft der Zahlen beruht auf Logik und diese ist die Methode des Ausschlusses von Widersprüchen) klare Entscheidungen treffen zu können und Widersprüche auszuschließen. Auf rein technischem Gebiet kann hier einiges erreicht werden (es können z. B. nicht zwei Flugzeuge aus verschiedenen Richtungen auf der gleichen Piste landen), die grundlegenden, von uns bisher angeführten Widersprüche reichen aber, wie das Verfahren mehrfach bewiesen hat, weit über den technischen Bereich hinaus; sie müssen bewertet und entschieden werden.

Für Letzteres sind die Zahlen *eine* von mehreren Informationsquellen. Im Thema Lärm kann zwar seine Stärke in Dezibel gemessen werden, das subjektive Empfinden (der „Betroffenheitskoeffizient", wie im Prozess einmal dieser Faktor genannt wurde) kennt aber andere Skalierungen. Besonders lärmempfindlichen Menschen ist es schwer einzureden, sich an eine statistische Obergrenze zu gewöhnen; ähnlich im Thema Nachtflug: Die Ruhe-Regenerations-Zeiten sind sowohl subjektiv verschieden als sie auch, biorhythmisch bedingt, zu unterschiedlichen Zeiten wahrgenommen werden.

Auf der anderen Seite muss natürlich mit Zahlen und Daten operiert werden. Schon um Ausgangspunkte für Entscheidungsspielräume zu markieren, z. B. für die Berechtigung der Forderung nach technischem Lärmschutz. Sonst könnte ja „jeder kommen". Oder sollte man vielleicht besser nach subjektivem Empfinden handeln? Dies dürfte schon deshalb nicht funktionieren, weil man im Subjektiven sozusagen „ein Fass ohne Boden" öffnet. Es ist nämlich ein „weites Land". Niemand, oft auch die selbst Betroffenen nicht, kann wissen, was alles sich in ihm verbirgt. Ob es zentral tatsächlich der Lärm ist, um den es geht, oder ganz andere Motive an ihm „aufgehängt" werden. In beiden Fällen, bei subjektiver Hyperempfindlichkeit oder auch bei Kompensation und Verschiebung, wird die Objektivität der Zahlen nicht zur Beruhigung ausreichen. Der Hinweis auf sie hat eher einen gegenteiligen Effekt. Sie werden als „Feinde" betrachtet, gegen die man sich zur Wehr setzen muss. Weil aber die Zahlengläubigkeit recht groß ist, sind es nicht nur die Techniker, Mathematiker, Naturwissenschaftler, die dann daran gehen, auf der gleichen Ebene das ganze Zahlwerk auszuhebeln. Sie bringen andere Zahlen, andere Gutachter, andere Messungen. Und weil nun einmal mit diesen der gleiche Objektivitätsanspruch vorgetragen wird, gibt es im Kampf miteinander eine große Hartnäckigkeit. Oft endet diese dann in den Vorwürfen, die Zahlen manipuliert, gekürzt zu haben, bestimmte Parameter nicht berücksichtig zu haben. Spätestens jetzt ist es Zeit, die Ebenen zu wechseln; gegenseitige Unterstellungen und Beleidigungen sind nicht mehr „quantitativ" zu lösen. Zahlensysteme arbeiten immer in einem „Klassifizierungsrahmen"; in ihm erhalten Quantitäten erst ihre Bedeutung. Verändert man diesen, werden auch neue Bedeutungsklassen definiert. D. h. für Unzufriedene: Wenn dir die eine Objektivität nicht gefällt, zeige durch Erweiterung oder Reduktion der Parameter (Indikatoren) auf, dass es noch eine andere Objektivität gibt. Diese Auseinandersetzung lässt sich bis ins Unendliche fortsetzen.

Von unserer Seite haben wir in einer Rückmeldung vom Widerspruch zwischen einer Bedürfnis- und einer Leistungsgerechtigkeit gesprochen. Dieser Widerspruch ist nicht einfach den bisher genannten Dimensionen zuzuordnen und soll daher hier zum Abschluss noch einmal aufgegriffen werden. Natürlich könnte man sagen, er hat vorerst einmal etwas mit den existentiellen Widersprüchen zu tun. Schließlich wissen wir, dass eine gelungene Balance etwas zur Gesundheit beiträgt, während eine fehlende krank macht. Ebenso richtig ist aber, dass Individuen, Paare, Gruppen (Familien) eher für Bedürfnisse Interesse zeigen, Organisationen, Systeme eher solche für Leistung, Funktion (sicher auch ein Grund, warum die BIs Kinder, Familien etc. eher ins Treffen führten als der Flughafen oder die ACG; Letztere konnte allerdings ins Treffen führen, dass ihre Art der Leistung hoffentlich auch ihren Kindern einen Arbeitsplatz sichern werde, also Leistung für Bedürfniserfüllung notwendig ist; gerade Letzteres zeigt den „intimen" Zusammenhang dieser Gegensatzpaare). Weil sich aber insbesondere in unserem Wirtschaftssystem der Leistungsschwerpunkt besonders etabliert hat, möchten wir an dieser Stelle noch einige Beobachtungen und Interpretationen nachschicken; auch weil die dominant gewordene Eigenlogik des Systems Gefahr läuft, Balancen entscheidend zu verletzen (Bürgerinitiativen und Anlässe für Mediationsverfahren haben u. E. hier einen ihrer wesentlichen Ursprünge).

Sieht man in der Geschichte nach, erleben wir einige Überraschungen. Was zumindest so klar erscheint, nämlich was Bedürfnisse sind, was Leistungen, verliert Konturen und Bestimmungen. Es gibt viele höchst unterschiedliche Bedürfnisse, auch solche, die den Menschen durchaus schaden können (Süchte, Luxurierungen, Maßlosigkeiten, Verschwendung, Gier etc.), und Leistungen wurden je nach Gesellschafts- und Weltanschauungsfundament höchst verschieden definiert (so kann Gotteslob in einer religiösen Kultur eine höhere Leistung darstellen als Produkte zu erzeugen). Vermutlich müssen wir es uns auch für unser Gegenwartsverständnis abschminken, genau wissen zu wollen, was beide sind. In abstraktester Form könnte man folgende Aussagen machen: Es gab immer schon ein Bedürfnis des Menschen zu überleben und es gab eines, *besser* zu überleben. Ebenso gab es Leistungen, das eine zu sichern und das andere anzustreben. Beide Seiten bedingen einander.

Nun kann dieser Bedingungszusammenhang eine Balance darstellen, aber auch außer Gleichgewicht geraten. Dies sieht dann so aus: Man versucht besser zu leben, ohne etwas dafür leisten zu wollen (Luxurierungsgesellschaften), oder man leistet immer mehr, ohne daraus ein besseres Leben zu gewinnen. Beide Momente können sich also in gewisser Weise verselbständigen und das meist zu unserem Schaden; in diesen Fällen ist Ausgleich wieder angesagt und er kommt selten aus den beiden Polen, sondern von außen (wir nannten das „Gesetzesgerechtigkeit"). Die Balance muss aber bestehende gesetzliche Regelungen im Auge behalten oder solche vorsehen (insofern stellt auch das Mediationsverfahren einen Versuch in diese „rechtsschöpferische" Richtung dar).

Die Bedeutung, die der Markt seit jeher, insbesondere aber fast als „göttliche Instanz" („invisible hand") im Kapitalismus hatte und noch hat, resultiert auch aus seiner Vermittlungsleistung zwischen Bedürfnis und Leistung. Leistungen bieten etwas an, was diese Nachfrage beantwortet. Der Markt ist jener Ort, wo Angebot und Nachfrage aufeinander treffen, der zwischen Bedürfnissen und Leistungen vermittelt. Gegenüber allen „modellplatonistischen" Gleichgewichtstheorien hat man bereits in der Antike erkannt, dass der Markt aus sich heraus nicht imstande ist, den Tausch immer gerecht zu regeln. Man versucht sich gegenseitig zu übervorteilen, strebt danach, Konkurrenzen durch Monopole und Oligopole zu ersetzen, betätigt sich ausbeutend und räuberisch, sofern man die nötige Macht hat, schließlich kann dieses Geschehen zu Kriegen führen, sei es, dass man sich zur Wehr setzt, Gerechtigkeit wiederherstellen will, sei es, dass man versucht, gewaltsam an Ressourcen heranzukommen. Damit also derlei nicht passiert, muss immer wieder regelnd eingegriffen werden. Dies ist die Aufgabe der Politik und ihrer Gesetzgebung („Gesetzesgerechtigkeit").

Schon um das eigene Überleben zu gewährleisten, musste der Staat daran interessiert sein, sowohl den Markt zu ermöglichen und zu schützen wie auch destabilisierende Ungerechtigkeiten zu vermeiden. In unserer „Neuzeit", dem (industrie-)kapitalistischen Zeitalter, fand eine interessante ideologische Zuspitzung unseres Widerspruches statt: Arbeit und mit ihr Leistung wurden zu einem Bedürfnis aller Menschen erklärt („Selbstverwirklichung"); zum Unterschied von der Antike, wo an dieser Stelle die Muße stand. Mit dieser „Umkehr" hat sich in der Geschichte eine radikale Wende vollzogen. Ihr verdanken wir nicht nur unsere gesamte technisch-naturwissenschaftliche Entwicklung und den ökonomischen Reichtum, in dem wir jedenfalls im „Westen" leben, sondern auch die Dominanz von Wirtschaft und Technologie durch alle gesellschaftlichen Systeme hindurch.

Die Wende vollzog sich nämlich nicht dadurch, dass jemand das Bedürfnis nach Leistung verkündigte, sondern handfest materiell. Leistung und Bedürfnis wurden nämlich linear und direkt miteinander in Verbindung gebracht; und zwar über Produktion und Produkte. Das Versprechen lautete: Für *jedes* Bedürfnis (auch für jeden Bedürfniswiderspruch – denn Menschen haben oft recht ambivalente Bedürfnisse; siehe das Thema Angstlust) wird eine Produktantwort zur Verfügung gestellt. Wir brauchen nicht mehr zu träumen, unsere Sehnsüchte ins Jenseits oder religiöse (Pseudo-)Angebote zu verlegen, auch nicht in Märchen und Sagen „kompensieren", wir selbst produzieren uns die geeigneten Angebote. Ein faszinierender Kurzschluss, aber einer, der nicht nur für Säkularisierungen, sondern vor allem auch für den technischen Fortschritt und den ungeheuren Reichtum unserer Produkt- und Warenwelt gesorgt hat. Der ständig laufende Weiter-Entwicklungsmotor steckt im System selbst und hält sich von selbst in Funktion: Einerseits durch die Imperfektibilität des Produktes selbst; um dem Bedürfnis immer besser zu entsprechen, muss auch das Produkt immer besser werden (und am nächsten Produkt konkretisiert sich insofern das Bedürfnis *neu*, weil es erst *an ihm* bemerkt, was noch fehlt, besser gemacht werden könnte). Andererseits durch das, was die Philosophien die „unendliche Idealität" von Wünschen und Bedürfnissen nennen, übersetzt auf unsere Zusammenhänge: Produkte sind niemals imstande, auf unsere Bedürfnisse „Letztantworten" geben zu können. Aber auch diese Tatsache treibt voran. Die Hoffnung besteht, mit dem nächsten oder mit Variationen vielleicht *doch* Befriedigung zu schaffen.

Dieser kleine geschichtsphilosophische Umweg führt direkt in den zentralen Widerspruch des Mediationsverfahrens und soll auch Verständnis für die Schwierigkeit seiner Vermittlung bringen. Die Dominanz von Wirtschaft und Technik hat nämlich unsere Bedürfniswelt gespalten: Auf der einen Seite befinden sich ganz konkrete Bedürfnisse, die mit Waren, Produkten bzw. Dienstleistungen – jedenfalls dem Versprechen nach – befriedigt werden können und sollen; auf der anderen ein abstrakt gewordener Rest, der für Unruhe sorgt, weil er im Angebot *nicht* Befriedigung erfährt (ein Beispiel: Reisen, Distanz bekommen zu seiner Alltagsumgebung, Neues kennen zu lernen gehört immer schon zu den Bedürfnissen der Menschen. Mit der Postkutsche war das früher mühsam, und gefährlich. Heute haben wir bessere Produkte, Autos und Flugzeuge, und immer mehr können es sich leisten, diesbezügliche Bedürfnisse zu erfüllen. Auch die früheren Gefahren sollen minimiert werden, ebenso alles irritierend, verunsichert Fremde: Letzteres tritt hauptsächlich ebenfalls als Ware im folkloristischen Aufgebot entgegen. Also baut man überall die gleichen Hotelketten, baut Sicherheitszonen um sie herum, wo Sicherheitsdienste patrouillieren. Das Gesamtangebot ist auf die Ausschaltung des Widerspruchs aus, der im Bedürfnis durchaus noch vorhanden war; zurück bleibt eine gewisse Leere. Da diese unruhig macht und womöglich das Produkt der Dienstleistung – und den mit ihnen verbundenen Wirtschaftszweig gefährdet, muss man sich „Zusatzprodukte" einfallen lassen: Abenteuerurlaube, Animationsprogramme etc. Meist bleibt aus den genannten Gründen aber auch hier ein „Rest", der erst dann allmählich verschwindet, wenn der Reisende, wieder zu Hause angekommen, geduldigen Zuhören möglichst viel erzählen kann oder sich aufmacht, den nächsten Urlaub zu planen).

Das Beispiel sollte uns auch wiederum zum Verfahren zurückführen. Die produkt- und dienstleistungsbezogene Bedürfnis- und Nachfragebefriedigung läuft auf Hochtouren; die Passagierzahlen und das Wachstum des Flugaufkommens beweisen dies. Kaum jemand möchte auf die Leistungen dieses Wirtschaftszweiges verzichten – jetzt einmal ganz abgesehen von Arbeitsplatz und Infrastruktur – auch diejenigen nicht, die in der Umgebung des Flughafens wohnen (der Kapitalismus hat es nämlich auch verstanden, die für ihn ausschlaggebende Arbeit an sich zu binden, und zwar so, dass nicht *für ihn* arbeiten, d. h. leisten, zur Existenzbedrohung gemacht wurde). Man soll also nicht vergessen: Es ist nicht die „böse" Wirtschaft oder gar eine ihrer Unternehmungen, wie der Flughafen oder die AUA, denen die Alleinschuld für „Neuerscheinungen" zugewiesen werden darf, sie verdankt ihre machtvolle Existenz, aber auch ihr Wachstum *uns selbst* und der historischen Produktantwort auf Bedürfnisse und deren Widersprüchlichkeit; und diese treibt sie im geschilderten Sinn voran.

Was sich in den letzten Jahrzehnten aber immer lauter zu Wort meldet, ist der abgespaltene Teil der Bedürfnisse, angesiedelt zwischen Lebensqualität und Sinnfrage. Wir haben ihn vorhin als „abstrakt" bezeichnet, und dies deshalb, weil er im dominanten System keine Anschlussmöglichkeit hat. Seine Art zu antworten kann nur auf der gleichen Ebene liegen: Im Angebot von Produkten, Waren oder Geld, als der Möglichkeit, sich „Kompensationsprodukte" zu kaufen. In dem Moment, wo es versucht, eine andere Antwort zu geben, kann diese wiederum *nur* zur Selbstbeschränkung führen. Dies ist nämlich das Dilemma einer Anbindung der „abstrakten" Bedürfnisse. „Man wolle sich den Lärm nicht abkaufen lassen", so hörte man im Verfahren des Öfteren. Dies heißt aber nichts mehr und nichts weniger, als dass man vom anderen System Selbsteinschränkung erwartet. Lärmfreiheit, Ruhe sind keine Produkte, sie resultieren aus Nicht-Produktion. Wie also dem Lärm begegnen? Die Systemlogik der Wirtschaft und der Technologie kann zunächst nur in verbesserten Produkten, verbesserter Logistik, mit Ersatzprodukten (Lärmschutzfaktor) reagieren, oder mit Geld als Kompensation. Den Lärm einfach abzustellen oder erheblich zu reduzieren, widerspricht der Systemlogik und gefährdet damit das Einzelunternehmen. Die Verhandlungen darüber sind schon aus diesem Grund schwierig und problematisch; eigentlich will man von ihr etwas, das sie *von sich aus nicht* geben kann (daher Gesetzesgerechtigkeit und Politik). Dennoch zeigt das Mediationsverfahren, dass es Lösungen gibt, „wo alle über ihre Schatten springen müssen", was nichts anderes heißt als ihre Systemlogik zu verlassen; das Ausmaß bezeichnet aber immer einen Kompromiss, weil befriedigendere Lösungen in einem anderen Kontext getroffen werden müssen (international).

Historisch gesehen scheinen wir uns – und die steigende Häufigkeit von ungewohnten Konfliktregelungsverfahren möge dies bezeugen – an einer neuen Wende zu befinden. Auf unser Thema bezogen: Die lineare Allianz zwischen Bedürfnis und Leistung dürfte aufgekündigt werden. Es äußern sich immer mehr Bedürfnisse, die andere als Produktantworten brauchen. Sie haben *noch* kaum eine Anschlussfähigkeit und zeigen sich daher als „unkonstruktive" Opposition, als oft ungerichteter Widerstand. Auf der anderen Seite bemerken wir aber auch Widersprüche in der dominanten Systemlogik, die uns einerseits das Fürchten lehren (Arbeitslosigkeit, Ressourcenknappheit, ökonomisch bedingte Kriege, globale Erwärmung, Abfalllagerungsprobleme usw.), andererseits auch als Hoffnungspotential in Erscheinung treten können, weil sie eine neue Nachdenklichkeit mit sich bringen (es ist unter anderem nämlich auch sinnlos, sich mit immer intensiverer Leistung und ihrer Produktion bereits erreichter Lebensqualität zu entziehen; oder zu meinen, dass die „abstrakten" Bedürfnisse kompensatorisch still gestellt werden könnten. Wachstum ist auch etwas, das nicht allein in Stückzahlen, Umsätzen, BIP und Gewinn zum Ausdruck gebracht werden muss; es hat bekanntlich auch noch andere Bedeutungen im Organischen, im „Geistigen", wo man es weniger aufsucht).

ad 4.):

Die Widerspruchsdimension „historische Ungleichzeitigkeit" hat *im* Verfahren selbst eher eine untergeordnete Rolle gespielt. Sie kommt dort zur Geltung, wo unterschiedliche geschichtliche Entwicklungen aufeinander treffen, haben manchmal weltgeschichtliche Bedeutung (Aufeinandertreffen von Siedlern und Indianern, Nomaden; Europa der zwei Geschwindigkeiten usw.), manchmal sind sie aber auch im Mikrokosmos anzutreffen (z. B.: wenn Abteilungen miteinander kooperieren müssen, wobei die eine kommunikationstechnologisch schon bestens eingerichtet ist, während die andere damit erst beginnt). Betrachtet man allerdings das Verfahren als Ganzes, stellt es selbst ein Beispiel für diese Widerspruchsdimension dar. Denn je nachdem, von welcher Seite aus es betrachtet wird, stoßen hier zwei historische Entwicklungslinien aufeinander. Die eine repräsentiert durch die Dominanz von Ökonomie und Technologie, die im Sinn von Wachstum und Fortschritt den verfolgten historischen Weg fortsetzen will (bzw. muss), die andere, vertreten vor allem durch die Bürgerinitiativen und VertreterInnen der Grünen, die auf andere Entwicklungsschwerpunkte setzen und *sich* für die Fortgeschrittenen halten. Jedenfalls sind das immer häufigere Auftreten von BI, von NGO, deren Berücksichtigung und Einbeziehung in Planungs- und Entscheidungsprozesse, ein Indiz für Brüche innerhalb der bisher vollzogenen Entwicklung.

In Mediationsverfahren werden diese de facto anerkannt. Im Aufeinandertreffen der Parteien, begleitet oft von einer kontrovers-ideologischen Polemik, kann man beobachten, dass beide Seiten für sich das Fortschrittsargument beanspruchen und sich jeweils gegenseitig in die Vergangenheit schicken (die einen sprechen von „steinzeitlichem" Gehabe der anderen, diese wiederum vom Ende einer Entwicklung, die so weitergeführt für uns alle verderblich sein wird). Die Bruchlinien historischer Entwicklungen haben es nun so an sich, dass sie bis in Details und Tagesgeschäft hinein wirksam sind. Der bereits ausgeführte Widerspruch lautet dann: Wie kann ein Einzelverfahren es sich zumuten, an ihrer Vermittlung zum Erfolg zu kommen? In welchen Bereichen können die Parteien Einfluss nehmen und wo sind ihre Grenzen? Wo sind jene Instanzen auszumachen, die für das Ungelöste zuständig gemacht werden können? Bei eingehenderen Überlegungen zu diesen Fragen können sich immer wieder Resignation und Ohnmachtsgefühle einstellen. Es gibt genug Beispiele, in denen diese Verfahren scheitern. Sie fallen dann meist in die Ursprungsgegnerschaft zurück. Umso anerkennenswerter ist das Ergebnis der Flughafenmediation. Sie hat vorgeführt, dass es Teillösungen geben kann, auf dem mühevollen Weg zwischen zwei unterschiedlichen historischen Entwicklungslinien zu vermitteln.

Im Verfahren selbst gab es natürlich auch unterschiedliche Entwicklungen. Der prägnanteste Unterschied entsteht durch „Dabei-Sein" und „Nicht-Dabei-Sein". Die im Verfahren Vertretenen durchlaufen einen (Lern-)Prozess, die „Zurück-Gebliebenen" nicht, die Ersteren eignen sich Wissen, Verständnis, eine komplexere Problemsicht an, die anderen bleiben mehr oder weniger am Stand. Auch emotionell sind die einen voller Erlebnisdichte, die anderen davon ausgeschlossen. Aus diesen Gründen ist Rückbindung ein derartig schwieriges Verfahren – auch weil die „reine Information" nicht ausreicht. Im Mediationsprozess äußert sich dieses Phänomen in abgeschwächterer Form im Unterschied zwischen „Alten" und „Neu-Hinzugekommenen" und zwischen den verschiedenen Intensitätsgraden an Beteiligung. Diese Widerspruchsfacetten gab es im Prozess immer wieder zu beobachten und diesbezügliche Konfliktlinien können ebenso nachgezeichnet werden. Jedenfalls handelte es sich um ein Thema, das über alle inhaltlichen Probleme hinaus immer wieder aufgenommen und bearbeitet werden musste. Auch die sich daraus ergebenden Reaktionsformen ziehen Widersprüche nach sich. Die eine drängen, wollen schnell weiterkommen, die anderen bremsen, verzögern, weil sie noch ganz woanders stehen; sie müssen „nachgezogen" werden; geschieht Letzteres aber in besserwisserischer Belehrung, wächst eher der Widerstand usw.

Eine Form historischer Ungleichzeitigkeit spielte aber zum Unterschied von anderen Prozessen im Mediationsverfahren eine ganz besondere Rolle. Man kann sie an die folgende Differenz setzen: engagierter arbeiten, leben im „Hier-und-Jetzt", unter dem Druck, die anstehenden Probleme eben jetzt zu lösen oder Verantwortung zu übernehmen für eine „fernere" Zukunft, jene der Kinder und Enkel. Sicher war der Verantwortungsdruck auch durch die Angst vor Entscheidungen bedingt, die man bereits demnächst auch öffentlich zu vertreten hatte. Auch taktisch lässt sie sich einsetzen; bei allen nämlich, denen es nur recht sein kann, dass so bald keine weittragenden Entscheidungen fallen – damit der Bau von dritten Pisten etc. auch verzögert werden könne usw. Dennoch scheint uns die Argumentation mit der Zukunftsverantwortung doch auch zu zeigen, in welche andere Bedeutsamkeitsdimensionen man mit einem solch größeren Verfahren hineinkommt. Oder m. a. W.: Es wird plötzlich bewusst, welch unvermeintlicher Zusammenhang zwischen Entscheidung und Verantwortung besteht. Deutlich wird auch, wie wenig wir sonst mit solchen Entscheidungen zu tun haben, dass sie uns einerseits weitgehend abgenommen wurden, wir andererseits in die Rolle von Beobachtern und Kritikern, allerdings meist folgenlos, versetzt wurden. Es ist auch immer noch etwas ganz anderes, konträre Positionen öffentlich und laut zu vertreten als sich auf gemeinsame Entscheidungsprozesse einzulassen; ebenso in irgendeiner UVP „Partei" zu sein, wo letztlich ebenso andere entscheiden. Von einer selbst getroffenen Entscheidung kommt man nicht mehr los, man bleibt mit ihr identifiziert wird rechtfertigungsverpflichtet, kann die Verantwortung nicht mehr abschieben.

Neben der Problemkomplexität, die es zu bearbeiten gibt, spielt psychologisch auch diese Sachlage mit, und sie wirkt aufschiebend, zeitverlängernd. Vor allem dann, wenn man ab einer gewissen Zeit sich insgeheim zugeben muss, dass man seine „Ideallösung" sicher nicht erreichen kann; was aber kann man dann noch vor sich selbst und seinem Gewissen vertreten? Ab wann verliert man sein Gesicht? Also entscheidet man zunächst noch nicht. Das Wort „vorläufig" ist eines der häufigsten, den Protokollen zu entnehmen, und es werden auch unumstößliche Fakten zurückgehalten, weil man sich weitere Entscheidungsspielräume nicht verbauen will.

In diesem Stadium wird auch die Qualität möglicher Entscheidungen diskutiert; welchen Charakter haben sie überhaupt? Sind sie rechtsverbindlich oder können x-beliebige „höhere" Instanzen sie wiederum über den Haufen werfen? Sind sie vertraglich so absicherbar, dass äußerer Zugriff zurückgewiesen werden kann; sind es nur Vereinbarungen, Willenserklärungen, von denen man hofft, dass sich alle Parteien und ihre Nachfolger daran halten? Welche Vorbehalte, Klauseln etc. müssen formuliert werden, um Ausstiegsszenarien zu ermöglichen usw.? In der Frage, wie lange Entscheidungen Geltung beanspruchen können oder sollen, scheiden sich ebenso die Geister. Die einen phantasieren unrealistische Zeiträume (2015, 2030), die anderen fürchten Kurzlebigkeit. Dass es sich aber um mögliche Weichenstellungen handelt, wissen alle und egal, was es für Vorstellungen gibt, die Verantwortung trifft alle.

Nun gibt es im Verfahren unterschiedliche Rollen. Es gibt Entscheidungsträger (Manager und Funktionäre), denen Entscheiden und Verantworten nicht fremd sind. Der Hauptteil ihrer Entscheidungen bezieht sich aber auf ihr System und dessen Logik. Auch Bürgermeister sind für ihre zuständige Gemeinde entscheidungsgewohnter, müssen auch Widerspruchsmanagement leisten (Schutz der Bürger, Lebensqualität versus wirtschaftliche Absicherung), aber auch für sie gibt es einen Rahmen politischer Logik (Wahlen, Mehrheiten etc.). Wie ist das aber für die BIs? Hier gibt es zunächst weder eine vorhandene Systemlogik noch eine Politik, die Entscheidungsvoraussetzungen zur Verfügung stellen. Auf der anderen Seite sind es gerade diejenigen, die die anderen zur Grenzüberschreitung zwingen, nämlich aus ihren Systemlogiken herauszutreten; Letzteres können diese aber nur bis zu einem bestimmten

Grad. Und sie haben den Vorteil, den eigenen Bezugsrahmen als „Sachzwang“ zu argumentieren, dem auch sie unterworfen sind. Auch wenn es plausibel erscheinen könnte, der Sache den Menschen (seine Bedürfnisse, seine Gesundheit, seine Lebensqualität) als wichtigere „Sache“ gegenüberzustellen, so mag diese Konfrontation einigen moralischen Charme aufweisen, es kann aber immer darauf verwiesen werden, dass ohne die genannten „Sachen“ er gar nicht gut überleben könnte („geht es der Wirtschaft gut ...“). Zusätzlich haben wir gesehen, welches „unendliche Feld“ der Mensch ist, und wie letztlich schwer bestimmbar seine Bedürfnisse sind. Neben seinen eigenen subjektiven Betroffenheiten gibt es allerdings ein Argument, das seinen Forderungen eine schwer zu leugnende Bedeutung geben kann. Das ist die Verantwortung für die nächsten Generationen. Entscheidungen werden nicht nur für sich selbst getroffen, sondern für Kinder und Kindeskinder. Dass es denen zumindest nicht schlechter gehen soll als uns, ist jener nachvollziehbare Wunsch, der auch für den Sammelbegriff all dieser Entscheidungsmaterien maßgeblich war: jener der „Nachhaltigkeit“.

Es war im Verfahren daher durchaus konsequent, sich weit in der Zukunft liegende Szenarien zu vergegenwärtigen. Überall dort, wo Entscheidungsdruck bei gleichzeitiger Entscheidungsunsicherheit besteht, versucht man sich prognostisch der Zukunft zu versichern. So lange, bis man dahinter kommt, dass dies nicht befriedigend gelingt; dass es zu viele Unwägbarkeiten und Imponderabilien gibt; dass man um unsicheres Entscheiden nicht herumkommt; dass Zukunftsprognosen aus Annahmen resultieren, über deren Bedeutung *jetzt* entschieden wird; usw. Im Flughafenmediationsverfahren wurde zusätzlich schnell deutlich, dass, jetzt einmal abgesehen vom 11. 9. 2002 und dem Terrorismus, das dominante Wirtschaftssystem derzeit auf Kurzfristigkeit angelegt ist, man schon lange nicht mehr auf Jahre hinaus strategisch planen kann; wenn aber Letzteres der Fall ist, was überhaupt kann man dann noch mit längerfristiger Perspektive entscheiden?

Als man hier von Illusionsbildungen Abstand nahm, boten sich erst die zwei gangbaren Lösungswege an: der erste, sich vorzunehmen, jene Entscheidungen zu treffen, die kompromissweise erreichbar sind (siehe Ergebnis), der zweite, Einrichtungen zu schaffen, in denen Zukunft weiter entscheidbar bleibt und das Einhalten der getroffenen Vereinbarungen verfolgbar wird. Deutlich geworden ist aber auch die Widersprüchlichkeit zweier Widerspruchsdimensionen im Thema Zeit. Einzelsysteme können ihrem Ziel und Zweck entsprechend sich auf kurzfristige Erfüllung einlassen (oft mit externalisierten langfristigen Konsequenzen), dort, wo es um existentielle Widersprüche geht (hier: gesund – krank, Mensch – Natur, Leben – Tod), wünscht man sich eher dauerhafte Lösungen; die würde man sich für das Überleben eines Wirtschaftsunternehmens zwar auch wünschen, forcierte Kurzfristigkeit (Shareholder/ Konkurrenz) macht diesen Wunsch aber obsolet.

ad 5.):

Struktur- und prozessbedingte Widersprüche liegen quer; es ließe sich unser Dimensionenmodell in einer mehrfachen Matrix darstellen, wobei diese Dimension bei konkreten Verfahren und Verläufen immer in allen anderen vorkommt. Sie besteht aus zwei Elementen, einem eher „statischen" und einem prozessual sich verändernden. Das erste beschreibt die jeweilige Macht- und Einflussstruktur. Überwiegend haben wir es hier mit ordnungsorganisatorischen Festsetzungen, meist in hierarchischer Form zu tun; es geht also sowohl um die vorausgesetzt mitgebrachten wie auch die ad hoc eingerichteten Machtverhältnisse. Das zweite Element beschreibt Widersprüche, die aus dem Verfahren selbst, dem Prozessverlauf entstehen. Mediationsverfahren, die idealtypisch von einer prinzipiellen Gleichberechtigung der Streitparteien ausgehen, also einer symmetrischen Kommunikation, müssen sich mit dem ersten Element in einer Konfliktsituation befinden. Damit gerät das zweite, der Prozess, mit dem ersten in Widerspruch.

Zu Beginn eines Mediationsverfahrens ist man meist naiv der Meinung, es ginge bloß um Inhalte, eben die mitgebrachten unterschiedlichen Interessengegensätze und Positionen. Es genüge, an ihnen gemeinsam zu arbeiten, Ziel sei die womöglich konsensuelle Lösung der Sachthemen. Sicherlich geht es letztlich um eine solche, der Weg dorthin führt aber durch unerforschtes Gebiet und muss manchmal erst durch unwegsames Gelände geschlagen werden. Wir alle haben es fachlich-sachlich am ehesten gelernt, an Inhalten zu arbeiten, in und mit ihnen zu argumentieren; weniger hingegen die soziale, organisatorische Prozessseite zu beachten und zu steuern. Sie aber ist der Weg und gelingt es nicht, ihn halbwegs fahr- und gangbar einzurichten, schwindet das Ziel in unerreichbare Ferne; insofern sind der Prozess und seine Organisation lösungskonstitutiv.

Für das Verfahren ergibt sich daraus ein permanent zu beachtender Widerspruch, der von Inhalt und Prozess (in alter Terminologie der von „Form und Inhalt" oder Verfahrensrecht gegenüber materiellem Recht, wie das Rechtssystem unterscheidet). Er zwingt zu einer Steuerung auf zwei grundsätzlich voneinander zu unterscheidenden Kommunikationsebenen. Auf der einen geht es um den Fortschritt in der Sache (Flugroutenverteilung, Lärmschutz, Nachtflugzeiten etc.), auf der anderen um eine Steuerung des sozialen Prozesses. (Es ist beachtlich, wie als Experten zugezogene Mitglieder des Verfahrens auf diese Differenz sensibel reagieren. Als Experten stehen sie zunächst eindeutig auf Seiten des Inhalts. Man verlangt von ihnen z. B. für die gesundheitliche Auswirkung von Lärm ihre Fachmeinung. Diese haben sie nach bestem Wissen und Gewissen darzustellen; dies bedeutet manchmal auch einen ziemlichen Arbeitsaufwand, weil ja z. B. ständig neue Forschungsergebnisse und Fachpublikationen auf den Markt kommen. Weil aber nicht zu Unrecht auch Experten grundsätzlich im Verdacht stehen, sich im Verfahren, wenn auch nicht explizit, so doch insgeheim auf irgendeine Seite gestellt zu haben – entweder der bestehenden (hier ökonomischen) Macht nachzugeben geneigt sind oder mental und emotionell auf Seiten der Machtloseren sind –, wird ihre Autorität auch fachlich „abgeklopft". Gerade im Mediationsverfahren FWAG haben sich ja die TeilnehmerInnen selbst zu „LärmexpertInnen" weiterentwickelt und waren somit imstande, durchaus kompetent unangenehme Fragen zu stellen. Wir bemerken auch hier die zwei Ebenen: Es geht nicht nur um Sache, Inhalt und Expertentum, es geht um eine Autoritätsfrage und um etwaige Parteinahmen. Experten werden dabei herausgefordert, sich auf den laufenden Prozess einzulassen. Und, wie uns geschildert wurde, bedeutet dies wahrlich eine Herausforderung, die voller Überraschungen steckt. Wird sie angenommen, steckt man auch als Experte mitten im Geschehen und muss sich auf laufende Prozesse einlassen. Hierbei ist es gar nicht so leicht, sich in wissenschaftlicher Neutralität vornehm zurückzuhalten. Zumindest scheint es vorteilhaft zu sein, sich auf mögliche „Eingliederungsversuche" mental und emotionell so gut es geht vorzubereiten und einzustellen. Was aber hier zunächst wie ein Nachteil – Verlust der neutralen Expertenrolle – aussieht, hat für den Prozess selbst große Bedeutung. Die Expertenmeinung wird aus ihrer wissenschaftsspezifischen Umgebung herausgelöst und für das Verfahren praktikabel gemacht. Das löst einerseits ihre „starre" Objektivität auf, „verflüssigt" sie, lässt Bewegungsspielräume entstehen, weist aber der Willkür und Macht trotzdem Grenzen.)

Die beiden genannten Kommunikationsebenen können nun durcheinander geraten und sich gegenseitig stören. Das ist nun etwas, was zunächst weder die Mediatoren noch die Betroffenen gern zur Kenntnis nehmen. Mediatoren glauben ihrer Ausbildung entsprechend, dass es genüge, Konstellationen einzurichten (für sie haben sie manchmal recht rigide Vorstellungen), in denen man Positionen verflüssigt und sich zur Interessen- und Bedürfnisebene hinbewegen kann, und schieben Störungen auf dem Weg dorthin in den Hintergrund. Meist rächt sich diese Vernachlässigung; das soziale Gedächtnis ist erinnerungsfähiger als wir alle glauben, das Verdrängte kommt wieder, die Länge der Verdrängungszeit, so könnte man sagen, steht in einem direkt proportionalen Verhältnis zur Heftigkeit des neuerlichen Auftritts der zurückgedrängten Anliegen.

Anlässe für Konflikte auf der sozialen und organisatorischen Prozessebene gibt es zahlreiche. Man muss also zur Kenntnis nehmen, dass die mitgebrachten Konflikte, die Ausgangskonflikte durch eine zweite prozessverursachte Konfliktebene überlagert werden; es findet aber auch ein Ineinanderflechten statt. Kurzum, die Komplexität steigt, und ihre Bewältigung fordert selbstverständlich Zeit ein. Solche Anlässe können beispielsweise sein: Unterschiedliche Meinungen über die Prozessorganisation (wie erreicht man wodurch bestmögliche Fortschritte in Richtung Ergebnisse), ungewohnte Moderationsdesigns für die Betroffenen (Fishbowl), nicht-berücksichtigte Fleißaufgaben von Teilnehmern, scheinbare Bevorzugungen von Repräsentanten durch die Prozessleitung, interne Wissens- und Informationsdifferenzen, unterschiedliches Verhandlungsgeschick, Protokollformulierungen, die Konstituierung von neuen Arbeits- und Untergruppen und die Lösung der Frage, wer ihnen angehört, der Beobachterstatus, Abwesenheiten, Ein- und Austritte sowie „Wiederkehr", Müdigkeit bei Monstersitzungen, zeitliche Überlastung von Teilnehmern, unklare Rollenverteilungen, die Bewältigung von Außenseitertum, und noch vieles mehr. All diese Anlässe kündigen sich nicht „brav" vorher an. Sie brechen situativ hervor, sind vielleicht teilweise vermutbar, keineswegs aber Gegenstand sicherer Prognose. Dies macht, wie allgemein auch gesagt wurde, Ablaufplanung und -organisation schwierig. Überraschungen können immer wieder auftreten und es empfiehlt sich, auf sie zu reagieren (auch wenn man sich nur darauf einigt, dass sie *jetzt gerade* nicht aufgegriffen werden sollen).

Die Nicht-Planbarkeit bedeutet aber gerade nicht Einfach-laufen-Lassen und *nur* situativ reagieren. Man kann und muss zwar immer nur situativ reagieren, es wäre seltsam, ohne Anlass etwas zum Thema zu machen, aber gerade das bedingt, dass man sich auf mögliche Probleme und Überraschungen besonders gut vorbereiten muss; einstellungs- und designmäßig. Das setzt für komplexere Verfahren Steuerungs- und Mediations*teams* voraus. Einerseits bedarf die Komplexitätsbewältigung mehrerer Personen. Andererseits braucht man gegenseitige Beratung. Eine gewisse Sicherheit kann man nur in einem gut funktionierenden Team gewinnen (die Einrichtung einer Begleitforschung mit Rückwirkungsauftrag kann hier, wie wir meinen, eine gute Unterstützung sein).

Dieses Team „agiert" dann nicht nur im Verfahren selbst, es stellt eine beständige begleitende Reflexionsinstanz dar. Dies erfordert Teamsitzungen und Zeitaufwand. Er kann in kritischen Situationen erheblich sein; man muss zusammentragen und aufarbeiten, was geschehen ist, und das Nächste vorbereiten. Nichts merken übrigens soziale Systeme rascher als unvorbereitete Steuerungsteams, vor allem dann, wenn sie als Grund Uneinigkeit oder Konflikte im Team glauben diagnostizieren zu können. Grundsätzlich, und so auch im gegenständlichen Verfahren, haben die genannten Teams selbst in sich diverse Widersprüche zu bewältigen. Drei davon möchten wir hier herausheben.

Einmal ist jedes Steuerungs- und Reflexionsteam Resonanzboden des Gesamtgeschehens. D. h., dass diejenigen Konflikte, die auch sonst auftreten, in ihm brennglasartig zusammenkommen. Selten sind sich dann alle Teammitglieder in der Bewertung einig. Sie neigen je nach Sichtweise und Erfahrung auf die eine oder andere Seite und vertreten diese auch in der Teamsitzung; m. a. W., es gibt hier auch Streit über den Stellenwert bestimmter Positionen und dieser muss auch ausgetragen werden, zumindest eine Ortszuweisung bekommen. Aber nur in gut funktionierenden Teams kann mit Erfolg gestritten werden. (Von der Ausgangssituation her hatte es das Team hier nicht leicht. Der anfänglich schwierige Entwicklungsprozess wurde wohl bereits durch die Vorgaben der Ausschreibung initiiert, es wurde nämlich kein vorhandenes, eingespieltes Team gesucht, sondern Kriterien bemüht wie „Internationalität"; „Ortskundigkeit", „mindestens eine Frau".) Um diesen Zustand zu erreichen, müssen aber auch sie selbst in ihre soziale Entwicklung investieren. D. h., dasselbe Problem für sich lösen, das für die Gesamtsteuerung ständig gelöst werden muss. Zu diesem Zweck hat sich das Mediationsteam im Flughafenverfahren sowohl eine Supervision geleistet wie auch die Begleitforschung zwischendurch angehört. Ob das Team allerdings für sich befriedigend und für die Außenstehenden sichtbar diesen oben genannten Zustand erreicht hat, kann allerdings insofern bezweifelt werden, als ein Teammitglied vorzeitig ausgeschieden ist – und wie uns scheint – nicht einzig aus Gründen der Vertretung der „reinen Lehre". (Nachträglich wird vor allem von ebenso Ausgeschiedenen das Ausscheiden der einen Person zur Eigenrechtfertigung verwendet; sie wird zur Galionsfigur eines „gescheiterten Verfahrens", was sie „schon im Voraus" wusste. U. E. gehört es übrigens zur Professionalität unserer Branche, solche Folgen genau zu überlegen; bei allem Verständnis für eine Trennung bei Unvereinbarkeiten. Im konkreten Fall hätte allerdings die Ungelöstheit eines noch kurz zu beschreibenden Grundkonfliktes das Verfahren wahrscheinlich mehr belastet als die Konsequenzen des Ausscheidens). Es ist auch festzuhalten, dass der Aufwand einer ständigen Teamkonstitution nicht gering anzuschlagen ist. Und hier bekommen noch ganz andere Faktoren Bedeutung. Was wird bezahlt, wie koordiniert man Treffen, wenn aus verschiedenen Himmelsrichtungen angefahren werden muss? Was macht man mit seinen anderen Projekten, seinem übrigen Leben? Ein solch komplexes Verfahren neigt nämlich dazu, einen „mit Haut und Haaren zu fressen".

Zum Zweiten muss im Team eine bestimmte Rollenklarheit geschaffen werden, da es mindestens vier unterschiedliche Aufgabenbereiche zu betreuen gibt: Erstens die Mediation im engeren Sinn (Arbeit an den realen Positionen, Interessengegensätzen und Konflikten), zweitens die Gesamtsteuerung des gesamten Sozialsystems, drittens die situative Steuerung in den Einzelelementen (AGs, PSG, Mediationsforum), schließlich viertens die „Bearbeitung" und Berücksichtigung des gesamten „informellen Bereichs". Dazu kommen noch allgemeine Administration (Personalführung im Sekretariat, Archivierung etc.) und Teamorganisation (Flüge, Logistik, Konferenzen etc.), Handhabung der Schnittstellen nach außen inklusive Öffentlichkeitsarbeit und neue Betroffene (z. B. Bezirkskonferenzen) sowie – last but not least – das Verhandeln in eigener Sache (Auftrag, Vertrag, Zahlungskonditionen, Spesenregelungen, Haftungsfreizeichnungen etc.). Mediatoren werden hier zu Unternehmern in eigener Sache. Ihr spezielles Interesse zwingt sie dann zeitweise in eine Doppelrolle. Diese hat vor allem in der Anfangsphase nach unseren Beobachtungen etwa 10 Monate zusätzlich irritiert, weil die Klärung und endgültige Fixierung des Mediationsauftrages parallel zu den ersten Steuerungsmaßnahmen haben stattfinden müssen.

Die erste Aufgabe ist der „klassischen" Mediation am nächsten. Familien-, Scheidungs- und Kleingruppenmediation musste sich ursprünglich um die weiteren oben genannten Aufgabenstellungen weniger kümmern. Die zu mediierenden Sozialkonstellationen standen weitgehend fest, man musste keine dazuerfinden, das Ganze spielte sich in direkter Kommunikation ab. Auch in größeren Verfahren lassen sich Konstellationen arrangieren (etwa in Arbeitsgruppen), in denen „klassische" Mediation möglich ist, ein Teilkonflikt methodisch verfolgt, vorläufig sogar gelöst werden kann. Allerdings bleibt die Lösung nicht bloß in der Gruppe, sie muss weiter vertreten und vermittelt werden. Vertretung und Vermittlung sind aber zusätzliche Aufgabenfelder, die unmittelbar mit der jeweils mediierten Lösung nichts zu tun haben, es sei denn, die Gruppe hat „Plein-pouvoir", was in solchen Verfahren äußerst selten ist. In der Arbeitsgruppe muss also zusätzlich gefragt werden, wer wie und wann im übrigen Sozialsystem die erreichte Lösung vertritt; es gehört also zu den Aufgaben der MediatorInnen, zumindest diese Fragen zu stellen.

Die zweite Aufgabe, die Gesamtsteuerung des Systems, kann ebenfalls nicht dem Zufall überlassen werden oder irgendeiner Interessengruppe im Verfahren. Sie muss dem Team vorbehalten sein. Es ist nämlich nicht nur die einzige Instanz, die eine Form der Allparteilichkeit repräsentiert und daher ihre Organisationssteuerung so einzurichten hat, dass keine Gruppe die andere dominiert, sie hat auch als Einzige über das nötige Steuerungs-Know-how zu verfügen, das man von den Betroffenen nicht erwarten kann. In Letzterem handelt es sich um den Aufbau einer Organisation auf Zeit, und zwar einer solchen, die man nicht von Beginn an in allen Elementen verfassen kann, sondern einer, die sich anforderungsentsprechend immer weiterentwickeln muss. Auch Experimente sind hier erlaubt, die, wenn sie sich nicht bewähren, wieder aufgegeben werden können (der protokollarische Berichtsteil berichtet über diese Organisationsentwicklung und ihre Differenziertheit). Für Korrekturen, das Einsetzen neuer Elemente, sind aber gemeinsame Standortbestimmungen nötig. In wiederholten Feedback-Schleifen sollte man sich des Bewährten versichern, des Unnötigen begeben. In Mediationsverfahren sollte zwar die Prozessautorität nie an Betroffene abgegeben werden (höchstens im Sinne von Hilfsmaßnahmen), ein „Prozessprovider“, die Mediatoren haben hier u. E. die volle Verantwortung dafür, d. h. aber nicht, dass sie diese Rolle bloß aus eigenem Gutdünken, d. h. autoritär wahrnehmen sollen. Wiederum ist es notwendig, die Steuerungsthemen und -probleme zunächst im Team zu bedenken und zu besprechen und Steuerungsschritte festzulegen, aber auch dem Team ist zu empfehlen, sich im Verfahren insgesamt rückzuversichern. Bei einer derartigen Komplexität einerseits, bei der Ereignisvielfalt, die zwischen den offiziellen Zusammenkünften stattfinden kann, ist wahrscheinlich auch ein Team überfordert, zu jeder Zeit über alles, vor allem die kollektive Gesamtstimmung Bescheid zu wissen. Gesamtsteuerung heißt aber nicht nur, das Verfahren selbst zu leiten, man muss auch ständig seine „relevanten Umwelten“ im Blick behalten, die direkt oder indirekt Einfluss nehmen. Dies fordert nicht nur eine ständig sensible Beobachtung, sondern auch eine gewisse „Ortskenntnis“. Zu Letzterer gehört auch eine Kenntnis regionaler, politischer Umgangsformen und Kulturen.

Die dritte Aufgabe hat die situative Leitung zu erfüllen, also auf die Verquickung von Inhalts- und Prozessebene zu schauen, gegenseitige Störungen wahrzunehmen und zu thematisieren. Vor allem wenn verfahrensbedingte Konflikte auftreten, kann man diese nicht einfach wegkehren; sie haben zwar oft mit der unmittelbar verhandelten Sache nicht direkt zu tun, mit dem Gesamtverfahren und seinen Lösungsaussichten aber sehr wohl. Es gehört also zu dieser Aufgabenstellung, wenn angezeigt, auch der Wechsel der Kommunikationsebenen, Unterbrechungen, nachfragende Irritationen, Verhindern von Problem- und Entscheidungsflucht etc. (Gerade in Letzterem schienen uns die Mediatoren recht großzügig; des Öfteren wurde beobachtet, dass sie eher „mitflüchteten“, als auf Entscheidungen drangen. Zugegebenermaßen ist aber hier das Timing gar nicht so leicht zu treffen. Manchmal ist eine Sache tatsächlich noch nicht entscheidungsreif, manchmal ist es die Angst vor der Verantwortung, manchmal auch Unsicherheit, die alle wiederum ins Unbestimmte flüchten lässt; des Öfteren gibt es auch unter den Teilnehmern solche, die die Rolle des Fluchtleaders gerne wahrnehmen. Denn vergessen wir nicht: Harmoniebedürftigkeit, die im Verfahren durch Kennenlernen und Vertrauensbildung eher gefördert als verhindert wird, ist meist emotionell nahe liegender als Konfliktbereitschaft.) Die Bedeutung dieser situationsspezifischen Aufgabenwahrnehmung wird meist unterschätzt. Diese Tatsache liegt einerseits in unser aller Ungeübtheit darin (wir lernen sie nirgendwo explizit und sind daher demgemäß unsicher), aber auch in den Ausbildungsdefiziten auf dem Gebiet der Mediation. Gruppen- und organisationsdynamisches Know-how wird kaum theoretisch und praktisch vermittelt.

Ein eigenes Themenfeld von fast enzyklopädischer Ausgriffsweite ist das des „Informellen“. Mit ihm haben alle Verfahren ganz besondere Schwierigkeiten. Andererseits ist es unmöglich, es auszuschließen, ja es muss sogar als positives Steuerungselement Platz gewinnen. Wie aber? Anhänger der „reinen Lehre“ würden es gerne aus dem Verfahren verbannen, Regeln und Vereinbarungen einführen, die Zwischendurchgespräche, bilateralen Austausch, Hintergrundverständigungen verbieten. Alles soll *nur* im Verfahren unter größtmöglicher Transparenz und Beteiligung aller stattfinden (so glaubt man alles für eine effiziente Steuerung kontrollieren zu können. Die Illusion, die damit verbunden ist, lässt sich aber bereits am „kleinsten“ Element des Informellen im Verfahren nachweisen, nämlich an den Pausen, an den kleinen Runden um die Tischchen, Brötchen verzehrend. Hier wird oft verhandelt, was man *so* nicht gern öffentlich, jedenfalls nicht gleich sagt, und oft genug haben daher die Mediatoren selbst die Pause aufgerufen, wenn „dicke Luft“ war; dies kann als Indiz für das positive Aufgreifen eines informellen Elements angesehen werden). Es lässt sich aber ebenso die Forderung nach Transparenz, nach mäßigem Gebrauch im Informellen gut verstehen. Dies mindestens aus zwei Gründen: *erstens*, weil man dort nicht zu Unrecht den Ort für Packelei, Mauschelei, Geheimabsprachen, intransparente Koalitionsbildungen vermutet. Neben dem offiziellen Verfahren läuft im Hintergrund sozusagen ein zweites inoffizielles. Wie soll man ein Verfahren steuern, wenn man über dieses nicht Bescheid weiß, wohl aber dort und da mit seinen Konsequenzen unerwartet konfrontiert wird (so gab es immer wieder Klagen darüber, dass der Flughafen mit den Bürgermeistern bilateral verhandelt, mit ihnen Vereinbarungen trifft, die sie bereitmachen, auch für zentrale Anliegen des Flughafens „zustimmungsmotivierter“ zu sein. Ebenso vermutete man Absprachen auf höchster politischer Ebene, manchmal auch solche zwischen dem Prozessprovider und dem Flughafen, der ihn ja „bezahlt“). In der Klammer wird der zweite Grund einer Benützung des Informellen deutlich: Es gibt einen Bereich, der wechselweise dem einen, dann dem anderen nicht bekannt, nicht zugänglich ist, vermutet wird aber, dass dort Wichtiges ausgehandelt wird. Was es aber ist, dafür fehlen die Informationen: Jedem Menschen steht aber in dieser Situation eine Informationsquelle zur Verfügung, die ihn nie im Stich lässt; es ist dies seine eigene Phantasie. Und in diesen Zusammenhängen ist sie meist misstrauisch. Sie ergänzt das Fehlende mit eigenen Produkten, die eine negative Färbung hineinbringen. Wenn daher allgemein bekannt wird, dass die eigentlichen Materien insgeheim im Hintergrund ausgehandelt werden, verliert das Verfahren selbst an Vertrauen, Bedeutung und Substanz; es degeneriert zu einer öffentlichen Kulissenschieberei. Insofern *muss* jedes Verfahren darauf achten und darauf beharren, dass alles informell Abgehandelte ins Verfahren eingebracht wird, um Transparenz herzustellen und Misstrauen hintanzuhalten. Es muss sich als jener Ort immer wieder herstellen, an dem die *eigentlichen* Entscheidungen getroffen werden.

Kann man auf Grund dieser negativen Begleiterscheinungen auf den Gebrauch des Informellen überhaupt verzichten? Die Erfahrung zeigt in aller Nüchternheit: nein. Dafür gibt es ebenso Gründe, die in jedem größeren Verfahren beachtet werden, auch thematisiert werden müssen. Letzteres ist deshalb heikel, weil das Informelle einer „Veröffentlichung" zu widersprechen scheint; meist wird hier aber wieder Inhalt und Form verwechselt. Thematisieren heißt, sich miteinander über den *Umgang* mit diesem Begleitbereich zu besprechen und sich über Vor- und Nachteile ein Bild zu verschaffen. Letzteres vermeidet auch die unterschiedlichen „Verarbeitungen" seines Gebrauchs. So war festzustellen, dass die einen informelle Gespräche nur unter dem Druck moralischer Skrupel durchführen konnten, während die anderen es für das Selbstverständlichste der Welt hielten; auch im Verhältnis MediatorInnen – Prozessprovider war man hier immer wieder geteilter Einschätzung, vor allem dann, wenn die eine Seite nicht ausreichend über ihre informellen Praktiken berichtete.

Ein erster Grund, warum auf Informelles nicht verzichtet werden kann, liegt in der Differenz zwischen direkter und indirekter Kommunikation, sozial zwischen Gruppe und Organisation. In Kleingruppenformationen lassen sich die sie betreffenden Probleme und Konflikte „face to face" aushandeln; zwar gibt es auch hier „geheime" Koalitionsbildungen, Vorabsprachen etc. Sie verlassen aber nicht den Bereich direkter Auseinandersetzung. Wird Konsens angestrebt, wird am Weg zu ihm hin alles Informelle aufgehoben oder bedeutungslos. Völlig anders in Formationen indirekter Kommunikation, die in allen Organisationen zur Geltung gelangt, so auch in der gegenständlichen Mediation. Es ist keinesfalls möglich, dass hier alle mit allen „face to face" kommunizieren, weder innerhalb des Verfahrens noch und erst recht nicht nach außen mit den „Vertretenen". Indirekte, anonyme Kommunikation weist aber immer zwei Defizite auf: Sie muss einmal formalisiert werden, was zu einer höheren Abstraktion und unpersönlichen Verallgemeinerung führen muss, und sie bildet „Informationszentren" und Informationsballungen an bestimmten ausgewählten Orten und ebensolcher Defizite an anderen. Hinzu kommt weiters, dass intensives Erfahren, Erleben sowie das Vertrauen an direkte Kommunikation gebunden ist, und sich schwer formalisieren lässt. Die Formalisierung aber schafft notwendigerweise Regeln, Instanzenwege, Fristen, die eingehalten werden wollen. Gegenüber direkter Kommunikation steigern diese auch den Komplexitätsgrad. Das Sich-Hineinbegeben in den informellen Bereich ist auch der Versuch, den Nachteilen der anonymen Kommunikation durch Reetablierung von Elementen der direkten zu begegnen. Informationsmangel soll auf „schnellem" Weg behoben, Vertrauen zu außen oder am Rande Stehenden wieder aufgebaut werden. Als ursprünglich so konzipierte „Gruppenwesen" (jedenfalls, was weite Teile unserer Emotionalität betrifft), können wir also grundsätzlich, auch wenn noch so viel perfekt formalisiert und organisatorisch geregelt ist, auf das Informelle nicht verzichten. Das hat uns das Flughafenmediationsverfahren wieder einmal deutlich vor Augen geführt. Prinzipiell und methodisch kommt noch hinzu, dass die Konfliktregelung Mediation im beanspruchten Unterschied zum (formalisierten) Rechtssystem selbst ein Modell direkter Kommunikation repräsentiert; in anonymen Organisationsformen gerät sie sozusagen mit sich selbst in Widerspruch. Auch Letzterer muss von ihr „gemanagt" werden; eine Form davon ist das „bewusste" Zulassen des Informellen.

Es birgt aber noch zwei weitere Möglichkeiten. Die erste hat vorbereitenden Charakter. Die eingerichteten Organisationseinheiten und ihr „punktueller" Charakter sind oft nicht dazu geeignet, alles „sofort auf den Tisch" zu legen. Umgekehrt denkt man auch in den Zwischenzeiten nicht dauernd an das Verfahren; mitunter sind Vorbereitungen auch mangelhaft, schließlich hat man meistens auch noch einen „Hauptberuf". Informelle Gespräche (und diese hier betreffen vor allem das Steuerungsteam) zwischendurch sind daher harte Reflexions- und Vorbereitungsarbeit; ein „privates" Überprüfen von eigenen Möglichkeiten unter Einbeziehung anderer Positionen, ohne mit ihnen konfrontiert zu sein. Wir kennen dieses Verfahren auch aus der Großwetterlage der internationalen Politik. Ein „neutraler" Vertreter reist ständig hin und her, bevor sich die Lage so gestaltet, dass ein Aufeinandertreffen der Konfliktparteien sinnvoll erscheint.

Die zweite schafft eine Brücke zu den Systemumwelten. Wie wir bereits dargestellt haben, ist jedes einzelne Mediationsverfahren nur dann erfolgreich, wenn es einen eigenen eingegrenzten „Sozialkörper" ausbildet. Dazu gehört auch „Grenzschutz". D. h., man kann nicht einfach und beliebig neue Gruppierungen aufnehmen. Diffuse Grenzen „ausgefranster" Randbereiche machen auch das Verfahren diffus. Nun kann man zwar seine Grenzen behaupten (das Mediationsverfahren am Flughafen Wien-Schwechat war vor allem in seiner letzten Phase ständig mit diesem Thema konfrontiert, und zwar nicht nur mit den hereindrängenden neuen Betroffenen. Ganz klar ist uns auch nicht geworden, ob die Evaluationsgruppe ein Element *im* Verfahren oder ein solches außerhalb, zumindest „grenzangesiedelt" ist), die potentiellen „Eindringlinge" wird man aber damit nicht los. Nun gibt es in dieser Situation zwei Möglichkeiten: Man erweitert und ergänzt das Verfahren, was letztlich nichts anderes heißt als einen neuen Sozialkörper an die Stelle des alten zu setzen, es beginnt also ein neues Verfahren, oder man nützt das Informelle. Das bedeutet, auf nicht organisierte und formalisierte Weise sich mit den neuen Umwelten in Verbindung zu setzen, ihre Wünsche und Absichten aufzunehmen und in das System hineinzutransportieren.

Neben diesen „Neuen" gibt es aber auch immer schon die „Alten", jene Umwelten, die sich aus dem Verfahren herausgehalten haben (hier steht nicht zur Debatte, ob zu Recht oder Unrecht), denen man aber besonders im Zusammenhang mit zu treffenden Entscheidungen einen bedeutenden Hintergrundeinfluss zurechnet (Landeshauptleute, Eigentümervertreter, Aufsichtsräte etc.). Es kann sehr wohl empfehlenswert sein, diese einerseits von den Geschehnissen, Zuspitzungen und anstehenden Entscheidungen rechtzeitig zu informieren (und nicht immer tun das die „eigenen" Leute in ausreichendem Maße bzw. sie werden einseitiger Sichtweisen verdächtigt), andererseits ihre Stellungnahme dazu einzuholen und weiterzutransportieren.

Die Beschreibung dieser vier Aufgabenfelder, die die Leitung eines Mediationsverfahrens wahrzunehmen hat, zeigt nicht nur, wie komplex und differenziert eine solche Leitung ist, sie weist auch auf die Notwendigkeit einer prinzipiellen und einer situativen Rollenklärung hin. Mediationsteam und Prozessprovider hatten eine längere Zeit ihre liebe Not damit; erst gegen Ende des Verfahrens gelang sie u. E. besser. Die Schwierigkeit einer prinzipiellen Rollenklärung hat meist zwei Ursachen: eine „historische" und eine emotionelle. Die historische besagt, dass selten eine Mediation dieser Art von Null ab beginnt. Es gibt Vorgeschichten, Bekanntschaften; jeder Mediator, jede Mediatorin steigt somit bereits mit einer bestimmten Rolle ein, die oft auch mit dem Selbstbild, das man sich zuschreibt, zusammenhängt. Im speziellen Verfahren gab es vor Beginn der Mediation bereits eine intensive Vorgeschichte einer Vorbereitungsgruppe, die der spätere Prozessprovider „zusammenstellte", koordinierte, für das Verfahren interessierte und reif machte. Ebenso wurde in dieser Vorgeschichte ein Großteil der informellen Kontakte begründet oder aus anderen Bekanntheitszusammenhängen genützt. Bevor also die Mediation begann, war bereits viel gelaufen, es gab persönliche Bindung, Prozesserfahrungen, Vertrauen, informelle Beziehungen und Netzwerke. Es wäre naiv gewesen zu meinen, dass man mit Mediationsbeginn diese Vorgeschichte ungeschehen hätte machen können. Wesentliche ihrer Elemente hielten sich daher auch bis zum Ende durch.

Unvermeidbar war allerdings zu Beginn des Verfahrens die Frage der Steuerung; schließlich war es trotz Vorgeschichte doch auch ein Neubeginn unter anderen, „geregelteren" Vorzeichen. Auch eine Rollenklärung war daher angeraten. Von den neu hinzukommenden Mediatoren und der Mediatorin – übrigens von der Vorbereitungsgruppe ausgewählt und zusammengesetzt, was im Sinne eines „Existenzgrundes" der Mediatoren und der Mediatorin psychologisch nicht unerheblich erscheint – wurde im Sinne ihrer Verantwortlichkeit nicht unverständlich die Übergabe der Steuerungsautorität verlangt. Die „Vorbereitungsautorität" sollte in die zweite Reihe treten. Ein Konflikt war strukturell unvermeidlich; und er hat sich u. E. zumindest bis zum Austritt eines Mediators durchgezogen. Naiv war u. E. die Vorstellung, man könne ein Verfahren so einfach übernehmen, ohne die Vorgeschichte substantiell zu berücksichtigen (alle bisherigen repräsentativen Teilnehmer an der Mediation schätzten die Leistung des Prozessproviders und wollten ihre Fortsetzung); berechtigt auch das Anliegen einer Neuordnung. Damit war eigentlich die prinzipielle Rollenklärung induziert, wurde aber im Sinne eines in den Vordergrund tretenden Konkurrenzkampfes zu wenig verfolgt. U. E. hing dies auch mit einer gewissen Unterschätzung der projekt- und organisationsdynamischen Aufgaben zusammen. Klar müsste es nämlich sein, dass Projektorganisation, Prozessgestaltung, und eine inhaltlich ausgerichtete Mediation nicht dasselbe sind. Dass man also auf die Rolle eines Prozessproviders, wer immer sie und wann ausüben mochte, in keinem Fall verzichten konnte.

Die emotionelle Seite einer Rollenklärung bildet aber meistens die noch größere Barriere. Sie hängt mit einer gegenseitigen Qualifikationseinschätzung und Bewertung zusammen. In einem Team, das ein derartig komplexes Verfahren steuert, muss jedem klar sein, und auch gegenseitig klar gemacht werden, wo individuelle Stärken, wo Schwächen liegen. D. h. nicht, dass man nun Rollen fixieren muss; gute Teams sind auch Bildungsinstitutionen, in denen man lernt, probiert und dafür Rückhalt hat. Es sollte dabei nur allen klar sein, worum es dabei jedem geht. Dass man sich, gegenseitig fremd oder nur flüchtig bekannt, gleich bei einem ersten Treffen über Stärke und Schwäche unterhält, ist unwahrscheinlich. Was aber Not tut, ist so etwas wie eine Teamentwicklung, ev. in einer Anfangsklausur, die auch die Qualifzierungsthematik nicht auslässt. Eine hier geschaffene Klarheit kann ungeheuer entlastend wirken und Konkurrenz in gegenseitige Unterstützung überführen; vor allem kann es dann weniger passieren, dass in konkreten Situationen vor Ort (im Forum, in Gruppen) verschiedene Personen mit gänzlich verschiedenen Konzepten unterwegs sind.

Letzteres kann auch ein Hinweis auf eine situative Rollenklärung sein. Es geht nämlich nicht bloß darum, die allgemeinen vier Aufgabenfelder schwerpunktmäßig zu besetzen, sondern auch in konkreten Situationen auf Designs bezogene Vorabsprachen zu treffen. Wer ist für die Inhalte zuständig, wer beobachtet den Prozess, wer führt durch das Design? Das bedeutet nicht den Vollzug einer zwanghaften Arbeitsteilung; im Grunde sollen immer alle auf alles schauen können und dementsprechend intervenieren. Unsere Kapazitäten und Fähigkeiten sind aber, wie wir wissen, beschränkt. Und daher empfehlen sich Fokussierungen. Für die Teilnehmer und Betroffenen bedeutet ihre Ankündigung auch strukturelle Sicherheit. Letztere ist gerade in schwierigen, unsicheren, diffusen Situationen von unschätzbarem Wert. Unsicherheiten werden nämlich dann verstärkt, wenn der Eindruck entsteht, dass die für die Leitung Verantwortlichen sich selbst nicht darüber einig sind, was gerade Diskussionsschwerpunkt sein soll.

Mediationen sind Organisationseinrichtungen „auf Zeit"; sie ähneln damit organisationsseitig dem Projektmanagement. Ursprünglich, in der Entstehungszeit von Institutionen und Organisationen, war man darauf aus, diese dauerhaft auf „Ewigkeit" hin einzurichten. Dies erreichte man durch funktionelle Arbeitsteilung und die damit einhergehende Austauschbarkeit von Personen (die Funktion, in der „Stellenbeschreibung" zum Ausdruck gebracht, bleibt, die Personen sind austauschbar) und durch mythologische, religiöse, ideologische Absicherungen; zu Letzteren zählen auch die vielen uns überlieferten Gründungsmythen, die sich bis in unsere nüchterne Zeit hinein auch bei Wirtschaftsunternehmen beobachten lassen. Strukturell sind Organisationen und Institutionen fast ausschließlich hierarchisch aufgebaut gewesen; und tatsächlich eignet sich dieser Aufbau am besten für die oben genannten Bedingungen (funktionelle Arbeitsteilung, koordiniert in jeweils „höheren" Informationsknoten = Vorgesetzte; und nicht zufällig heißt Hierarchie ja *„heilige"* Ordnung, Herrschaft). Historisch, traditionell sind daher, trotz aller Demokratieentwicklungen, Organisationen psychologisch-emotionell „aufgeladen". Wir verbinden mit ihnen Hierarchien und Dauerhaftigkeit.

Mediationen fordern aber geradezu das Gegenteil: Sie sind zeitlich beschränkt und gehen von symmetrischen Kommunikationen aus, d. h. von einer Gleichberechtigung der verschiedenen Verhandlungsgruppierungen und Partner. Selbst wenn der Eintritt ins Verfahren hierarchische Machtverhältnisse von außen mitbringt, haben die MediatorInnen für deren Abbau zu sorgen. Was aber zunächst aus diesem Gegensatz entsteht, ist ein Vakuum, das uns einigermaßen unbeholfen zurücklässt. Es ist verantwortlich für diverse Reaktionsformen. Die einen wollen überhaupt keine oder so wenig wie möglich Organisation, weil sie damit obige Vorstellungen verbinden („wenn schon keine Dauerhaftigkeit, keine Hierarchie, dann eben auch keine Organisation, diese fällt notwendigerweise in die bekannten Schemata zurück"), andere wiederum wollen schnell Struktur und Ordnung und rufen nach der dafür zuständigen Autorität. Diese gibt es aber in gewohnter Form nicht, also rätselt man herum, wer es sein sollte. Der Widerspruch lautet Steuerung von Selbststeuerung.

Hinzu kommen auch noch Erfahrungs- und Einstellungsdifferenzen. Vorstände von Wirtschaftsunternehmen haben mit Hierarchie und Organisation weniger Probleme als z. B. Bürgerinitiativen, die sich „legitimierter" fühlen als alle anderen zusammen. All dies trifft aufeinander und soll nun einen Prozess starten und irgendwie auch organisieren. Nun könnte man annehmen, dass diejenigen Gruppierungen, die sich am Verfahren beteiligen, bereits von vornherein „natürliche" Strukturierungselemente darstellen. Sie können zwar in einem „Forum" als einer ersten Instanz zusammengefasst werden, bald stellt sich aber heraus, dass dieses bereits aus quantitativen Gründen nicht arbeitsfähig ist. Also muss man Untergruppen bilden. Wer darf das aber, wer hat das Recht vorzuschlagen welche und auszuwählen, wer an ihnen teilnehmen soll? Am Anfang, zumal wenn man sich eher noch misstrauisch begegnet, und daher ein hohes Kontrollbedürfnis vorherrscht, ein heikles Fragepaket. Das Vertretungs- und Repräsentationsthema stellt sich in aller Schärfe und es wird klar, welche Verantwortung man zu übernehmen hat.

Wenn Mitgliedschaft in irgendeine Gruppe reklamiert wird, hat man darauf „automatisch" Recht? Wenn aber nicht, wer entscheidet? Mediation ist ja dem Anspruch nach ein Konsensverfahren: sollen auch alle Organisationslösungen im Konsens entschieden werden? Oder trennt man zwischen inhaltlichen und organisatorischen Entscheidungen? Müssen die befragt werden, die das Ganze bezahlen, zugleich aber selbst Teilnehmer des Verfahrens sind (organisatorische Differenzen kosten!)? Eine Aufgliederung der Gesamtorganisation in themenbezogene Untergruppierungen ist aber noch keineswegs ausreichend. Denn je mehr Untergruppen, umso größer das Koordinationsproblem. Eine zentrale Steuerungsgruppe wird benötigt (PSG) und auch eingerichtet. Sofort stellt sich damit aber die Frage nach den inneren Machtverhältnissen im Verfahren, denn Koordination bedeutet immer Macht; wie geht man im Gesamtsystem damit um? Gerade in letzterem Thema gibt es anlagemäßig eine hohe Empfindlichkeit bis hin zu einem „antihierarchischen Affekt". Also überlässt man sich lieber einer „Gleichheitsideologie", die von vornherein jede organisatorische Differenzierung erschwert. Sie hat auch noch einen weiteren Nachteil:

Die mitgebrachten Machtunterschiede werden eher zurückgestellt, fast fühlt man sich verpflichtet, so „gleich" zu sein wie die anderen. Nun gibt es kaum ein Verfahren dieser Art, das nicht Machtverhältnisse mitbringt. Sie sind auch im Verfahren allgemein bekannt, und wenn sie nicht geklärt werden, ist außerdem den Phantasien keine Grenze gesetzt. So kann der Flughafen z. B. noch so „gleich" tun, man glaubt es ihm nicht; erstens, weil er die Mediation bezahlt, zweitens, weil hinter ihm diverse Machtinteressen stehen, die nicht so ohne weiteres Verzicht leisten können, schließlich, weil die generelle Dominanz der Ökonomie auch kein Geheimnis ist. Gleichheitsideologien verschleiern so eher auch die Rahmenbedingungen, unter denen die Mediation steht, und verhindern die Thematisierung realer Machtverhältnisse und ihrer Bedeutung für den Prozess. Die Zurückhaltung ist psychologisch durchaus verständlich, vor allem jene betreffend, die letztlich die Macht, die mitgebracht wurde, repräsentieren. Man fürchtet an Glaubwürdigkeit zu verlieren und den eigenen guten Willen, sich auf gemeinsame Entscheidungen einzulassen, von vornherein zu desavouieren; den anderen ihre Ohnmacht bzw. geringe Chance vorzuführen; schließlich jenen Vorschub zu leisten, die im Verfahren ohnehin nur eine Farce, ein großes Ablenkungsmanöver sehen. Die Vorsicht hat aber ihren Preis: Es dauert lange, bis man so weit ist, hier Klarheiten herzustellen. Von vornherein „Mächtigere" haben es insofern prozessbezogen in einer Mediation immer schwer, ihre Bereitwilligkeit „nachzuweisen", d. h. teilweise auf ihre Macht zu verzichten, den anderen plausibel zu machen. Dem Flughafen ist dies, trotz aller „Rückfälle", unserer Beobachtung nach vor allem durch das gezeigte Engagement gelungen; der AUA weniger und dies mit „beschränkter Haftung". Wie schwierig es aber auch für Erstere war, konnten wir ebenso erfahren; wann soll man mit den unverzichtbaren Bedingungen kommen, ohne dass die Konfliktpartner dies als reine Machtdemonstration ansehen?

Wie soll man seine Flexibilität, seine Kompromissbereitschaft unter Beweis stellen, wenn man selbst noch nicht genau weiß, wie ein Endergebnis aussehen kann? Es ist eben schwierig, die „Realdialektik" der Macht in den Griff zu bekommen. Anfragen nach ihr (was ist verhandelbar, was nicht) werden zunächst mit einer Generalversicherung beruhigt. Sie lautete im gegebenen Fall, wie wir bereits wissen: „prinzipielle Ergebnisoffenheit". Diese Wendung ist ein Produkt der Gleichheitsideologie. Die Dialektik der Macht besteht nämlich darin, dass zu ihrer Aufrechterhaltung (des Flughafens gegenüber Konkurrenten, der AUA ebenso), zu ihrer Existenzsicherung, unverzichtbare Bedingungen Voraussetzung sind. Nur innerhalb derer gibt es Ergebnisoffenheit, also „Machtverzicht"; hier gibt es auch Spielraum und dieser ermöglicht eine beschränkte Offenheit.

Die Macht der BIs ist zunächst keine reale, sondern eine „ideelle". Sie können zwar real unangenehm werden, zeitweise die Medien auf ihre Seite bekommen, vielleicht auch politischen Einfluss nehmen. Ihre rechtliche Ausgangsposition ist aber, wie viele UVPs zeigen, doch recht schmal. Durch ein Mediationsverfahren wird aus der ideellen Macht eine reale. Sie besteht zunächst allerdings nur, und daher eher abstrakt, in einer *Anerkennung*. Man sieht sie nicht als bloße Feinde, der Einbezug in das Verfahren macht sie zu Verhandlungs*partnern*. (Die Anerkennungsseite wurde von vielen auch dementsprechend hervorgehoben.) Ihre eigentliche Macht aber ist die „Ermächtigung" im Prozess (wie sie verhandeln, was sie an Wissen einbringen, wie sie mit ihren Positionen umgehen etc.) und diese findet ihren Niederschlag im Ergebnis. Ein Scheitern der Mediation wäre somit zwar für den einen oder anderen im Sinne des Ideellen vorteilhafter gewesen (man muss auf nichts verzichten, behält eine „reine Weste", steht zwar als Verlierer, aber „moralischer Sieger" da), hätte zugleich aber ihre Ohnmächtigkeit unter Beweis gestellt. Betrachtet man Innen- und Außenverhältnisse im Vergleich, so zeigt sich die Doppelbödigkeit jedes Ergebnisses aus der genannten Dialektik der Macht. Im Inneren war erlebbar, was erreichbar ist, was man sich auch gegenseitig abringen konnte. Man *muss* mit dem *Möglichen* zufrieden sein. Die Umwelten draußen hingegen haben diesen Lernprozess nicht mitgemacht und stehen somit meist noch im anfänglichen „Fundamental-Dualismus". Die im Verfahren beteiligten „Fundis" mussten sich aus ihm zurückziehen, konnten aber dabei im Ideal stehen bleiben. Ebenso die draußen Gebliebenen; sie mussten sich ja nicht bewegen. Also neigen sie zur Abwertung der Ergebnisse und sehen in ihnen nur eine weitere Machtdemonstration der vorher schon Mächtigen.

Psychologisch kann hier noch ergänzt werden, dass Konfrontationen und Gegnerschaftsmodelle gern personalisieren und individualisieren. Wie früher schon ausgeführt, wird auch in dieser Einzelmediation ein weit über sie hinausgehender Systemwiderspruch (mit)behandelt (der zwischen der Eigenlogik wirtschaftlich-technologischer Dominanz und der von Bedürfnis und Lebensqualität). Systemwidersprüche sind aber zu abstrakt und allgemein; außerdem besteht immer eine große Verlegenheit in der Frage, wie man einen solchen generellen Widerspruch aufnimmt; Ohnmachtsgefühle stellen sich ein. Anders, wenn man ihn konkretisieren kann. Da kommt ein Flughafen gerade recht, ebenso unmittelbar betroffene, „leidende" AnrainerInnen etc. Diese „RepräsentantInnen" des abstrakten Widerspruchs sind da, direkt angreifbar, sind in mediale Bilder zu rücken, befriedigen voyeuristische Bedürfnisse etc. Was dabei aber gern übersehen wird, ist wiederum die Repräsentantenrolle. Im Grunde sind die einzelnen Unternehmen selbst nur die Akteure des Widerspruchs, manchmal sogar nur seine Marionetten. Zu schnell nimmt man sie aber als Subjekte, als die eigentlichen Machthaber, prügelt sie, weil man sich an den zugrunde liegenden Widerspruch nicht heranwagt. Seine „Lösung" bedürfte aber anderer als vereinzelter Mediationsverfahren. Das geschilderte Verhalten verstellt aber den Blick auf Möglichkeiten bzw. deren Entwicklung. Weil aber diese Ebenenvermischung immer Diffusität erzeugt, Möglichkeiten und Unmöglichkeiten durcheinander bringt, werden sich wahrscheinlich auch in Zukunft Teilnehmende und Außenstehende in zwei Parteien trennen. Die einen, die die beschriebene Art der Ergebnisse erreichen und diese auch schätzen können, die anderen, die – auch mit gewissem Recht – an der Ungelöstheit des Systemwiderspruches festhalten, sich daher auch niemals mit Teilkompromissen zufrieden geben können.

Zurück aber zu den Struktur- und Verfahrenswidersprüchen. Der wesentliche Unterschied zwischen einem „gewöhnlichen" Projektmanagement und seiner Organisation zu einer Mediation, wie sie hier vorliegt, besteht darin, dass es vorerst keine Organisation gibt, für *die* das Projekt eingerichtet wird. Zwar gibt es eine bezahlende Instanz, in der Mediation ist sie aber selbst wie alle anderen teilnehmend. Es muss sich also eine auftraggebende Instanz erst konstituieren. Was wir schon im Bisherigen beschrieben haben, waren das die Aufgaben, Probleme und Schwierigkeiten, die mit dem Thema *„Selbstorganisation"* verbunden sind. In dieser "creatio ex nihilo", diesem Münchhausenakt, sich selbst am eigenen Zopf aus dem Sumpf zu ziehen, sind wir weder historisch noch persönlich eingeübt. Für komplexere Mediationsverfahren gibt es auch kaum Vorbilder und übertragbare Erfahrungen. Auch Vereinsgründungen (eine Form demokratischer Selbstorganisation) können nicht herangezogen werden, da ihre gesetzliche Verfasstheit (Statutenregelung) nicht unbedingt auf ein Mediationsverfahren übertragbar ist. Eine zusätzliche Schwierigkeit ergibt sich auch daraus, dass *eine* Organisation aufgebaut werden soll, deren „Bestandteile“ sich im Konflikt, zumindest im Interessengegensatz miteinander befinden. „Normale“ Projekte verfolgen meist ein Interessenziel der auftraggebenden Organisation und haben nicht von vornherein diese konfliktuöse Ausgangssituation (diese kann sich natürlich auch mit der Zeit einstellen). Sie ist gezwungen, den Aktionsschwerpunkt sozusagen umzustellen. Sie muss sich vorerst einmal darum kümmern, eine Organisation auf die Beine zu bringen, die sich *danach* erst mit den inhaltlich mitgebrachten Konflikten beschäftigen kann (eine Vorbereitungsgruppe muss eingerichtet werden, die eine Form schafft, eine Vereinbarung = Verfassung beschließt und die strukturiert werden muss, damit sie arbeitsfähig wird). Dieser Prozess geht aber natürlich nicht reibungslos vor sich; schließlich ist es ja wichtig, dass man sich und sein Interesse geeignet positioniert, darauf achtet, nicht sofort in eine organisatorische Randposition zu kommen. Zusätzliche Konflikte entstehen und müssen bearbeitet, gelöst werden. Dies ist vor allem dann umso schwieriger, wenn man sie bloß agiert und nicht analysiert. Es ist aber der Ebenenwechsel, wie wir schon festgestellt haben, nicht so leicht, zumal man ja mit einem anderen Interesse, einem anderen Focus ins Verfahren eingetreten ist.

Diese Phase der Selbstorganisation wird von Teilnehmenden nicht nur als mühsam, manchmal chaotisch, oft zeitfressend erlebt, es gibt so ein Wechselbad zwischen Ungeduld und Ohnmacht. Die eher „Organisationsgewohnten“ verstehen die „Wenn-und-Abers“ anderer oft nicht, wollen schneller im Inhalt vorankommen, merken aber, dass sie nicht einfach Autorität für Beschleunigung sein können. Auch Mediatoren tun sich in diesem Selbstorganisationsprozess nicht leicht. Denn erstens stellt er ein ganz anderes Thema dar als die zu bearbeitenden Inhalte und zweitens kommt man, wenn man nicht gut aufpasst, leicht in den Verdacht, nicht „neutral“ zu sein; so war im Verfahren zu beobachten, dass auch von den Mediatoren, der Mediatorin Organisationsentscheidungen an die Teilnehmenden zurückgespielt wurden. Auch wenn man sich damit immer wieder schwer tat; die Trennung von Prozesssteuerung und Mediation kann in diesen Phasen durchaus Sinn haben; allerdings muss man sich darauf einigen und ein klares Rollenbild vermitteln.

Die Mühseligkeiten, das „Aufschieben“ der Inhalte, Ohnmachtsgefühle etc. mögen emotionell belasten und daher negativ empfunden werden, sie haben aber auf der anderen Seite ihren unverzichtbaren positiven Sinn. Man müht sich *gemeinsam* ab, lernt sich dabei kennen, sieht im anderen nicht mehr nur den Gegner, sondern jemanden, der „mitbaut“. Es bleibt immer fraglich, ob man sich bei komplexeren Mediationen, die ebenso komplizierte Selbstorganisationsprozesse induzieren, sofort auf die Inhalte „stürzen“ kann – wahrscheinlich nicht. Der Aufbau der Projektorganisation ist demnach jener *vorgeschaltete* Prozess, der es erst ermöglicht, die Starrheit der Positionen später in Bewegung zu bringen. Konsens- und Kompromissbereitschaft müssen erst *entstehen* und die Vorübung dafür passiert weniger im Inhaltlichen, eher im Emotionellen, Sozialen, Kommunikativen. Letzteres braucht *seine* Zeit, die sich nicht beliebig beschleunigen lässt (dieses Zeitphänomen kann übrigens auch in konsenspolitischen Vorhaben beobachtet werden: Sozialpartnerschaftliche Verhandlungen dauern im Allgemeinen länger als „demokratische“ Mehrheitsentscheidungen; „speed kills“, diese Wendung ist nicht am Verhandeln interessiert).

Die erwähnte „Vorübung“ hat noch eine weitere Konsequenz, die sich für das Verfahren positiv auswirkt. Sie „bindet“ aneinander und lässt Resignationsphasen leichter überwinden; sie sorgt für Einsatzbereitschaft, Zeitopfer bis hin zur „Selbstausbeutung“. Die kontroversen Inhalte und Interessen könnten diese Prozessvoraussetzungen niemals schaffen. Es findet nämlich so etwas wie eine allmähliche Trennung von Interesse, Sache und Person statt. Zu Beginn, wenn man sich noch nicht so gut kennt, wird meist die Person, der Repräsentant, die Vertreterin mit dem von ihr Dargestellten, d. h. ihrer Sache identifiziert. Es findet so etwas wie eine „Verobjektivierung“ von Personen statt, die durchaus verständlich ist. Im folgenden Prozess wird aus den Objekten allmählich ein Subjekt, d. h. eine Person, die weit mehr ist als die Sache, die sie vertritt (im Allgemeinen wird die „Menschwerdung“ positiv empfunden; aber nicht immer; manchmal offenbart sich hier auch persönlicher *Eigensinn,* der auf sich beharrend ebenso Gefahr läuft, sich selbst zum Objekt zu machen). An das beschriebene Geschehen kann also die Anschlussvermutung angehängt werden, dass die Verhandlungsbereitschaft über die Entdeckung von Personen hinter den Inhalten läuft, über die auch dann kommunikative Kollektivität und Vernetzung entsteht.

Eine positive und eine negative Seite dieser Entwicklung zur Ergänzung: Die negative besteht in der Tatsache der Verführbarkeit, dass man in der eigenen Sache zu nachgiebig wird (wozu allgemeines Duzen und die Verbreiterung einer kumpelhaften Atmosphäre oft der erste Schritt sind). Hier spielt die Kategorie der „Fairness“ eine große Rolle, die von der Prozessleitung daher auch immer wieder an geeigneter Stelle in Erinnerung gebracht werden soll. Die positive Seite zeigt sich einmal in der genannten Disziplin der Selbstverpflichtung (Selbstorganisation verlangt Selbstbindung) und im „guten Willen“, ein geeignetes Ende herbeizuführen. „Scheitern“ darf eigentlich nicht sein, die gemeinsame Geschichte darf nicht einfach ausgelöscht werden. Ein Ergebnis ist wie ein gemeinsames Kind, das für eine gute Zukunft vorsorgt, auf das man auch stolz sein will. Wie intensiv die Gefühlslage in diesen Zusammenhängen ist, kann aus verschiedenen Äußerungen zum Ende des Mediationsprojektes entnommen werden. Zunächst konnte man fast vermuten, dass niemand, trotz aller Belastungen und Ermüdungserscheinungen, ein Ende wollte; dass immer wieder hinausgeschoben wurde („vorläufige" Beschlüsse gefasst wurden); dass es fast eines „Gewaltaktes" bedurfte, den Abschluss herbeizuführen; dass man jetzt, danach, zwar die Pause genießt, dennoch aber den Eindruck erweckt, noch nicht losgekommen zu sein. Emotionell keineswegs verwunderlich, hat sich doch in diesem Langzeitverfahren ein Stück Lebensgeschichte ereignet. Hat sich aber auch wirklich ein Ende eingestellt? Das Mediationsverfahren ist nun zwar zweifellos zu Ende; es bleiben aber das Ergebnis und der Grundwiderspruch. Im Dialogforum hat sich – so es funktioniert – die Mediation in gewissem Sinn „verewigt". Auch für personelle Kontinuität mit „Vätern und Müttern" des Verfahrens ist zunächst gesorgt. Ihnen scheint klar zu sein, was auf sie zukommt, dass die Arbeit weitergeht. Dennoch ist ein „Bruch" zu bewältigen. Das mag eine Aufgabe der neuen Geschäftsführung sein. Eine von allen als bedeutsam und schwierig angesehene Position und Rolle – zumal, wenn es sich tatsächlich um jemand Neuen, Fremden handelt, auch er selbst das Problem darstellt, das er zu lösen hat. Die Bewährungsprobe des Forums steht noch aus. Es hat vor allem bereits jetzt absehbare Strukturschwierigkeiten zu bewältigen (die Finanzierungsthematik, in sich gespaltene Bürgerinitiativen, seine Trennung vom Umweltfonds, eine mögliche Konkurrenz zum Nachbarschaftsbeirat, das Wiederaufbrechen politischen Partikularinteresses etc.).

Literatur

Falk, Gerhard/Heintel, Peter/Krainz, Ewald E. (Hrg.): Handbuch Mediation und Konfliktmanagement. Wiesbaden, VS Verlag für Sozialwissenschaften 2005.

Heintel, Peter: Widerspruchsfelder, Systemlogiken und Gruppendialektiken als Ursprung notwendiger Konflikte. In: Falk, Gerhard/Heintel, Peter/Krainz, Ewald E. (Hrg.): Handbuch Mediation und Konfliktmanagement. Wiesbaden, VS Verlag für Sozialwissenschaften 2005.

Heintel, Peter/Krainer, Larissa: Mediation im öffentlichen Raum In: Grossmann/Scala (Hrg.): Das öffentliche Organisieren. Wien, New York, Springer 2004 a (=iff texte. Band 8).

Heintel, Peter/Krainer, Larissa: Mediation, Macht, Gerechtigkeit. Mediation macht Gerechtigkeit. In: Mehta/Rückert (Hrg.): Streiten Kulturen? Konzepte und Methoden einer kultursensitiven Mediation. Wien, New York, Springer 2004 b.

Mediation und Öffentlichkeitsarbeit

Larissa Krainer

1. Theoretische Vorbemerkungen

Kein Zweifel: Menschenrechte sind eine abendländische Idee. Was auch kein Wunder ist, sind sie doch gleichsam Ausfluss einer der vorzüglichsten Traditionen des Abendlandes: der europäischen Aufklärung und ihren spezifischen Vorläufern[1] auf der Ebene der Grund- und Freiheitsrechte. „Habe Mut, dich deines Verstandes zu bedienen", rief Immanuel Kant seinen Zeitgenossen zu und forderte vom Staatsoberhaupt (Friedrich II), dass der öffentliche Vernunftgebrauch jederzeit möglich sein müsse.[2] Ein Grundprinzip aller modernen Demokratien pocht seitdem auf zweierlei Rechte: Jenes der Meinungsäußerungsfreiheit und jenes der Informationsbeschaffungsfreiheit.[3] Ihm zugrunde liegt freilich ein weiteres, nämlich das der prinzipiellen Gleichberechtigung aller Individuen in Staaten. Weniger klar hingegen ist bislang, wie das potentielle Recht aller, auch an der Staatsführung zu partizipieren, in die Tat umgesetzt werden könnte, wie partizipative Demokratie im Unterschied etwa zu der derzeit praktizierten repräsentativen Demokratie aussehen könnte.[4]

Der Soziologe und Philosoph Jürgen Habermas ist solchen Überlegungen seit seinen frühen Schriften nachgegangen. Im „Strukturwandel der Öffentlichkeit"[5] (1962) hat er auf historischer Ebene die Veränderungen der politisch-gesellschaftlichen Kommunikationsformen nachgezeichnet und auch den Funktionswandel von Medien hin zu ihrer zentralen Rolle als Vermittler von Öffentlichkeit beschrieben. In späteren Werken, insbesondere in seiner „Theorie des kommunikativen Handelns"[6] (1981), hat er sich zentral der Frage nach der Herstellung von idealen Diskursen und partizipativen Möglichkeiten demokratischer Kommunikations- und Entscheidungsformen gewidmet. Dabei ist er – wenig verwunderlich – auf die moralisch-ethische Dimension des Themas gestoßen, was ihn letztendlich zur Formulierung der „Diskursethik"[7] (1983) geführt hat. All diesen Werken sind zentrale Basis-Forderungen für eine gleichberechtigte Diskussions- und Entscheidungskultur zu entnehmen, wobei in wei-

---

1 Vgl. z. B. die frühen englischen Rechtskonventionen wie etwa die Magna Charta Libertatum (1215), die Habeas Corpus Akte (1679) oder auch die „Virginia Bill of Rights" (1776) zur US-Verfassung.

2 Vgl. Kant 1997, S. 53 ff.

3 Rechtlich verankert sind diese Prinzipien sowohl auf der Ebene der Menschenrechtskonventionen als auch im Sinne diverser Ratifizierungen auf nationalstaatlicher Ebene bzw. auch im Sinne des Verfassungsranges, der ihnen in den meisten demokratische Staaten zugebilligt wurde.

4 Vgl. dazu Heintel: Mediation und Politik.

5 Vgl. Habermas 1991.

6 Vgl. Habermas 1981.

7 Vgl. Habermas 1983.

terer Folge nur auf jene Diskursregeln Bezug genommen werden soll, die in Hinblick auf das Recht der Partizipation relevant erscheinen. Sie betreffen jeweils Rechte in Hinblick auf Zugang zu Diskursen und Verhaltensrichtlinien innerhalb derselben.

Konflikte aller Art (wirtschaftspolitische, umweltrelevante, ethische etc.) bedürfen, so sie demokratische Bearbeitungsverhältnisse und Verhandlungsstrukturen herstellen wollen, darüber hinaus noch der Verpflichtung zur Herstellung von Transparenz, und zwar sowohl innerhalb der eigenen Strukturen als auch über sie hinaus, im Sinne einer allgemeinen Transparenz und Öffentlichkeit. Wenig Wunder nimmt es da, dass Roland Burkart anhand einer Analyse verschiedener Planungsverfahren von Sondermülldeponien in Niederösterreich „Public Relations als Konfliktmanagement" (1993) beschrieben hat. Dass Public Relations (PR) im Ansehen der Öffentlichkeit ein sehr divergentes, mitunter auch (zu Recht) höchst misstrauisch beäugtes Feld sind, dessen Nähe zu Werbung, Marketing und anderen verkaufsbezogenen Strategien nicht immer leicht abzustreiten ist, ist hinlänglich bekannt. In ihren Prinzipien aber sind andere Prämissen festgelegt: Jenes der umfassenden Herstellung von Transparenz, der Information mit dem Ziel der Vertrauensschaffung oder auch jenes der Beziehungspflege eines Unternehmens, einer Organisation oder einer Institution zu ihren Zielgruppen, die nicht zufällig häufig auch mit „Dialoggruppen" umschrieben werden. Die Definition dieser Dialoggruppen wird in der gängigen PR-Literatur immer als ein zentrales Moment strategischer Planung von Öffentlichkeitsarbeit beschrieben, und als unabdingbarer Bestandteil jeder Konzeptionstechnik.[8] Dabei können Dialoggruppen unterschiedlich gruppiert werden, etwa nach aktiven, passiven und latenten Gruppierungen oder auch im Sinne aller Stakeholder (Anspruchsgruppen[9] oder auch Bezugsgruppen), wobei in dieser Betrachtungsweise etwa betroffene Anrainer und Shareholder (Eigentümer, Aktionäre) auf einer Ebene angesiedelt werden, zumindest in Hinblick auf ihr prinzipielles Recht, Informationen über das Unternehmen, die Organisation oder die Institution zu erhalten. Öffentlichkeitsarbeit lässt sich schließlich idealiter als „Arbeit in der Öffentlichkeit, für die Öffentlichkeit und mit der Öffentlichkeit"[10] beschreiben, was ihre Mehrfachdimensionen kennzeichnet. „In der Öffentlichkeit" meint, sich aus dem je eigenen Bereich in eine breitere Öffentlichkeit hinauszuwagen. PR als Arbeit „für die Öffentlichkeit" meint, sich nicht nur den eigenen Interessen, sondern auch jenen der Ziel- und Dialoggruppen verpflichtet zu fühlen und die „Arbeit mit der Öffentlichkeit" meint, den Dialog als interaktives Moment mit allen relevanten Teilöffentlichkeiten aufrecht zu erhalten, mit diesen zu kooperieren und nicht gegen sie zu arbeiten.[11] Im Sinne dieser prinzipiell demokratisch positi-

8 Vgl. dazu beispielgebend: Dörrbecker/Fissenewert-Großmann 1996.
9 Vgl. dazu beispielgebend: Karmasin 1998.
10 Vgl. Oeckel 1964, S. 36.
11 Vgl. Hopfgartner/Nessmann 2000, S. 13 f.

ven Grundlegung von PR soll im Folgenden versucht werden, auch ihre Prinzipien als Herausforderungen für die Herstellung idealer Kommunikations- und Informationsformen zu berücksichtigen.

In Zusammenführung der dargestellten Grundlegungen lassen sich demnach folgende Anforderungen an ideale Diskurse, in denen öffentlich relevante (weil eine breite Öffentlichkeit betreffende) Konflikte bearbeitet werden können, formulieren:

Auf der Ebene des Zugangs- und Teilhaberechtes sowie auf der Ebene der inneren Kommunikationskultur gehören dazu (in Anlehnung an Habermas[12]) folgende Aspekte:

- Jedes sprach- und handlungsfähige Subjekt, das vom zu verhandelnden Gegenstand (Konflikt) potentiell betroffen ist, muss das Recht auf Partizipation (Zugang und Mitwirkung) im Diskurs haben.
- Jedes sprach- und handlungsfähige Subjekt muss Zugang zu allen Informationen erhalten, die im Diskurs (Konfliktverfahren) als Basis einer Meinungsbildung notwendig sind. Davon betroffen sind einerseits alle Informationen, über die (nur) einzelne TeilnehmerInnen verfügen, wie auch alle Informationen, die innerhalb des Verfahrens generiert werden (z. B. Expertisen).
- Jede Teilnehmerin, jeder Teilnehmer muss das Recht haben, alle ihr/ihm relevant erscheinenden Dinge (auch Meinungen, Positionen) zu nennen und auszusprechen.
- Niemand darf daran gehindert werden, seine/ihre genannten Rechte wahrzunehmen.

Neben diesen Rechten ereilen die Teilnehmenden aber durchaus auch Pflichten. Das Prinzip der *Wahrheitspflicht* verlangt erstens danach, nur zu sagen, was für wahr gehalten wird und wofür auch entsprechende Evidenzen (für alle anderen nachvollziehbare Begründungen) angeführt werden können, zweitens danach, sich um ein gegenseitiges Verständnis zu bemühen und drittens danach, nach „geteilter Wahrheit“ (in der Sprache der Konflikttheorie also auf Kompromiss, Konsens) zu streben. Das Prinzip der *Wahrhaftigkeit* schließlich verlangt von den Teilhabenden, ihre eigenen Hintergründe (ihr Herkommen, ihre institutionelle Zugehörigkeit) offen zu legen und damit auch die mit dieser Herkunft verbundenen Interessen transparent zu machen. Das Prinzip der *Gerechtigkeit* schließlich umfasst erstens nochmals das Recht aller, teilzunehmen (Habermas nennt es „Partizipation“), zweitens das Prinzip, dass niemand ausgeschlossen werden darf (nach Habermas: „Emanzipation“) sowie drittens den Auftrag an alle, die teilnehmen, jene zu vertreten (für Habermas „Advokati-

12 Vgl. Habermas 1983, S. 99.

on"), die nicht oder noch nicht teilnehmen können (z. B. Kinder oder der Diskurssprache nicht Mächtige etc.).[13]

Diese Ansprüche nach Habermas haben vielfach zu kritischen Anmerkungen geführt. Im vorliegenden Zusammenhang erscheint mir vor allem ein Aspekt von besonderer Relevanz: Das Recht aller auf Partizipation (Teilnahme) schweigt nämlich darüber, wie die daraus resultierenden Großgruppen oder gar Massen noch kommunikations- oder gar entscheidungsfähig sind. Peter Heintel hat in seinem Entwurf einer Prozessethik[14] aus dem Erfahrungshorizont der Gruppendynamik auf diese konstitutionelle Entscheidungsunfähigkeit (in direkter Kommunikation) hingewiesen und auch darauf, dass es demzufolge strategischer Überlegungen bedarf, wie Organisationsformen für solche Diskurse aussehen könnten. Ich habe an anderer Stelle dafür die Einrichtung von Feedbackstrukturen und adäquaten Rückkoppelungsverfahren zur Großgruppe vorgeschlagen und auch eine modellhafte Konzeption entworfen[15].

In der Pragmatik der Realität ist demnach immer davon auszugehen, dass einzelnen InteressenvertreterInnen von größeren Interessengruppen als DiskursteilnehmerInnen delegiert werden, dass also die eingerichteten Diskurse wiederum im Sinne von Repräsentantenstrukturen bestehen werden. Wichtig erscheint hier allerdings nochmals der Hinweis auf die Verpflichtung zur Advokation, also der Stellvertretung derer, die nicht teilnehmen. Und geradezu unabdingbar erscheint hier auch die Notwendigkeit einer begleitenden Maßnahme zur Herstellung von Transparenz, die es jenen, die nicht oder auch nur partiell teilnehmen[16], ermöglicht, zumindest einen gewissen Einblick in den Diskurs (das Konfliktverfahren) und seinen Verlauf zu nehmen. Damit sind wir unweigerlich wiederum beim Thema der Öffentlichkeitsarbeit angelangt, wobei hier sowohl die interne Öffentlichkeitsarbeit (bezogen auf alle Mitwirkenden) als auch die externe Öffentlichkeitsarbeit (bezogen auf alle potentiell betroffenen, aber nicht partizipierenden Dialoggruppen) von Relevanz sind.

Aufgaben der internen Öffentlichkeitsarbeit wären etwa folgende:

- Gemeinschaftliche Vereinbarung von Terminen und Treffen unter all jenen, die in den Subgruppen betroffen sind;
- Informationen über interne Verfahrensabläufe (Termine, Veranstaltungen etc.) für alle, im Sinne einer Herstellung von Transparenz über aktuelle Geschehnisse im Verfahren;

[13] Vgl. Habermas nach Arens 1996, S. 73 ff.
[14] Vgl. Heintel 1998.
[15] Vgl. Krainer 2001.
[16] Die Diskussion der Repräsentantenproblematik bleibt an dieser Stelle ausgespart, vgl. dazu Heintel: Mediation und Politik.

- Schaffung der Möglichkeit des Zugangs aller zu allen vorhandenen Informationen (Protokollen, Ergebnissen, Expertisen, Unterlagen etc.), um dem Ideal einer „Chancengleichheit im Wissen“ nahe zu kommen;
- Gewährleistung eines potentiellen Zugriffs auf einen gemeinsamen „Wissensspeicher“, um zu verhindern, dass individuelle Archive lückenhaft und unvollständig sind und um möglichst sicher zu stellen, dass eine gemeinsame Wissensbasis in Bezug auf das Verfahren (zumindest technisch) hergestellt wird.

Aufgaben der externen Öffentlichkeitsarbeit wären beispielsweise:

- Möglichkeiten zu schaffen für jene, die nicht unmittelbar (oder nur via Stellvertreter) im Verfahren beteiligt sind, Zugang zu Basisinformationen zu erhalten, die mindestens ein Nachvollziehen des Voranschreitens im Verfahren auf inhaltlicher Ebene ermöglichen;
- Vertrauen der Öffentlichkeit in das Verfahren selbst zu schaffen, nämlich im Sinne einer gewählten Konfliktbearbeitungsmethode und dabei zeitgleich auch Verständnis zu erzeugen für ihre möglichen Vor- und Nachteile (z. B. Konsensorientierung, Bürgerbeteiligung etc. versus Zeitaufwand, Verfahrenskosten etc.).Die Koppelung von strategischen Zielen der Öffentlichkeitsarbeit (z. B. Vertrauen, Transparenz herzustellen) und der Definition von internen und externen Ziel- oder Dialoggruppen ermöglicht es schließlich, zur Planung von PR-Maßnahmen voranzuschreiten, die einer möglichst effizienten und adäquaten Verwirklichung der Vorhaben gerecht werden können.

Und damit zu einer letzten theoretischen Anmerkung in Bezug auf das Verhältnis von Öffentlichkeitsarbeit und Konfliktregelung, also auch der Mediation. Eine Betrachtung der beiden theoretischen Felder lässt deren Naheverhältnis unmittelbar evident werden. So geht beispielsweise das Modell der „verständigungsorientierten Öffentlichkeitsarbeit“ (nach Burkart) von folgenden Phasen des kommunikativen Ablaufs aus: der „Informationsphase“ (Begriffsklärung, Beschaffung von Hintergrundinformationen, Durchführung von Folgeabschätzungen, Klärung von Verantwortlichkeit und Zuständigkeiten sowie von Legalität und Moralität des Vorhabens), der „Diskursphase“ (Auseinandersetzungs- und Einigungsphase, Entwicklung gemeinsamer Planungsschritte) sowie dem „Einverständnis“ (konnte zwischen den KontrahentInnen auch tatsächlich Einverständnis erzielt werden, das Bestand haben kann?).[17] Burkarts Interesse ist freilich zentral der Frage gewidmet, ob die verwendeten PR-Maßnahmen strategisch sinnvoll eingesetzt wurden und welchen Beitrag diese zur Herstellung von Konsensen leisten konnten. In der jüngeren Vergangenheit hat die

[17] Vgl. Burkart 1993, S. 42 ff.

Praxis immer häufiger gezeigt, dass die Kooperation von PR- und Mediationsfachleuten ein sinnvoller Weg in der Bewältigung von Konflikten umfassender Dimensionen ist.[18] Insofern scheint die Praxis einmal mehr der Theoriebildung einen Schritt voraus zu sein.

Hier auch auf theoretischer Ebene eine interdisziplinäre Synthese zu schaffen (im Sinne einer Kombination von Konflikttheorie, Gruppendynamik, Organisationstheorie und Kommunikationswissenschaften), erschiene mir eine konstruktive Weise, der realen Konfliktbearbeitung sinnvolle theoretische Hinweise zur Seite zu stellen. Hierzu liegen erste Überlegungen vor, wir stehen aber doch erst am Anfang. Die Analyse der kommunikationstheoretischen Zugangsweise vermag aber unzweifelhaft zu verdeutlichen, dass ein Schluss zulässig ist: Konfliktverhandlung ist ein interdisziplinäres Geschäft. Es braucht Wissen und Können in mehrerlei Hinsicht:

- in Bezug auf die Fähigkeit zur Steuerung von Verhandlungsprozessen (unmittelbare Mediation, Verfahrensebene);
- in Bezug auf die Kenntnis gruppendynamischer Erfahrungswerte (z. B. hinsichtlich der Grenzen der Entscheidungsfähigkeit in direkter Kommunikation) sowie
- in Bezug auf die daraus resultierenden Anforderungen in Hinblick auf die Einrichtung geeigneter organisatorischer Strukturen in solchen Verfahren (Organisations- und Prozessebene);
- in Hinblick auf die Planung und Steuerung kommunikativer Prozesse, die über die Ebene des unmittelbaren Verfahrens (Mediation) hinausgehen und alle Ebenen der verfahrens-, prozess- und organisationsbezogenen, der internen wie externen Öffentlichkeitsarbeit betreffen, im Dienste der Herstellung von Transparenz;
- schließlich bedarf es auch einer juristischen Kompetenz, die vor allem dann gefragt ist, wenn Vereinbarungen und Verträge von nachhaltiger Tragweite getroffen oder geschlossen werden.

2. Öffentlichkeitsarbeit und Kommunikationsarbeit am Beispiel des Mediationsverfahrens am Flughafen Wien-Schwechat

Eine konsequente Trennung der Bereiche Mediation und Öffentlichkeitsarbeit erscheint weder besonders sinnvoll, noch kann sie trennscharf erfolgen. Zudem kann die behutsame Steuerung von Kommunikationsprozessen innerhalb von Mediationsverfahren auch als zentrale Prämisse der Konfliktregelungsmethode verstanden werden. Im Folgenden soll es weit weniger um eine theoretische Differenzierung der Begriffe von PR und Mediation gehen als um eine Betrachtung des Mediationsver-

[18] Vgl. dazu etwa: Staatspreis für Public Relations 1999. „Wer miteinander redet, hat´s gut.", www.ikp.at – Kunden – Ausgezeichnete Projekte.

fahrens am Flughafen Wien-Schwechat (MV) in Hinblick auf seine inneren und äußeren Kommunikationsstrukturen. Dazu wurden vier Interviews (mit insgesamt fünf Personen) durchgeführt, in denen die Frage nach den Kommunikationsprozessen sowie der Öffentlichkeitsarbeit explizites Thema war. Zudem wurde das Thema in den vielen anderen Interviews mehrfach angesprochen oder ist auch in den Blick unserer Beobachtungen gerückt.

Dazu sei vorweg auf einige interessante Details und Aspekte verwiesen: Nach der beschriebenen „missglückten Präsentation des Masterplanes" durch den damaligen FWAG-Vorstand (sowie dem Scheitern anderer PR-Maßnahmen)[19] wurde der Beschluss gefasst, einen weiteren Versuch in Richtung erfolgreicher Kommunikationspolitik zu starten, was in weiterer Folge in der Beauftragung des Prozessproviders „als Begleiter und Berater für diesen sensiblen Kommunikationsprozess"[20] mündete. Sowohl die Suchintention als auch das Angebot waren vorerst dem Feld der Öffentlichkeitsarbeit verschrieben, vermutlich in der Annahme, dass es sich bei der identifizierten Herausforderung maßgeblich um ein Kommunikationsproblem handle. Nicht lange hat es gedauert, bis erkannt wurde, dass kommunikative Maßnahmen zwar zentrale sein würden, dass es sich bei der vorliegenden Thematik (Standortfrage) aber um ein klassisches Feld notwendiger Konfliktregelung handelt, weshalb konsequent richtig, in weiterer Folge auch das Mediationsverfahren vorbereitet, eingerichtet und durchgeführt wurde. Wobei festzuhalten ist, dass die Einrichtung des Verfahrens selbst nicht als PR-Maßnahme sondern als Entscheidung für eine andere Methodik begriffen wurde. Aufrecht geblieben ist während des gesamten Verfahrensverlaufs aber auch die kommunikative Funktion des eingesetzten PR-Fachmannes und späteren Prozessproviders, der strategische Funktionen des Kommunikationsmanagements übernommen hat.

- Ziemlich bald, nachdem sich die Einrichtung eines Mediationsverfahrens andeutete, wurde auch die Notwendigkeit erkannt – neben der Presseabteilung der FWAG – eine eigene PR-Struktur für das Verfahren einzurichten, die schließlich auch personell ausgestattet wurde. Die operative Zentralfunktion oblag einer Mitarbeiterin der FWAG, die als PR-Betreuerin für das gesamte Verfahren wirkte, zugleich eine Schnittstellenfunktion hin zur Presseabteilung der FWAG einnahm und fallweise bzw. anlassbezogen auch auf unterschiedliche Teams zurückgreifen konnte (in der Umsetzung einzelner PR-Maßnahmen, wie etwa für die Logoentwicklung, die Websitegestaltung oder die produktionstechnische Umsetzung des Newsletters[21]). Auf Seiten der FWAG war sie vor allem für die „Anrainerkommunikation"

---

19 Vgl. Erster Zwischenbericht: Kap. III.2.2: Die „missglückte" Präsentation des Masterplans.
20 Vgl. Erster Zwischenbericht: IV.2.2: Der Prozessprovider.
21 FB-2/2, S. 3, 16.

zuständig, worunter die Betreuung diverser Vereine und Einrichtungen ebenso fiel wie die Belieferung flughafeneigener und anderer (lokaler) Medien.[22] In der Erledigung ihrer Aufgaben hatte sie mehrere Doppelfunktionen zu erfüllen: Einerseits war sie so etwas wie eine „PR-Agentur für das Mediationsverfahren", gleichsam „ein neutraler Berater, der möglichst unberührt von irgendwelchen Parteilichkeiten sagt, was jetzt rein kommunikationstechnisch gut wäre", andererseits war sie als Zuständige für die Anrainerkommunikation und als FWAG-Angestellte natürlich auch beauftragt „zu schauen, dass die eigene Position des Unternehmens gewahrt bleibt"[23]. Die PR-Funktion beschrieb sie selbst als eine doppelte, die sich im Spannungsfeld von strategischer Beratung und operativer Umsetzung zu bewegen habe.[24] Aufgrund der spezifischen Rollen aber auch aufgrund der unterschiedlichen Anforderungen, die hier aufeinander treffen und miteinander zu vereinbaren waren, kann durchaus von dem Erfordernis eines Widerspruchsmanagements gesprochen werden. Dass in so komplexen Verfahren mitunter auch Fehler passieren können, deren Bewältigung eine Herausforderung darstellt, ist unmittelbar verständlich, dass sich aber auch enorme Felder für Lernerfahrungen auftun, ebenso.[25]

- Die PR-Verantwortliche für das Mediationsverfahren kooperierte darüber hinaus natürlich eng mit der Kommunikationsabteilung der FWAG, deren Mitglied sie selbst auch ist und die insgesamt über 14 MitarbeiterInnen verfügt, die für Tätigkeitsbereiche Werbung, externe Kommunikation, Besucherdienst, Anrainerkommunikation und interne Kommunikation zuständig sind.[26] Auf Seiten der FWAG gab es mehrere Bemühungen, die MitarbeiterInnen des Unternehmens über das laufende Mediationsverfahren zu informieren. So wurden etwa im Rahmen eines „Botschafterclubs"[27], einer regelmäßigen internen Informationsveranstaltung am Flughafen sowie auch in den internen Medien regelmäßig informiert.
- Frühzeitig wurde bereits in der Vorbereitung zum eigentlichen Verfahren mit dem Projekttitel „viemediation.at" ein PR-Titel definiert, der zugleich auch die Domain für die später etablierte Website lieferte. Unter www.viemediation.at sind bis heute alle verfahrensrelevanten Details einzusehen und nachzulesen.

Dies nur als Hinweise darauf, dass anfänglich mehr der PR-Gedanke dominierte, sich dann der Mediationsgedanke stärkte, bis schließlich beide in eine sinnvolle Synthese gebracht wurden. Schon im Rahmen der Vorbereitungsgruppe für das Mediati-

[22] FB-2/2, S. 5.
[23] FB-2/2, S. 6.
[24] FB-2/2, S. 20.
[25] FB-2/2, S. 29.
[26] FB-8, S. 2.
[27] FB-8, S. 19.

onsverfahren wurden öffentlichkeitsrelevante Maßnahmen (Durchführung von Pressekonferenzen etc.) in der Planung der Arbeitsschritte mit berücksichtigt.[28] Dennoch war die Notwendigkeit der PR-Funktion nicht in allen Phasen des MV allen Teilhabenden unmittelbar evident. Es habe durchaus auch Gegenstimmen gegeben, die sich dagegen ausgesprochen haben, zu viel Informationen nach außen zu tragen[29], was sich auch als Intention, dem MV eine Art „Schutzfunktion" zukommen zu lassen, verstehen lässt. Natürlich hat auch die ökonomische Frage mehrfach die PR-Arbeit berührt, ihre Erfolge haben aber offenkundig inzwischen die Zufriedenheit aller Beteiligten erwirkt.

Im Folgenden sollen die Öffentlichkeitsarbeit wie auch die Kommunikationsarbeit im Rahmen des MV dargestellt und analysiert werden. Die Trennung der Begriffe bezieht sich dabei einmal auf die klassischen Instrumente der PR-Arbeit und dann auf jene Kommunikationsmethoden, die eher als „mediationsspezifisch" zu betrachten sind. Wobei am Beginn die eher klassischen PR-Instrumente stehen, gefolgt von weiteren kommunikativen Herausforderungen innerhalb eines Mediationsverfahrens.

2.1 Strukturelle Ansiedelung der Öffentlichkeitsarbeit

Auf formaler Ebene wurde für das PR-Thema ein eigener Arbeitskreis für Öffentlichkeitsarbeit (AK-ÖA) eingerichtet. Diesem gehörten VertreterInnen der verschiedenen Verfahrensgruppierungen an, womit eine Einbindung der zentralen Interessen gewährleistet werden konnte. Neben den InteressenvertreterInnen waren auch der Prozessprovider und Leiter der PSG (zuständige Instanz für die Organisationsstruktur des MV), das Mediationsteam (als Leitungsteam der Konfliktverhandlungen auf der Verfahrensebene) sowie selbstverständlich die für die operative Umsetzung der PR-Maßnahmen hauptverantwortliche Leiterin der Öffentlichkeitsarbeit im MV ständige Mitglieder des Arbeitskreises. Zudem kooperierte der AK-ÖA selbst eng mit dem zentralen Steuerorgan im MV (Quasi-Geschäftsführung), nämlich der Prozesssteuergruppe (PSG), die wiederum repräsentativ zusammengesetzt für die Organisationsebenen des MV verantwortlich war, womit eine Ansiedelung in der Nähe des „Managements" gewährleistet wurde. Ebenso wurde auf der operativen Ebene eng mit dem Mediationsteam kooperiert, insbesondere in Hinblick auf das interne Kommunikationsmanagement (Herstellung von Transparenz). Beide Prämissen entsprechen den Vorschlägen gängiger PR-Ratgeber und -Literatur[30], die aufgrund des immanenten Zusammenhangs von Leitungsentscheidungen und PR-Maßnahmen eine möglichst nahe Ansiedelung der PR-Abteilungen unter der obersten Management-

28 Vgl. Erster Zwischenbericht: Kap. III.4: Eine Vorbereitungsgruppe wird eingerichtet.
29 Vgl. FB-2/2, S. 2.
30 Vgl. dazu beispielgebend: Dorier/Gruning/Gruning 1995.

ebene bzw. eine Einbindung der PR-Verantwortlichen in die Geschäftsführung (meist ohne Stimmrecht) vorschlagen.

2.2 Strategische Maßnahmen im Bereich der Öffentlichkeitsarbeit

Im Bereich der Öffentlichkeitsarbeit wurden folgende strategische Maßnahmen ergriffen und umgesetzt:

- Betreuung der internen Öffentlichkeitsarbeit (insbesondere der informationsstrategischen Herausforderungen). Diese klassische Trennung zwischen „interner" und „externer" PR fiel der Zuständigen allerdings nicht immer leicht, was wiederum mit ihrer Doppelfunktion zu tun hat: In ihrer Aufgabe für die FWAG zählten MitarbeiterInnen des Unternehmens unzweifelhaft zu den „internen Dialoggruppen", in ihrer Funktion als PR-Treibende im MV werden dieselben FWAG-MitarbeiterInnen zu einem externen, weil nicht partizipierendem Klientel. „Da kann man sich einen konzentrischen Kreis vorstellen und das geht immer weiter auseinander, nur diese konzentrischen Kreise gehen auch ineinander über. Weil Leute, die jetzt im Verfahren sitzen, sind gleichzeitig Mitarbeiter am Flughafen, Mitarbeiter des Flughafens sind gleichzeitig Anrainer, also wieder in einer ganz anderen Form Betroffene. (...) Der Flughafen Wien hat ja auch unterschiedliche Stakeholder. Auf der einen Seite das Mediationsverfahren, dann unsere Mitarbeiter, wir haben die Anrainer, die von uns Informationen kriegen und wir haben die Aktionäre. Und wenn du jetzt hergehen würdest und in einer Hauptversammlung etwas über das Mediationsverfahren erzählen würdest, was du im MV nicht so sagst, dann hätten wir gröbere Probleme."[31] Insofern bemühte sich die Verantwortliche in ihrer Doppelfunktion vor allem um einen einheitlichen Auftritt sowie um eine einheitliche Kommunikation allen zu betreuenden Gruppierungen gegenüber.[32]
- Betreuung der externen Öffentlichkeitsarbeit: Vorbereitung und Begleitung/Betreuung von Pressekonferenzen, Erstellen von Presseunterlagen, Kontaktstelle für Medienanfragen, Dokumentation von Pressemeldungen, Erstellung des Newsletters (in enger Kooperation zwischen Mediationsteam und PR-Verantwortlicher[33]) sowie Planung, Organisation und Durchführung öffentlicher Informationsveranstaltungen.
- Konzeption sowie Erstellung und Betreuung der Medien des MV (insbesondere Website und Newsletter);

[31] FB-2/2, S. 25 f.
[32] Vgl. FB-2/2, S. 27.
[33] Vgl. MT-1/4, S. 12.

- Entwicklung von Vorschlägen für aktuelle PR- und Kommunikationsmaßnahmen, die sich im Verlauf des Verfahrens als sinnvoll erwiesen, wie etwa die Einrichtung eines virtuellen Bürgerbüros auf der Website (als Anlaufstelle für Anfragen, Kritik und Unmutsäußerungen von Seiten der externen Bevölkerung);
- Schließlich sei es eine weitere zentrale Herausforderung gewesen, den Überblick über alle Geschehnisse und Ereignisse im MV zu wahren, gerade dann, wenn rundherum der Trubel am größten wurde: „Dann gibt es Phasen, wo ich wirklich nur schaue, dass ich a jour bleibe und ungefähr weiß, was jetzt rennt, damit ich im geeigneten Augenblick sagen kann – Moment, da wäre jetzt irgendwas zu tun“[34].

2.3 Eingesetzte PR-Instrumente

Zu den wichtigsten PR-Instrumenten im MV zählten zweifelsohne die Website, der Newsletter sowie Pressekonferenzen und -aussendungen.

➢ **www.viemediation.at**

Die Website[35] des Mediationsverfahrens erfüllte Mehrfachfunktionen. Sie stellte ein allgemein zugängliches Archiv über sämtliche verfahrensrelevanten Punkte dar. Aus Sicht des Prozessproviders sollte sie aber auch eine demokratiepolitische Funktion erfüllen: „Am Anfang standen die Überlegungen, das ist ein öffentliches Verfahren, das ist ein politisches Verfahren, es gibt das Problem der Rückbindung und letztlich auch der Dokumentation. Darum habe ich von Anfang an die Idee gehabt (...) eine Homepage einzurichten. Ich glaube, das ist eigentlich sehr gut aufgenommen worden.“[36]

Dazu gehörten neben allgemeinen Informationen zu „viemediation.at“ auf der Homepage, der Startseite zur MV-Website folgende Unterkategorien:

➢ ***Mediationsverfahren:*** Diese Rubrik enthält folgende Untergliederung:

- *Was ist Mediation?* (Grundsätzliches zur Mediation als Methode der Konfliktregelung)
- *Chronologie* (Dokumentation sämtlicher Sitzungen der Vorbereitungsgruppe sowie innerhalb des MV, samt deren Tagesordnungen, den Beschluss- und Sitzungsprotokollen, den zugehörigen versandten Beilagen sowie einer Kurzbeschreibung für Schnellleser)
- *Mediationsteam* (Namen, Funktionen, Adressen und Kontakte)

---

[34] FB-2/2, S. 30.
[35] Vgl. www.viemediation.at.
[36] PP-1/7, S. 9.

- *Protokolle* (website-interne Suchmaschine zum raschen Auffinden bestimmter Protokolle aus dem Verfahren sowie Erläuterungen zu Gremien und Protokollarten)
- *Gutachten* (Liste der innerhalb des MV angeforderten und erstellten Gutachten von externen Gutachtern in chronologischer Reihenfolge samt Anlagen)
- *Wissenschaftliche Begleitung* (Informationen über die Begleitforschung zum Mediationsverfahren am IFF sowie über die ARD Seibersdorf research GmbH, die damit beauftragt wurde, für die im MV „diskutierten Themen- und Fragestellungen wissenschaftliche Methoden, Daten, Informationen und Analyseergebnisse einzubringen."[37]

➢ ***Verfahrensparteien*** (Darstellung der verfahrensbeteiligten Gruppierungen nach den im MV vorgenommenen Untergruppen (Nachbarschaftsbeirat, Bezirksvorstehungen, Bürgerinitiativen, Flugbetrieb, Bundesländer, politische Parteien, Kammern/Verbände/Interessenvertretungen, Siedlervereine, Umweltanwaltschaften, Nationalpark, Vertretung Mediationsforum sowie Nennung von Personen und Kontakten)

➢ ***Presse und Newsletter*** (sämtliche Presseinformationen, Pressespiegel sowie alle Ausgaben des Newsletters in chronologischer Reihenfolge)

➢ ***Termine*** (Überblick über alle aktuellen/zukünftigen Termine des MV inklusive Ort und einem Verweis, ob die Termine öffentlich oder nichtöffentlich stattfinden)

➢ ***Diskussionsforum*** (Möglichkeit zur Teilnahme an einem Online-Diskussionsforum zu folgenden Themen: Allgemeine Diskussionsthemen, Lärm, Entwicklungsszenarien Flughafen und Ökologie, inklusive der Anzahl der Diskussionsbeiträge zu den jeweiligen Themen)

➢ ***Bürgerbüro*** (Möglichkeit der direkten Kontaktaufnahme mit einer während des Verfahrens eingerichteten Kontakt- und Beschwerdestruktur)

➢ ***Informationsservice*** (Möglichkeit der Anmeldung für einen aktuellen E-Mail - Informationsversand durch das MV)

Das Outfit der Website wurde sowohl vom Navigationssystem als auch von der Farbwahl (dezente Rot-Töne) her schlicht gehalten, benutzerfreundlich gestaltet und übersichtlich verwaltet. Die Aktualisierung der Daten erfolgte regelmäßig, großteils sogar tagesaktuell. Die Website ist in vollem Umfang auch externen Besuchern zugänglich, ein eigenes Intranet für die verfahrensbeteiligten Gruppierungen wurde nicht eingerichtet. Die gebotenen Inhalte vermögen einen Überblick über alle relevanten Daten aus dem MV zu liefern, die teilweise interaktive Ausrichtung ermöglicht es zudem eigene Meinungen und Ansichten einzubringen, direkt Kontakt mit verfahrensbeteiligten Gruppierungen oder Ansprechstellen (etwa dem Bürgerbüro) aufzu-

[37] Vgl. www.viemediation.at: Wissenschaftliche Begleitung.

nehmen bzw. sich am Diskussionsforum zu beteiligen. Zudem verweist die Website auf alle weiteren verfahrensrelevanten Maßnahmen der externen Öffentlichkeitsarbeit (Newsletter, Pressetexte, Pressearchiv). Die Website erfüllte mitunter aber auch eine weitere (technische) Funktion: Bei manchen Protokollen des Verfahrens wurden so umfangreiche Dateien versandt, dass die technische Übertragung an ihre Grenzen stieß. Hier wurde entweder der Umweg gewählt, die Daten auf CD-Rom zu brennen oder sie eben auf die Website zu stellen.[38]

Die Betreuung der Website (Eingabe aller internen wie extern relevanten Daten und Informationen) hat allerdings einigen Aufwand verursacht. Die Betreuung erfolgte in enger Kooperation zwischen Prozessprovider bzw. MT (auf inhaltlicher Ebene) und PR-Verantwortlicher (auf operativer Ebene)[39], wobei in dieser Arbeit Aktualität und Genauigkeit die beiden zentralen, wenn auch einander widersprechenden Herausforderungen seien: „Eine der schwierigsten Sachen ist die Aktualität. Also dass wirklich das korrekte Papierchen, mit der korrekten Abstimmungsstufe, in der korrekten Form, am korrekten Datum hängt."[40] Dabei sei eine möglichst korrekte und verlässliche Kooperation zwischen den operativen Kräften (Protokollantin, VerwaltungsmitarbeiterInnen von MT und PP, PR-Verantwortliche) ein wesentlicher Grundstein des Erfolges gewesen, „weil wenn die uns nicht genau die richtigen Protokolle schicken, sehe ich überhaupt keine Chance, das zu überwachen."[41]

Resümierend wird die Website als sehr positives Instrument – auch für vergleichbare Verfahren – weiterempfohlen, einerseits weil sie eine gute Möglichkeit biete, externe Anfragen auf die Website zu verweisen, andererseits weil es sich auch von den Kosten her rentiere: „Bei dem, was heute eine Homepage kostet, würde ich auch bei kleineren Verfahren eine Homepage anlegen."[42]

➢ Newsletter

Der Newsletter wurde als klassisches Informationsinstrument für eine externe (nicht oder kaum involvierte) Öffentlichkeit geschaffen. Er wurde vierteljährlich aufgelegt und in breitem Umfang (Auflage: 180.000 Stück) in allen Anrainergemeinden wie auch in den hauptbetroffenen Bezirken Wiens gestreut (gleichsam als Instrument für die Betreuung „latenter" Dialoggruppen). Und die Rückmeldungen dazu seien durchaus positiv gewesen[43], wenngleich Streuverluste hingenommen werden mussten.[44]

[38] Vgl. MT-1/4, S. 17, FB-2/2, S. 28.
[39] Vgl. MT-1/4, S. 12, FB-2/2, S. 10.
[40] FB-2/2, S. 10.
[41] FB-2/2, S. 10.
[42] PP-1/7, S. 10.
[43] Vgl. PP-1/7, S. 11.
[44] Vgl. FB-2/2, S. 7.

Im Newsletter wurde der Versuch unternommen, sowohl allgemein verständliche Informationen über das Verfahren sowie die Methode der Mediation zu platzieren und insbesondere auf Erfolge im Voranschreiten des Verfahrens zu verweisen. Darüber hinaus fungierte der Newsletter gleichsam auch als „kleines Lexikon des Mediationsverfahrens", in dem sämtliche Fachbegriffe für NichtteilnehmerInnen möglichst verständlich erläutert wurden. Diese Funktion konnte natürlich auch nur am Rande (in einzelnen Gremien) verfahrensbeteiligten Personen als gute Grundlage dienen. Die gut – und in langen Sitzungen[45] – ausgewählten Bilder haben das ihre zur Verständlichkeit der Materie beigetragen.

Der Newsletter habe aber zudem eine interessante, wenngleich vorerst unerwartete Zusatzfunktion erfüllt: Mitunter sei nämlich im AK-ÖA erst in der Diskussion über die Inhalte, die in den Newsletter kommen sollten bzw. deren sprachliche Konkretisierungen klar geworden, dass längst beschlossene und für konsensuell gehaltene Punkte so eindeutig nicht waren. Damit diente der Newsletter quasi auch als Überprüfung, ob die getroffenen Beschlüsse auch von allen gleich verstanden wurden.[46]

➢ Pressekonferenzen und Presseaussendungen

Von November 2000 bis Juni 2005 wurden insgesamt zwölf Pressekonferenzen durchgeführt, an denen neben dem Prozessprovider, mindestens einem Mitglied des Mediationsteams jeweils mehrere Personen aus dem Kreis der verfahrensbeteiligten Gruppierungen teilnahmen. Die Pressekonferenzen wurden aber auch von der für die operative Umsetzung der Öffentlichkeitsarbeit zuständigen Fachfrau begleitet. Die Beteiligten präsentierten dabei gemeinsam das Voranschreiten im Mediationsverfahren bzw. diverse Fachthemen, an denen aktuell gearbeitet wurde. Diese personelle „Besetzung" der Pressekonferenzen spiegelt einerseits das Anliegen wider, auch in der Öffentlichkeitsarbeit sämtlichen Interessenparteien zu Wort zu verhelfen, was wiederum auf eine Planung der PR in Akkordanz zu Verfahrensprinzipien hindeutet. Für das jeweilige Podium wurde jeweils beraten, wer welche Informationen am glaubhaftesten kommunizieren könne, was nicht selten dazu geführt hat, dass anstelle der geplanten sechs Personen schlussendlich zehn am Podium saßen, was wiederum eine hohe Disziplin der Einzelnen erforderlich machte und auch einen Gewöhnungseffekt auf Seiten der JournalistInnen brauchte.[47] Umgekehrt aber deutet sich in dieser personellen Besetzung schon der Vorbereitungsaufwand für die Pressekonferenzen an, von der Herausforderung der Vergemeinschaftung der zu präsentierenden Inhalte und Schwerpunkte über die Erstellung geeigneter Präsentations-

---

[45] Vgl. FB-2/2, S. 24.
[46] Vgl. FB-2/2, S. 7.
[47] Vgl. FB-2/2, S. 19.

unterlagen und das Briefing der einzelnen SprecherInnen bis hin zum Formulieren von Pressetexten und Unterlagen, denen alle verfahrensbeteiligten Gruppierungen zustimmen können mussten und die nicht selten zu langen Diskussionen geführt haben. Die Vorbereitung auf Pressekonferenzen war insofern auch immer mit dem Herstellen einer gemeinsamen Sichtweise und auch einer gemeinsamen Sprachform verbunden. Aufgrund der Verfahrenskomplexität und des Erfordernisses, dass alle verfahrensbeteiligten Gruppierungen den gebotenen Inhalten von Pressekonferenzen wie auch der personellen Vertretung in ihnen zustimmen mussten, waren Vorbereitungszeiten über längere Zeiträume hinweg durchaus keine Seltenheit im Verfahren.[48]

Pressetermine wurden auch entsprechend frühzeitig den Medien kommuniziert, unter dem Motto: Wir sagen Euch, wann wir das nächste Mal an die Öffentlichkeit treten, wohl auch mit der Intention, in den Zwischenzeiten in einem gewissen Schutzraum die Arbeit ungestört vorantreiben zu können. Solcherart kommunizierte Termine hatten zugleich aber auch eine Bindungskraft nach innen, was sich im Fall einer Pressekonferenz, deren Absage intern diskutiert wurde, besonders deutlich zeigte: „Worauf ich dann einmal gesagt habe B das kann ich mir nicht wirklich vorstellen, nachdem wir überall gesagt haben, Ende November gibt es etwas Neues, da werden die Journalisten fragen. Und wenn die Journalisten fragen und wir sagen alle etwas anderes, dann wird das keine gute Idee sein."[49] Pressekonferenzen hätten aber auch durchaus verfahrensinterne Lernprozesse ausgelöst, beispielsweise, als ein Sprecher in Medien falsch zitiert wurde: „Das war glaube ich ein unglaublicher Lernprozess für die Beteiligten, dass das eben nicht der böse Flughafen ist, der immer so böse Sachen sagt, sondern dass die Journalisten eben das so locker hinschreiben, was sie glauben oder wie sie es aufgenommen haben oder wie sie es jetzt gerne hätten. Und das hat glaube ich unsere Glaubwürdigkeit gegenüber diesen Gruppen sehr gestärkt, weil sie es ein paar Mal selber erlebt haben, wie ihnen das Wort im Mund umgedreht worden ist."[50]

Ein weiteres wichtiges Betätigungsfeld im Kontext der Pressearbeit war die laufende Beobachtung des Umfeldes (z. B. Wahlen auf Landes- und Nationalratsebene)[51] sowie der aktuellen Themen im Sinne eines „Issues Managements".

Das Instrument der Presseaussendungen wurde einerseits pressekonferenzbezogen eingesetzt, andererseits (als schneller umsetzbares Instrumentarium) auch anlassbezogen verwendet. Wobei Presseaussendungen immer vom Mediationsforum, also dem größten Gremium beschlossen wurden und das mit Grund: „(...) weil

[48] Vgl. FB-2/2, S. 17.
[49] FB-2/2, S. 18.
[50] FB-8, S. 29.
[51] Vgl. FB-2/2, S. 17.

sie in Wirklichkeit ein Beschluss sind (...) also alles, was da drinnen steht, ist ein Beschluss und ich kann dann die Leute festnageln, was dann gar nicht mehr notwendig ist, weil wir den Text einmal beschlossen haben."[52] Damit erhalten Presseaussendungen auch eine nach innen bindende Form der Festlegung auf bestimmte Aussagen. In der operativen Erstellung der Texte selbst gab es einige Lernerfahrungen. Wurde anfänglich noch der Versuch unternommen, diese gemeinschaftlich zu formulieren, so ist man in weiterer Folge dazu übergegangen, fertige Textentwürfe der PR-Verantwortlichen zu diskutieren. „Ganz am Anfang war ich noch nicht dabei, da war ich gerade eine Woche in der Abteilung und habe gleich einen Pressetext gekriegt, den ich nicht verstanden habe. Und das war ein Gruppenprodukt. Wir sind inzwischen so weit, dass die Gruppe sagt, was drinnen stehen soll und dass es einmal einen Entwurf gibt für den Text und der wird dann noch einmal von allen umgemodelt. Immerhin schon ein bisschen einfacher, als wenn fünf Leute einen Text schreiben, weil das ist einfach furchtbar."[53] Wenn auch das technische Verfahren verbessert werden konnte – und wohl auch das Vertrauen in die Verfasserin zunehmend gestiegen ist, so blieb bis zuletzt der Stellenwert dieser Aussendungen – wohl aufgrund der öffentlich werdenden Verbindlichkeit der getroffenen Aussagen – ein wichtiges und sehr genau diskutiertes Produkt.

Was sich anhand der beschriebenen PR-Maßnahmen deutlich erkennen lässt, ist jedoch der Umstand, dass demokratische Verfahren nicht nur in sich viel Zeit für Diskussionen benötigen, sondern diese auch für ihre Kommunikationsformen nach außen brauchen: „einfach dadurch, dass so viele Leute involviert sind und eigentlich jeder das gleiche Recht hat"[54].

In Bezug auf das mediale Interesse werden aber auch durchaus kritische Stimmen laut. Medien sei das Verfahren, vor allem aufgrund seiner hohen Komplexität insgesamt nur sehr schwer zu vermitteln: „die Medien interessiert das überhaupt nicht, die muss man fast erpressen, dass sie irgendetwas schreiben darüber. Also so was von Desinteresse wie an dem Mediationsverfahren habe ich selten zu einem Thema erlebt. Und das Einzige, was sie interessiert ist: ‚na, was ist jetzt, baut ihr jetzt die dritte Piste oder baut ihr sie nicht?' Es ist den Journalisten dieses Landes das Verfahren zu kompliziert, die sagen immer, die Leute verstehen ja nicht einmal das Wort. (...) Bei den Wirtschaftsjournalisten habe ich das Gefühl, dass die Zahl derer, die sagt, ‚seid ihr deppert', größer ist, die das überhaupt nicht verstehen, warum wir das machen. (...) Und ich merke es auch bei den Pressekonferenzen, (...) es werden immer ganz witzige Fragen gestellt, aber die haben nie etwas mit dem Verfahren zu tun. (...) wann immer wir uns dort hinsetzen, will zum Verfahren selber kein Mensch

[52] Vgl. PP-1/7, S. 12.
[53] FB-2/2, S. 21.
[54] FB-2/2, S. 23.

was wissen. (...) Ich glaube, das wird sich schlagartig ändern, wenn man wirklich irgendwelche Maßnahmen präsentieren kann, die man konkret anfassen und berichten kann, aber das jetzt ist ihnen zu akademisch, habe ich das Gefühl."[55] Dieses Desinteresse lasse sich aber auch durchaus positiv bewerten, weil es einmal dem Verfahren die Möglichkeit gebe, in Ruhe weiterzuarbeiten, und andererseits auch dahin gehend interpretieren, „dass sehr wenig Menschen mit dem Thema einen Konflikt haben."[56] Positive Einschätzungen halten hingegen fest, dass praktisch alle relevanten Medien über alle Pressekonferenzen Bericht erstattet und sich zudem im Verlauf des Verfahrens gute Pressebeziehungen entwickelt hätten.[57]

2.4 Weitere (mediative) Kommunikationsinstrumente im MV

Neben jenen Instrumenten, die sich mit einiger Plausibilität dem Instrumentarium klassischer PR-Methoden zuordnen lassen, bestand im Rahmen des MV auch ein breites Spektrum sonstiger Kommunikationsinstrumente, aber auch -strategien, die keinesfalls unerwähnt bleiben sollen. Zu ihnen zählen die klassischen Kommunikationsinstrumente der Mediation wie etwa das Protokollwesen oder auch formelle Kommunikationsstrategien, die innerhalb der gängigen Mediationsliteratur als Basisstrategien definiert sind (beispielsweise dass keine Einzelgespräche der MediatorInnen mit verfahrensbeteiligten Gruppierungen außerhalb der vorgesehenen Gremien stattfinden sollten). Zudem bestanden aber auch informelle Kommunikationslinien im MV, die in die folgenden Betrachtungen ebenfalls Eingang finden sollen.

➢ Internes Informations- und Protokollwesen

Für jede Sitzung des MV waren folgende Informationsschritte nötig:

- Festlegen von Terminen (möglichst im Konsens mit allen, die teilnehmen sollen);
- Organisation eines passenden Raumes[58];
- Kommunizieren der Termine und der zugehörigen Tagesordnung sowie Publikation der Termine auf der Website, wobei die Tagesordnung aus feststehenden, immer wiederkehrenden Punkten bestand, solchen, die vom Leitungsorgan als wichtig erachtet wurden und solchen, die von einer Teilnehmergruppierung beantragt wurden.[59]

---

[55] FB-8, S. 25 ff.
[56] FB-8, S. 28.
[57] Vgl. PP-1/7.
[58] Vgl. MT-5, S. 13.
[59] Vgl. MT-1/4, S. 2.

- Verfassen von vorläufigen Sitzungsprotokollen (im Sinne von Verlaufs- oder Prozessprotokollen) und von vorläufigen Beschlussprotokollen;
- Versand der vorläufigen Protokolle an alle SitzungsteilnehmerInnen und Einholen von Zustimmung bzw. Ergänzungs- oder Änderungswünschen;
- Einarbeitung der Ergänzungs- und Änderungswünsche (zu diesem Punkt wurde explizit festgehalten, dass sich die Einsprüche im Verlauf des Verfahrens deutlich reduziert hätten, was als Indiz dafür gewertet werden kann, dass Protokolle bei steigendem Vertrauen in VerhandlungspartnerInnen einen abnehmenden Stellenwert erhalten[60]);
- Publikationen der beschlossenen Protokolle auf der Website.

Zu all den genannten Punkten gehörte ein interner Diskussionsprozess, der zwar in unterschiedlicher Intensität ausfallen konnte, keinesfalls aber gänzlich wegfallen durfte. Das Protokollwesen im MV war weitgehend zwischen dem Prozessprovider und dem Mediationsteam aufgeteilt und in Bezug auf diverse Gremien klar festgelegt. Für das offizielle Protokollwesen wurde zudem in der ersten Phase des Mediationsverfahrens eine Protokollantin[61] engagiert, die selbst professionelle Mediatorin ist. Der Prozessprovider hat vielfach Beschlüsse unmittelbar vor allen SitzungsteilnehmerInnen auf Band diktiert, sodass alle zeitgleich die Möglichkeit hatten, die Beschlüsse zu hören und gegebenenfalls auch zu korrigieren. Wobei auch im Nachhinein die Möglichkeit von Veränderungen – vor allem auf sprachlicher Ebene, weniger auf jener der grundlegenden Intention – gegeben war. Zudem verfügten sowohl der Prozessprovider als auch das Mediationsteam über ein entsprechendes Büro („back office"), das für Archivierung, Post- bzw. E-Mail-Ein- und -Ausgang und Versand der Unterlagen und Materialien zuständig war. Der Zeitaufwand zur Vor- und Nachbereitung pro Sitzung wurde – je nach Umfang des Gremiums und der zu beratenden Inhalte – zwischen einem und drei Tagen vom Mediationsteam bemessen, teilweise waren eigene Vor- und Nachbereitungssitzungen vonnöten, teilweise konnte mit Telefonkonferenzen das Auslangen gefunden werden, teilweise reichte auch die Vorbereitung durch Einzelpersonen aus.[62] Im Laufe des Verfahrens wurde das Protokollwesen zunehmend dem Prozessprovider übertragen.

[60] Vgl. MT-1/4, S. 8.
[61] Im MV haben nacheinander zwei Personen diese Funktion wahrgenommen.
[62] Vgl. MT-1/4, S. 15. f.

➢ Das E-Mail als dominante Kommunikationsform und -struktur

Die offizielle Kommunikation außerhalb und zwischen den Sitzungen erfolgte während des gesamten Verfahrens schwerpunktmäßig via E-Mail. Sämtliche Informationen wurden so verteilt, sämtliche Rückmeldungen auf diesem Wege eingeholt. Über den zentralen Stellenwert der elektronischen Kommunikationsform und ihres Potentials sind sich alle InterviewpartnerInnen einig: „Ich glaube, man kann sich heute ein Büroleben ohne E-Mail gar nicht mehr vorstellen. Das geht ja schon fast ins Grundsatzphilosophische"[63]. Oder: „Das ganze Verfahren läuft über E-Mail ab. Das ist natürlich ein gewaltiger Vorteil, weil man immer alle und immer gleichzeitig und immer sofort informieren kann. Ohne E-Mail müsste ich zumindest eine zusätzliche Sekretärin anstellen, um die Korrespondenz abzuwickeln."[64] Eine Umstellung auf den traditionellen Postversand wäre demnach auch praktisch unvorstellbar gewesen: „Wenn der Versand in Papierform notwendig wäre, dann hätten wir einen irrsinnigen Aufwand und Kopierarbeit und Einsack'ln und Briefmarkenschlecken und was weiß ich was"[65]. Kein Wunder, beziffert das Mediationsteam doch die Summe der E-Mails alleine für das erste Jahr mit rund 2.800 Stück und ergänzt: „Also ohne E-Mail müsste man ein kleines Postamt beschäftigen."[66] „Es würde einfach nicht in dem Tempo gehen. Ich glaube, dass einfach dieser Postweg, der da dazwischen liegt, das Ganze ziemlich verlangsamen würde. Es würde zwar unter Umständen ein Stück vom Druck wegnehmen, unter dem wir alle stehen, aber unter Umständen dauert dann so ein Verfahren fünf Jahre und nicht drei."[67] Welch glückliche Fügung also, dass sämtliche MV-TeilnehmerInnen über einen Zugang zu dem Medium verfügten (die meisten im Büro und/oder privat, einige wenige über KollegInnen, Nachbarn etc.)[68].

Umgekehrt sind aber auch allen InterviewpartnerInnen die negativen Seiten der E-Mail-Kommunikation bewusst. Zu ihnen zählen die drohende Informationsüberflutung, technische Übertragungsprobleme (insbesondere für InhaberInnen leistungsschwächerer Modems), eine höhere Fehleranfälligkeit aufgrund der Tendenz, alles sofort schriftlich per E-Mail rasch auszuschicken und schließlich auch das Phänomen, dass die saloppe Sprache der E-Mails nicht selten dazu angetan ist, Konflikte zu schüren. „Ich frage mich manchmal, ob das E-Mail nicht auch dazu verleitet, wahnsinnig viel Information unqualifiziert zu streuen."[69] Das betrifft freilich auch die unzähligen Korrekturen von Korrekturen, die immer wieder zum mehrfachen Versand

---

[63] FB-2/2, S. 8.
[64] PP-1/7, S. 1.
[65] MT-1/4, 9-12-02, S. 5.
[66] MT-1/4, S. 5.
[67] FB-2/2, S. 11.
[68] Vgl. MT-1/4, S. 12.
[69] MT-1/4, S. 5.

von Unterlagen geführt haben. Auch diesbezüglich habe man im Verfahren (vor allem im pragmatischen Zusammenspiel der Sekretariate und der PR-Verantwortlichen) viel an Know-how generieren und zur Optimierung beitragen können. Hier werden etwa folgende Punkte genannt: Es wurde versucht, jedes E-Mail mit einem Titel zu versehen, der auf die jeweilige Sitzung bezogen war, kein E-Mail mit Attachements zu verschiedenen Dingen zu versenden und E-Mails insgesamt erst dann auszuschicken, wenn die zugehörigen Attachements vollständig vorhanden waren.[70]

Dennoch sind in Bezug auf die Nutzung des Mediums durchaus auch Verbesserungsvorschläge für etwaige weitere Verfahren überlegt worden, insbesondere in Hinblick auf die Schaffung besserer Schnittstellenfunktionen von Website und E-Mail-Verkehr. Die Website könnte intern noch stärker als gemeinsames Archiv genutzt werden, sobald Protokolle dort platziert sind, könnte ein kurzes automatisches E-Mail alle TeilnehmerInnen davon informieren und diesen ein Nachschauen bzw. Ausdrucken via Homepage ermöglichen. Dadurch könnte verhindert werden, dass die Protokolle sowie die ihnen zugehörigen Beilagen als Attachements von E-Mails versandt werden (was je nach Modemstandard zeit- und kostenintensive Auswirkungen haben kann), zudem könnte es die Speicherkapazitäten der Einzel-PCs der TeilnehmerInnen deutlich entlasten (die meisten der stark involvierten TeilnehmerInnen verfügen über ein eigenes elektronisches Archiv) und auch den Gleichstand der Protokolle (beispielsweise in der Unterscheidung der vorläufigen und beschlossenen Protokolle) gewährleisten (publiziert würden selbstverständlich immer nur die beschlossenen Varianten). Auch würde es den Verteilungs- und Kommunikationsaufwand auf Seiten des Prozessproviders und des Mediationsteams entlasten, die zumindest die beschlossenen Protokolle nicht mehr an alle TeilnehmerInnen versenden müssten.[71] Für die Diskussion nicht beschlossener Protokolle bräuchte es dann freilich die Einrichtung eines nur den Teilnehmenden zugänglichen Intranets. Der mögliche Nachteil einer solchen Informations-E-Mail-Schiene könnte allerdings in der daraus resultierenden „Holschuld“ der Teilnehmenden liegen, die ja alle erst auf der Website die entsprechenden Informationen „abholen“ müssten.

➢ Formen der direkten Kommunikation: der formelle und der informelle Weg

Mit diesem letzten Aspekt im Kommunikationskapitel ist zugleich eine mehrfach thematisierte und diskutierte Fragestellung angeschnitten, die vielfach für Unmut gesorgt und letztlich auch zu so etwas wie „Schulstreitigkeiten“ unter Anhängern verschiedener Ansichten geführt hat. Direkte Kommunikation fand nämlich von Anbe-

70 Vgl. FB-2/2, S. 15.
71 Vgl. FB-2/2, S. 8 f.

ginn im Verfahren auf zwei Wegen statt, dem formellen/offiziellen und dem informellen und tendenziell eher inoffiziellen.

Von Anfang an betonten insbesondere die Mitglieder des Mediationsteams den hohen Stellenwert geregelter Kommunikationsformen innerhalb des Verfahrens, womit insbesondere eine Zurückhaltung in Hinblick auf Einzelgespräche des Teams mit verfahrensbeteiligten Gruppierungen gemeint war: „Unsere Prämisse ist, dass möglichst viel an Kommunikation im gemeinsamen Raum stattfinden sollte. Das heißt, alles was zwischen uns und einzelnen Parteien bilateral läuft, muss einen bestimmten Grund haben. (...) Was wir nicht tun (...) ist, dass wir inhaltliche Fragen mit einzelnen Parteien besprechen. Das gehört in die Gremien. (...) Das heißt, wir müssen darauf schauen, dass die inhaltlichen Fragen im AK, in der AG bzw. in den großen Gremien, in der Vergangenheit, besprochen wurden und das werden wir auch in Zukunft so halten. (...) das hat, denke ich, sehr viel mit der Haltung der Mediation zu tun.“[72] Der tiefere Sinn dieser Haltung, zugleich Grundprämisse jeder Mediationsschule, liegt in der Garantie einer Möglichkeit für alle, an den statthabenden Diskussionsprozessen teilzuhaben und umgekehrt durch die Vermeidung von Seitengesprächen den Ausschluss Einzelner zu verhindern.

Dass es aber in einem MV zugleich nicht zu verhindern und wohl auch unabdingbar ist, dass auch andere Kommunikationsprozesse ablaufen, ist allen ebenso bekannt und auch durchaus plausibel: „In so einem großen Verfahren läuft natürlich auch viel außen herum, das ist auch ganz o. k., aber nicht mit unserem Zutun“,[73] findet ein Mitglied des Mediationsteams. Fragt sich also, wie das, was außen herum läuft, in den Blick rückt bzw. ob es gar beeinflusst und sinnvoll gesteuert werden kann. Dafür war im MV wiederum die Rolle des Prozessproviders zentral. In unzähligen Einzelgesprächen hat er versucht, Interessen und Potentiale auszuloten, hat sich mit einzelnen Verfahrensparteien getroffen, ist ihnen als permanenter Ansprechpartner zur Verfügung gestanden und hat permanente Kommunikationsarbeit geleistet. Aus Sicht der Öffentlichkeitsarbeit eine strategische, aus Sicht der Mediation eine problematische Funktion.

Der Weg der informellen direkten Kommunikation ist gerade dem Prinzip der Einzelgespräche verpflichtet, mit dem Ziel, Möglichkeiten und Potentiale auszuloten und damit entscheidungsvorbereitend zu wirken. Wobei sich dieses Ausloten vor allem auf die Prozessebene, also auf strukturelle Fragen bezog. Der Prozessprovider differenziert vorerst in offizielle (und allen zugängliche) und halboffizielle (im ersten Schritt nur Einzelparteien zugängliche) Gesprächsformen. In Vorbereitung auf jene Sitzungen, für die er hauptverantwortlich zeichnete (PSG), ging er vielfach folgen-

[72] MT-1/4 9-12.02, S. 14.
[73] MT-1/4 9-12.02, S. 13.

dermaßen vor: In Treffen mit den einzelnen Gruppierungen oder auch mit einzelnen VertreterInnen hat er die Sitzungen vorbesprochen, wobei er diese Treffen durchaus als „quasi offizielle Vorbereitungsgespräche" verstanden wissen will, „wo ich sage, o. k., (...) jetzt muss ich das mit verschiedenen Parteien vorbesprechen, wobei das immer ein dynamischer und wechselseitiger Prozess ist. Ich überlege mir (...) was sind die zwei, drei grundsätzlichen Erfordernisse und das reicht mir einmal. Dann setze ich mich mit den BIs zusammen oder mir dem Flughafen und rede mit denen. (...) Ich sage ihnen meine drei, vier grundsätzlichen Parameter, dann entwickelt sich das und es entsteht irrsinnig viel, weil die dann sagen (...), man muss an das und an jenes denken und das nehme ich dann einfach auf und (...) im Gespräch werden die Dinge dann auch konkreter. Dann mache ich das mit den anderen Gruppen oder Einzelpersonen, das geht quasi ein bisschen im Kreis, bis ich dann das Gefühl habe – so jetzt habe ich ein Konzept, das ich dann (...) offiziell vorlege, das dann in Wirklichkeit niemand kennt, weil ja jeder nur einen Zwischenschritt kennt. Ich habe dann das Gefühl, so, das könnte jetzt konsensfähig sein und jene Fragen sind noch offen."[74] Diese Methode setzt freilich eine enorme Einsatzbereitschaft auch zwischen den offiziellen Sitzungen voraus und stellt eine andere Rolle der Vermittlung oder eines Vermittlers dar, als es dem traditionellen Mediationsverständnis entspricht. Diese Gespräche haben häufig auch in einem verfahrensexternen Umfeld, bei einem Glas Bier, in einer vertraulichen Umgebung stattgefunden.[75] Zudem wurden aufgrund der erfahrenen Inhalte mitunter auch bilaterale Gespräche unter einzelnen Verfahrensparteien initiiert, sofern beispielsweise der Eindruck entstand, dass auf diesem Wege Missverständnisse aus dem Weg geräumt werden könnten, ohne andere Verfahrensparteien damit beschäftigen zu müssen.[76] Nicht selten hat der Prozessprovider in solchen Gesprächen auch die Rolle der jeweiligen KontrahentInnen gespielt, um Diskussionen und Standpunkte fingieren zu können.[77] Zudem sei es eine der wesentlichsten Funktionen gewesen, die Vielfalt der erhaltenen Informationen zu selektieren bzw. auf ihren Kern zu reduzieren.[78] Aber auch andere Personen hätten während des gesamten Verfahrens solche Funktionen übernommen und gleichsam als Botschafter eines informellen Verständigungsprozesses gewirkt. Die genannten Personen sind zugleich jene, die insgesamt als zentrale Integrationsfiguren im MV aufgetreten sind.[79]

In Betrachtung des Gesamtverfahrens erscheinen beide Funktionen als unabdingbar. Im rückwärts schauenden Blick scheint aber auch die Klärung der jeweiligen

[74] PP-1/7, S. 2.
[75] Vgl. PP-1/7, S. 2, 8.
[76] Vgl. PP-1/7, S. 25 f.
[77] Vgl. PP-1/7, S. 28.
[78] Vgl. PP-1/7, S. 3 f.
[79] Vgl. PP-1/7, S. 31 f.

Funktionen und das Festlegen ihrer jeweiligen Grenzen unabdingbar. Was kann auf informellem Weg vorbereitet werden, was muss der formellen Kommunikation vorbehalten bleiben? Hier scheint mir zugleich die wichtigste Differenz oder auch der wichtigste Klärungsbedarf zwischen den beiden Disziplinen der Mediation und der Öffentlichkeitsarbeit zu liegen. Insofern erscheint es sinnvoll, Vor- und Nachteile der beiden Kommunikationsstrategien oder auch -haltungen zusammenzufassen.

Als Vorteile des formell-offiziellen Weges lassen sich folgende Momente festhalten:

- Er sichert die Möglichkeit der direkten Teilhabe aller Beteiligten an den jeweiligen Diskussionsprozessen (im Sinne der Herstellung der Grundprämisse des Zugangs und der Teilhabe an direkter Kommunikation zwischen allen Parteien).
- Vermittlung findet hier in einem gemeinsamen Verständigungsprozess aller Beteiligten statt.
- Vertrauen entsteht aufgrund des Wissens der Teilhabe und der Sicherheit, dass nicht „außen" oder besser: „hinten herum" agiert wird.

Demgegenüber lassen sich folgende Nachteile nennen:

- Die Kommunikationsprozesse innerhalb der Gremien selbst werden wesentlich zeit- und damit auch kostenintensiver und zwar direkt proportional zur steigenden Anzahl der Teilnehmenden.
- Die Entscheidungsfähigkeit von Gruppen in direkter Kommunikation findet ihre Grenze an bestimmten Gruppengrößen (12 bis maximal 15 Personen), viele der im MV eingerichteten Gremien sind daher als nicht mehr entscheidungsfähig zu betrachten.

Der informell-semioffizielle Weg hat folgende Vorteile:

- Im Vorfeld der Gruppendiskussionen können bereits möglicherweise konsensfähige Vorschläge erarbeitet werden.
- Dadurch kann der Zeit- und Kostenaufwand für Sitzungen reduziert werden.
- Es kann ein sehr hohes und positives Vertrauen in die Vermittlungsinstanz entstehen, der dadurch auch positive Vorschlagsrechte eingeräumt werden.
- Es entsteht auf Seiten der Vermittlungsinstanz ein hohes Wissen und Gefühl für die individuellen Befindlichkeiten der Menschen im Verfahren.
- Es können positionelle „Aufweichungen" erzielt werden, die nicht öffentlich gemacht werden müssen.

Als Nachteile sind hier anzuführen:

- Einzelgespräche vermögen Misstrauen (bei denen, die nicht dabei sind) zu schüren.
- Dieser Weg erfordert zudem einen enormen Zeitaufwand auf Seiten der Vermittlungsinstanz (als Durchschnittswert wurde hier ein Ausmaß von 109 Stunden pro Monat genannt, in Spitzenzeiten seien es auch zwischen 160 und 170 Stunden im Monat gewesen[80]).
- Es kommt zu einer Bündelung des Wissens bei einer Zentrale, die daher für den weiteren Verfahrensverlauf zur unabdingbaren Instanz wird und deren Ausfall entsprechend negative Konsequenzen hätte.
- Die Gefahr der Überforderung ist ebenso gegeben, wie jene, zu große Macht an eine Einzelperson zu knüpfen.
- Es gibt Inhalte, die, sofern das Prinzip der Mediation im Sinne eines demokratischen Konsensverfahrens beibehalten werden soll, keinesfalls auf informellem Weg hergestellt werden dürfen, sondern jedenfalls der teilhabenden Zustimmung aller Parteien bedürfen.

Beide Wege haben also Vorteile, die sinnvollerweise genützt werden sollten, beide haben aber auch Nachteile, die möglichst sensibel wahrgenommen und auch „verwaltetA werden sollten. In der Klärung der Frage, an welchen Stellen des Verfahrens und für welche Fragen welcher Weg der beste ist oder in welcher Form die beiden Wege einander sinnvoll ergänzen können und für welche Entscheidungen der informelle Weg – im Sinne der Mediation – keinesfalls in Frage kommen darf, wäre als enormer Lernerfolg innerhalb des Verfahrens, aber auch über dieses hinaus zu beschreiben.

[80] Vgl. PP-1/7, S. 8 f.

Literatur

Arens, Edmund: Die Bedeutung der Diskursethik für die Kommunikations- und Medienethik. In: Funiok, Rüdiger (Hrg.): Grundfragen der Kommunikations- und Medienethik. Konstanz, Verlag Ölschläger in: Universitätsverlag Konstanz 1996, S. 73-96.

Burkart, Roland: Public Relations als Konfliktmanagement. Ein Konzept für verständigungsorientierte Öffentlichkeitsarbeit. In: Pelinka, Anton/Haerpfer, Christian (Hrg.): Studienreihe Konfliktforschung, Bd. 7. Wien, Wilhelm Braumüller Verlag1993.

Dorier, David M./Gruning, Larissa A./Gruning James E.: Managers Guide to Excellence in Public Relations an Communication Management. Mahwah, New Jersey, Lawrence Erlbaum Verlag 1995.

Dörrbecker, Klaus/Fissenewert-Großmann, Renée: Wie Profis PR-Konzeptionen entwickeln. Frankfurt am Main, IKM in der Verlagsgruppe Frankfurter Allgemeine Zeitung 1996.

Habermas, Jürgen: Strukturwandel der Öffentlichkeitsarbeit. Frankfurt am Main, Suhrkamp Verlag 1991.Habermas, Jürgen: Theorie des kommunikativen Handelns. Frankfurt am Main, Suhrkamp Verlag 1981.

Habermas, Jürgen: Theorie des kommunikativen Handelns. Frankfurt am Main, Suhrkamp Verlag 1981.

Habermas Jürgen: Moralbewußtsein und kommunikatives Handeln. Frankfurt am Main, Suhrkamp Verlag 1983.

Heintel, Peter: Abendländische Rationalität - Welche Ethik für die Wissenschaften? Unveröffentlichtes Manuskript, Klagenfurt 1998. In gekürzter Fassung veröffentlicht unter: Heintel, Peter: Wissenschaftsethik als rationaler Prozeß. In: Lissmann, Konrad Paul/ Weinberger, Gerhard: Perspektiven Europa. Modelle für das 21. Jahrhundert. Wien, Verlag Sonderzahl 1999, S. 57-81.

Hopfgartner, Gerhard/Nessmann, Karl: Public Relations für Schulen. Wien, öbv&hpt Verlag.

Kant, Immanuel: Beantwortung der Frage: Was ist Aufklärung? In: Schriften zur Anthropologie, Geschichtsphilosophie, Politik und Pädagogik 1, Werkausgabe Band XI. Frankfurt am Main, Suhrkamp Verlag 1977, S. 53-61.

Karmasin, Matthias: MedienÖkonomie. Medienökonomie als Theorie (massen-)medialer Kommunikation. Graz-Wien, Verlag Nausner & Nausner 1998.

Krainer, Larissa: Medien und Ethik. Zur Organisation medienethischer Entscheidungsprozesse. München, KoPäd Verlag 2001.

Oeckl, Albert: Handbuch der Public Relations. Theorie und Praxis der Öffentlichkeitsarbeit in Deutschland und der Welt. München, Süddeutscher Verlag 1964.

Staatspreis für Public Relations 1999. „Wer miteinander redet, hat´s gut." Vom Hotspot zum Standort-Konsens. Krisenkommunikation, Bürgerbeteiligung und Mediation anlässlich der Auseinandersetzung um geplante Handymasten-Standorte in Salzburg. Unter: www.ikp.at/kunden/Ausgezeichnete Projekte.

Mediation und Politik[1]

Peter Heintel

I. Allgemeine Vorbemerkungen zum Regelungsbedarf komplexer Materien innerhalb des politischen Systems

Der Regelungsbedarf komplexer Konfliktfälle und dessen Wahrnehmung zeigt schonungslos Stärken und Schwächen des demokratisch verfassten Rechtsstaates, der mehrheitsverpflichteten repräsentativen Demokratie auf. Die Frage, die sich in unserem thematischen Zusammenhang hier stellt, lautet: Kann es alternativen Konfliktregelungen wie etwa der Mediation, die sozusagen von der Politik „freigegeben" werden, gelingen, die Stärken „im Rücken" nutzend die Schwächen zu verringern? Dieser Frage soll anhand des Mediationsprojektes „Flughafen Wien" nachgegangen werden.

Zunächst aber zu den Vorteilen und Gefahren demokratischer, politischer Konfliktregelungen. Gegenüber allen anderen Staatsformen und deren politischer Wahrnehmungsmöglichkeiten verfügt - vor allem in Bezug auf Konflikte – die Demokratie über zwei grundlegende Merkmale, die sie von ihnen unterscheiden lässt, die ich als Vorteil und Fortschritt bezeichnen würde.

Erstens akzeptiert sie (Interessen-)Konflikte als berechtigt, notwendig, und verschafft ihnen in Verfahren und Prozessen einen dementsprechenden Platz. Sie selbst ist ja Abbild dieses Merkmals: Opposition, Gegnerschaft ist nicht nur akzeptiert, sondern verfassungsmäßig institutionalisiert. Auch wenn Gesetze meist nur mehrheitlich beschlossen werden, in Vorverhandlungen wird dennoch an Kompromissen und Einigungen gearbeitet, jedenfalls gibt es zur Orientierung der Staatsbürger genug Möglichkeiten, für die Opposition ihre Argumentation transparent zu machen. Damit akzeptiert Demokratie ein gleichsam „dialektisches" Verhältnis in Ansehung von Widersprüchen und Konflikten. Wer Recht hat und wer nicht, kann zwar am bestehenden Rechtssystem gemessen werden, aber selbst Letzteres muss erst „prozessual" festgestellt werden (z. B.: UVP), d.h., es ist nicht von vornherein „logisch", nach wahr und falsch entscheidbar, unterliegt einem rechtsgestützten Prozess der Aushandlung. Auch die Gesetze, die Rechtsgrundlagen entspringen schließlich diesem Verfahren. Damit akzeptiert Demokratie grundsätzlich die lösungs- und „wahrheitskonstitutive" Funktion „kollektiver Autonomie". Konfliktlösungen

[1] Der Artikel weist an manchen Stellen notwendige inhaltliche Parallelen zu jenem über Mediation als Widerspruchsmanagement auf; hier steht allerdings das Verhältnis zwischen Mediation und Politik im Zentrum der Betrachtungen.

werden nicht einfach autoritär-hierarchisch diktiert, sie müssen jeweils verhandelt und erarbeitet werden.

Zweitens gewährt Rechtsstaatlichkeit auch weitgehend Rechtssicherheit. Diese bedeutet weniger, dass für alle Fälle ein Gesetz zur Verfügung steht, aus dem eine Lösung sich gleichsam deduktiv automatisch ergibt – auch *im* Gesetzessystem müssen Lösungen immer neu erarbeitet werden und erst damit gewinnen sowohl die Gesetze Konkretheit wie auch die Fälle Berücksichtigung – es heißt vielmehr, dass es zumindest drei Fundamente für Konfliktregelungen gibt; einen transparenten Rechtsrahmen, Verfahrensregeln, in denen Konflikte zu ihrem Recht gelangen, und schließlich ein Bezugssystem, das in jedem Fall existiert, wenn alternative Konfliktlösungsverfahren scheitern. Nicht zu unterschätzen ist auch die Fähigkeit der Demokratie, flexibel auf neue Rahmenbedingungen mit neuen Gesetzen reagieren zu können.

Somit darf zusammenfassend die Demokratie sowie die ihr verpflichtete Politik als die einzige „großräumige" Organisationsform bezeichnet werden, die ein Konfliktlösungsmodell darstellt, das imstande ist, die Anerkennung der jedenfalls vorerst einmal vorhandenen „Gleichberechtigung" von unterschiedlichen Konfliktpositionen mit jener kollektiver Lösungsautonomie zu verbinden. Auch wenn das eine jeweils das andere bedingt, von vornherein selbstverständlich sind weder Anerkennung noch die Etablierung beider. Erstere setzt nämlich eine Grundhaltung voraus, die sich bei uns jedenfalls emotionell nicht von selbst einstellt. Die Konfliktforschung weist nach, dass wir vor allem in mehr oder weniger gefährlichen Spannungssituationen entweder gerne flüchten oder „binär" reduzieren, d. h. auf der Schiene „wer hat Recht" zu fahren, was schließlich immer im „Sieger-Verlierermodell" mündet. Zweiteres muss für die vielen Menschen und Interessen erst einmal adäquat organisiert werden, sind wir doch historisch überhaupt nicht darin eingeübt, „großräumige" Konflikte unter Anerkennung ihrer gleichberechtigten Kontrahenten kollektiv autonom auszuhandeln. Auch wenn es aber hier noch viel an organisatorischem Entwicklungspotential gibt, festzuhalten bleibt: Demokratie ist jene verfasste Staatsform, die im Zusammenhang mit Konflikten die größtmöglichen Chancen bietet, die Lösungsstrategien Kompromiss und Konsens einzuschlagen; also Flucht, Kampf und Delegation als einzige traditionelle Formen zu überwinden.

Neben diesen hoffentlich unverlierbaren Stärken lassen sich aber auch diverse Schwächen lokalisieren, die Konfliktlösungsprozesse nur suboptimal gestalten lassen. Sie genau wären aber jener Ort, der nach Modellerweiterungen bzw. -ergänzungen Nachschau halten lässt.

Ich möchte diese zunächst aufzählen, um sie dann näher zu beschreiben. Sie haben ihren Ursprung

- in dem Thema „Repräsentation“ als notwendiger Organisationsform gegenwärtiger Demokratien;
- im unausgeglichenen Verhältnis zwischen Kompromiss-Konsensbemühungen und Mehrheitsentscheidungen;
- in der Bedeutung von Wahlen und dem hier immer wieder ausgegrabenen „Sieger-Verlierer-modell“;
- in der stellvertretenden Übernahme von Konflikten, die vor Ort zwar vorhanden, dort aber aus verschiedenen Gründen nicht ausgetragen werden;
- in der Intransparenz und Informalität von Informations-, Aushandlungs- und Entscheidungsprozessen („Packeleiverdacht“);
- in der materiellen und organisatorischen Komplexität von Konfliktszenerien und deren Lösungsmöglichkeiten;
- im dominanten Charakter medialer Vermittlungen;
- im Abschieben von notwendigen Lösungsprozessen auf Experten und Gutachten;
- in der sich vervielfachenden Ausbreitung und Differenzierung von Subsystemen und deren unterschiedlichen, widersprüchlichen Logiken;
- in der strukturbedingten Neigung der Politik zum Populismus;
- in der Abhängigkeit der Politik von dominanten Subsystemen der Gesellschaft, wie z. B. der Wirtschaft oder von einem interessenssteuernden Lobbyismus;
- schließlich im generellen Zeitdruck, in dem sich Lösungsaufgaben stellen, denn, vor allem nicht direkt Beteiligte fordern schnelle Lösungen, aber auch individuell Betroffene, die aus verständlichem Leidensdruck heraus sich weigern, die Berechtigung gegnerischer Interessen wahrzunehmen.

Manche der bezeichneten Punkte sprechen für sich selbst, manche sind erläuterungsbedürftig. In keinem Fall soll aber der Eindruck erweckt werden, dass sich diese Fülle gegen die Institution Demokratie richtet. Ihre Schwächen müssen aber schon deshalb ernst genommen werden, weil sie erstens sich gegen sie selbst richten könnten (z. B. Populismus), weil sie zweitens nach ergänzenden Konfliktregelungsformen verlangen, wie z. B. Mediation.

I.1 Repräsentation als notwendige Organisationsform gegenwärtiger Demokratien

Im Thema „Repräsentation“ soll nicht an die ständigen Grundkonflikte der Grünen zwischen Basisdemokratie und Funktionärswesen erinnert werden, für unser

Thema mögen einige organisationspsychologische Hinweise genügen, die übrigens auch für größere Mediationsverfahren relevant sind: Repräsentation bedeutet (Interessen-)Vertretung, im wörtlichen Sinn beinhaltet sie auch die Vorstellung, dass ausgewählte Personen sich in geeigneten Situationen mich und das, was ich will, „vergegenwärtigen". Freilich handelt es sich aber um eine Gegenwart, in der ich nicht anwesend bin, die für den Repräsentanten ganz anders aussieht wie die meine; daraus ergeben sich eine Reihe von Problemen.

Zunächst bedeutet Repräsentation, in Bezug auf die klassischen Konfliktlösungsarten, *Delegation*. Ich beauftrage andere mit der Vertretung meiner Interessen und dem Austragen derselben mit anderen. Ich weiß zwar über die damit verbundenen Konfliktpotentiale Bescheid, trage aber selbst Konflikte nicht aus. Andererseits bleibe ich selbst mit meinem Konflikt zurück, ihm spezifisch emotionell verhaftet; die Delegation befreit mich zwar von der Konfliktaustragung, entlastet mich aber keineswegs von der emotionellen Betroffenheit durch den Konflikt selbst. Mit dieser Tatsache und Diskrepanz sind eine Reihe weiterer Konsequenzen verbunden: ich bleibe erstens meiner Sichtweise des Konfliktes verhaftet, weil ich mit den Kontrahenten nur in periphere Auseinandersetzungen komme; meist weigere ich mich auch, vor allem bei großer persönlicher Betroffenheit, deren Berechtigung überhaupt wahrzunehmen. Ich hoffe, dass sich in der Lösung des Konfliktes möglichst viel von meiner Position durchsetzt und bin zugleich vom Misstrauen bewegt, dass mich ständig an der Stärke und Lauterkeit meines Interessensvertreters zweifeln lässt (Verrätersyndrom). Schließlich erwarte ich mir eine möglichst rasche Lösung, die mich von meinem Leid befreit, bin also in ständiger Ungeduld.

Etwas anders geht es den Repräsentanten; die Rolle der Stellvertretung bringt automatisch eine gewisse Konfliktdistanz mit sich, die es schließlich ja auch ermöglicht, mit den „Gegnern" in Verhandlung zu treten, ihre Argumente anzuhören. Sie erfahren recht bald auch, wie mühevoll und zeitaufwendig Verhandlungen auf Kompromiss oder Konsens sind. Zugleich beginnen sie meist nach anfänglichem Kampf auch die Argumente der jeweiligen Gegenseite zu verstehen. Auch emotionell kommt man sich sehr oft näher. In Verhandlungen wird ein eigenes soziales System kreiert. Gleichzeitig spürt man den Druck von draußen. Die Ungeduld fordert Ergebnisse, Aufschub verstärken Zweifel und Misstrauen.

Die neue und ganz andere Situation den Repräsentierten näher zu bringen, ist das höchst schwierige Unterfangen der *Rückbindung und Rückvermittlung*. Diese gelingen im kleinen kommunalpolitischen Rahmen oft noch halbwegs, im demokratischen Staatsganzen werden diese aber immer schwieriger. Es fehlen auch geeignete Organisations- und Kommunikationsformen, die Medien genügen aus verschiedenen Gründen nicht. Zumal sie auch ihre eigenen systemspezifischen Interessen verfolgen. Was bleibt, ist eine doppelt unzufriedene Situation: die „BürgerInnen" fühlen sich nicht ausreichend nach ihren Vorstellungen repräsentiert (Politikerverdrossenheit) und sie zwingen die RepräsentantInnen mehr oder weniger zum Theaterspielen, zu einem Entsprechungsverhalten, das der Realität nicht entspricht. PolitikerInnen fühlen sich veranlasst, den Vorstellungen und Wünschen „des Volkes" zumindest verbal und symbolisch „entgegenzukommen", seiner Ungeduld „Scheinergebnisse" vorzuweisen, während Letzteres weiterhin zweifelt und selten wirklich zufrieden ist.

Selbst wenn Interessenkonflikte nüchterner Überprüfung nach auch tatsächlich der Situation entsprechend bestmöglich ausgehandelt wurden, heißt das noch lange nicht, dass die Ergebnisse klaglos akzeptiert werden. Denn, folgende Diskrepanz ist zunächst unvermeidbar: RepräsentantInnen begeben sich gemeinsam in einen Auseinandersetzungsprozess, kommen sich dabei emotionell zwangsläufig näher (egal zunächst, ob positiv oder negativ) und versetzen sich gegenseitig auch in einen Verständnis- und Lernprozess. All dies bleibt den Repräsentierten „erspart", womit ihnen allerdings auch die nötige Verständnisbasis entzogen wird. Wie aber lassen sich Erlebnisse, Lernprozesse nachvollziehen? Entweder es gibt ein unerschütterliches Vertrauen in die Repräsentanten (aber auch dafür muss man etwas tun, es ist auch selten genug) oder es muss adäquate Rückbindung organisiert werden. Diese stellt sowohl emotionell wie auch organisatorisch eine große Belastung dar. Deshalb findet sie meist in nicht ausreichendem Maße statt; es besteht die ständige Gefahr, dass sich die Repräsentanten von der Basis abkoppeln, zumal wenn sie länger „an der Macht" sind und das als ausreichendes „Feedback" auslegen.

I.2 Das unausgeglichene Verhältnis zwischen Kompromiss-Konsensbemühungen und Mehrheitsentscheidungen (z. B. in Wahlen)

Die grundsätzliche Anerkennung der Berechtigung von Widersprüchen, Interessengegensätzen und damit Konflikten bedeutet zugleich, sein Hauptaugenmerk auf die Konfliktlösungen *Kompromiss und Konsens* zu richten. Insofern muss Demokratie ihrem Prinzip nach am Etablieren von Konsensprozessen interessiert sein. Tatsächlich wird ja auch viel verhandelt, es werden Kompromisse gefunden, es findet Interessensausgleich statt. Voraussetzung für dieses Geschehen ist das Einrichten von Kommissionen, Ausschüssen, Verhandlungsteams usw. Kompromiss und Konsens sind letztlich immer noch auf direkte Kommunikation angewiesen. Interessensvertreter verhandeln „face to face". Demgegenüber hat die demokratische Politik „Massen" zu organisieren und auch die Repräsentanten vertreten oft Millionen Menschen. Die Qualität ihrer Entscheidungen wird quantitativ überprüft; Wahlen sind

Mehrheitsentscheidungen; Letztere ihrer Anlage nach anderen als Kompromiss-Konsenslösungen verpflichtet. Hier lässt sich ein struktureller Widerspruch orten: Während es in den oben genannten Konfliktlösungen um qualitative Ausrichtungen geht – man verhandelt, argumentiert, begründet, versteht, anerkennt gleichberechtigte Gegnerschaft – beruhen Mehrheitsentscheidungen auf der Macht der Quantität. Diese kann sich mühsame Verhandlungen ersparen, ist aber notgedrungen auf grobe Klassifikation angewiesen. Während es Qualität gestattet, ins Detail, ins Besondere zu gehen, operiert Quantität im Allgemeinen, Abstrakten. Parteiprogramme beweisen diesen Charakter Letzterer, Wahlplakate sind ihr reduziertester Ausdruck. Bisher ist es uns in unserer politischen Geschichte andererseits noch nicht gelungen, „Massen“ anders als quantitativ zu organisieren. Die Ausdifferenzierung unserer Gesellschaft, Arbeitsteilung, extreme Spezialisierung haben weiters dazu beigetragen, dass sich einerseits die politische Materie enorm verkompliziert hat, andererseits kaum Zeit vorhanden ist, um sich intensiv mit politischen Prozessen zu beschäftigen. „Meinungsbildung“ erfolgt nur in sehr begrenztem Ausmaß. „Botschaften“ müssen möglichst „einfach“ und verständlich „hinübergebracht“ werden; und auch diese Einfachheit, so konkret sie sein will, ist im Grunde genommen abstrakt.

Abstraktionen rühren jedoch weder an noch begeistern sie. Sie müssen daher irgendwie emotionell besetzbar gemacht werden. Ob man statt Inhalten Personen in den Vordergrund rückt oder man sich bestimmter historischer Vorurteile und Klischees bedient, ist weitgehend sekundär. Abstraktionen, die „ankommen“ wollen, ohne sich näher erklären zu können (oder zu müssen), müssen sich bewährter Manipulationstechniken bedienen. Hierbei wird zwar kaum Verständnis für die Sachlage erreicht, wohl aber Emotionalität kollektiv gebündelt. Letzteres braucht man für die Organisation von Mehrheitsentscheidungen. Da diese aber für Parteien, Funktionäre von existenzieller Bedeutung sind, kann es passieren, dass die Macht der Quantität in den Vordergrund rückt. Das Kompromiss- und Konsensinteresse im demokratischen Alltag wird schwächer, „speed kills“. Dies bedeutet aber, dass auch komplexere Verfahren, Verhandlungen, die zum gegenseitigen Verständnis und der Problemdifferenzierung dienen, allmählich ausfallen. Im Allgemeinen führt das wiederum zu einfacheren, plakativeren, aber meist auch einseitigen Konfliktlösungen. Freilich lassen sich diese den eigenen Mehrheiten besser „verkaufen“; sie sprechen für sich selbst, müssen nicht weiter erklärt werden. Überall dort, wo diese Tendenz überhand nimmt, müsste es erstes Anliegen einer Demokratie sein, Überlegungen anzustellen, wo über das sie einengende Alltagsgeschäft Orte und Zeiten zu institutionalisieren sind, in denen differenzierte Konfliktlösungsprozesse wieder ihren Platz haben. Auch wenn es verführerisch sein mag, mit der Macht der Quantität zu regieren, es geht dies notgedrungen auf Kosten der Qualität. Um Letztere aufrecht zu erhalten, muss die Demokratie in sich selbst dafür sorgen, dass sie ihrem Grundprinzip, nämlich der Anerkennung prinzipieller Gleichberechtigung von Interessen und Konflikten entsprechen kann; auch dann, wenn der mühevolle demokratische Alltag sich schwer übersetzen und erklären lässt.

I.3 Zur Bedeutung von Wahlen und dem ihnen innewohnenden „Sieger-Verlierer-Modell"

Wahlen und Vorwahlzeiten konzentrieren sich insbesondere auf das Thema Quantität und Mehrheit. Für sich betrachtet hat es den Charakter des Sieger-Verlierermodells im Zusammenhang von Konfliktlösungen. Die Wahl-Kampf-Rhetorik bezeugt dies eindrücklich. Inhalte, Sachthemen, über die eigentlich zu entscheiden ist, treten immer mehr in den Hintergrund, Fernsehduelle vermitteln den Kampf „Mann gegen Mann", immer häufiger auch „Frau gegen Frau". Nach der Wahl werden „WahlsiegerInnen" ausgerufen, die Unterlegenen zu Unterwerfungsgesten gebeten. Man könnte dieses Geschehen als „sportliches" Ereignis betrachten, hätte es nicht für diverse eben vorliegende Entscheidungsmaterien nachhaltige Folgen. Es wird nicht mehr wirklich verhandelt, es werden plakativ Simplifizierungen vorgenommen, mit denen man den politischen Gegner zu treffen versucht. Was sich als förderlich anbietet, wird aus dem Zusammenhang gerissen, als Waffe verwendet. Im Sieger-Verlierer-Modell wird tendenziell nachgewiesen, dass eine Partei Unrecht hat, falsch liegt etc. Die Berechtigungsparität verliert an Bedeutung. Schwarz-Weiß-Malerei dominiert und macht eine Zeitlang vernünftiges Verhandeln unmöglich.

Auch wenn sich nach Wahlen in zivilisierten Demokratien meist ohnehin herausstellt, dass es zwar Mehrheiten gibt, selten aber eindeutige Sieger – um regieren zu können, ist man auf Koalitionen, daher auf Kompromisse und Einigungen angewiesen – sich also wiederum die Berechtigung von Interessensgegensätzen herausstellt, man bleibt zunächst sehr oft noch der Wahlkampfrhetorik verhaftet. Selten „bekennt" sich jemand zur Niederlage, jeder will in gewisser Weise „Sieger" sein, und nur „Erdrutschsiege"(!) lassen wirklich „triumphieren", dann wird „aus der Position der Stärke" verhandelt. Die Tatsache, dass zwei sich widersprechende Konfliktlösungsschemata der demokratischen Struktur zugrunde liegen, kann unterschiedlich wahrgenommen werden, den Widerspruch „vernünftig" zu balancieren ist keineswegs einfach. „Wahlstrategen" sind eher geneigt, eine ganze Wahlperiode alles was geschieht, beschlossen wird, nach künftigen Vorteilen für den eigenen Wahlkampf zu beobachten. Für sie herrscht „Dauerkrieg". Sie werden auch versuchen, zwischen den Wahlen geeignete Veranstaltungen zu organisieren, die diese Vorteile gehörig herausstreichen lassen. Auch das Parlament kann zur Kampfarena werden und der Ton dieser entsprechend angepasst. Langwierige, schwierige, auf Kompromiss- und Konsenslösung ausgerichtete Verhandlungsprozesse sind für diese Dauerkampfstrategien höchst ungeeignet, weil man sie ja erst vom Resultat her beurteilen kann. Natürlich finden *in* ihnen oft auch heftige Auseinandersetzungen statt. Diese können wiederum aus dem Zusammenhang herausgerissen aufgenommen und verwendet werden. Es würde dies nicht so schlimm sein, bliebe es bei einer bloßen „Zur-Schau-Stellung", einem öffentlichen „Theaterdonner", der sonst weiters keine Folgen hat. Leider beeinflusst er aber auch die Verfahren selbst; die Beteiligten können sozusagen nicht in Ruhe arbeiten, müssen sich ständig mit Rückkoppelungen aus Medien und Öffentlichkeit auseinander setzen. Was also komplexere Konfliktlösungen betrifft, ist sich die Demokratie oft selbst im Weg. Ihr Auftreten „nach außen" – vielmehr das ihrer RepräsentantInnen – kann „im Inneren" zusätzliche Schwierigkeiten bereiten, die an sich mit der konkreten Verhandlungsmaterie gar nichts mehr zu tun haben. (Hierzu gehört auch die beliebte Praxis, sich „etwas über die Medien ausrichten" zu lassen).

I.4 Stellvertretende Übernahme von Konflikten, die vor Ort zwar vorhanden sind, dort aber aus verschiedenen Gründen nicht ausgetragen werden

Tendenziell sind die meisten Menschen emotionell dann insbesondere an Konflikten interessiert, wenn sie an diesen nicht unmittelbar beteiligt sind. Hingegen werden Konsensprozesse eher als „langweilig vernünftig" angesehen. Es scheint ebenso zu unserer emotionellen Verflochtenheit und Betroffenheit mit Konflikten dazuzugehören, dass Problemdifferenzierung, Ursachenanalyse, distanzierter Umgang mit ihnen, eher in den Hintergrund rücken, hingegen sich Simplifikationen häufen. Eine dieser ist seltsamerweise unserem „logischen" Denken verwandt. Emotionelle „Überschwemmung" versucht dadurch mit sich „ins Reine" zu kommen, dass sie „binär codiert": Wer hat Recht, wer Unrecht, wer sind die Guten, wer die Bösen, wer rettet die Zukunft, wer gefährdet sie, welchem „Lager" fühlt man sich zugehörig, welches ist „feindlich"? Gerade auf dieses „logische" Verhaltensmuster kann die Reaktivierung des Sieger-Verlierermodells jederzeit zurückgreifen. Da nun in der Repräsentation von Interessengegensätzen förmlich der Auftrag erfolgt, „Stellvertreterkriege" zu führen, sehen sich Konfliktlösungsverfahren ständig folgender Problematik ausgesetzt: Einerseits sollen sie sorgfältig vorgehen, möglichst vernünftige Kompromiss- und Konsenslösungen aushandeln, was jederzeit eine thematische Problemdifferenzierung bedeutet. Andererseits stehen sie unter einem doppelten Druck. Der erste ist ein selbstproduzierter und darauf aus, Punkte für künftige Wahlkämpfe zu sammeln, der zweite wird von außen an sie herangetragen und verlangt danach, den Emotionen Nahrung zu geben. Letztere sind nicht bloß deshalb vorhanden, weil tatsächliche

Interessen von Bevölkerungsgruppen tangiert sind, auch nicht, weil es emotionell anregend ist, bei Konflikten zuzuschauen, ihre Macht hängt auch mit der strukturellen Konstruktion zusammen; einerseits, und wie schon besprochen, mit dem Sieger-Verlierer-Wahlkampfmodell, das sie aktiviert, zum anderen aber mit der Problematik der Konfliktdelegation selbst. Klar ist, dass Interessengegensätze, die uns alle betreffen, also das Gemeinwohl, das Politische, die öffentlichen Güter, nicht von einzelnen jeweils zufällig auftretenden Gruppierungen, aber auch nicht gleichzeitig von allen (basisdemokratisch) ausgetragen werden können. Also muss deren Verhandlung an Repräsentanten delegiert werden. Letzteres fällt uns in „rein sachlichen" Zusammenhängen nicht so schwer.

Mit Interessen sind aber immer auch Emotionen verbunden, und diese lassen sich von uns nicht so einfach abtrennen, gleichsam mit den Sachen „wegtransportieren". Sie bleiben bei uns, fordern Beruhigung und Antworten; überdies sind sie meist ungeduldig. Je heftiger sie uns erfassen, um so eher der Hang zu binärer Simplifizierung. Diese wiederum lässt sich nicht so ohne weiteres von außen vernünftig wegargumentieren. Emotionen verlangen, dass man ihnen emotionell entspricht. Hierzu gehören vor allem Akzeptanz und Zugehörigkeitsversicherung. Beides muss ständig geliefert werden, auch wenn es inhaltlich-politisch um etwas ganz anderes geht. Man sieht sich gezwungen, ständig so etwas wie eine „Politik der Gefühle" zu veranstalten und zugleich an etwas ganz anderem zu arbeiten. Diese Doppelgleisigkeit ist nicht nur mühsam, sie entzweit oft auch die Politikergilde selbst, und spaltet sie in zwei Lager, in das eine, das jenseits der meisten Inhalte die Gefühle „betreut" und das andere, das harte Knochenarbeit im Hintergrund ausführt. Es ist leicht nachvollziehbar, wer hier „den Platz an der Sonne" hat. Den Gefühlen aber schwerpunktmäßig entgegenzukommen schafft der Demokratie keine wirkliche Entlastung, eher populistische Verstrickungen. Emotionen werden nicht wirklich über sich aufgeklärt, denn „lernen" würden sie nur dann, wenn sie auch miteinander mit Gegensätzen agieren könnten. So bleiben sie immer in einem vorläufigen Stand. Dieser scheint selten über den Status der Sieger-Verlierer-Haltung und der „logischen" Vereinfachung hinauszugehen. Mehrheitlich versicherter Zugehörigkeit fehlt zusätzlich die Bereitschaft, über den Gegner überhaupt nachzudenken, ihn womöglich partiell zu verstehen.

I.5 Intransparenz und Informalität von Informations-, Aushandlungs- und Entscheidungsprozessen („Packeleiverdacht")

Mit dieser Doppelgleisigkeit von Politik hängt auch noch ein weiteres Kapitel demokratischer Schwäche zusammen: jenes der „Intransparenz" („Packeleivorwurf"). Intransparenz verdankt sich mindestens drei Quellen: der Komplexität politischer

Entscheidungsmaterien, der Schwierigkeit der Vermittlung von Entscheidungs- und Lösungsprozessen – vor allem in ihrer emotionellen Dimension – und schließlich auch der Absicht zu verschleiern und zu verdunkeln, was „nicht gut ankommt" bzw. nicht dem Gewinn persönlicher Vorteile dient. Wenn überhaupt die strukturelle Komplexität, die vernetzte Interdependenz von Problemlagen Politikern immer bewusst ist (die sektoriale Zuständigkeit unterschiedlicher Ministerien hat hier eher verhindernd gewirkt), kann sie dem „normalen" Staatsbürger, dem „kleinen Mann von der Straße", der „breiten" Masse – keine zufälligen Wortwendungen – kaum vermittelt werden. Es ist meine Vermutung, dass dies weniger am Intelligenzquotient der eben Bezeichneten liegt, sondern wiederum am Thema Zeit und Emotion (Interesse). Tatsächlich, so meine ich, ist es den wenigsten Menschen möglich, sich wirklich umfassend zu informieren. Über wahre Hintergründe vordergründiger Ereignisse wissen wir kaum Bescheid. Selbst Politikern ist es in ihrer Alltagspraxis kaum mehr möglich, die Ursachen hinter den Kulissen aufzuspüren. Komplexitätswahrnehmung, -analyse und sinnvolle -reduktion wären Aufgaben, die meist mehr Zeit einfordern als zur Verfügung steht. Damit befindet sich auch die politische Entscheidungssituation in einem ständigen Überforderungssyndrom, das sich leicht zu jenen Simplifizierungswünschen verführen lässt, die von außen ohnehin angeboten werden (eine weitere Strategie ist übrigens die Flucht in Gutachten und Expertentum, das auf diese Weise unbefragten Autoritätscharakter bekommt).

I.6 Zur materiellen und organisatorischen Komplexität von Konfliktszenarien und Lösungsmöglichkeiten

Wenn es aber richtig ist, dass hier bereits die Realpolitik überfordert ist, wie mag es erst jenen gehen, die nicht unmittelbar mit Politik befasst sind? Vermutlich wird hier aus Überforderung Ohnmacht. Man bemerkt, dass man zwar wählen, kaum aber wirklich etwas mitentscheiden kann („die machen ohnehin, was sie wollen"). Ohnmachtsgefühle sind aber unangenehm, insbesondere dann, wenn zugleich demokratische Mitbestimmung vorgespielt wird. Also müssen sie „behoben" werden. Wiederum stehen drei „Auswege" zur Verfügung: es wird erstens bis zu einer (scheinbaren) Klarheit hinuntersimplifiziert, die jedem nachvollziehbar sein sollte, Probleme, Themen werden zweitens personalisiert (so, als wären „große" Einzelpersonen in der Politik tatsächlich imstande, die Geschicke zu lenken, den gordischen Knoten durchzuschlagen), und es wird drittens „symbolische Politik" betrieben, hinter welcher Realpolitik „versteckt" wird. Letztere wird am deutlichsten dort sichtbar, wo über etwas ganz anderes gesprochen wird, als tatsächlich stattfindet (z. B. wird gern von „Reformpolitik" gesprochen, wo es durchaus um die Durchsetzung einzelner Machtinteressen geht). Diese drei Auswege werden medial heftig unterstützt, Magazine mit differenzierten Hintergrundgrundanalysen erfreuen sich keiner zahlreichen Leserschaft.

Als besonders schwierig erweist sich die Rückbindung und Vermittlung jener Prozesse, in denen Konflikte – durchaus auch emotionell – ausgehandelt werden. Kompromisslösungen haben zusätzlich meist den Charakter, partielle Unzufriedenheiten nach sich zu ziehen; schließlich wollte man ja – emotionell gesehen – gewinnen, d. h. möglichst viele seiner Interessen „durchbringen". Gegenüber dieser Haltung sind demokratische Entscheidungen meist im Nachteil und da sie weder die Komplexität der Entscheidungsmaterie adäquat vermitteln können noch den emotionellen Einsatz gefühlsmäßig nachvollziehbar machen, entsteht auch hier Intransparenz. Eigentlich dient sie auch dem Zweck, das Negative, das Interessengruppen bei Kompromissen erfahren *müssen,* zu verschleiern. Damit aber diese indirekt angewandte Taktik nicht auffällt, greift man sehr oft wieder zum Ausweg symbolischer Politik. Es werden Szenen, Etappen emotionalisiert und dadurch „verständlich" gemacht (z. B. „der Held von Brüssel", „die Uhr wurde angehalten", „Verhandlungsmarathon" etc. – so lässt sich das reale Vermittlungsdefizit kompensieren; jetzt verstehen die Unbeteiligten, was sich abgespielt hat, auch wenn es gar nicht so war).

Nicht immer sind auch in demokratischen Konfliktaustragungsprozessen die Kontrahenten als prinzipiell Gleichberechtigte anerkannt. Natürlich gibt es unterschiedliche Machtakkumulationen, Einflusshierarchien. Dem Prinzip nach ist allerdings einseitige Machtdominanz undemokratisch. Andererseits haben unsere Demokratien jede ihre geschichtliche Herkunft und ihr entsprechende Strukturen. Interessensunterschiede treten meist nicht mit „Waffengleichheit" in den Konfliktlösungsprozess ein. Die gegenwärtige Globalisierung und Internationalisierung weltweit gewordener Themen trägt das Ihre dazu bei; vielfach findet auch nicht Verhandlung, sondern Unterwerfung statt. Intransparenz schützt hier vor der Einsicht in undemokratische Machenschaften; Letztere gibt es im Kleinen wie im Großen.

So geschahen etwa die so genannten GATS-Verhandlungen faktisch unter Ausschluss von Öffentlichkeit und auch im Kleinbereich der Kommunalpolitik „wäscht oft eine Hand die andere", nicht immer zum Vorteil der eigentlich Betroffenen.

I.7 Der dominante Charakter medialer Vermittlungen und die strukturbedingte Neigung der Politik zum Populismus

So richtig es einerseits für Demokratie ist, sich auf Prinzipien wie Öffentlichkeit und Transparenz zu verpflichten, so schwierig ist es andererseits, diese auch tatsächlich herzustellen; und dies liegt keineswegs, so wie immer getan wird, am Versagen der PolitikerInnen. Historische und strukturelle Gesichtspunkte tun das Ihrige dazu. Die Antwort der Vergangenheit auf diese Problematik waren eine „freie Presse" und kontrollierende Medien. Tatsächlich sind sie unverzichtbar, geraten aber leicht von sich aus in denselben Strudel wechselseitiger Anpassung. Vermutlich wird es zusätzlicher Verfahren bedürfen, die mehr Transparenz ermöglichen und eine bessere „politische Bildung" fördern.

Von den Medien wird in ihrer politischen Berichterstattung die Herstellung von Transparenz und „Öffentlichkeit" verlangt. Medien müssen aber zugleich ihre Botschaften anschlussfähig gestalten; „reine" Information, verbunden mit nüchterner Analyse und Aufklärung wird nicht unbedingt geschätzt. Im eigentlichen Sinn des Wortes müssen Medien also „vermitteln", zwischen Geschehnissen und den Hörern, Sehern und Lesern. Letztere sollen sich über Politik ein ausgewogenes, adäquates Bild machen, das sie zumindest auf Wahlentscheidungen halbwegs vorbereitet. Drei Schwierigkeiten stehen aber hier einer ausreichenden politischen Bildung entgegen: erstens die Komplexität der Probleme und Themen, die oft gewaltsam simplifiziert werden muss, zweitens das Nicht-Dabei-Sein bei politischen Aushandlungsprozessen, was zu emotionellen Verstehensdefiziten führt, schließlich drittens der Mangel einer „politischen Kultur", die eine Gelegenheit böte, Informationen gemeinsam zu diskutieren und zu verarbeiten. Die Folgen dieser drei Defizite müssen die Medien ständig berücksichtigen und zu bewältigen versuchen. Simplifizierungsresultate müssen als die „wahre" Realität ausgegeben werden, es muss das Gefühl „dabei" zu sein vermittelt werden, es müssen Diskussionen arrangiert werden, in denen stellvertretend Meinungsbildung stattfindet.

Die generelle Stellvertretungsrolle gelingt aber nur schlecht und befriedigt kaum die genannten Defizite. Um sie zu beruhigen, muss ein anderes „Spiel" erfunden werden. „Infotainment", „Politainment", Talk-shows etc. führen jenes Theater auf, das es ermöglicht, mit Lust und Leid dabei zu sein. Sicher, es lässt sich fragen, ob nicht dieses Theater mehr Realitätscharakter hat, als es selbst von sich zugeben würde, und eine gewisse Machtlosigkeit von Politik überhaupt widerspiegelt, dennoch ist daran zu zweifeln, ob hier ein ausreichendes Bild von Demokratie geboten wird. Auffallend ist jedenfalls die Häufigkeit, mit der auf Sozialkonstellationen zurückgegriffen wird, die mit jenen einer demokratischen Politik recht wenig zu tun haben (Personalisierungen, Rehierarchisierungen durch Herausstreichen von Macht und Autorität, Familialisierungen schon in der Sprachwahl – siehe die Ehe- und Partnerschaftsbilder, die bei Koalitionsfragen verwendet werden – Fördern von Rivalitäts- und Konkurrenzverhalten, von Konfliktdarstellungen im Sieger-Verlierermodell usw.).

Offensichtlich bedeutet aber Anschlussfähigkeit in einem wesentlichen Teil, bei jenen alltäglichen Erlebensbezirken anzusetzen, die wir uns rasch vergegenwärtigen können und dabei insbesondere jene Defizite anzusprechen, die wir dort auch nicht beheben können. „Politainment" besteht somit in einer sich gegenseitig entsprechenden doppelten Kompensationsstrategie. Es kompensiert den Mangel des Nicht-Dabei-Seins zugleich mit jenem, im eigenen Bereich mit Gefühlen, Konflikten, latenten Aggressionen zurechtzukommen. Wahrscheinlich hat dieses Vorgehen eine hohe soziale Entlastungsfunktion, es kann aber auch Demokratie und Politik insofern gefährden, als sie geneigt sind, Kompensation und Theater als tatsächliche politische Realität zu verstehen. Insbesondere für unser Konfliktthema hat dies nachhaltige Konsequenzen. Eine real ablaufende Konfliktaustragung lässt sich medial gar nicht leicht darstellen; wohl aber punktuelles Aufeinander-Losgehen. Das „Publikum" ist an der dabei zu Tage tretenden Emotion ohnehin mehr interessiert als an einer aufeinander eingehenden Verständigung. Wenn nun beispielsweise Politiker dazu angehalten werden, dieses Schauspiel zu „liefern" und sich dann wiederum distanzieren können, mag die Angelegenheit so schlimm nicht sein. Wenn sie aber dazu neigen, aus ihm realpolitische Konsequenzen zu ziehen, verkehrt sich ihr Sinn. Dass in letzter Zeit der politische Ton „rauer", aggressiver, persönlich beleidigender wurde, kann vielleicht als eine Folge dieser Verwechslung angesprochen werden. Für längerfristige Konfliktlösungsprozesse eignet er sich jedenfalls kaum und er verführt auch das „Publikum" zu problemferner Lagerbildung.

Immer wieder kann es geschehen, dass sich Politiker gegenseitig populistische Argumentation vorwerfen; auch von medialen Beobachtern hört man diese Zuweisung des Öfteren. Unterstellt werden Manipulationsabsichten sowie Anbiederungsgehabe. Meist stehen hierbei Personen im Vordergrund und die Kritik hat fast immer ihren moralischen Unterton. Weniger wird über die Strukturhintergründe des Populismus gesprochen. Diese zu betrachten ist aber schon deshalb wichtig, weil sie im Falle ihres Bestehens jederzeit Personen finden, die ihnen konkrete Wirklichkeit geben. Zu ihnen gehört jedenfalls ein Grundcharakteristikum einer auf Mehrheiten angewiesenen demokratischen Macht. Man muss Vorsorge treffen, sich diese im Laufe einer Wahlperiode zu sichern, um bei der nächsten Wahl wiedergewählt zu werden. Verfügt man über diese nicht, wird man entweder danach streben, so viel wie möglich für sich zu gewinnen bzw. wenigstens eine identifizierbare Gruppe an sich zu binden. So genannte „unpopuläre Maßnahmen" - und Politik ist im Sinne der Gerechtigkeit gegenüber partikularer Macht immer unpopulär – sind dafür nicht gerade geeignet.

Andererseits ist es ebenso wenig leicht, in unserer höchst differenzierten Gesellschaft ein Gemeinsames zu finden, mit dem sich Mehrheiten identifizieren. Es finden sich nämlich in den Mehrheiten höchst unterschiedliche Interessenlagen; es ist historisch höchst selten, dass sie einem Ziel, einer Gesinnung, einer Ideologie entsprechen. Jedenfalls dann nicht, wenn Demokratie stattfindet. Mehrheits- oder Massenidentifikation haben bisher daher meist diktatorische Strukturen verlangt. Dennoch, auch Demokratien müssen auf Mehrheiten aus sein, jedenfalls ihre Parteiungen, weil sie sonst politische Gestaltungsmacht einbüßen. Wie lösen sie dieses Dilemma? Tendenziell immer mit Populismus. Entweder sie finden im höchst Abstrakten ein anscheinend und hoffentlich Gemeinsames („bei uns steht der Mensch im Mittelpunkt"), eines, dem eigentlich niemand widersprechen kann, oder es gelingt, Ängste, Befürchtungen zu identifizieren, zu bündeln und für sich zu nützen; sich als Lösung, als Hoffnung dabei anzubieten und zu profilieren. Nun Ängste aufzunehmen, sie anzusprechen und Hoffnungen zu wecken, wäre ja an sich noch nichts Verwerfliches. Populistisch wird die ganze Angelegenheit aber dann, wenn mit ihnen ebenso bereits phantasierte Abwehren, Lösungen, Verhaltensformen, die sich selbst gegenüber oft unreflektiert und unaufgeklärt sind, aufgegriffen, verstärkt und unterstützt werden. Populismus ist ein Operieren mit unaufgeklärten Emotionen, allerdings solchen, in denen viele Menschen gleichzeitig auf Angst und Verunsicherung reagieren.

Hiezu ist anzumerken, dass gerade dann, wenn Ängste und Befürchtungen stark und bedrohlich werden, unsere Reaktionsformen darauf immer unmittelbar „primitiver" werden. D. h., wir regredieren in „alte Muster", mit denen viel früher und „immer schon" Angst bekämpft wurden. Was aber früher dort und da noch zu Lösungen geführt hat, in einer einfach geordneten Welt zu überleben, taugt heute nicht mehr. In Unsicherheitssituationen, aus denen man kaum einen Ausweg sieht, fehlt aber die Einsicht dafür. Im Gegenteil, je aussichtsloser die Wiederverwendung alter Muster, umso stärker und emotionsgeladener versuchen sie sich zum Ausdruck zu bringen. Hiezu kommt das politisch verwendete Mehrheitsargument. Seit jeher fühlen wir uns in der Mehrheit sicherer. Wenn es viele sind, die gleich wie ich denken und fühlen, fühle ich mich bei ihnen aufgehoben, gewinne Sicherheit. Diese allein genügt als Wahrheitsbeweis. Populistische Politik muss daher nicht argumentieren, begründen, differenzieren, sie muss das ohnehin Vorhandene bündeln, ihm eine Sprache geben, Symbole anbieten, es als eigentliche Mehrheit ausweisen, auch dann, wenn sie es zahlenmäßig noch nicht ist.

Mehrheiten – auch solche am Weg dorthin – geführt in einer Politik unaufgeklärter Gefühle, verhalten sich selten demokratisch. Sie sind sich selbst ihr eigener Wahrheitsbeweis und der Wahrheit musste immer schon „zum Sieg" verholfen werden. Das Dilemma der auf Wahlperioden und Mehrheiten angewiesenen politischen Parteiungen ist, dass sie alle mehr oder weniger populistisch zu agieren sich gezwungen sehen, dabei aber Demokratie selbst tendenziell immer gefährden. In Zeiten steigender Unsicherheiten, Ängsten und unerfüllter Bedürfnisse (Existenzängste gehören hier allemal dazu und werden im Zusammenhang mit möglicher Arbeitslosigkeit aktiviert) wird Politik gerade deshalb oft „populistischer", weil ihr selbst die adäquaten Lösungskonzepte fehlen und Populismus dies eine Zeitlang auch verbergen kann. Versprechungen basieren auf Realitäten, die es gar nicht mehr gibt, man erzeugt emotionalisierte Scheinwelten. In ihnen lässt es sich auch trefflich streiten, ohne dass irgendein reales Problem tatsächlich gelöst werden muss. Reale Konflikte werden nicht mehr auf ihre Ursachen hin untersucht, Sachlagen nicht mehr eingehend differenziert und diskutiert, alles zusammen wird an einen anderen Ort verfrachtet. Alles was der Aufrechterhaltung der Scheinwelt, der symbolischen Politik nützt, wird verwendet, das andere verschwiegen oder diffamiert. Tiefere politische Konflikte werden dann auch nicht mehr demokratisch ausgetragen, sie werden „übersetzt" und als Kulissen verwendet. Da noch dazu in ohnehin unsicheren Situationen die „emotionelle Geschlossenheit" ständig gefährdet ist und aufs Neue beschworen werden muss, dienen die Konflikte dann vordergründig diesem Zweck. Auch dies heißt meist Entdifferenzierung derselben und ihre Einpassung in ein Freund-Feind-Schema. Dass im Übrigen hier Medien stets zu Diensten sind, liegt auch an ihrem von mir bereits beschriebenen Charakter. Ihre strukturbedingte Neigung zum Populismus hängt nicht allein am Thema „Einschaltquoten". Diese repräsentieren nur jene Mehrheitsanwesenheiten, die auch für Medien überlebensnotwendig sind. Ihr Charakter aber, an möglichst viele Menschen vermittelnd anschlussfähig zu sein – auch im Sinne der Herstellung einer demokratischen Öffentlichkeit, *muss* sie ähnlich wie die Politik danach fragen lassen, womit sich denn diese Vielen identifizieren. Die Beantwortung dieser Frage führt aber in dasselbe Geleise wie die der Politik.

I.8 Abschieben von notwendigen Lösungsprozessen auf ExpertInnen und Gutachten

Generell ist unser Konfliktverhalten durch Lösungsungeduld geprägt. Ungelöste Konflikte bringen auf allen möglichen Ebenen – vor allem emotionell wirksame Dauerprobleme. Es ist verständlich, dass wir uns diese schnell vom Hals schaffen wollen. Obwohl wir bei uns selbst oft genug erfahren haben, dass dies gar nicht so einfach ist und schnelle Lösungen meist nicht sehr nachhaltig wirken, machen wir in Stellvertretungszusammenhängen von dieser Erfahrung kaum Gebrauch. Im Gegenteil, psychologisch kommt ein anderes Verhaltensmuster zum Tragen. Gerade weil und wenn wir Konfliktaustragungen und Lösungsprozesse delegieren, erwarten wir baldige Resultate. Im Delegieren liegt gleichsam verborgen ein „moralischer" Auftrag. Wenn ich andere mit „meinen" Angelegenheiten betraue, erwarte ich von ihnen, dass sie diese sorgfältig und möglichst kompetent behandeln. Ich verleihe ihnen eine Lösungsautorität, über die ich selbst nicht verfüge. Mit Autorität sind aber meist auch Vorstellungen verbunden, die den Zeithorizont betreffen. Macht braucht weniger Zeit als Diskurs. Ich erwarte von ihr, dass sie sich womöglich in meinem Sinn rasch durchsetzt. Politiker, Parteien bekommen unvermeidlich diese Zuschreibungen. Nun kann es wohl auch vorkommen, dass Bürokratien „langsam mahlen", dass Politiker nicht entscheidungsfreudig sind (denn, jede Entscheidung schließt aus – auch zukünftige Wähler) und Beschleunigungswünsche berechtigt sind. Vielfach gibt es aber für komplexere Konfliktzusammenhänge keine einfachen und raschen Lösungen; vor allem dann, wenn sie demokratisch „behandelt" werden. Die Ungeduld aber bleibt und wächst, was wiederum Parteien und Politiker unter Dauerdruck setzt.

Eine Form, diesen zu entgehen, ist die Weiterdelegation an Experten und Gutachter. Bei aller Berechtigung, sich sachlich-fachlich kundiger zu machen, stellen sich oft Nebenfolgen ein, die mit der zu entscheidenden Sache selbst nichts mehr zu tun haben. Sicher, es gibt zunächst einen Zeitgewinn. Man ist es gewohnt, dass das Erstellen von Gutachten eine Zeit dauert. Dieser Zeitgewinn bringt aber meist einer politischen Lösung nicht näher. Die Gefahr besteht nämlich darin, das genuin Politische, das Demokratische an Expertenautorität zu verlieren, was nicht bloß Verantwortungsabschiebung bedeuten kann, sondern überhaupt das Aussetzen demokratisch-politischer Konfliktlösungsprozesse. Eine neue Ebene von Stellvertretung wird etabliert. Man lässt nun die Experten untereinander streiten und wählt sich die bestankommende Argumentation und den geeigneten Zeitpunkt aus. Nun ist von vornherein gegen einen Streit der Experten nichts einzuwenden, vor allem dann nicht, wenn er zu einer Transparenz herstellenden Problemdifferenzierung führt. Meist geschieht das aber aus den verschiedensten Gründen nicht. Eine Differenzierung wird dann politisch „unterbrochen", wenn die Parteiungen ihren Standpunkt in Expertenaussagen wiederfinden, sie findet dann nicht statt, wenn ausschließlich Fachexperten untereinander sind – sie haben ohnehin meist dieselbe Sichtweise und bestärken sich gegenseitig in „selbstverschuldeter Einseitigkeit" (derzeit z. B. zu entnehmen in der Pensionsdebatte), sie ist auch aus „methodischen" und „sozialen" Gründen nicht so einfach herbeizuführen, weil es „Experten" meist nicht gelernt haben, miteinander einen interdisziplinären Dialog zu führen. Darüber hinaus sind bei komplexeren politischen Entscheidungsmaterien auch die Expertengutachten dementsprechend kompliziert und schwer zu verstehen. Die ursprünglich Konfliktbetroffenen müssen sie, vermittelt über Simplifizierungsversuche der Politiker, einfach glauben und akzeptieren. Eine Überprüfung ist „den Laien" ohnehin unmöglich, Diskussion und Auseinandersetzung finden kaum statt. Es bleibt ein ungutes Gefühl zurück, genährt von dem Ohnmachtbewusstsein glauben zu müssen, was man wissen will, und einer dumpfen Ahnung, in seinen eigentlichen Absichten und Motiven gar nicht ernst genommen worden zu sein. Dass Politik auf einzelne Fachexpertisen notwendigerweise angewiesen ist, soll hier nicht in Zweifel gezogen werden. Dass sich aber in Konfliktzusammenhängen ein damit verbundenes Dilemma offenbart, ebenso wenig. Demokratisch-politische Entscheidungen zeichnen sich ja gerade dadurch aus, dass sie in den seltensten Fällen aus Expertengutachten deduzierbar sind (das Rechtssystem erkennt ihnen zwar auch einen wichtigen Status zu, ihre Bewertung liegt aber im Ermessen der Richter). Dass sie gerade in der prozessualen Abwägung aller Aspekte und Motive Entscheidungen zu treffen haben, die, wenn sie gelingen, für alle Betroffenen – einschließlich der Experten – Lernprozesse darstellen, ist ebenso evident. (Im Mediationsverfahren am Flughafen Wien-Schwechat war die Diskussion um das Thema „Lärm" unter Einbeziehung eines „Betroffenheitsfaktors" eines der besten Beispiele dafür.)

Somit stellt die Delegation an Experten für Demokratie ein Problem dar, das die Gefahr in sich hat, dass Politisches überhaupt nicht mehr wahrgenommen wird, sich in „Expertokratie" verflüchtigt. Eine grundlegende Frage bleibt daher: Was ist der rechte Umgang mit Expertentum, sollen demokratisch-politische Konfliktlösungsprozesse nicht außer Kraft gesetzt werden?

I.9 Von generellem Zeitdruck, dem Wunsch nach „schnellen" Lösungen und dem daraus resultierenden Leidensdruck aller Betroffenen

Schnell entscheiden und zugleich gut, wird in komplexen Gesellschaften eine fragwürdige Tugend (meist tritt sie auch im Rückwind eigener Macht auf: „speed kills"). Zumal dann, wenn man sich den Mühen demokratischer Entscheidungsfindung unterzieht. Jede Partizipation fordert Zeit ein, sagte schon vor Jahren N. Luhmann und äußerte sich dementsprechend skeptisch über ihre Verwirklichung. Wenn zusätzlich in Konfliktsituationen die Ausgangslage generell eher Ungeduld ist, verstärkt noch durch die genannte Stellvertretungssituation, dann kann das Zeitdilemma leicht eingesehen werden: Es besteht nämlich darin, dass demokratische Konfliktlösungen grundsätzlich mehr Zeit brauchen, als ihnen psychologisch von vornherein zugebilligt wird. Verstärkt durch die Periodizität der Wahlen und Mehrheitsbeschaffungsaufgaben befindet sich daher unsere Politik in einem ständigen Zeitdilemma. Um demokratisch zu sein, braucht sie mehr Zeit, als ihr psychologisch und strukturell zugebilligt wird. Hiezu kommen Zeitbeschleunigungs- und -verdichtungs-Szenarien, die insbesondere in den vergangenen zwanzig Jahren enorm zugenommen haben (an anderen Stellen habe ich darüber ausführlich berichtet). Sie unterstützen natürlich direkt und indirekt unser Ungedulds-Normalverhalten in Konflikten, aber auch antidemokratische Entscheidungsmethoden.

Nun kann auch Demokratie nicht darin bestehen, „unendlich“ lang zu diskutieren, anzuhören etc. und keine Entscheidungen zu treffen. An sich böte sich dieses Verfahren ja schon deshalb an, nicht nur, weil komplexe Konfliktlagen in ihren Zusammenhängen und Berührungspunkten, Schnittstellen und Ausgriffsmöglichkeiten gleichsam ins „Unendliche“ gehen können, sondern weil sich auch im Verlauf längerer Verhandlungsprozesse stets neue Aspekte einstellen können. So weit man daher auch die „Eigenzeitlichkeit“ von Partizipation berücksichtigen will, Zeitgrenzen müssen auch hier gesetzt werden. Allerdings – und das wäre die Forderung an Demokratie – nicht willkürlich, unter dem Druck gesellschaftlicher Mächte und Lobbies, sondern selbst als Resultat politischer Entscheidung. Gerade hier im Entscheiden über die Zeitdimension hat Politik eine ihrer höchsten und „würdigsten“ Aufgaben, ihren besonderen Ort. Will man nämlich demokratische Politik, verlangt man zugleich eine politische Entscheidung über Zeithorizonte oder jedenfalls den adäquaten Umgang mit Zeit. Dieser kann der Politik nicht abgenommen werden, weder von Experten noch von Machtinteressen, noch von basisdemokratischen UnendlichkeitsbefürworterInnen. Entscheiden hat hier die Aufgabe, einen notwendigen Widerspruch zu balancieren. Den „unendlichen“ Zeit-Wunsch-Vorstellungen muss Endlichkeit gegenübergestellt, sie müssen „auf den Boden der Realität“ zurückgeholt, tendenziell antidemokratischen Zeitbeschleunigungen muss politischer Widerstand entgegengebracht werden, Differenz und „Unendlichkeit“ als Möglichkeit von Lernen und neuen Lösungen als Option aufbewahrt bleiben. Auch wenn wahrscheinlich einiges in der Politik ohnehin nach diesem Muster abläuft, was m. E. fehlt, ist ein bewusster, transparenter Umgang mit diesem für Demokratie so wichtigen Thema.

Vielfach muss man schon den Eindruck gewinnen, dass sich – auf ihre Kosten – auch die Politik den Beschleunigungsmechanismen unterworfen hat. In Konfliktzusammenhängen geht dies meist auf Kosten von tragfähigen Kompromissen und länger haltenden Konsensen. Psychologisch bedeutet dies ein potenzielles Ansteigen von Unzufriedenheit und Aggression, welchen Gefühlen ebenso nicht gerade demokratisches Verhalten nachzusagen ist. Die so oft diagnostizierte Politikverdrossenheit halte ich für kein generelles Desinteresse an Politik, eher als Ausfluss des Gefühls von Ohnmächtigkeit und schlechter Vertretung. Beides hat auch mit dem Zeitthema zu tun. Ohnmächtigkeit stellt sich dann leicht ein, wenn man entweder „hilflos“ warten muss – und das „in eigener Sache“, oder wenn unter Zeit- und Machtdruck Entscheidungen gegen eigene Interessen fallen, die eigentlich nicht einsehbar gemacht werden können, in beiden Fällen fühlt man sich schlecht vertreten.

II. Das Mediationsverfahren und der Mediationsprozess am Flughafen Wien-Schwechat

Im ersten Teil des Artikels wurden ausführlich die Probleme einer demokratischen Politik im Zusammenhang mit Konflikten und deren Lösungsmöglichkeiten behandelt. Komplexere Mediationsverfahren haben, weil auch sie auf Repräsentationsstrukturen angewiesen sind, ähnliche Problemkonstellationen zu bewältigen. Die Fragen, die also im Weiteren beantwortet werden müssen, lauten: Gelingt es dem Mediationsverfahren erstens gewisse Probleme der Politik zu vermeiden und zweitens jene, die ebenso organisationsbedingt auftreten, besser zu behandeln? Die Antworten sollen an dem genannten Beispiel versucht werden.

Das MV (im Folgenden als Abkürzung für Mediationsverfahren am Flughafen Wien-Schwechat) mediierte eine komplexe Konfliktlage; in ihr waren mehr als 50 Parteiungen vertreten. Vordergründig ging es um unterschiedliche Interessen, die klar zuordenbar sind. Im Hintergrund allerdings wurde auf allen möglichen Ebenen Politisches berührt. Das Interessenspektrum reichte von wirtschaftlich angezeigten Ausbau- und Erweiterungsplänen (FWAG) über lokale wirtschaftlich-soziale Aspekte (der Flughafen als größter lokaler Arbeitgeber, Arbeitsplatzsicherung, Ausbau der Infrastruktur) bis hin zu expliziter Gegnerschaft (Bürgerinitiativen, teilweise im Nachbarschaftsbeirat, Siedlungsverbände, diverse Gruppierungen gegen die Lärm- und Verkehrsbelastung, gegen den Verfall von Immobilienwerten, für ökologische Gesichtspunkte etc.). Diese höchst komplexe Gesamtsituation kam unter anderem dadurch zustande, dass der vorherige Vorstand des Flughafens Wien-Schwechat zunächst versucht hat, *sein* Problem auf traditionelle Weise zu lösen, d. h., über Informationsveranstaltungen die Notwendigkeit seiner Maßnahmen bekannt zu geben, in der Hoffnung, diese würden dann auch „eingesehen". Dieses Programm scheiterte und trug einiges zur Konstituierung des Widerstandes in Bürgerinitiativen bei.[2]

Man hätte nun traditionell weiter verfahren, ein UVP-Verfahren ansetzen und auf dieses seine Hoffnungen setzen können. Flughafen (mit neuem Vorstand) und Initiativen wählten einen anderen Weg. Nach längerer und allgemein geschätzter Vorbereitungsarbeit in einer so genannten Vorbereitungsgruppe einigte man sich, ein Mediationsforum zu gründen, eine Vereinbarung zu schließen und damit ein Mediationsverfahren zu beginnen. Es ist hier nicht Aufgabe zu berichten, wieso dies gelungen ist, wer sich dabei Verdienste erworben hat, woher man den Mut für ein derartiges Unterfangen genommen hat. Es liegen aber genug „objektive" Gründe vor, die ein solches Verfahren jedenfalls von vornherein nicht als abwegig erscheinen lassen;

---

2 Vgl. Zwischenbericht, Kap. III.2.2: Die „missglückte" Präsentation des Masterplans.

sicher wurden diese auch teilweise zur Selbstbegründung diskutiert. Ich könnte mir folgende Argumentationen vorstellen:

- Eine traditionelle Form der Interessensdurchsetzung war, zunächst jedenfalls vor Ort, gescheitert.
- Die gewählte Vorgehensweise war nicht gerade dazu angetan, das Image des Flughafens positiv zu fördern; Alternativen waren gefragt.
- Traditionelle UVP-Verfahren erweisen sich bei einer derartig unterschiedlichen und bereits „aufgeheizten" Konfliktlage als höchst aufwendig (zeitlich und finanziell).Vor Ort musste man mit Demonstrationen, ev. Besetzungen von Startbahnen etc. rechnen; hier gab es Vorbilder.
- Politisch vorzusehende oder rein wirtschaftlich begründete Machtentscheidungen ließen eine Konflikteskalation erwarten (im Übrigen mit dem Resultat, dass sich alle auf mehr oder weniger *einen* Gegner einigen hätten können).
- Wahrscheinlich spielte auch das Bewusstsein darüber eine Rolle, dass bei „gewohnter" Konfliktaustragung nicht nur Intransparenz dominieren würde, sondern letztlich Machtlobbies gewinnen würden.
- Wird politisch entschieden, kann man sich in mehrfacher Weise die Finger verbrennen, jedenfalls Wählerpotential enttäuschen.
- Vielleicht war es auch entlastend, dass bis zu einem vorgesehenen Projektbeginn eines Ausbaus noch ausreichend Zeit zur Verfügung zu stehen schien, was zu einem solchen Experiment ermunterte.
- Was ich mir aber als ein ganz entscheidendes Motiv vorstellen kann, ist die allgemeine Einsicht in die eigentlich für jede betroffene Partei bestehende *gespaltene* Interessenlage: Shareholder (Wien und Niederösterreich) wollen Wirtschaftserfolg, aber nicht auf Kosten von Wählerpotentialen (das sind in Wien einige zigtausend Menschen); der Flughafen will ebenso seinen wirtschaftlichen Prognosen entsprechen, aber nicht als *der* Buhmann dastehen und ein geschätzter Arbeitgeber bleiben. Die Bürgermeister wollen ihren Bürgerinitiativen gerecht werden, zugleich aber auch jenen, die von den Arbeitsplätzen des Flughafens und den kommenden Steuervorteilen profitieren. Die gegen den Lärm mobilisieren, müssen zugeben, dass sie dort und dann auch ganz gerne fliegen. Schließlich wissen aber auch alle Betroffenen, dass (im Sinne des zu vermeidenden Florianiprinzips) es kaum eindeutige Siege gibt, die nicht auch auf Kosten anderer Beteiligter gehen.
- In dieser mehrfach gespaltenen Ausgangslage kann eigentlich nicht „vernünftig" entschieden werden; auch die Delegation an Politik oder Experten bringt die Ausgangslage nicht vom Fleck, zumindest lässt sie von be-

zogenen Positionen nicht abrücken. Es könnte sich also bei den Betroffenen die Einsicht eingestellt haben, dass sich auf einem mediativen Verhandlungsweg vielleicht doch etwas Neues, jetzt noch nicht Vorstellbares ergeben könnte, das eine Vermittlung dieser Spaltungen ermöglichte.

- Von großer Bedeutung – aber auch, wie noch ausgeführt werden soll von nachhaltigen Folgen – war der „Machtverzicht" des Flughafens, der, obwohl er das Verfahren weitgehend finanzierte (Ausnahmen sind die Zeitinvestitionen der Bürgerrepräsentanten sowie eingebrachte Dienstzeiten einzelner Beteiligter), seine Absichten zugunsten einer Verfahrensoffenheit „ausgesetzt" hat. Auch wenn damit das Machtgefälle im Verfahren nicht grundsätzlich außer Kraft gesetzt wurde, organisatorisch und symbolisch wurde damit die Bedingung für demokratische Konfliktaushandlung geschaffen; es wurde mit diesem Verzicht nämlich die (Gleich-)Berechtigung aller divergenten Interessen anerkannt; damit auch der Weg für Kompromiss- und Konsenslösungen aufgemacht.
- Internationale Beispiele haben längst gezeigt, dass in ähnlichen Konfliktfällen zwar Rechtsrahmen bestehen, die für Lösungen zuständig gemacht werden können, dass aber die gewählten Verfahren nicht befriedigen. Der Hauptgrund dafür liegt nicht so sehr in der Unterbewertung von Initiativen, die nicht juristische Parteienstellung erhalten, sondern, so wie ich es sehe, überhaupt in der Delegation an das Rechtssystem, das vielfach mit dem Verlust eigener Konfliktkompetenz einhergeht. Der Rechtsrahmen und die in ihm vorhandenen Gesetze sind auch nicht unbedingt geeignet, spezifische (fall- und situationsbezogene) Lösungskreativität zu fördern; partiell finden auch immer Entmündigung von Betroffenen, jedenfalls aber von besonderen örtlichen und konfliktspezifischen Umständen statt. Rechtsverfahren bestärken meist auch die Beteiligten, bei ihren Positionen zu bleiben, diese zu verteidigen, solange es geht, und deren Aufweichung als Niederlage zu empfinden. Mögliche Beweglichkeit wird verhindert.

Es mag also ausreichende Gründe dafür gegeben haben, sich für ein Mediationsverfahren zu entscheiden. Was aber bedeutet diese Entscheidung für das Verhältnis von Politik und Mediation, also unser spezielles Thema? Man könnte ja der Meinung sein, dass die Einleitung des Verfahrens ein bewusster Schritt war, die gesamte Konfliktlage aus allem Politischen herauszunehmen, sie gezielt abzutrennen, sie dem politischen Alltagsgeschäft zu entziehen. Dies mag wohl die eine Seite sein und es bewies das Verfahren, dass es weitgehend gelungen ist, die Tagespolitik und ihre Interessen aus ihm herauszuhalten, dennoch sollte Trennung und verbliebener Zusammenhang noch differenzierter herausgearbeitet werden.

Denn, ebenso wie man die Konfliktlösung zunächst weder der politischen Entscheidung noch dem durch sie repräsentierten Rechtsrahmen überlassen hat, bleibt man doch mindestens auf drei Ebenen mit ihr ständig verflochten. Die erste Ebene beschreibt die nach wie vor vorhandenen politischen Interessen (repräsentiert durch gewählte Bürgermeister, Bezirksvertreter, Mandatare, Kämmerer, Repräsentanten der Stadt Wien und des Landes Niederösterreich); diese lassen sich durch das Verfahren nicht völlig entkoppeln (Bürgermeister müssen wählbar bleiben). Mit den Interessen muss auch immer die Gefahr verbunden bleiben, dass das Verfahren für ihre Zwecke instrumentalisiert wird.

Die zweite Ebene hat sich mit dem „Verhalten" des politischen Systems überhaupt zu beschäftigen. Was heißt es für dieses, wenn es ein Verfahren „dulden", womöglich befürworten muss, das sich seinem Einfluss weitest möglich zu entziehen versucht. Wie geht es mit der „Kränkung" um, zugeben zu müssen, dass es für manche Konfliktkonstellationen besser ist, andere Lösungsprozesse zuzulassen, als die in ihm üblichen? Was heißt dies demokratiepolitisch? Wie geht man mit Machtverzicht um, akzeptiert man ihn oder wehrt das Ganze als Spielwiese bzw. Beschäftigungstherapie ab? Von Letzterem hängt ab, wie sich Politiker am Verfahren beteiligen, engagieren, wie sie es beobachten, wie sie zu seinen Resultaten stehen.

Die dritte Ebene konstituiert sich nach der Modellparallelität. Zwar geht es im Mediationsprozess nicht um Dimensionen des Gesamtstaates, dennoch kann auf Strukturähnlichkeiten zu einer repräsentativen Demokratie nicht verzichtet werden. Und hier treten auch ähnliche Probleme auf, die von höchster organisationspolitischer Tragweite sind; ich nenne einige:

- zunächst sind all jene in Erinnerung zu bringen, die bei der Darstellung des Politischen strukturell mit dem Thema Repräsentation verbunden waren (auch das Mediationsverfahren *muss* über Repräsentanten laufen),
- der Widerspruch zwischen der Anerkennung (gleich-)berechtigter Ausgangslage in der unterschiedlichen Interessenbasis (Auftrag an basisdemokratischer Selbstorganisation) und der Steuerungsautorität des Verfahrens selbst (Prozessfunktionärstum) muss ständig gemanagt werden („Fundis" versus „Realos"),
- für demokratische Konfliktlösungsverhandlungen mit dem Ziel Kompromiss oder Konsens sind direkte Kommunikation und Kleingruppenformationen nötig; größere (z. B. das Mediationsforum, das die Letztentscheidung trifft) geraten dann leicht in den Charakter parlamentarischer Abstimmung oder Bestätigung. Auch hier gibt es dann zur „Realpolitik" Strukturähnlichkeit.

- Repräsentationssysteme sind insbesondere zur Transparenz und einer adäquaten Rückbindung an ihre „Auftraggeber" verpflichtet; auch hier Strukturähnlichkeit. Wie geht Mediation mit dem Thema um, wie unterscheidet sie sich von Realpolitik oder könnte sich zumindest unterscheiden?

Der zumindest „indirekte" Einfluss der Politik sowie die geschilderte Strukturähnlichkeit könnten bedeuten, dass die Mediation kaum imstande ist, sich von Politik so zu lösen, dass sie tatsächlich keine neue Antwort auf Demokratiedefizite darstellt. Am MV lassen sich m. E. aber doch Indizien bemerken, die Hoffnung schöpfen lassen.

Eine der Grundhypothesen unserer Begleitforschung ist die Behauptung, dass allein schon die Existenz – also das bloße „Sein" – dieses Mediationsverfahrens bereits einen nicht zu unterschätzenden Sinn- und Bedeutungsrahmen geschaffen hat.[3] Gegenüber der Politik, und das ist ja der Themenschwerpunkt hier, wurde dieser dadurch hergestellt, als das Thema Flughafen aus den Agenden der Alltagspolitik herausgenommen wurde. Für das Problem, das Thema und die an ihm Beteiligten bedeutet dies die Einrichtung eines *autonomen Bezirks*, in dem auch die Politik zunächst nur als gleichberechtigter Konfliktpartner auftreten kann. Sie ist damit nicht die ständig befragte, letztlich beanspruchte Entscheidungsautorität, sondern selbst Mitglied in einem Verfahren, in dem auch alle anderen Interessenvertreter gleiche Autorität beanspruchen können. Auch wenn dieser Rollenwechsel zunächst ungewohnt sein mag, er eröffnet zugleich nicht unerhebliche Chancen. Eine besteht z. B. darin, dass sich die unterschiedlichsten politischen Anliegen besser und gemeinsam differenzieren lassen. Landesinteressen sind anders gelagert als kommunalpolitische Gemeindeinteressen, wirtschaftspolitische wiederum anders als soziale und umweltpolitische. Nicht, dass diese Unterschiede nicht auch sonst existierten, sie können aber selten in aller „Ruhe" und in ihrer Widersprüchlichkeit ausdiskutiert werden.

Hand in Hand damit treten sachthematische, systemlogische Widersprüche in den Vordergrund und lassen parteipolitische Interessen eher in den Hintergrund treten. Was aber wahrscheinlich der wichtigste Vorteil dieser Installierung eines autonomen Bezirkes gegenüber dem Alltagsgeschäft der Politik ist, kann in der um das Gesamtproblem herum etablierten Projektorganisation gesehen werden. Mit ihr gewinnt das Konfliktthema nicht nur die ihm angemessene Bedeutung, sie eröffnet gleichzeitig jenen notwendigen „Schutzraum", den man für ein sorgfältiges „handling" der Konfliktbearbeitung braucht. Derartige Einrichtungen sind im „normalen" politischen Geschehen eher selten. Zwar gibt es genug an Ausschüssen, Kommissionen etc., kaum aber professionell geführte Projektorganisationen, in denen gar direkt Betroffene Sitz und Stimme haben. Gegenüber autonomen Verhandlungs- und Schutz-

3 Vgl. Zwischenbericht, Kap. II.4: Ein Moratorium macht sich breit.

räumen muss das Alltagsgeschehen der Politik ohnehin ambivalent sein, und zwar auf Grund ihres doppelten, in sich nicht immer stimmigen Auftrags. Einerseits sollte Politik im Sinne demokratischer Konfliktlösungen sich ebenso diesen Schutzraum gönnen (was z. B. bedeutet, mit Zwischenergebnissen oder -differenzen vorsichtig in der Öffentlichkeit umzugehen), andererseits muss das Motiv stets eine Rolle spielen, wie man im Sinne nächster Wahlen seiner Partei und sich selbst Vorteile herausholt. Beide Impulse verursachen ein widersprüchliches Verhalten: hier führt man „ernste Verhandlungen", dort wechselt man „politisches Kleingeld" und lässt sich etwas „über die Medien ausrichten". Bezüglich des MV ist demgegenüber festzuhalten, dass es ihm gelungen ist, das Verfahren aus diesem politischen Alltagsscharmützel herauszuhalten.

Aber auch für das politische System eröffnen sich in diesem Zusammenhang neue sinnvolle Möglichkeiten. Erstens steht es nicht unter Entscheidungsdruck, kann drauf verweisen, dass ein Verfahren außerhalb ihres direkten Einflussbezirkes läuft, von dem die Ergebnisse abzuwarten seien. Zweitens kann es erwarten, dass man sich mit der gebotenen Ausführlichkeit mit den Problemen beschäftigt, in einem Zeitausmaß, das der Politik kaum zur Verfügung steht, was schließlich drittens auch bedeuten kann, dass sich Politiker über Entwicklungen und Ergebnisse kundig machen können, ohne selbst beteiligt zu sein. Letzteres schafft einerseits Informationsvorteile – das Verfahren hat Ergebnisse hervorgebracht, die in einer UVP oder einem anderen politisch-öffentlichen Verfahren kaum möglich gewesen wären –, zu denen man über diverse Vertretungen Zugang hat, andererseits ist man zunächst aus der Verantwortungspflicht, was zumindest ruhiges Erwägen und „freies" Nachdenken ermöglicht. Auch wenn Teile der Letztentscheidung politisch fallen mögen (obwohl es in Mediationsverfahren durchaus möglich ist, rechtlich verbindliche Verträge abzuschließen), man kann davon ausgehen, dass es sich hier um eine bestmögliche Entscheidungsvorbereitung handelt; der Politik wird einiges an Arbeit abgenommen, Kompromiss und Konsensergebnisse ersparen Mehrheitsentscheidungen, in denen es immer Verlierer gibt.

Politiker werden stets mehr oder weniger gezwungen, Position zu beziehen. Diese soll möglichst klar sein und strikte vertreten werden. Wenn jemand der Problemlage angemessen meint, „es sei alles so kompliziert", wird ihm eine solche Äußerung als Führungsschwäche angelastet. Ebenso wird es nicht gern gesehen, wenn Politiker „um den heißen Brei herumreden", sich nicht festlegen lassen, sich um eine Antwort „herumdrücken". Journalisten können hier sehr nachdrücklich fragen. Auch hier dürfte es sich vielfach um Wunschprojektionen handeln. Obwohl wir im Allgemeinen wissen, dass viele Probleme nicht sofort eindeutige Stellungnahmen erlauben, verlangen wir diese offensichtlich von unseren politischen Repräsentanten. D. h., dass wir sie für fähiger phantasieren, als sie wirklich sind, vielmehr im Moment auch sein können. Wir erwarten Autorität, Durchsetzungskraft, und jene Klarheit, die uns fehlt. Mit der Parole „Sicherheit“ wird fast in jedem Wahlkampf gearbeitet. Aber auch zwischendurch soll sie uns von Politikern vermittelt werden. So werden sie zu Kulissen einer Sicherheitsabsorption. Konfliktlagen demokratisch lösen wollen, heißt aber zunächst nicht zu wissen, was dabei herausschaut. Hat man sich schon vorher festgelegt, eine unerschütterlich klare Position bezogen, kann ein Kompromissergebnis als Niederlage, als Gesichtsverlust ausgelegt werden („ja, aber damals haben Sie gesagt: ...“), d. h. auf die Wunschprojektion bezogen Verlust an Sicherheitsrepräsentation. Als Politiker ist man daher in einer ständigen Zwickmühle: legt man sich nicht fest, gilt man als tendenziell unehrlich (man hat etwas zu verbergen) oder als schwach, standpunktlos, legt man sich hingegen fest, läuft man Gefahr, für demokratische Konfliktlösungsprozesse schon vorweg zu viel zu determinieren, z. B. dadurch für neue Argumente nicht mehr zugänglich zu sein.

Ein gelingendes Mediationsverfahren hat diese Probleme in weitaus geringerem Maße. Schon methodisch wird die eben genannte Situation verhindert, zumindest abgeschwächt. Position zu beziehen ist zwar auch hier die erste Pflicht, man weiß aber, dass es nie dabei bleiben kann; weiß also, dass Positionsveränderung für Lösung sinnvoll und notwendig ist und man damit nicht sein Gesicht verliert. Positionen sind daher alles andere als eine Vorwegnahme des Lösungsresultats, sie sind momenthaft Anfang, Ausgangsort eines Prozesses. Diese Tatsache macht den normalen Mediengewohnheiten auch Kopfzerbrechen. Sie können nicht so leicht in üblichen Mustern verfahren; die Dialektik von klarem Ausgangspunkt und unklarem Prozess und Ergebnis ist schwer vermittelbar. Sicherheitsabsorption kann ebenso wenig geliefert werden. Es ist daher auch aus diesem Grund gar nicht verwunderlich, dass Medien an Mediationsverfahren gar nicht so überschwänglich interessiert sind. Für das Verfahren selbst hat dies aber eher positive Auswirkungen. In aller Ruhe lassen sich „ungefährdet“ Positionen beziehen, nach ihren zugrunde liegenden Interessen und Bedürfnissen befragen und sich dabei in Bewegung versetzen. Positionen haben oft den Charakter an sich, feststehende Abgrenzung zu vermitteln. Auf ihre Hintergründe angesehen, werden Grenzen durchlässig. Erst dies macht in Kontrapositionen auch so etwas wie gegenseitiges Verständnis möglich. Im Schutzraum eines Mediationsverfahrens kann man sich dieses eher leisten und auch zugeben als auf der öffentlichen politischen Bühne. Das in politischen Zusammenhängen immer wieder durchschlagende Sieger-Verlierermodell verliert an Bedeutung, insbesondere wenn man den dialektischen Charakter notwendiger Konflikte einzusehen beginnt. Man muss zu seinem Bedauern bemerken, dass Siegen zugleich auch Verlieren heißt, dass man zusammenhangsverwiesen einen Gewinn nicht „feiern“ kann, solange sich die Verlierer in der Umgebung befinden. Mediationsverfahren entlasten daher die Alltagspolitik von all den Wunschprojektionen, die an sie herangetragen werden, ermöglichen auch einen einfachen Umgang mit Positionsbezug und Positionsveränderung. Diese Entlastung ermöglicht demokratisch-politische Konfliktlösungsprozesse in angemessenerer Weise, als diese die Politik zu leisten imstande ist. In gewissem Sinn ist es daher manchmal gut, Demokratie „auszulagern".

Gerade Letzteres entzieht aber den Konflikt einem direkten politischen Einfluss. Aus den unterschiedlichen Reaktionen der Politiker lässt sich deren Einstellung zu partiellem Machtverlust sowie Demokratie ablesen. Nicht immer legen sie ein Zeugnis für demokratische „Reife" ab, und man kann auch für das zukünftige Verhältnis von Politik und Mediation daraus einige Prognosen ableiten. In der Hauptsache sind drei Reaktionsformen identifizierbar: erstens die abwertend-taktische, zweitens die informell-profitierende, drittens die positiv-anerkennende, die auch demokratiepolitische Vorteile im Verfahren erkennen kann. Ganz deutlich scheint sich die Haltung der Politiker im Verfahren von jener derer, die außerhalb stehen, zu unterscheiden. Abwertend-negative sind bei der ersten Gruppe kaum wahrzunehmen, wenngleich sie als Repräsentanten mehr unter Druck stehen als die außerhalb.

Die erste Reaktion hält von Mediation nichts oder wenig – wenngleich oft daran zu zweifeln ist, ob sie ihnen auch ausreichend bekannt ist. Es komme fast einem Eingeständnis eigener Schwäche gleich, die Konflikte nicht selbst zu lösen, sondern „auszulagern" und kostspieligen Verfahren zu überantworten. Man hält sich daher bewusst heraus, lässt „3. und 4. Stellvertreter" agieren und wartet jenen Zeitpunkt ab, der am geeignetsten erscheint, das Heft wieder in die Hand zu nehmen und den „Debattierclub" aufzulösen. Die „Letztentscheidung" wird in jedem Fall, auch inhaltlich beansprucht und natürlich im Zusammenhang eigener politischer Aufträge und Vorteile gesehen. Der taktische Vorteil eines Mediationsverfahrens bestünde allerdings darin, Ventilfunktion zu haben. Beschäftigungstherapeutisch versorgt, verlieren die Konfliktkontrahenten auf ihrer „Spielwiese" ihre ursprüngliche Heftigkeit. Es ist davon auszugehen, dass sie ermüdet, letztlich nicht entscheidungsfähig, die Konflikte wieder an die Politik zurückdelegieren.

Die zweite Reaktion weiß um die Begrenztheit politischer Macht, auch um die Schwierigkeiten und Unwägbarkeiten, die komplexere Konflikte „auszeichnen". Mehrheitsfähige Entscheidungen (eben auch im eigenen Interesse) zu fällen, fällt gerade in Bereichen Umwelt-Wirtschaft, in denen sich auch schon diverse Bürgerinitiativen zu Wort gemeldet haben, zunehmend schwerer; in Sach- und Organisationsbezügen stellt sich die Realpolitik als überfordert dar. Da sich Politik aber in *ihren* Themen auch nicht gänzlich „verabschieden" kann, muss nach anderen als den üblichen Verfahren gesucht und gegriffen werden. Projektmäßig entkoppeln und dennoch „lose gekoppelt" bleiben, in diese Richtung wird die neue Lösung gesucht. Erfahrenere Politiker können die Vorteile leicht erkennen. „Autonome" Verfahren sichern vor direktem politischen Zugriff, auch jenem der jeweiligen politischen Gegner. Projektleiter und politische Repräsentanten sichern den zwischenzeitlichen Interessen- und Ergebnisabgleich informell und vermitteln dem Projekt intern wieder den vorgegebenen politischen Handlungsrahmen, und es bleiben zusätzlich zwei Vorteile: einigen sich die Streitpartner im Verfahren nicht, kann man sich als Retter in der Not platzieren – was man dann auch zwischenzeitlich gut informiert mit bestmöglicher Kompetenz sein kann. Einigen sie sich aber doch, und man kann ebenso zwischenzeitlich koordiniert die Ergebnisse größtenteils bestätigen und übernehmen, ist man der „einsichtige Politiker", der noch dazu nicht unmittelbar Gefahr läuft, Mehrheiten zu kränken.

Diese Reaktionsform der Politiker kann aber nur dann stattfinden, wenn dem Informellen sein Recht und damit sein Platz zugebilligt wird. Mit Recht wird von Mediatoren und Vertretern „reiner" Verfahren eingewandt, dass dies durchaus problematisch ist, weil es der Intransparenz und der Willkür und allen damit verbundenen Manipulationsmöglichkeiten Tür und Tor öffnet. Diese Gefahr ist nicht abzustreiten. Auf der anderen Seite sind wir in der Organisation derartiger „loser Koppelungen" von unterschiedlichen Systemen nicht sehr geübt und müssen darüber hinaus zur Kenntnis nehmen, dass Informelles ohnehin unkontrollierbar stattfindet; es genügen da schon kleine am Rande hingeworfene Bemerkungen. Es wäre auch nicht zweckmäßig, wenn in politisch relevanten Konfliktmaterien Mediationsverfahren jahrelang „autonom" vor sich hinarbeiten, „sich so weit wie möglich abkoppeln", jedem Einfluss entziehen und schließlich mit Resultaten aufwarten, die letztentscheidende Politiker nicht mittragen zu können glauben. (So sind manchmal auch schon gute, neue Ergebnisse deshalb nicht angenommen worden, weil sie „überraschend", unerwartet und damit verunsichernd waren.) In dieser „Zwickmühle" wird alles davon abhängen, wie im Verfahren mit dem Bereich des Informellen umgegangen wird; wie es zu welcher Zeit transparent gemacht, wer damit insbesondere befasst ist, in welcher Form Verhandlungsergebnisse veröffentlicht und vergemeinschaftet werden. Als Idealzustand wäre jener zu bezeichnen, wenn innerhalb des autonomen Verfahrens jeweils eine gemeinsame Sichtweise es *jedem* Beteiligten ermöglichen könnte, gleichsam im Namen aller diese Gespräche zu führen; das heißt beileibe nicht, dass dies erst zu der Zeit geschehen kann, wenn auch über die Konflikte eine Einigung erzielt wurde. Es genügt, dass man, bei unterschiedlicher Bewertung, die Problematik und die zu behandelnde Thematik als gemeinsame sieht. Verfahrensgefährdend wäre umgekehrt das Verwenden und Ausnützen informeller Beziehungen und Strukturen für eigenen Machtgewinn und Positionsstärke im Verfahren. Mit Recht wird dieses als

„Verrat“ empfunden und dementsprechend sanktioniert. Im MV fanden sich meiner Beobachtung nach genug sinnvolle informelle Kontakte. Sie dürften einigermaßen brauchbar gewesen sein. Was m. E. nicht geschehen ist, ist eine Verständigung über Bedeutung, Wirkung, persönliche Anwendung dieses Verfahrensaspektes. Daher gibt es wahrscheinlich einiges an Misstrauen diesbezüglich, sowie moralische Selbstvorwürfe, Grenzen überschritten zu haben.

Die dritte Reaktion, die Akzeptanz, braucht nicht näher beschrieben zu werden. Außerhalb stehende klug einschätzende Politiker sehen die Vorteile, manche sind auch an dem demokratischen „Experiment“ interessiert. Politiker, die im Verfahren beteiligt waren, waren vielfach überzeugt bis fasziniert, wobei ihnen klar war, dass ihnen die Vermittlungsschwierigkeiten nach außen keineswegs leichter geworden waren. Klar war auch rasch, dass das Verfahren einen Punkt erreichte, an dem sich herausstellte, dass die Konfliktpartner, die sich vorerst einmal auf die Gegnerschaft gegen den Flughafen einigen konnten, auch untereinander Konflikte hatten und angehen mussten. Hier mussten sich im Weiteren die Tragkraft und Nachhaltigkeit des bisherigen Prozesses nachweisen: Sind die Politiker im und nach dem Verfahren imstande, die Probleme mediationsgerecht zu behandeln und zu lösen, oder fallen sie in altgewohnte politische Verhaltensformen zurück? Eine davon wäre gewesen z. B. bei nicht passenden Lösungsaussichten das Verfahren zu verlassen und nachher zu sagen, es habe nichts getaugt.

Projektorganisation und Entscheidungsaufschub ermöglichen auch einen besonderen Umgang mit Gutachten und Expertentum. In politischen Konfliktlösungsprozessen haben Experten oft eine überdimensionierte Bedeutsamkeit. Diese hängt weniger mit den gutachterlich zur Verfügung gestellten Inhalten zusammen, sondern eher mit der Art und Weise, in der Interessenkonflikte politisch „gelöst“ werden. Zu ihr gehören fast immer Zeit- und Entscheidungsdruck.

Da nun Politiker meist in vielen solchen Konfliktprozessen engagiert sind – ganz abgesehen von der Belastung durch das übliche Alltagsgeschäft – ist von ihnen nicht zu verlangen, dass sie sich in allen Materien umfassend kundig machen. Sie müssten sich zu einem Universalgenie entwickeln. Sie brauchen also Experten und müssen sich auf sie verlassen können. Dennoch gibt es höchst unterschiedliche Formen der Aneignung und der vorgelagerten Fragestellung: Was fragt man die Experten, wie intensiv beschäftigt man sich mit ihren Gutachten. Jeder Mensch, so auch Politiker, hat zu bestimmten Konflikten, deren Lösungen, zu Interessengegensätzen und deren Berechtigung Vorstellungen, Meinungen, Vorurteile. Sehr oft werden Fragen an Experten aus diesem Reservoir heraus gestellt. Dabei muss gar keine bewusste Absicht vorliegen. Zwar gibt es auch bestellte „Gefälligkeitsgutachten“, die aber meistens ohnehin durch Gegengutachten relativiert nur kurzlebig sind, um sie geht es hier aber nicht. Experten beantworten das, was man sie fragt, selten sagen sie, was alles sie dabei nicht beantworten können; warum auch. Bestätigen Gutachten nun die ohnehin schon vorhandene Einschätzung der Lage, kann man nicht anders, als zufrieden sein. Man wird sich nicht mehr weiters und intensiver mit der Materie beschäftigen. Im „Normalpolitischen" stellt sich damit leicht ein konservierender Selbstbestätigungszirkel ein: Politiker sehen sich durch die Experten bestätigt, diese wiederum durch die Art, wie Politiker mit ihren Äußerungen verfahren bzw. sie umsetzen. (Im „Rat der Weisen" in Deutschland sitzen, soweit mir bekannt, lauter hoch qualifizierte Ökonomen, die sich immer wieder zu Wirtschaft und Wirtschaftspolitik äußern. Den Äußerungen wird auch hohe Beachtung geschenkt, was sich nicht zuletzt daraus begründet, dass jene Ökonomie, die die Weisen gelernt haben und vertreten, ohnehin politische Realität ist. Es geht also bestenfalls darum, kleine Abweichungen zu korrigieren, im Übrigen aber das System zu bestätigen. In Krisenzeiten, wie gerade jetzt, werden sie auffällig stiller, weil sie Fragen beantworten müssten, die in ihrem Modell nicht gestellt werden, wohl aber beispielsweise von anderen Wissenschaften oder nicht im Mainstream liegenden politischen Gruppen; diese werden aber nicht herangezogen – sind wohl zu wenig „weise".)

Im MV konnte ein anderer durchwegs interessanter Umgang mit Experten beobachtet werden. Die Ausgangslage ist von jener einer politischen nicht grundlegend verschieden. Es gibt viele Interessengruppen, die ihre Meinung zu einem bestimmten Thema (Lärm, dritte Piste, Wirtschaftsfaktoren) bereits gefasst haben. Um überhaupt initiativ zu werden, muss mit ihr auch ein gewisser Grad von Überzeugung verbunden sein. Dieser erhöht sich signifikant bei emotioneller Betroffenheit. Bei Bürgerinitiativen kann man wahrscheinlich überhaupt zunächst davon ausgehen, dass alle „sachlichen" Inhalte emotionell überdeterminiert sind, d. h., die persönlichen Emotionen eine große Rolle spielen. Man würde sich sonst kaum die Mühen antun, die mit diversen Aktivitäten verbunden sind. Es ist daher müßig, diese Emotionalität zu kritisieren und zur Sachlichkeit verpflichten zu wollen. Das eine ist nichts ohne das andere. Es nützt auch kaum viel, jemandem, der „subjektiv" sehr lärmempfindlich ist, einreden zu wollen, er dürfe es eigentlich nicht sein, weil die Dezibel objektiv im Normalbereich lägen. Der oder die Betroffenen werden entweder ständig an den Messresultaten zweifeln, sich womöglich eigene Messstationen einrichten, oder, was noch viel klarer wäre, an der Festsetzung von Objektivem zweifeln und damit indirekt sagen, dass sie eben aus dem Normbereich herausfallen. Dennoch ist es auch richtig, dass emotionell aufgeladene Situationen und Sachen deren Differenzierung behindern. Man leidet und will, dass man darin bestätigt wird, Recht hat. Die Konfliktlösung soll gegenwärtiges oder zukünftig zu erwartendes Leiden wegschaffen. Die Bandbreite unterschiedlicher Betroffenheiten charakterisiert so auch den Einstieg in ein Mediationsverfahren und ist zu berücksichtigen. Es ist nicht dasselbe, ob man aktuell und ganz subjektiv lärmbetroffen ist, ob man als gewählter Bürgermeister Gemeindeinteressen unter einen Hut zu bringen hat, ob man für sein Wirtschaftsunternehmen Zukunft „be-sorgt" oder System-Kammerinteressen vertritt. Bei einer derartig unterschiedlichen Ausgangslage, eben auch emotioneller Betroffenheit, muss diese erst einmal zur Kenntnis genommen und akzeptiert werden. Ein erster Abschnitt dient eigentlich ausschließlich diesem Zweck. Erst wenn alle Betroffenen den Eindruck gewonnen haben, dass sie in und mit ihrem Anliegen vorkommen und akzeptiert werden, sind sie auch bereit, Problem- und Konfliktdifferenzierung vornehmen zu lassen.

ExpertInnen spielen in dieser Phase eine den Teilnehmern nicht immer bewusste Doppelrolle: die einen wollen sie doch hauptsächlich nur zur Bestätigung ihrer eigenen Position, die anderen sind bereits etwas weiter (emotionell meist unbelastete) und wollen sich selbst klüger machen, Expertisen sammeln. Meist „kämpfen" diese Unterschiede eine Zeitlang miteinander, was oft dazu führt, dass immer mehr Experten verlangt werden. Dieser Vorgang kann auch als Flucht vor den realen Konflikten gedeutet werden. Er ist aber bis zu einem gewissen Grad notwendig, weil man einerseits noch nicht die nötige Vertrauensbasis aufgebaut hat, Konflikte *direkt* anzugehen, weil auf der anderen Seite tatsächlich auch noch vielerlei Entscheidungsgrundlagen fehlen. Die Prozesse, die sich meist in Arbeitsgruppen und -ausschüssen etabliert um eine Akzeptanz der unterschiedlichen Positionen bemühen, auf diese Weise „vertrauensbildend" wirken, weiters jene, die um Experten verhandeln und ihre Ergebnisse diskutieren, haben gegenüber den meisten politischen Prozessen mehrere folgenreiche Vorteile. Die Akzeptanz, vor allem auch auf emotionellem Gebiet, relativiert das stets vorhandene Sieger-Verlierer-Modell – ich muss nicht unbedingt mehr, meinen ursprünglichen Vorstellungen entsprechend, gewinnen (im Politischen, wo diese Akzeptanz schon aus organisatorischen Gründen oft schwer erreicht werden kann, schlägt das Gewinnermotiv immer wieder zu, z. B. dann, wenn Parteien sich gegenseitig ihre Verdienste vorbuchstabieren). Ein weiterer Vorteil ist emotionelle Distanz oder der Erwerb einer Unterscheidbarkeit zwischen Engagement für die Sache und persönlicher Betroffenheit; gerade dieses gestattet auch Problemdifferenzierung in der Sache. Was dann vorliegt, ist ein Reichtum an Aspekten und Möglichkeiten, die mit ganz anderen Fragen an Experten herantreten können, als sie ursprünglich lauteten. Es macht einen großen Unterschied aus, ob man Experten zur Bestätigung eigener Positionen als Autoritäten heranziehen möchte, oder ob man in der ganzen Palette der Fragestellungen des Verfahrens Experten unter dem Zweck heranzieht, dem *ganzen* Verfahren hilfreich zu sein. Schließlich zeigt der Prozess auch eine deutlich intensivere Auseinandersetzung mit den Expertenmeinungen, sie werden nicht unkritisch aufgenommen. Bei der ACG (Austro Control GmbH), die zunächst eher skeptisch distanziert wirkte, konnte man als Außenstehender einen wahren Gesinnungswandel in der Bereitschaft mitzuarbeiten beobachten. Es scheint eine motivierende Herausforderung gewesen zu sein, endlich jene Fragen gestellt zu bekommen, auf die zu antworten tatsächlich vorhandene Expertise voll beansprucht und sinnvoll einsetzbar nachweist. Ganz unübersehbar war auch der Informations- und Wissenszuwachs der am Verfahren Beteiligten.

In Sachen Flughafen sind einige selbst zu Experten geworden. Und zwar handelt es sich hier um ein Expertentum besonderer Art, nämlich ein auf mögliche „Ganzheiten" gerichtetes. Gemäß der differenzierten Ausgangslage ging es ja um ein ganzes Problempaket, vom aktuellen Lärm, über Arbeitsplatzsicherung bis hin zur Sicherung der Zukunft eines einzelnen Wirtschaftsunternehmens. Für all diese Aspekte können Experten Detailinformationen anbieten. Es gibt aber kaum einen Experten für alles zusammen, schon gar nicht einen solchen, der für die Einschätzung der Emotionen zuständig gemacht werden kann, die sich aus dem Prozess selbst ergeben; er kommt ja von außen. D. h. aber in weiterer Konsequenz, dass es nur die Beteiligten selbst sein können, die sich zur Autorität über das Ganze, den Zusammenhang machen können. Voraussetzung dafür ist immer eine Abwägung und Bewertung des Stellenwerts von Expertengutachten. Diese mögen zwar für sich genommen zweifelsfrei richtig sein, dies heißt aber noch lange nicht, dass sie deshalb schon für eine zu treffende Entscheidung bedeutsam sein müssen.

Zusammenfassend kann also gesagt werden, dass einer Analyse des MV ein Expertenumgang zu entnehmen ist, der in politischen Konfliktlösungsverfahren selten anzutreffen, gleichsam aber als Beispiel verwendbar ist.

Was nun zum Abschluss die Themen „Repräsentation" und „stellvertretende Übernahme von Konflikten anlangt, steht jedes komplexere Mediationsverfahren, so auch das MV, vor ähnlichen Problemen wie eine Politik in Gestalt repräsentativer Demokratie. Auch hier müssen die Vertreter mit dem Verrätersyndrom rechnen, auch hier werden sie notwendigerweise mit der Ungeduld und dem Emotionsstau der „Daheimgebliebenen" konfrontiert. Zeit- und Organisationsbedingungen ermöglichen es aber dem Mediationsverfahren, mit diesen Schwierigkeiten anders umzugehen. Zunächst ist einmal der eigene Lerneffekt nicht zu unterschätzen. Schnell muss man erfahren, wie mühsam, langwierig demokratische Konfliktlösung ist, und sich außerdem ständig in der Gefahr von Rückfällen befindet. Da ist zunächst neben der Hauptfront der mitgebrachten Positionen und der aus ihnen resultierenden Konflikte die Nebenfront des Organisationsaufbaues zu bewältigen. Dieser muss zuerst einmal gelingen, erst dann kann man sich den eigentlichen Mediationsthemen zuwenden. Der Organisationsaufbau ist auch deshalb besonders schwierig, weil es zunächst niemanden gibt, der dafür autorisiert ist; es sollen ja alle gleichberechtigt in das Verfahren eintreten. Man sollte nun denken, dass es Sache der Mediatoren sei, den Organisationsrahmen zu schaffen. Grundsätzlich ist dem auch zuzustimmen, zugleich aber zu bedenken, dass diesen dadurch eine neue Rolle zuwächst, nämlich die eines Organisationsentwicklers. Abgesehen davon, dass Mediatoren selten in den Genuss einer Ausbildung für diesen Zweck gekommen sind, ist diese Doppelrolle auch nicht ganz einfach wahrzunehmen.

Denn der Organisationsaufbau ist notwendigerweise ein Ort, der zusätzliche Konflikte schafft, so dass ständig auf mindestens zwei Ebenen interveniert werden muss: auf jener der „alten" mitgebrachten Konflikte und jener der neu entstandenen. Da zunächst durchaus im Sinne basisdemokratischer Grundannahmen jeder Beteiligte auch so seine Organisationsvorstellungen mitbringt oder jene meint durchsetzen zu sollen, von denen er sich Unterstützung seiner Anliegen verspricht, kann es leicht sein, dass man als Mediator selbst mit den Medianten in Konflikt gerät. Jedenfalls kann man gleich in der ersten Phase des Verfahrens lernen, wie schwierig es ist, *selbstorganisiert* eine Organisation aufzubauen. So manche basisdemokratische Illusion muss verabschiedet werden – was im Übrigen Realpolitisches besser verstehen lässt (z. B. warum Verfassungen kein „Machtvakuum" zulassen). Zu Beginn des Verfahrens fehlt noch dazu das gegenseitige Vertrauen, was wiederum hohes Kontrollbedürfnis auslöst. Man will überall dabei sein, kann noch nicht delegieren, obwohl man weiß, dass ab einer gewissen Zumeldungsgröße Diskussionen schwer, Entscheidungen sogar unmöglich werden. Mit der Zeit und dem Erleben gescheiterter Versuche wächst aber die Einsicht in einen notwendig vorhandenen und immer neu zu bewältigenden Widerspruch: Konflikte, so erfährt man, lassen sich, sofern man auf Kompromiss oder Konsens aus ist, nur in direkter Kommunikation, d. h. in begrenzter Teilnehmerzahl lösen, am Verfahren selbst sind aber weit mehr Personen beteiligt, als in begrenzten Zeiteinheiten direkt kommunizieren können. Handhabbar wird dieser Widerspruch nur durch eine gute Organisation (im MV: Forum, PSG, AKs, AGs) und ein erworbenes Basisvertrauen. Allerdings darf man auch dann mit Rückkoppelungen und Transparenz nicht leichtsinnig verfahren. Liegen in diesem Prozess der Selbstorganisation zweifellos die beschriebenen Schwierigkeiten und Gefahren, gegenüber „normalpolitischen" Verfahren und ihren eingefahrenen Routinen hat er dennoch größere Chancen. Sie bestehen in der Möglichkeit, um die vorhandenen Probleme, Konflikte, Themen herum die ihnen adäquateste Organisationsarchitektur zu schaffen. Und auch *in ihr* flexibel zu sein, je nachdem, was gerade ansteht. Politische Ausschüsse mit ihren Geschäftsordnungen und formellen Rücksichtsnahmen haben diese Möglichkeiten kaum.[4]

---

4 Vgl. Zwischenbericht, Kap II.1: Der Prozess braucht Steuerung.

Auch wenn sich das MV mit dieser Phase der Selbstorganisation nicht immer leicht getan hat, hat es vorerst einmal zu einer „listigen" Lösung gegriffen, indem sie das Problem in sich aufgespalten hat. Das „Machtvakuum" füllte es mit der Etablierung einer Prozessautorität (Prozessprovider, später PSG), für die Konfliktbearbeitung hielt es das Mediationsteam bereit. Dass als Prozessautorität jemand ausgewählt wurde, der sich bereits durch wichtige Vorarbeiten verdient gemacht und Vertrauen erworben hat, sollte nicht verwundern. Ebenso wenig, dass das neu hinzukommende Mediationsteam damit keine besondere Freude haben konnte. Der notwendige Widerspruch und Konflikt zwischen Prozess (Organisationsaufbau) und Mediationsverfahren wurde somit an zwei Repräsentanten delegiert, die ihn nun untereinander auszutragen hatten. Der Organisationsaufbau, die Expertenphase, die Informationsphase, der Vertrauensaufbau, all dies kann dann abgeschlossen sein, damit kann das inhaltsbezogene Mediieren erst richtig beginnen.

Politische Konfliktlösungsprozesse stehen zwar vor ähnlichen Problemen, meist ist es ihnen aber nicht beschert, auf die genannten Phasen so viel Zeit und Mühe aufzuwenden. Organisation, Prozess sind meist vorweg bestimmt, egal ob sie zum Thema passen oder nicht. Selten wird Letzteres überprüft. Dies hat zweifellos den Vorteil, dass man sich rasch in die Inhalte, Sachen „hineinstürzen" kann, vieles muss aber dabei auf der Strecke bleiben (u. a. sowohl eine ausreichende Problem- und Informationsdifferenzierung wie auch eine Diskussion über die Bedeutung der unterschiedlichen emotionellen Determinanten).

Dass schließlich das Thema der Repräsentation viel mit jenen von Information und Transparenz zu tun hat, dürfte eine Erkenntnis gewesen sein, die sich bereits zu Beginn des Verfahrens eingestellt hat. Alles wurde protokolliert und über gemeinsamen Beschluss ins Netz gestellt. Dort finden sich mehrere 1000 Seiten. Jeder, nicht nur die vom Verfahren direkt oder indirekt Betroffenen können „hineinschauen" und das Verfahren verfolgen.[5] Damit ist eine Seite in den Schwierigkeiten von Repräsentation gelöst: das Kontrollbedürfnis der Außenstehenden wird dadurch teilweise befriedigt. Es nimmt auch „sensationslüsternen" und geheimniswitternden Medien den Wind aus den Segeln – was im Übrigen m. E. dazu führte, dass sie sich gar nicht so besonders für das MV interessierten. Nur teilweise aber wird es deshalb befriedigt, weil man emotionell eben nicht dabei war, den Prozess also nicht in seiner lebendigen Abfolge nachvollziehen kann. Zusammengefasst Schriftliches vermittelt Ergebnisse, aber keine Eindrücke. Diese bleiben weiterhin dem Phantasieren überlassen. Zudem entwickeln fortlaufende Verfahren auch eigene Terminologien, Kürzeln, Fachsprachen, die den Außenstehenden gar nicht mehr verständlich sind. Die „vollständige" Transparenz des MV schwächte das Repräsentationsproblem zwar ab,

[5] Vgl. Krainer: Öffentlichkeitsarbeit und Mediation.

insbesondere auch deshalb, weil es dadurch seinen „guten Willen" unter Beweis stellte. Gänzlich lösen konnte es dieses dadurch aber nicht. Deshalb bleibt Rückbindung wichtig.

Die Politik ist – mit Ausnahme von engen Bezirken der Kommunalpolitik – im Thema Rückbindung weitgehend auf die Medien angewiesen. Diese sind nun aber einmal, wie sie sind, und drängen ihre Art der Eigengesetzlichkeiten der politischen Vermittlung auf. Damit bekommen Rückbindungen einen besonderen Zungenschlag, der mit ihrem Inhalt wenig zu tun hat. Aus diesem Beispiel des MV könnte man jedenfalls demokratiepolitisch wichtige Schlussfolgerungen ziehen. Insbesondere die Medien wären dann auch gefordert.

Ergebnissicherung und Rechtsschutz

Gerhard Falk

I. Vorbemerkungen

Die Frage „Wie lautet eigentlich das Ergebnis der Viemediation?" lässt zahlreiche Antworten zu. Es können dabei unterschiedliche Ebenen wie die emotionale, politische, sachliche, internationale etc. hineinspielen und mitunter sogar diametral gegenläufig zu bewerten sein. Rechtlich ergeben sich mindestens zwei bemerkenswerte Perspektiven: zum einen der soziale und kommunikative Prozess hin zur Rechtserzeugung, zum anderen die finalen, endgültigen Konstrukte und Figuren samt dazugehörigen rechtsstaatlichen Mechanismen der nachfolgenden Kontrolle und Korrektur, die das Ergebnis klarstellen, absichern und schützen sollen. Zwar „lebt" das Abenteuer Mediation, damit Neues leichter entstehen möge, unter anderem vom Simplifizieren, dem Zulassen von gelockerten, „rechtsfreien" Räumen, formlosen Komponenten (mitunter als „mauscheln" erlebt) und gewissen Unklarheiten, die zuweilen auch verwirrend und chaotisch wirken können. Spätestens jedoch an und nach ihrem (ebenfalls als Prozess zu verstehendem) Ende, sollen klare und möglichst eindeutige Vereinbarungen stehen, die, über ihre Symbol- und Ritualkraft hinaus, Neues zu festigen und die mitunter quälende Ungewissheit wieder aufzuheben haben. Was das einstige Experiment Mediation erschaffen hat, soll künftig Ordnung und Sicherheit im Recht, in der „Verrechtlichung" finden, so jedenfalls die Sehnsucht, das Streben. Denn was bliebe, langfristig oder gar in Generationen gedacht, vom jahrelangen, aufwändigen Ringen übrig? Worauf könnten sich Ansprüche sonst verlässlich stützen, insbesondere wenn einst auch die handelnden Personen gewechselt haben werden, wenn nicht auf rechtsverbindliche Verträge und Konstruktionen (nicht zuletzt geht es ja auch um sehr viel Geld)? Selbst vehemente GegnerInnen der Viemediation verfügen mit rechtlich Greifbarem bei ihren allfälligen zivilrechtlichen Klagen und öffentlich-rechtlichen Instrumenten bei den Höchstgerichten, die ihnen selbstverständlich offen- und zustehen, über handfestere Grundlagen oder präzisere Angriffsflächen zur Darlegung ihrer „Beschwer".

Was aber bedeuten Recht und seine Verbindlichkeit im Verhältnis zu Mediation, die sich bekanntlich einerseits zur eingangs erwähnten Reduktion von rechtlicher Komplexität und Bindung bekennt, sich jedoch andererseits als ein Instrument der originären „Rechtsschöpfung" unter dem Leitbild der Partizipation „bottom up", also von der Basis nach oben, rühmt? Welche Fragen und Dimensionen des Rechts erheben sich dazu speziell im Kontext der sich an der Schnittstelle des privaten zum öffentlichen Recht befindlichen Viemediation, die sämtliche Rechtsbereiche, von Zivil-, Handels- und Steuerrecht über Straf- und Verwaltungsrecht bis hin zu europäischen und internationalen privat- sowie öffentlich-rechtlichen Normen etc., tangiert, und wie vollzog sich der besagte Rechtserzeugungsprozess bei genauerer Betrachtung?

Zum Herantasten an diese Fragenkomplexe werden im Folgenden, obwohl nicht unmittelbar Auftrag an unsere Begleitforschung, aber aufgrund der entstandenen Bedeutung dennoch ins zentrale Blickfeld gerückt, einige grundsätzliche Ausführungen zum rechtlichen Rahmen und zu den wesentlichen Rechtsgrundlagen der Viemediation sowie eine kommentierte Auflistung der rechtlich erarbeiteten Ergebnisse von besonderer Relevanz samt Rechtsschutzmöglichkeiten, dargestellt und untersucht.

II. Zum Verhältnis von Recht und Mediation

Individuelle Freiheit, Privatautonomie und damit verbunden etwa auch Eigentumsrechte sind u. a. wesentliche Voraussetzungen für so etwas wie zivilrechtliche Mediation, die, wie wir sie heute verstehen, tatsächlich nur im Rahmen einer Rechts- und Freiheitsordnung möglich sein kann, welche solches auch erlaubt. Gleichheit, Berechtigung zu Kritik (Protest, Streik etc.) sowie Gestaltungsspielraum, der nachfolgenden Eingriffen standhält, sind unabdingbare Elemente, die noch vor wenigen Jahrhunderten höchstens ein Wunschtraum gewesen wären. Die dazu gehörige Rechtsentwicklung der „westlichen" Welt im 17. und 18. Jahrhundert, das Wieder-Erstarken von demokratischen anstelle von feudalistischen Strukturen, die Weiterentwicklung von Zivilrechtsordnungen, des Gerichtswesens und der Grundrechte, kann aber erst im Laufe bzw. gegen Ende des vorigen Jahrhunderts als einigermaßen geglückt bezeichnet werden[1]. Insofern befindet sich unsere gesamtgesellschaftliche Entwicklung derartige privatautonome Verfahren betreffend noch im Embryonalstadium, und ist in Österreich, beginnend mit Normen zur Scheidungsmediation, erst gut zehn Jahre jung.

Mediation im öffentlichen Bereich

Als eine der zentralen Vereinbarungen aus der Viemediation wird nunmehr das so genannte „Umweltverträglichkeitsprüfungsverfahren" (UVP-Verfahren) für die dritte Piste auf Basis der sonstigen Vereinbarungen der Viemediation (insbesondere die angestrebte Pistenlage samt sämtlichen sonstigen Rahmenbedingungen wie: Bodenverkehr, technischer Lärmschutz, An- und Abflugrouten etc. – Näheres vgl. un-

[1] Näheres vgl. Falk 2000.

ten) eingeleitet. „Ziel der 1994 in Österreich eingeführten Umweltverträglichkeitsprüfung (UVP) ist es, mögliche Auswirkungen, die Großprojekte (Vorhaben) auf die Umwelt haben können, im Vorhinein, also vor deren Verwirklichung, zu prüfen. Ergibt die UVP, dass schwer wiegende negative Auswirkungen auf die Umwelt durch das geplante Verfahren zu erwarten sind, und können diese nicht verhindert oder auf ein verträgliches Ausmaß vermindert werden, darf das Vorhaben nicht verwirklicht werden."[2]

Mit der Änderung des „Bundesgesetzes über die Prüfung der Umweltverträglichkeit" (UVP-G 2000) am 6.7.2000 und nach ausgedehnten parlamentarischen Vorausdiskussionen seit 1999 wurden die Bestimmungen betreffend „Mediation bei Bürgerbeteiligung" im öffentlichen Bereich neu geregelt. Es geht hier vor allem um die Frage, wie die Behörde ein durch Mediation ausgehandeltes Ergebnis zu behandeln hat. Nach dem UVP-G 2000 „kann" (d. h., es obliegt dem Ermessen der Behörde dies zu entscheiden) hiernach die befasste Behörde ein UVP-Verfahren unterbrechen, falls sich in dessen Zuge „große Interessenkonflikte" zwischen Projektwerber und sonstigen Parteien oder Beteiligten zeigen sollten. Betreffend die Ergebnisse eines Mediationsverfahrens „können" diese dann der Behörde übermittelt und von ihr im Rahmen der gesetzlichen Möglichkeiten im weiteren Genehmigungsverfahren und in der Entscheidung berücksichtigt werden. Hinzugefügt wurde außerdem, dass im Falle der Unterbrechung des Genehmigungsverfahrens durch Mediation der Projektwerber „jederzeit" einen Antrag auf Fortführung des Genehmigungsverfahrens stellen kann (dies, wie Ferz ausführt, wohl mit dem „Hintergedanken", dass die Mediation nicht als ein bloßes „von Projektgegnern provoziertes Verzögerungsinstrument" missbraucht werden könne). Vor allem an der „kann" – Bestimmung scheiden sich die juristischen Geister. Ferz merkt dazu etwa weiters an, dass der rechtliche Gehalt dieser Gesetzespassagen in seiner Gesamtheit „eine vernachlässigbare Größe" an Verbindlichkeit für die Behörde sei.[3] An anderer Stelle meint der Autor verstärkend, dass die Verwaltung „an den normativen Auftrag zur neutralen Gemeinwohlorientierung gebunden" sei; Aushandlungskonzepte dürften „nicht dazu verwendet werden, die gesetzmäßige Bindung an das Verwaltungs(verfahrens)recht auszuhebeln. Die Verwaltung muss meist auch die weitergehenden, zum Teil von den konkreten Beteiligten nicht repräsentierten, aber im Hinblick auf die Nachhaltigkeit so wichtigen Interessen zukünftiger Generationen mitberücksichtigen"[4].

Dem Obigen stimmt Kerschner zwar prinzipiell zu, räumt jedoch ein, die Behörde „könnte unter bestimmten Voraussetzungen verpflichtet sein, bei mehreren gleichartigen Lösungsmöglichkeiten jene zu wählen, die mit der Mediationsvereinbarung

---

2 vgl. Einleitungstext website: http://www.lebensministerium.at/umwelt.
3 Ferz 2001.
4 Ferz 2002.

übereinstimmt, also eine Pflicht dann bestünde, wenn der private Konsens im Rahmen des Gesetzes ist ...", wenn der Konsens also die zuvor erwähnten Interessen und das Gemeinwohl berücksichtigt, den grundlegenden Rechtsprinzipien unserer Rechtsordnung entspricht, und jedenfalls nicht öffentlich-rechtlich gar verboten ist. Dieser Autor verweist auch noch darauf, dass die Verwaltungsbehörde an die verfahrensrechtlichen Grundsätze der „Wirtschaftlichkeit, Sparsamkeit und Zweckmäßigkeit" gebunden sei und dass inhaltlich (vgl. dazu z. B. das Erkenntnis des Verwaltungsgerichtshofes vom 19.9.1989, 86/04/0103) zumeist zwischen „Substanzbeeinträchtigung" (also etwa Eigentum und dingliche Rechte) und „Belästigungsschutz" unterschieden werde.[5] Auch aus dem zuvor erwähnten Wirtschaftlichkeitsgebot lässt sich m. E. schließen, dass die Behörde Mediationsergebnisse oder Teile davon (wie z. B. Sachverständigengutachten, Messergebnisse, Erprobungen und Simulation von Alternativen etc.) wohl heranzuziehen hat.

Ferz merkt weiters noch an, es bedürfe künftig „... einer exakten Dokumentation und kontinuierlichen Auswertung von Mediationsverfahren". Der Zufall wollte es, dass sich die Viemediation fast parallel zur Genese seines Artikels, und zwar noch weit vor der Einleitung erster Schritte zum UVP-Verfahren bzw. vor Festlegung irgendeiner Dritte-Piste-Variante oder sonstigen Lösung, entwickelt hat.[6]

Allfälligen ProjektgegnerInnen, die Parteienstellung erhalten, steht im Übrigen prinzipiell jede Möglichkeit der Mitwirkung sowie – nach Bescheiderlassung – auch die Anfechtung des Verwaltungsverfahrens bis hin zum Verwaltungs- und/oder Verfassungsgerichtshof offen. Parteienstellung besitzen neben Nachbarn und sonstigen Betroffenen (z. B. Wassernutzungsberechtigte) auch Standortgemeinden und betroffene angrenzende Gemeinden, das wasserwirtschaftliche Planungsorgan, die Umweltanwälte von Wien und Niederösterreich, Bürgerinitiativen und – seit 31. Mai 2005 – auch anerkannte Umweltorganisationen (zur heiklen Frage des Verzichts auf Einwendungen und Rechtsmittel vgl. aber unten). Auf zivilrechtlicher Ebene kann die zivile Gerichtsbarkeit bis zum Obersten Gerichtshof oder dem Europäischen Gerichtshof (etwa Anfechtung von Verträgen, Willensmängel, aber auch Unterlassung, Schadenersatz etc.) herangezogen werden.

Das Recht der Mediation

Auch das Mediationsrecht an sich hat eine Rechtsentwicklung hinter sich gebracht, die selbst wiederum Einfluss auf die Viemediation gewonnen hat, umgekehrt von dieser aber auch mitgeprägt wurde. Sie soll hier kurz beleuchtet werden. Der

---

5 Kerschner 2004.
6 Näheres dazu vgl. Krainer: Chronologie.

mainstream der noch verhältnismäßig jungen Mediationstheorie besagte bis vor kurzem, dass das Ergebnis einer Mediation im „Umweltbereich“ (neuerdings lieber im „öffentlichen Bereich“ genannt), lediglich eine Empfehlung an die „Obrigkeit“ (Verwaltung, Politik) leisten könne. Noch z. B. in den 2001/2002 entstandenen „Materialien“ zum Zivilrechtsmediationsgesetz 2003 (ZivMediatG) wurde daher die „Umweltmediation“ von seinem Geltungsbereich ausgeklammert, weil sie nicht der Zivilgerichtsbarkeit unterliege und keine privatrechtliche Vereinbarung zum Ziel habe, sondern, wie oben erwähnt, lediglich „Empfehlungscharakter“ gegenüber der behördlichen Obrigkeit besitze. Bereits etwa zur selben Zeit jedoch wurde im damals abgeschlossenen Mediationsverfahren im Gasteinertal (über den Verlauf einer Bahntrasse) das Resultat zwischen den Österreichischen Bundesbahnen und der Gemeinde per Zivilvertrag abgesichert.[7] Die bahnbrechende juristische Architektur des Geflechtes der inhaltlichen Ergebnisse der Viemediation brachte, basierend insbesondere auf den Ideen von Thomas Prader und Heinrich Vana, nunmehr geradezu ein kleines Feuerwerk an privatrechtlich verbindlichen (und letztlich auch vor einem Zivilgericht einklagbaren, wie es das ZivMediatG zur Begründung seiner Zuständigkeit verlangt – vgl. oben) Verträgen und Rechtsfiguren hervor.[8] Bemerkenswert war in dieser Phase weiters auch die Entwicklung der allgemeinen Idee einer zivilrechtlichen Bindung von Projektbetreibern über den Umweg von Ausgleichszahlungen („Pönalen“) bei Verstoß gegen vertragliche Vereinbarungen betreffend an sich der behördlichen Zuständigkeit unterliegende Belange (wie Lärmgrenzen, Kontingentierungen, Routen und Öffnungszeiten etc.), die jedoch nicht in die Verträge eingebaut wurde. Solche Vereinbarungen wären m. E., jedenfalls innerhalb der erlaubten Grenzen und Grenzwerte verwaltungsrechtlicher Entscheidungsmaterien, möglich und gültig.[9]

Es unterliegen daher m. E. jedenfalls künftige Mediationen in diesem Bereich eindeutig dem ZivMediatG, was zu klarerer Definition von Rollen und Aufgaben sowie rechtlichen Schutzmechanismen wie Verschwiegenheit, Fristenhemmung etc. führen wird können.[10] Die offene Frage, ob denn die Viemediation bereits ebenfalls unter das ZivMediatG fallen würde, samt nicht unbedeutenden Konsequenzen im Bejahungsfalle, sei hier nur angedeutet. In den Übergangsbestimmungen (Art. VII. ZivMediatG) ist die Umweltmediation jedenfalls nicht erwähnt, woraus sich die Anwendbarkeit dieses Gesetzes auf Mediationen im öffentlichen Bereich, die vor seinem In-Kraft-Treten begonnen haben, schließen ließe.

---

[7] Vana 2001.

[8] Vgl. unten bzw. Krainer: Chronologie oder www.vie-umwelt.at unter „Abschlussdokumente“.

[9] Näheres über die prinzipielle Wirksamkeit von Vereinbarungen gegenüber der Behörde vgl. oben und auch unten betreffend den Rechtsmittelverzicht.

[10] dazu ausführlich Falk/Koren 2005.

Das Recht in der Viemediation

Wenn man die Viemediation als eigene, zeitlich begrenzte Organisationsform definiert, so ist, weil jede Organisation neben ihrem primären Streben nach Selbsterhalt auf einen „Output", ein bestimmtes Produktionsziel gerichtet sein muss, auch die Frage nach ihrem „Produkt" zu stellen. Wie die unten noch näher darzustellenden Ergebnisse sehr deutlich zeigen, wurden diese zu Rechtsfiguren in äußerst heterogener Gestalt auf unterschiedlichen rechtlichen Ebenen. Es wurden etwa An- und Abflugrichtungen ebenso „produziert" wie ein gemeinnütziger Verein und ein Fonds, verbindliche Entscheidungsgrundlagen, akribisch ausgetüftelte Zahlungsverpflichtungen („Leistungsverträge"), Rechtsmittelverzichte oder auch ein Instanzenzug mit eigener Schiedsgerichtsbarkeit, Außenkontrolle durch die „ordentliche" Gerichtsbarkeit sowie insbesondere ein permanentes, rechtlich gerahmtes, regionales Konfliktmanagement. Zu den rechtlich fassbaren „Produkten" der Viemediation zählen aber ebenso die laufend generierten Regulative betreffend den Ablauf der Mediation (Verfahrensrecht) wie z. B. Leitungsfragen, die Strukturierung in Gremien, Fragen der Zugehörigkeit, der Ziele, der Meinungsbildung, Entscheidungsstruktur, Protokollführung.[11]

Das Recht im Allgemeinen bedarf eines sozialen und kommunikativen Entwicklungsprozesses, der mit Höhen und Tiefen, also auch mit spürbaren Emotionen sowie einer eigenen Geschichte einhergehen muss. Getragenes Recht ist somit stets ein End- oder zumindest Zwischenprodukt von etwas ihm Vorgelagerten. Dies gilt auch sowohl für inhaltliches (das „Was" betreffende) Recht *in der* Viemediation als auch für das Verfahrensrecht (das „Wie" betreffend) *der* Viemediation, die als ein solcher verdichteter Prozess angesehen werden kann. Es fragt sich betreffend die Haltbarkeit und Verbindlichkeit von Vereinbarungen hierbei immer auch, welche Personen am Entwicklungsprozess beteiligt waren, wie dieser gestaltet war und in welchen Funktionen sowie Repräsentationen gehandelt und kommuniziert wurde. Das Vie-Verfahren ist diesbezüglich besonders komplex. In ihm hat sich näher betrachtet eine ganze Palette von Individuen, Organisationen und Institutionen, die selbst den unterschiedlichsten Rechtskreisen des öffentlichen und privaten Rechts samt deren Schnittstellen angehören, zu so etwas wie einer faktisch und rechtlich wirksamen „Selbstbindung", zu einer „Organisation auf Zeit" verschmolzen.[12] Es mediierten, fast durchwegs über RepräsentantInnen, etwa „Körperschaften öffentlichen Rechts" wie die Arbeiter- und Wirtschaftskammer, Gemeinden und Länder in ihren „eigenen" und „übertragenen" Wirkungsbereichen als TrägerInnen von privaten und öffentlichen Rechten, „belehnte" quasi öffentlich-rechtliche Behörden, die gleichzeitig privatrecht-

[11] Vgl. auch unten „Die Mediationsvereinbarung".
[12] Vgl. unten „Die Mediationsvereinbarung".

lichen Status besitzen wie die ACG GmbH, gemeinnützige Vereine wie die BIs, öffentliche Sonderfunktionen wie die Umweltanwaltschaften, politische Parteien, „reine" privatrechtliche Handelsgesellschaften wie etwa die FWAG oder die Austrian Airlines, „vollrechtsfähige" Universitäten, Einzelfirmen etc. Die unterschiedlichen Positionen hatten also ebenso differente Rechtsstellungen und organisatorische Eigenlogiken im Hintergrund. Während manche (vor allem eher individuell auftretende) völlig offene Handlungsspielräume innehatten, waren andere darin extrem eingeengt und strengen, nachfolgenden Kontrollen und Genehmigungsprozessen unterworfen, die dadurch auch Anforderungen im Zeitmanagement der Mediation hervorriefen. Die „klassische" Mediation selbst, mit ihrem Anspruch auf Diskurs und prozessorientierte, „machtgleiche" Kommunikation in Richtung Kompromiss und Konsens, kollidiert hier auch mit den gewohnten Entscheidungslogiken ihrer TeilnehmerInnen, wie die interne Delegation nach oben an die Hierarchie, nach außen an das richterliche Urteil oder extern nach oben an die Verwaltungsbehörde; wenngleich fast paradoxerweise in dieser Mediation aufgrund ihrer Komplexität ebenfalls hierarchische Entscheidungsstrukturen aufgebaut werden mussten.[13]

Diese komplexe Ausgangslage für einen rechtswirksamen und haltbaren Konsens ist gelinde gesagt als schwierig zu bezeichnen. Dass das Recht seiner eigenen „rational-kausalen" Logik folgen muss, indem von zwei sich widersprechenden, voneinander abhängigen Aussagen zumindest eine falsch sein muss, die Mediation aber – im wahrsten Sinne „Ganz im Gegenteil"[14] – gerade von solchen „dialektischen" Widersprüchen lebt, die sie, als beide wahr und richtig, stehen lässt, erleichtert die hier beschriebene Situation nicht gerade. Mediation und Recht bilden mitunter ein sehr konstruktives Miteinander, sie stehen aber auch in Konflikt zueinander. Dabei kommt (wie gern die StrafjuristInnen zu sagen pflegen) „erschwerend" hinzu, dass das Recht an sich von einem zentralen, dialektischen Widerspruch durchsetzt ist: Erst durch die Definition von Recht entsteht Rechtswidrigkeit, also paradoxerweise das „Unrecht"; jede Eingrenzung grenzt gleichzeitig aus.[15]

Nicht zuletzt wegen dieser oben wenigstens andeutungsweise behandelten rechtlichen Ausgangslage der Viemediation wird es in den nächsten Jahren einerseits sehr spannend sein zu beobachten, wie standfest sich deren rechtliche Ergebnisse erweisen können, und andererseits, was sich künftig an nachfolgenden Weiterentwicklungsmechanismen der Selbst- und Fremdkontrolle in Form des regionalen Konfliktmanagements bzw. der unterschiedlichen zivilen oder öffentlich-rechtlichen

[13] Vgl. dazu in diesem Bericht Heintel: Mediation als Widerspruchsmanagement sowie Falk/Krainer: Wissenschaftliche Begleitforschung zum Mediationsverfahren am Flughafen Wien-Schwechat (Hypothese zu „Steuerung von Selbststeuerung").
[14] Vgl. gleichnamiger Buchtitel von v. Kibéd 2000.
[15] Mehr zu dialektischen Widersprüchen in der Viemediation vgl. Heintel: Mediation als Widerspruchsmanagement.

Gerichtsbarkeiten zeigen wird. Für eine tiefer gehende Behandlung der obigen Überlegungen fehlen hier Raum und wohl auch breiteres LeserInneninteresse, es sollen daher im Folgenden die wesentlichen rechtlichen Ergebnisse der Viemediation sowie Möglichkeiten des Rechtsschutzes in einigen bemerkenswerten Dimensionen – und auch für Nicht-JuristInnen verständlich – konkret umrissen werden.

III. Rechtsergebnisse der Viemediation

Die zentralen Ergebnisse der Viemediation befinden sich vor allem auf einer strukturellen Ebene, quasi als Manifestum einer ihrer bedeutendsten Erkenntnisse: Der Konflikt mit seinen zugrunde liegenden Interessengegensätzen repräsentiert eine prinzipielle, dialektische Widerspruchssituation, die zumindest derzeit nicht „gelöst", also einfach zum Verschwinden gebracht werden kann. Und jede Seite der zentralen Polaritäten Lebensqualität und Gesundheit im Gegensatz zu Ökonomie und Technik fügt, je mehr sie der jeweils anderen Seite schadet, letztendlich sich selbst äquivalente Beeinträchtigung zu. Eine „Aporie" oder ein Dilemma im klassischen Sinne, bewältigbar nur durch die Entwicklung von permanenten Strukturen und Abläufen, die künftig einen möglichst fairen und gerechten Dialog langfristig sichern, welche einzelne Prozesse des Konfliktes samt seiner Handhabung gleichsam „auf Dauer" stellen sollen.[16]

Über strukturierte Kommunikation und gemeinsame Willensbildung entstanden daher zahlreiche einzelne Rechtskonstrukte und -figuren, die als (Teil-)ergebnisse in einem umfassenden Gesamtgefüge eng ineinander verwoben sind; hoch komplex und sensibel, angreifbar und dennoch stark, insgesamt völliges rechtliches Neuland in ihrer Gesamtkomposition. Ohne hier die Inhalte bewerten zu wollen – jedenfalls brachte dieses Projekt mehrdimensionale „Rechtsschöpfungen" hervor, wie es sie vorher noch nie in dieser Form und als Ergebnis eines derartigen Prozesses gegeben hat und die etwa zur „Halbzeit" dieser Mediation niemand auch nur erahnt hätte. Das Ergebnis oder den einen Endvertrag gibt es aber nicht. Es ging und geht weiterhin um die permanente Weiterentwicklung und Verbesserung der Lebensqualität einer Region mit über zwei Millionen Menschen, die nicht von heute auf morgen vollziehbar ist und die über künftige Generationen, ebenso wie die Mediation selbst, als Prozess verstanden werden muss (den Konflikt verursachten ja unter anderem auch Entscheidungen, die bereits vor Jahrzehnten durch teilweise heute nicht mehr beteiligte Personen getroffen wurden). Deswegen scheint es auch wichtig zu sein, dass die dafür erarbeiteten Rechtskonfigurationen zeitunabhängig verbindlich werden und sich stärken, damit sie gegen Angriffe und Härten von außen besser beste-

[16] Schwarz 2000.

hen können (es geht ja auch um Ressourcen und letztlich um Verteilung von viel Geld bzw. um wesentliche Mitentscheidungen bei der Planung der Lebens- und Wirtschaftsräume, damit auch um Macht). Daher wurde – neben konkreten inhaltlichen Abmachungen – vor allem die künftige Kommunikation über den Konflikt und die ausgleichende, faire Verteilung von (Gegen-)leistungen „institutionalisiert" und es wurden gleichzeitig dauerhafte, organisierte Einrichtungen geschaffen, die unabhängig von bestimmten Personen künftig mit einer gewissen Garantie bestehen bleiben sollen, auf die man aufbauen und mit denen man planen kann. Für all dies bietet das klassische Zivilrecht wohl durchdachte und -erprobte Rechtsinstitute an, die im Gegensatz zu verwaltungsrechtlichen Anordnungen (die sich etwa durch Änderung von künftigen Rahmenbedingungen oder einfach aus politischen Motiven mitunter verhältnismäßig leicht durch einen „hoheitlichen" Handstreich verändern lassen) beständiger sein können, in letzter Konsequenz „einklagbar" sind und größtmögliche Garantie für durch es „Be-Rechtigte" gewährleisten.

Auf die unzähligen rechtlich relevanten Nebenschauplätze wie: Beauftragung und Einsetzung der Leitungspersonen, dienstrechtliche Implikationen für die RepräsentantInnen, Beauftragungen von Sachverständigen, Bestellvorgänge für das Buffet, Saalmieten etc. soll im Folgenden nicht eingegangen werden (man kann aber unschwer erahnen, wie aufwändig sich auch dieses prozessbegleitende, juristische Gesamtarrangement gestaltet hat). Betrachten wir aber einige andere, m. E. wesentliche rechtliche Dimensionen und Meilensteine aus diesem Verfahren.

Die Mediationsvereinbarung (MV)

Als erstes das Ergebnis mit bewirkendes Novum der „Viemediation" wurde am 1. März 2001 (in Folge mehrfach abgeändert und ergänzt) die erst nach äußerst zähen Verhandlungen zustande gekommene „Mediationsvereinbarung", also das Abkommen zwischen den Medianden über die Zusammenarbeit in der Mediation, abgeschlossen. Rechtlich handelt es sich dabei um einen Kooperationsvertrag zwischen den Medianden, dessen (allerdings wie unten noch näher beschrieben wird) eingeschränkter Zwangscharakter, da jede Partei jederzeit aussteigen konnte, durch eben dieses zentrale Element der „Freiwilligkeit" auf den ersten Blick nicht erkennbar wird. Rein hypothetisch jedoch können sich dennoch gewisse vertragliche „Schutzpflichten" füreinander ergeben, die im Extremfall auch zu schadenersatzrechtlichen Ansprüchen führen könnten, wodurch diese Vereinbarung doch kein rechtliches „Nichts" darstellt. Denkbar wäre (ähnlich wie vergleichsweise bei einem nicht vom anderen veranlassten Bruch eines Verlöbnisses) die Geltendmachung eines so genannten „Vertrauensschadens". Das wäre z. B. der Schaden, den ein oder mehrere Medianden erleiden, wenn hervorkommt, dass ein wichtiger Mediationspartner sich an der Mediation nur zum Schein beteiligt hat, um vielleicht Zeit zu gewinnen oder an Informationen zu gelangen; oder wenn ein Mediand, ohne Veranlassung durch die anderen, willkürlich ausscheidet und die Mediation in beiden Fällen deshalb nicht sinnvoll fortgesetzt werden kann. In diesem Fall könnten die anderen zwar nicht etwa auf Rückgabe der Informationen oder Fortsetzung der Mitwirkung an der Mediation, also auf „Erfüllung" klagen, aber doch (und je nach Verschuldensgrad unterschiedlich hoch) unter Umständen ihren Aufwand geltend machen für ihre Mitwirkung an (bzw. auch Finanzierung) der Mediation oder ihren Schaden aus einer Verzögerung durch die Mediation, den sie im anfänglichen Vertrauen (deshalb „Vertrauensschaden") auf die nunmehr vertragsbrüchige Mediationspartei erlitten haben. Nicht aber könnte in der Regel beispielsweise ein Bürgermeister eine Ersatzzahlung für eine geplatzte Vereinbarung den Umweltfonds betreffend (also seinen – im Gegensatz zum Vertrauensschaden – „wirklichen" Schaden) einfordern.

Die beauftragten Leitungspersonen hafteten sogar verschärft („de lege artis", also nach den Kunstregeln, die für ihre Arbeit gelten) für ihr Wirken, weil sie gem. § 1299 ABGB besondere Sorgfalt und Fachkenntnis schulden. D. h., dass nach den Regeln des Schadenersatzrechtes (insbesondere: eingetretener Schaden, rechtswidrige Handlung oder Unterlassung, Ursachenzusammenhang, zumindest „leichte" Fahrlässigkeit) vorwerfbare „Kunstfehler" unmittelbare Schadenersatzansprüche – und zwar zugunsten von allen Medianden – auslösen könnten. Denkbar wären als Beispiel und ganz allgemein überlegt etwa grobe Designfehler, Inkompetenz in der Handhabung von Komplexitäten und Krisen, Befangenheit etc. (immer aber müsste die vorgeworfene Handlung oder Unterlassung kausal für einen belegbaren Schaden sein). Eine ganz besondere Problematik wirft dabei ganz allgemein die vorzeitige, einseitige Beendigung der Mitwirkung eines Mediators auf. Diese wäre nur rechtmäßig, wenn objektive, nachvollziehbare Gründe dafür vorlägen. Demgegenüber ist abzuwägen, „... dass die öffentliche Darlegung eines Abbruchsgrundes kontraproduktiv auf den Prozess in seiner gesamten Dimension wirken und zu unangenehmen Folgen führen kann", was unweigerlich Fragen der Verschwiegenheitspflicht aufwirft.[17]

Natürlich wurde mit dieser MV auch der weit über ihre Rechtswirkungen und über sie selbst hinausgehende „Geist", die oben beschriebene „faktische Kraft" der Mediation – so man an sie glaubt – auch rituell und somit konstitutiv für die Ergebnisse und die Zukunft mitbegründet (der MV, so wie alle anderen hier behandelten Dokumente, im genauen Wortlaut vgl. website: www.viemediation.at).

[17] Ferz 2005 oder auch Fitsch in JAP 2000/2001, S. 70 ff. und S. 139 ff.

Teilvertrag „aktuelle Maßnahmen“ (TV)

Die Vereinbarungen im Mitte 2003 abgeschlossenen TV stellten – und das wurde darin auch ausdrücklich festgehalten – „eigentlich behördliches Handeln“ dar, das einer zivilrechtlichen Vereinbarung nicht zugänglich sei (vgl. Pkt. II. TV). Die „Austro Control“ (ACG), eine privatrechtliche GmbH, die im österreichischen Luftraum für „Flugsicherung und Flugsicherheit“ zuständig ist, nimmt staatlich „beliehen“ bezüglich der vereinbarten Parameter Behördenfunktionen wahr, sie war daher nicht Vertragspartner, wenngleich sie bei der Entwicklung der Vereinbarungen mit bedeutendem Aufwand mitwirkte (Errechnung von vielfältigen Szenarien) und die Umsetzung der Vereinbarungen ohne auf den ersten Blick erkennbare Rechtspflicht durchführte. In ihrem behördlichen Wirkungsbereich jedenfalls ist die ACG jedoch ebenso wie jede andere Verwaltungsbehörde klar an den rechtlichen Rahmen gebunden. Deshalb wird m. E. auch die ACG, gleich wie etwa die Behörde im UVP-Verfahren, verpflichtet sein, einen größtmöglichen Interessenausgleich zu erzielen. Das heißt für sie aber auch, dass ein in breiter Zustimmung erzieltes Ergebnis einer Mediation, so es nicht rechtswidrig ist, eine gewisse Bindungswirkung ausübt, dass auch die ACG nicht etwa willkürlich ganz anders entscheiden könnte.[18] Freilich ist aber gerade die ACG an diverse internationale Normen und Übereinkommen zum Flugverkehr gebunden. Jedenfalls jene davon, die mit öffentlich-rechtlichem Charakter ausgestattet sind, müssten bei einer allfälligen Beurteilung des rechtlichen Rahmens für die ACG ebenso herangezogen werden.

Zwischen den anderen Vertragspartnern kamen mit dem TV unmittelbar bindende Vereinbarungen zustande (vgl. dazu auch die obigen Ausführungen zum „Vertrauensschaden“), wenngleich der TV als erstes greifbares Zwischenergebnis vor allem von hoher psychologischer Bedeutung war, weil die Mediation bis dahin ja ziemlich zäh verlaufen war. Alle benötigten daher dringend dieses Zwischenergebnis (das übrigens auch dann gültig geblieben wäre, wenn nachfolgend keine weiteren Ergebnisse erzielt worden wären). Die Einrichtung der „Evaluierungsgruppe“ zur sorgfältig akkordierten Überwachung und allfälligen Optimierung der im TV ausgehandelten Maßnahmen sowie die darauf folgende Einführung der „Bezirkskonferenzen“ mit ähnlichem Zweck waren rechtliche Anschlusskonsequenzen aus dem übergeordneten Ziel der Optimierung der bereits ohne dritte Piste aktuell gegebenen „IST-Situation“.

[18] Vgl. analog dazu das unten zum „Allgemeinen Mediationsvertrag“ Ausgeführte.

Die Evaluierungsgruppe

Im Wissen, dass die Abmachungen im TV nie „perfekt“ sein würden und dass Konzeption und Wirklichkeit auseinander fallen können, wurde im TV ein „Monitoring“ samt einer „Evaluation“ strukturell eingerichtet, um die Auswirkungen der neuen Regelungen laufend überprüfen sowie optimieren zu können. Es wurden dafür eine eigene Evaluationsgruppe („Hüterin des TV“) sowie ein Beobachtungs-, Mess- und Beschwerdesystem eingeführt. In einem gesonderten „Streitbeilegungsverfahren“ (vgl. TV Pkt. XIX.) ist das Procedere im Streitfalle genau vorgeschrieben, bevor eine Vertragspartei „beim sachlich zuständigen Gericht in Wien I“ sogar Zivilklage erheben könnte (vgl. TV Pkt. XIX. 5.). Die Aufgaben dieser Evaluierungsgruppe sollen (wie bei ihrer Einrichtung übrigens überhaupt noch nicht absehbar war) künftig vom „Verein Dialogforum Flughafen Wien“ übernommen werden.

Die Vorbehaltsvereinbarung

Eher unscheinbar auf nur einer Textseite und inmitten der zwölf Abschlussdokumente angesiedelt, ist diese Vorbehaltsvereinbarung dennoch als sehr wesentlich und bemerkenswert hervorzuheben. Sie stellt nämlich die Mehrzahl der unten noch darzustellenden Verträge unter die Bedingung, dass diese „erst dann rechtswirksam werden, wenn alle nachstehenden Verträge von den jeweiligen Parteien rechtswirksam abgeschlossen sind, insbesondere die Genehmigung von den jeweils zuständigen Organen (Aufsichtsrat FWAG, Landesregierung, Gemeinderat etc.) vorliegt“. Folgende wesentliche Verträge sind davon umfasst: Der „Allgemeine Mediationsvertrag“, der „Kooperationsvertrag Verein Dialogforum mit dem Flughafen Wien“, der „Leistungsvertrag Umweltfonds - FWAG“, die „Einzelverträge mit den Gemeinden Fischamend, Groß-Enzersdorf, Kleinneusiedl, Enzersdorf an der Fischa, Schwadorf, Schwechat, Zwölfaxing“ und der „Schiedsvertrag“. In dieser rigoros scheinenden „Junktimierung“ der Verträge spiegelt sich einerseits die Problematik der Rückbindungen bzw. Vertretungsdynamik wider, andererseits wohl auch der (legitime) Wunsch nach Haltbarkeit für das bis dahin mühsam ausgehandelte Gesamtpaket. Zur Zeit der Verfassung dieses Beitrages lagen noch nicht alle Zustimmungen vor.

Allgemeiner Mediationsvertrag (AMV)

Dieser Vertrag ist wohl das Herzstück der inhaltlichen Ergebnisse der Viemediation. Er beinhaltet insbesondere die in der Mediation vereinbarten wesentlichen Voraussetzungen („Pistenlage“ und „vorläufige Verkehrsverteilung“) für die Einreichung einer dritten Piste im Umweltverträglichkeitsprüfungsverfahren (UVP-Verfahren) und die Verpflichtung der FWAG, mit den „anderen Parteien“[19] das „An- und Abflugsystem“, die „Verkehrsverteilung“ und „alle damit in Zusammenhang stehenden Fragen ... zu verhandeln“. Juristisch besonders interessant ist hier die oben bereits allgemein behandelte zivilrechtliche (indirekte) Einflussnahme auf an sich hoheitliche Maßnahmen, indem die FWAG, die bestimmte An- oder Abflugvarianten immer zunächst bei der zuständigen ACG in deren behördlichen Wirkungsbereich einreichen muss, zivilrechtlich an genaue Voraussetzungen gebunden wird (z. B. keine „parallelen Anflüge auf die Pisten 11R und 11L“ – vgl. Pkt. I. 3.).

Der Pkt. I. 5. ist vielleicht die insgesamt heikelste rechtliche Angelegenheit: der „Rechtsmittelverzicht“. Er verpflichtet die unterzeichnenden Mediationsparteien „unter der Voraussetzung, dass durch die FWAG ... ein Projekt eingereicht wird, das den Vereinbarungen entspricht ... keine Schritte im Genehmigungsverfahren zu setzen, die geeignet sind, das Genehmigungsverfahren zu verzögern“. Und falls der folgende Genehmigungsbescheid den Vereinbarungen entspricht, „... keine Rechtsmittel gegen einen Genehmigungsbescheid einzubringen“. Diese Vereinbarungen beziehen sich auch auf Maßnahmen, die über „Dritte“ gesetzt würden, und sie stellen ein „irreversibles Zugeständnis“ dar (vgl. AMV Pkt. II. 6. a.). An diesen Übereinkünften scheiden sich die Geister in unseren abschließenden Interviews besonders. Die einen meinen gelassen, dass dieser Verzicht (abgesehen vom Verzicht auf Agitation und Protestmaßnahmen etc.) die wesentliche „Gegenleistung“, das einzige Kapital der „anderen Parteien“ gegenüber der FWAG darstelle, sozusagen die „Erfüllung“ des Vertrages. Es sei ein klarer „deal“, der ja eine Leistung bewirke, die ansonsten nicht möglich wäre. Außerdem könne das Verbot im Ernstfall einfach ignoriert werden, dann würde die FWAG höchstens ihre Leistungen einstellen dürfen, hätte aber keine Handhabe den Rechtsmittelverzicht einzufordern bzw. einzuklagen oder in der Regel gar Schadenersatz für den Verstoß gegen die Abmachung zu verlangen. (Rechtlich interessant wäre m. E. in diesem Fall die Wechselwirkung zu den übrigen Parteien, die vielleicht auch – und obwohl vertragstreu – um Zuwendungen „umfallen“ würden. Schadenersatzansprüche gegenüber dem oder den Zuwiderhandelnden wären nicht undenkbar.) Die anderen erblicken darin einen geradezu sittenwidrigen und gegen die Rechtsstaatlichkeit und -moral verstoßenden Rechtsbruch, der juristisch prinzipiell gar nicht möglich sei. Insbesondere nicht seitens öffentlich-rechtlicher RepräsentantInnen wie BürgermeisterInnen oder VertreterInnen der Länder – wie sie meinen – zu Ungunsten ihrer durch sie vertretenen Gemeinde- oder Landesbürger.

Wie Kerschner dazu ausführt, halte der Oberste Gerichtshof nach neuerer Judikatur (Ev. 11.2.1999, 2 Ob 384/97b, Kurzleitsatz in RdU 1999, 164), einen „Verzicht

---

[19] Gemeint sind die weiteren Parteien des AMV.

auf die Geltendmachung von öffentlich-rechtlichen Rechtsmitteln (konkret Verwaltungsgerichtshofbeschwerde) für zulässig und durchsetzbar".[20] Ebenso nimmt Ferz im Ergebnis eine zivilrechtliche Wirksamkeit von Einwendungs- und Berufungsverzichten an, „da diese Parteienrechte allein in der subjektiven Dispositionsbefugnis der Partei lägen und keine Pflicht bestehe, subjektive Rechte zugunsten des Schutzes von Allgemeininteressen einzusetzen ...". Es stehe weiters „ ... weder Art. 83 Abs. 2 Bundesverfassungsgesetz (Recht auf den gesetzlichen Richter) noch § 879 ABGB[21] der Wirksamkeit eines solchen Verzichts entgegen". Die entscheidende Frage laut Kerschner dazu sei jedoch, „... ob ein genereller ‚a priori-Verzicht' wirksam sein kann". Die oben zitierte OGH-Entscheidung gebe darüber nicht hinreichend Auskunft, weil sie sich mit dem Zurückziehen einer Beschwerde befasse, also erst einen Zeitpunkt betreffe, der *nach Bescheiderlassung* liege. Gemäß § 63 Abs. 4 Allgemeines Verwaltungsverfahrensgesetz (AVG) wäre außerdem ein Rechtsmittelverzicht erst „nach Zustellung bzw. Verkündung des Bescheides zulässig". Die *ratio* dieser Bestimmung erscheine evident: „Die Gefahr, dass der Verzichtende weder seine Rechte ausreichend kennt noch von vorneherein weiß, wie die Genehmigungsbescheidung ausfallen wird, und *sich damit völlig unüberschaubaren Risken aussetzt*, kann groß sein." Der Autor schließt weiters, dass dann jeder Verzicht vor Bescheiderlassung auch zivilrechtlich unwirksam sein müsse. Daraus entstünden „... allerdings Probleme der synallagmatischen Verknüpfung von Leistung und Gegenleistung". Gemeint ist damit der Leistungsaustausch zwischen den Partnern des Mediationsvertrages.

Dazu schlägt der Autor folgende juristische Problemlösung durch eine *„Bedingungskonstruktion"* vor: „Die *Nichterhebung* von Einwendungen bzw. Rechtsmitteln ist *aufschiebende Bedingung* für die Wirksamkeit der Verpflichtungen des Projektwerbers." Dadurch aber sei „... (allerdings) keinerlei durchsetzbare Verpflichtung zum Unterlassen von Einwendungen verbunden." Damit würde dann zwar „... die Rechtsposition des Nachbarn bis zum beschriebenen Zeitpunkt nicht beschränkt, dem Projektwerber aber auch bis zum erstinstanzlichen Bescheid bzw. bis zum Schluss der mündlichen Verhandlung keine völlige Sicherheit" geboten. Unter „gewissen sachlichen Kautelen" wie „ausreichende Aufklärung über Einwendungs- und Rechtsmittelbefugnisse / Durchführung einer Mediation / Überschaubarkeit der Konsequenzen" jedoch könne ein „Vorausverzicht" zulässig sein. Betreffend die „Gegenleistung des Projektwerbers" sei festzuhalten, dass das Unterlassen von Einwendungen und Rechtsmitteln *„aufschiebende Bedingung* (und insofern eben keine durchsetzbare rechtliche Verpflichtung) für die wirksame Verpflichtung zu Gegenleis-

20 Kerschner in Ferz/Pichler 2004, S. 56 ff.

21 Anm.: Nichtigkeit aufgrund Sittenwidrigkeit, vgl. dazu auch unten.

tungen des Projektwerbers" sei. Die Zusagen des Projektwerbers jedenfalls werden „ab Eintritt der aufschiebenden Bedingung (Ende der mündlichen Verhandlung bzw. Zustellung des Bescheids) ... obligatorisch zivilrechtlich wirksam". Die Vereinbarung wäre demnach also schwebend unwirksam, dennoch aber von gewisser rechtlicher Relevanz, im Sinne einer rechtlichen „Vorwirkung", wie Kerschner wohl zutreffend andeutet: „Der Projektwerber hat grundsätzlich alles in seiner Macht stehende Zumutbare und Mögliche zu unternehmen, dass die Zusicherungen aus der Mediationsvereinbarung durchführbar werden ... Verstößt er gegen diese Verpflichtung, so hat er die Unmöglichkeit zu vertreten. Analoges kann auch für die Nachbarseite gelten."[22] Mit diesen Verpflichtungen korrespondiert auch der Pkt. I. 6. AMV, in dem vereinbart wird, dass alle „Anliegen ... direkt mit der FWAG" bzw. „im Rahmen des Regionalen Konfliktmanagements (Verein Dialogforum Flughafen Wien)", und zwar in der dort anzusiedelnden „UVP-Begleitgruppe" (die bereits im Mediationsverfahren entstanden ist), verpflichtend „erörtert" werden müssen (vgl. auch Pkt. I. 7.).

Im AMV und in den Leistungsverträgen der Viemediation wurden offensichtlich all die obigen Überlegungen ausführlich mitberücksichtigt. Bemerkenswert ist m. E. hierbei insbesondere, dass etwa die Stiftung für den Umweltfonds und auch der Verein Dialogforum bereits 2005 rechtlich und faktisch gegründet und tätig wurden. Sollte nun, falls sie als eine solche gewertet würde, die aufschiebende Bedingung etwa ab 2010 nicht eintreten (ein oder mehrere PartnerInnen der Mediationsvereinbarung also Einwendungen oder Rechtsmittel erheben), würden einige Verträge aus der Viemediation vielleicht (es könnte ja immer nachverhandelt werden) wirkungslos werden, obwohl die erwähnten Institutionen bereits erschaffen worden sind. Zu erwarten ist in diesem Falle wohl, dass das Dialogforum (vgl. unten) trotzdem in seinem Sinn und Zweck weiter wirken wird können. Ebenso wäre die Verwendung des bis dahin gesparten Kapitals des Umweltfonds (vgl. unten) neu zu entscheiden. Jedenfalls beinhaltet diese rechtliche Ecke einigen Zündstoff und man kann gespannt abwarten, ob eine rechtsstaatliche Überprüfung erfolgen wird bzw. welche Konsequenzen sich daraus ergeben würden.

Nicht übersehen werden darf in diesem Zusammenhang und bei allem durchaus ernst zu nehmenden Pro und Contra, dass sämtliche abschließenden Verträge aus dieser Mediation (so auch der AMV) immer nur „inter partes", also ausschließlich zwischen den unterzeichnenden Parteien, gelten können (ein Verzicht zu Gunsten oder Lasten Dritter ist rechtlich nicht möglich). Jede/r andere BürgerIn oder Rechtskörper mit Parteienstellung im UVP-Verfahren kann ihre/seine Rechte selbstverständlich in vollem Umfang ausüben.

---

[22] Ausführlich dazu Kerschner/Bergthaler/Hittinger 2003 oder http://umwelt.lebensministerium.at/filemanager/download/8321.

Im Pkt. II. 1. nun wird das in der Mediation so heiß umkämpfte „Nachtflugverbot" bzw. die zusätzlichen Deckelungsregelungen ab einer „Inbetriebnahme einer dritten Piste akribisch geregelt (vgl. Pkt. II. 1., 2., 3.).

Im Pkt. II. 6. wird ein „Anpassungsprozess" vereinbart, der Änderungswünsche zulässt und diese an das „Dialogforum" in erster sowie an das Schiedsgericht in zweiter Instanz bindet. Hierbei ist Änderungsanträgen nur dann stattzugeben, wenn „außergewöhnliche und besonders wichtige Gründe ... vorliegen" (Anm.: hiermit sollen wohl „Bagatellfälle" vermieden werden). Dabei wird festgehalten, dass „beispielsweise ... bloße Belästigung durch Fluglärm kein ausreichender Grund ist, ... die Nachtflugregelung ... zu verschärfen, es müssen beispielsweise gesundheitsschädigende Auswirkungen vorliegen. Ebenso wenig reichen „bloße wirtschaftliche Interessen der FWAG ... aus". Weiters könnten nur „wirtschaftlich existentielle Interessen" eine Änderung begründen.

Die vorherige Passage analogisiert m. E. den für dieses Feld sehr bedeutsamen und zentralen § 364 ABGB, der einerseits in seinem Absatz a) vorsieht, dass dann, wenn eine behördliche Bewilligung vorliegt, nicht mehr auf Unterlassung für eine Betriebsanlage geklagt werden kann, und der demgegenüber in seinem Absatz b) einen Entschädigungsanspruch für Emissionen (wie eben auch Lärm) normiert. Diese werden nur zugesprochen, wenn sie als „außergewöhnlich" bzw. als „über das ortsübliche hinausgehend" erkannt werden. Im Sinne einer Bewältigung der Problematik zur Vermeidung von „Bagatellfällen" sowie zur rechtlich erlaubten Klarstellung und Einschränkung von Handlungsmöglichkeiten erscheint diese Passage plausibel. Demgegenüber ist natürlich eine Gesundheitsschädigung viel schwerer darzulegen als eine Beeinträchtigung (die allein schon schwer wiegen kann).

Im Pkt. III. sind genaue privatrechtliche Regulative („Fluglärmzonen", „Maßnahmen" sowie Zeitpläne und -begrenzungen) für die Umsetzung des „technischen Lärmschutzes" (TL) festgelegt. In seinem Absatz 12. ist auch festgehalten, dass „kein individuell durchsetzbarer Rechtsanspruch" darauf bestehe (d. h. dass diese Leistung also freiwillig wäre). Auch bestehe kein Anspruch auf „Ablöse" des TL.

Gemäß Pkt. III. Abs. 18. verpflichtet sich die FWAG Liegenschaften zum Verkehrswert abzulösen, „wenn dies vom Liegenschaftseigentümer eingefordert wird". Wobei ein „allfälliger durch den Fluglärm bedingter Abschlag nicht zu berücksichtigen" ist. Gemäß Pkt. IV. werden „Lärmzonendeckelungen" festgelegt, damit Siedlungsgebiete zu bestimmten Zeiten einer „absoluten Lärmdeckelung" unterliegen, wofür der FWAG Fristen eingeräumt werden. In diesem Zusammenhang erscheint m. E. der Pkt. IV. 3. von ganz besonders hoher Bedeutung, durch den sich die dafür zuständigen Gemeinden „verpflichten", gewisse Gebiete in Zukunft „nicht mehr als Bauland umzuwidmen". Im folgenden Pkt. 4. wird das Bekenntnis dieses Zieles zu dieser Entflechtung von Bauland und Grünland gefestigt. Hiefür wird es wohl auch weiterhin, so wie während der Mediation besonders gepflogen, eine wohl durchdachte Abstimmung der Gemeinden und Wiener Bezirke mit dem für das Raumordnungsgesetz und die damit zusammenhängenden landesweiten Flächenwidmungspläne zuständigen Bundesland (Wien, Niederösterreich, aber auch dem Burgenland) geben müssen (der Bund ist formal diesbezüglich ja relativ machtlos). Gerade diese zentrale Passage verkörpert einen der bedeutendsten Unterschiede zwischen Mediations- und UVP-Verfahren, in dem das Thema Widmung in dieser Dimension niemals aufgegriffen werden könnte. Dieser Pkt. IV. transportiert m. E. außerdem indirekt auch einen Hinweis auf eine der historischen Konfliktursachen einer die Fluglärmproblematik unzureichend berücksichtigt habenden Widmungspolitik für Bauland durch die dafür zuständigen Gemeinden in den letzten Jahrzehnten. In die ferne Zukunft projiziert könnte eine mit der FWAG koordinierte Widmungspolitik für wesentliche Entlastungen und neue Lösungswege sorgen.

In den abschließenden Punkten V. und VI. wird eine Mediationsklausel[23] für Meinungsverschiedenheiten zwischen den Vertragspartnern sowie subsidiär die Zuständigkeit des Schiedsgerichtes geregelt.

Der „Verein Dialogforum Flughafen Wien“

Dieser bereits in der Endphase der Mediation neu gegründete, gemeinnützige Verein institutionalisiert zentral das künftige permanente Konfliktmanagement in der Region „rund um den Flughafen Wien“. Sein „Zweck“ laut § 2 der Statuten ist „die Behandlung und Diskussion von Themen und Konflikten, die im Zusammenhang mit dem Fluggeschehen auf und rund um den Flughafen Wien sowie der Umsetzung der in der Abschlussvereinbarung des Mediationsverfahrens viemediation.at festgehaltenen Vereinbarungen, entstehen“. Zentral ist auch seine Aufgabe der „Evaluierung“ und des „Monitorings“ der Vereinbarungen des derzeitigen Zwei-Pisten-Systems bzw. bezüglich „einer allfälligen Vereinbarung betreffend das Fluggeschehen in einem Drei-Pisten-System“ (vgl. § 3 Pkt. 2. und 3.). Mit siebzehn „Gründungsmitgliedern“ tragen ihn die wesentlichen Proponenten des Mediationsverfahrens (vgl. § 5 Pkt. 4.). Vorgesehen ist eine – zwischenzeitlich zur Handlungsfähigkeit bereits interimsmäßig eingesetzte – Geschäftsführung mit Sekretariatsstelle, die Finanzierung samt diverser Infrastruktur obliegt in erster Linie der FWAG.

Es wird sich zeigen, ob dieser Verein die weitere Motivation für eine gemeinsame Kommunikation auch und gerade in Konfliktfällen aufrechterhalten kann. Rechtlich sind alle Vereinsmitglieder aus den anderen Verträgen heraus zwar verpflichtet,

[23] Anm.: Selbstanwendung!

zunächst beim Verein den Verhandlungsweg zu beschreiten, zweite (und letzte) Instanz wäre gleich darauf das Schiedsgericht. Für Streitigkeiten etwa betreffend den „Umweltfonds" (vgl. unten) ist das Dialogforum jedoch ebenso wenig zuständig wie für solche aus dem AMV.

Kooperationsvertrag Verein Dialogforum und Flughafen Wien

In diesem Vertrag wird die Unterstützungsverpflichtung der FWAG genau und rechtsverbindlich festgelegt (klagbarer Anspruch). Unter anderem werden die Personalausstattung, der Zugang zu Mess- und sonstigen Daten, Büroräume, Internetpräsenz etc. festgelegt (vgl. Pkt. III. 1.). Der Vertrag ist lt. Pkt. IV. unbefristet abgeschlossen, kann aber jährlich gekündigt werden, seitens der FWAG allerdings nicht vor Inbetriebnahme einer dritten Piste (ausgenommen Vertragsverletzungen – „wichtiger Grund"). Auch dieser Vertrag enthält abschließend eine „Mediationsklausel" für die Behandlung von Streitigkeiten sowie eine Schiedsgerichtsklausel.

Die Satzung des Umweltfonds

„Die Flughafen Wien AG gründet zur Unterstützung und Förderung jener Gemeinden, die durch Fluglärm in besonders hohem Ausmaß belastet sind..." oder „...deren Entwicklungsmöglichkeiten durch den Flugbetrieb erheblich eingeschränkt werden sowie zur Förderung von Projekten, die eine nachhaltige Entwicklung der Region unterstützen, einen gemeinnützigen und mildtätigen Fonds" (vgl. „Präambel"). Neben „Vermögen", „Zweck und Tätigkeit" des Fonds werden die „Verwendung" und die „Verteilung der Fondsmittel" mit mathematischer Genauigkeit geregelt (vgl. dazu Pkt. IV.), ebenso die Rolle und Funktion seiner „Organe" sowie die Kontrolle seiner Finanzgebarung („Wirtschaftsprüfer"). Der Fonds ist eine zivilrechtliche „juristische Person" und unterliegt dem Fondsgesetz bzw. der Fondsbehörde. Er ist wohl *das* zentrale Element des künftigen monetären Abgleichs zwischen den Dialogpartnern.

Der Leistungsvertrag Umweltfonds FWAG

Dieser separate Vertrag regelt die „Dotierung" des Umweltfonds. Gem. Pkt. II. werden genaue Lärmzonen definiert und diese mit Lärmkarten in Zusammenhang gebracht, wobei die Personenanzahl und Betroffenheiten nach einem genauen Prozedere ermittelt und gemeldet werden müssen. Alle Daten werden mit den bekannt zu gebenden Passagierzahlen verknüpft, woraus sich, verbunden mit vertraglichen Tag- und Nacht-Schlüsseln, die Zahlungsbeträge errechnen (vgl. Pkt. III. und IV.).

Bemerkenswert ist der Pkt. IV. 3., der eine Art „Bonus/Malus-System" beinhaltet: Wenn sich die Belastung und die Anzahl der Betroffenen erhöht, muss die FWAG mehr bezahlen, vermindert sie sich aber, so wird auch die Gegenleistung geringer. M. E. ist dies eine wichtige Basis und vielleicht zusätzliche Motivation für die FWAG, das Lärmproblem in fernerer Zukunft zu lösen (Raumplanung, technischer Fortschritt, Vernetzung und Dialog mit anderen Flughäfen sowie Flugzeugbauern etc.), vielleicht erfolgt danach auch wieder eine Aufwertung von Grundstücken.

Laut Pkt. IV. 1. werden die Mittel bereits mit Unterzeichnung dieses Vertrages in direkter Relation „pro ankommenden und abfliegenden Passagieren, einschließlich Transferpassagiere"[24] angespart. Weiters ist das genaue Prozedere der Auszahlungszeitpunkte, und zwar erstmals mit der „Zustellung des Bescheides erster Instanz" für den Bau der dritten Piste, geregelt (vgl. Pkt. IV. 6. bzw. oben zum Rechtsmittelverzicht im AMV). Die monetäre Aktivierung des Fonds hängt also unmittelbar vom Bau der dritten Piste ab. Auch dieser Vertrag enthält eine Mediations- und eine Schiedsklausel für allfällige Streitigkeiten.

Der Schiedsgerichtsvertrag

In seiner „Präambel" (Pkt. I.) wird darauf hingewiesen, dass in der Viemediation „zahlreiche inhaltliche Vereinbarungen getroffen" wurden. Im Pkt. II. sind sämtliche Konstruktionen und Vereinbarungen, die der „sachlichen" Zuständigkeit des sehr prominent besetzten Schiedsgerichtes unterliegen, aufgelistet. Der Pkt. III. regelt das anzuwendende Recht. Wenn aus den Verträgen keine Regelung hervorgeht, sind die genehmigten Protokolle der einzelnen Rechtsträger (Fonds, Dialogforum) wie auch des Mediationsverfahrens heranzuziehen.

Pkt. IV. benennt die vier Schiedsrichter und beschreibt deren Funktionen, Amtszeit etc. Pkt. V. bestimmt den Sitz. Im Pkt. VI. wird das „Verfahrensrecht" normiert und das genaue Vorgehen bei der Erhebung und Verhandlung eines Anspruches festgesetzt. Regelungen über das „Verhandlungsprotokoll" (vgl. Pkt. VII.), die „Zustellvorschriften" (vgl. Pkt. VII.), den „Schiedsspruch" (Vgl. Pkt. VIII.), über „Vertreter" (vgl. Pkt. IX.), „Kosten" (vgl. Pkt. X.), Rechtsmittel (vgl. Pkt. XI.), „Aufhebung des Schiedsspruches" (vgl. Pkt. XII.), „Aufhebungsklage" (vgl. Pkt. XIII.) und eine „Gültigkeitsklausel" (vgl. Pkt. XIV.) runden diesen Vertrag im Wesentlichen ab.

Aus Gründen des Rechtsschutzes ist der Pkt. XIII. von besonderer Bedeutung. Er regelt die genauen Voraussetzungen, aus denen heraus ein Schiedsspruch bei einem „ordentlichen" Gericht angefochten werden könnte. Von den insgesamt sieben Möglichkeiten sind sechs eher formeller Natur (falsche Besetzung des Schiedsge-

[24] Anm.: Das geht jährlich in die Millionen von Euro.

richtes, Unwirksamkeit des Schiedsvertrages etc.) und lediglich eine inhaltlicher Natur, nämlich Pkt. f): „... wenn der Schiedsspruch mit den Grundwerten der österreichischen Rechtsordnung unvereinbar ist oder gegen zwingende Rechtsnormen verstößt ...“ (u. U. eine zweite Möglichkeit, Pkt. g): wenn die „Voraussetzungen für eine Wiederaufnahmsklage vorhanden...“ wären). Die über das Schiedsgericht hinausgehende Möglichkeit zur Rechtssuche ist also sehr eingeschränkt, aber in Extremfällen dennoch vorhanden.

IV. Zum Rechtsschutz

Der Blick in die Zukunft ist auch auf der rechtlichen Ebene kein wirklich prognostizierbarer. Keine/r weiß wirklich, was da kommen mag. Diese Unwägbarkeit kollidiert unvermeidlich mit dem verständlichen Bedürfnis nach Sicherheit, Klarheit und Schutz (auch vor Übervorteilung). Unser Rechtssystem hat einerseits die Aufgabe, einmal errungene Übereinkünfte festzuhalten, einzuzementieren, damit künftig bessere Handlungsfähigkeit gegeben ist, andererseits soll das Recht vor allem dem Einzelfall in seinem sozialen Rahmen gerecht werden und damit auch dynamisch und überprüfbar, also doch wiederum veränderbar sein. Dafür gibt es unter dem Titel „Rechtsschutz“ wohl erprobte Möglichkeiten und Institutionen (die freilich ebenfalls ihre Grenzen der Weisheit haben).

Die Ergebnisse der Viemediation beschreiten nunmehr auch in dieser Hinsicht einiges an Neuland. Im Bewusstsein, dass diese Konflikte – zumindest solange es Fluglärm und andere Emissionen geben wird – nicht „einfach so“ enden werden, und im Wissen, dass die „Dialektik des Rechts“ immer auch selbst für Rechtslücken und auch -widrigkeiten stehen kann, wurden dem Gerichtssystem mehrstufige Instanzen vorgeschaltet (auch dies übrigens auf zivilrechtlichem Fundament). Während in unserer Zivilprozessordnung geregelte, schiedsgerichtliche Vereinbarungen an sich gang und gäbe sind, wurden diesen – abgesehen von allen obligatorisch vorausgesetzten, außergerichtlichen Einrichtungen und Verpflichtungen zur Konfliktregelung im direkten oder durch Dritte moderierten Gespräch vor allem im „Dialogforum“ – auch noch gesonderte Verpflichtungen zur Mediation im Streitfalle inklusive detailliertem Prozedere dafür vorgeschaltet. D. h., dass der Rechtsschutz nicht nur die maximal drei gerichtlichen Instanzen der inländischen Gerichtsbarkeit, sondern (jedenfalls für die Vertragsparteien) zusätzlich auch noch weitere drei privatrechtlich vereinbarte Instanzen umfasst (verpflichtender direkter Dialog, Prozedere im Dialogforum, Mediation außerhalb des Dialogforums). Es bestehen also – rechnet man auch noch Möglichkeiten der Anrufung des Europäischen Gerichtshofes dazu – bis zu sieben Instanzen der Überprüfung von Entscheidungen. Dies erscheint m. E. rechtlich wohl einigermaßen ausreichend, wenngleich außerhalb des rechtlichen immer auch noch das politische und sicher auch das ökonomische System ihre Wirkungen entfalten werden.

Vergleicht man Obiges mit den Möglichkeiten des Rechtsschutzes in einem UVP-Verfahren, so ist dieser dort wesentlich eingeschränkter. Eine Anfechtung des verwaltungsbehördlichen Bescheides beim Verwaltungs- und/oder Verfassungsgerichtshof kann sich im Kern nur gegen die Verletzung von verfahrensrechtlichen Bestimmungen richten oder einen Verstoß gegen die Fundamente der Rechtsordnung (z. B. Grundrechte) aufzeigen. Beide Möglichkeiten sind jedenfalls auch nach den Mediationsergebnissen gegeben und noch weit mehr darüber hinaus. Dazu kommt generell noch – und das ist auch für einen Vergleich zwischen Mediations- und UVP-Verfahren wesentlich, dass in Letzterem lediglich ein eingereichtes Projekt überprüft wird. Es können sich die zuständigen BeamtInnen noch so redlich bemühen, schon aufgrund der rechtlichen Ausgangslage kommen weder Alternativen zum Zuge, noch die Frage, wie ein gegebenes Projekt optimiert werden könnte. Eher kann man im Allgemeinen vom Versuch einer „Behübschung" von Bauvorhaben sprechen als von einer echten, substantiellen Möglichkeit zur Projektveränderung. Demgegenüber wurden in der Mediation mehrere Optionen und Varianten näher betrachtet, wobei der Projektwerber genau das Projekt einreicht, bei dem es zumindest die größte Zustimmung und Optimierung gegeben hat, freilich fühlen sich einige dennoch als „Verlierer". Sie haben aber – wie oben aufgezeigt – einiges an Rechtsschutzmöglichkeiten und vielleicht die Zukunft hinter sich.

Selbst wenn alle oben beschriebenen Rechtsinstitute und Vereinbarungen aus irgendwelchen Gründen und egal gegenüber welcher Seite wirkungslos würden, so gäbe es laut mehreren Meinungen aus unseren im Übergangsprozess nach Ende der Mediation gehaltenen Interviews dennoch vielleicht eine zentrale, nicht zu unterschätzende „Mindestausbeute", ein zentrales „Ergebnis", einen weitgehenden „Grundkonsens": das Bekenntnis aller (und weitgehend sogar auch jener, die nicht unterschrieben haben), künftig weiterhin miteinander zu kommunizieren. Mindestens wäre man sich darin einig, uneins zu sein, und sich – jedenfalls zunächst – nicht mit Agitation, Machtausübung oder gar Waffengewalt zu bekämpfen, sondern einigermaßen friedlich über Kommunikation und „Dialog" (besser: „Multilog"). Selbst wenn künftig gar nichts durch die Mediation herauskommen sollte, so habe man es „wenigstens versucht", Gerichte als „ultima ratio" stünden im Hintergrund ohnehin immer bereit (manche erwägen Klagen bzw. haben bereits jüngst gerichtliche Schritte gesetzt). Privatrechtliche Gerichtswege zu Ende gedacht, können aber wahrscheinlich nur dazu führen, dass eine Verzögerung und letztendlich vielleicht Ersatz eines allfälligen und erst zu beweisenden Schadens auch wiederum nur in relativ phantasielosem

Geld (das man aber auch aus einer Mediation erhalten kann) erfolgen würden. Damit würde auch die BI-Leitlinie „Wir lassen uns den Lärm nicht abkaufen" konterkariert. Dazu kommen das bestimmt hohe Prozessrisiko und vor allem auch die Frage, wer denn eigentlich der am besten geeignete Gegner wäre. Müsste man – weil der Flughafen den Lärm ja gar nicht selbst erzeugt – einen solchen Hebel nicht gar bei den Flugzeugbauern oder bei uns selbst, die wir fliegen, ansetzen?

V. Fazit

Wie immer aber man das in der Viemediation oder auch anderswo entwickelte Recht in seiner Wertigkeit und Verbindlichkeit insgesamt einordnen mag – es kann langfristig immer nur bestehen, wenn es auch akzeptiert wird, wenn es letztendlich und als Faktor von außen sich auf einen permanenten sozialen Rückhalt stützen kann, von dem es herkommt. Durch die fünf Jahre dieser Mediation – und hier spielt auch wieder die anfängliche „Mediationsvereinbarung" herein – könnte vielleicht ein „Mythos", eine bereits gefestigte „Tradition" entstanden und zum unauslöschlichen Faktum geworden sein, auf das man sich stets werde stützen können. Der allgemeine „Urgrund" rechtlicher Wirksamkeiten, kollektiver (wenn auch partikularer) rechtsstaatlicher Akzeptanz, etwas, auf das sich Recht dauerhaft berufen kann, bedarf jedenfalls dieser realitätssichernden, verstärkenden Faktoren außerhalb der eigentlichen Rechtsordnung (z. B.: Sittlichkeit und Moralität); Basis oder Fundamente, auf denen erst sich alles Weitere konstruktiv aufbauen lässt. Recht und soziale Gerechtigkeit können aber oftmals auch in Opposition zur Individualität und zum Einzelfall stehen.[25] Die Frage der Mediation ist dabei, wie mit den Benachteiligten umgegangen wird, wie auch jene, die künftig neue Korridore (und wenn auch nur auf Zeit) schlucken müssen, dennoch ein Maß an Gerechtigkeit, eine ihren Bedürfnissen entsprechende Behandlung und Ausgleich erfahren werden können. Sollte der oben angesprochene Grundkonsens dies tatsächlich entsprechend zu leisten vermögen, bestünde auch eine fundierte Aussicht, dass alle Beteiligten auch künftig diesen Optimierungsprozess für das Allgemeinwohl austragen, ja vielleicht sogar das Lärmproblem bewältigen werden, womit durch die Viemediation ein echter Wert von Dauer entstanden sein könnte.

[25] Falk 1995.

Literatur

Falk, Gerhard: Mediation unter sozial-philosophischen Aspekten. In: Erziehung Heute. 4(1995).

Falk, Gerhard/Heintel, Peter/Pelikan Christa: Die Welt der Mediation. Klagenfurt, Verlag A-lekto 1998.

Falk, Gerhard: Die Entwicklung der Mediation. In: Töpel/Pritz (Hrg.): Mediation in Österreich. Wien, Orac 2000.

Falk, Gerhard/Koren, Gernot: Kommentar zum Zivilrechtsmediationsgesetz. Verlag Österreich 2005, S. 70 Rz. 15.5. zu § 1.

Ferz, Sascha: Mediation und Verwaltungsrecht in Österreich. In: Zeitschrift für Konfliktmanagement. 4(2001)1, S. 24ff.

Ferz, Sascha: Das UVP-G als Experimentierfeld für Bürgerbeteiligungstrends. Zeitschrift für Verkehrsrecht. ZfV 2002, S. 318 ff.

Ferz, Sascha/Pichler Johannes: Mediation im öffentlichen Bereich. Wien, Verlag Österreich 2004.

Ferz, Sascha: Kenne deine Rechte und Pflichten. In: Perspektive Mediation. (2005)1, S. 17 ff.

Kerschner, Ferdinand: Mediation im öffentlichen Bereich. In: Ferz/Pichler (Hrg.): Mediation im öffentlichen Bereich. Wien, Verlag Österreich 2000, S. 51 ff.

Kerschner, Ferdinand: Die Umsetzung von Mediationsvereinbarungen. In: Ferz/Pichler (Hrg.): Mediation im öffentlichen Bereich. Wien, Verlag Österreich 2004.

Kerschner, Ferdinand/Bergthaler, Wilhelm/Hittinger, Harald: Umweltmediation im österreichischen Recht. Studie im Auftrag des „Lebensministeriums". Schriftenreihe des BMLFUW. Band 4/2003.

Kibéd, Matthias Varga v.: Ganz im Gegenteil. Heidelberg, Carl Auer 2000.

Schwarz, Gerhard: Konfliktmanagement. Konflikte erkennen, analysieren, lösen. Wiesbaden, Gabler, 6. Auflage 2000.

Vana, Heinrich: Ergebnisse müssen den Wirren der Zeit standhalten. In: Anwalt aktuell, I/8 Dezember 2001.

Weitergehende Literaturliste zum Thema unter www.mastermediation.com

Elemente und Maßnahmen im Mediationsprozess

Sabine Petsch

Mediationsverfahren haben ihre eigenen Gesetzmäßigkeiten. Dabei zu sein, mitzureden, mitzuentscheiden und sich persönlich kennen zu lernen, durchbrechen gewohnte Muster von herkömmlichen Konfliktlösungsstrategien. In Mediationsverfahren findet Begegnung, ein kollektives Lernen statt. Direkte Kommunikation stellt dabei ein zentrales Medium dar. Vergleicht man große und herkömmliche Mediationen miteinander, beispielsweise Verfahren mit zwei bis sechs Personen und Verfahren mit mehr als zwölf TeilnehmerInnen, so hat man es in jedem Fall mit unterschiedlichen Interessen und Bedürfnissen zu tun. Auch die Herausforderung Konflikte, Meinungsverschiedenheiten eben durch direkte Kommunikation zu lösen, setzt in Mediationen generell eine gemeinsame Auseinandersetzung, eine Lernerfahrung, die geleistet werden muss, voraus. In großen Mediationsverfahren stellt die spezielle Situation durch die Komplexität die Verfahrensleitung und letztlich alle Beteiligten vor zusätzliche Herausforderungen.

Beim Mediationsverfahren am Flughafen Wien-Schwechat stellte man sich dieser Aufgabe. Es trafen Menschen aus sehr verschiedenen Arbeits- und Lebenssituationen, aus unterschiedlichen Organisationsformen zusammen, es entstand im Laufe der Zeit eine neue Gemeinschaft, ein vielseitiger Sozialkörper. Hier im nicht nur größten, sondern auch längsten Mediationsverfahren europaweit, wurde fünf Jahre intensiv mit großem Engagement gearbeitet. Von der ersten Sitzung des Mediationsforums am 18. Jänner 2001 bis zum Abschluss, zur 15. Sitzung des Mediationsforums am 22. Juni 2005, lagen knapp viereinhalb Jahre. Eine bewegte, ereignisreiche Zeitspanne, in der vieles geschaffen, so manches erreicht wurde.

Im Folgenden sollen Elemente und Maßnahmen im Mediationsverfahren am Flughafen Wien-Schwechat vorgestellt werden. Worauf wurde geachtet? Was wurde organisiert, welche Elemente kamen in diesem großen Rahmen zur Anwendung? Dabei nahm die Organisation der Kommunikation eine zentrale Rolle ein. Die Verbindung von Inhalt und Organisation stellte ebenso wie der Umgang mit der Dynamik der Selbstorganisationstendenzen eine Herausforderung dar.

Trotz sorgfältiger Überlegungen, dem intensiven, langjährigen Zusammenführen und Recherchieren sämtlicher Informationen, auch aus dem direkten Kontakt mit den Menschen im Mediationsverfahren und dem persönlichen aktiven Miterleben vieler Stunden der Mediation, in der Rolle als wissenschaftliche Begleitforscherin, behält naturgemäß jede Darstellung eine gewisse Subjektivität und keinen Anspruch auf Vollständigkeit. Die angeführten Zitate sind großteils meinem Forschungstagebuch (FTB) entnommen und werden jeweils mit dem Datum des Eintrags belegt.

I. Ambiente und Ausstattung

Im ersten Teil werden interne Rahmenbedingungen wie Räume und Sitzordnungen, technische Ausstattung und Präsentationstechnik sowie die Verpflegung während der Sitzungen thematisiert.

Raum oder: „Die Suche nach dem segensreichsten Ort“[1]

Im Vergleich zu einer Organisation, einem Unternehmen im herkömmlichen Sinn, gab es bei der Flughafenmediation grundsätzlich keine fixen, speziellen Firmenräumlichkeiten oder Besprechungsräume, die generell für die Mediationssitzungen genutzt wurden. Da Menschen aus sehr verschiedenen Arbeits- und Lebenssituationen, aus unterschiedlichen Organisationsformen zusammentrafen, standen unterschiedliche Räumlichkeiten zur Verfügung. Auch wenn es von einigen teilnehmenden Gruppierungen kein Raumangebot gab, von anderen wiederum ein recht reichhaltiges, sollte eine möglichst unbelastete Arbeitssituation auf „neutralem Boden“ gefunden werden.

Wo fand die Mediation nun statt? Der Beginn war durch „die Suche nach dem segensreichsten Ort“[2] geprägt. Die Wirtschaftskammer, die Arbeiterkammer, der Flughafen, das Rathaus in Schwechat, „..beinahe jede Gruppierung wurde einmal zur Gastgeberin, zum Gastgeber“[3]. Nach der sensiblen Anfangsphase fanden die Sitzungen dann großteils am Flughafen statt. Zuerst im Hauptgebäude, im Betriebsgelände, dann im damals neuen „Aquarium“, einem neu gebauten Bürogebäude mit Glasfront und schließlich im nagelneuen Businesspark. Nicht nur die Büros einzelner TeilnehmerInnen, durch kurze Vorbesprechungen zwischendurch, sondern auch einen großen Teil der Räumlichkeiten der Flughafen Wien AG lernten die MediationsteilnehmerInnen im Laufe der Jahre kennen. Auch mir selbst wurde der Flughafen mit seinen Gebäuden vertrauter.

Bei Klausuren wurden hingegen zumeist andere Orte aufgesucht. Von den VIP-Räumlichkeiten der Flughafen Wien AG über die Bibliothek des Hotels Schloss Wilhelminenberg bis hin zu weiteren verschiedenen Hotels in Wien wurde außerhalb der sonst benutzten Räumlichkeiten intensiv gearbeitet. Das Mediationsforum fand das erste Mal in der Wirtschaftskammer Niederösterreich, dann in einem Hotel und schließlich zumeist im Festsaal des Rathauses in Schwechat statt. Öffentliche Veranstaltungen im großen Rahmen wie beispielsweise die Auftaktveranstaltung am 22.11.2000 und die Öffentliche Informationsveranstaltung am 3. 12. 2001 belebten

[1] FTB am 3. Mai 2005.
[2] Vgl. a. a. O.
[3] Vgl. a. a. O.

die Körnerhalle gleich neben dem Rathaus in Schwechat. Rückbindungs- beziehungsweise Bezirksinformationsveranstaltungen für Menschen außerhalb des Mediationsverfahrens fanden in den jeweiligen regionalen Räumlichkeiten der Gruppierungen oder der jeweiligen Region statt. Vom Haus der Begegnung über Festsäle, Vereinsräumlichkeiten oder Besprechungszimmer, es gab zumeist sehr verschiedene Voraussetzungen.

Raumgröße und Beschaffenheit, technische Ausstattung, Sitzgelegenheiten und höchst unterschiedliche Tischgrößen, Tageslicht, Sonneneinstrahlung speziell im Sommer und viele weitere Faktoren verlangten von allen Beteiligten ein hohes Maß an Flexibilität. Vor allem das Mediationsteam, zu dessen Aufgabe es gehört, eine angenehme, möglichst förderliche Arbeitssituation zu schaffen, stellte sich sehr oft auf unterschiedliche Situationen ein. Kontinuierliche, neutrale Räumlichkeiten in einem großen Mediationsverfahren geben ähnlich wie in einem Unternehmen Beständigkeit und eine gewisse Sicherheit. Die Einstimmungszeit auf eine Räumlichkeit, Ankommen, zur Ruhe kommen um zu arbeiten beginnen zu können, verkürzt sich durch bekannte, vertraute Räumlichkeiten.

Mit „neutralen" Räumen, Räume ohne negative oder belastete Vorgeschichte für MediationsteilnehmerInnen, die zu Beginn des Mediationsverfahrens gesucht wurden, sollten Gedanken, störende Emotionen von MediationsteilnehmerInnen, die an bereits an diesen Orten gemachten Erfahrungen anknüpfen, möglichst minimiert werden. Arbeitsräume, „Mediationsräume" neu zu füllen, mit gemeinsam Erlebtem, mit einem Neuanfang, einer gemeinsamen Zeit des Gedankenaustausches, im günstigen Fall, dem Finden neuer Wege, stellt ein beachtenswertes Element in der Mediation dar. Es wird in dieser Art auf die Auswahl des gemeinsamen „Arbeitsplatzes" in Mediationsverfahren generell geachtet.

Sitzordnung oder: „Gleich & Gleich gesellt sich gern"[4]

Freie Sitzplatzwahl bei fast allen Sitzungen ließ den TeilnehmerInnen viel Freiheit und uns als wissenschaftlichen BegleitforscherInnen Raum für Beobachtungen. Am Beginn der Mediation und bei schwierigen oder wichtigen Entscheidungen saßen die TeilnehmerInnen gruppierungsweise zusammen. Über die fünf Jahre hinweg betrachtet, verbrachten die TeilnehmerInnen die Mediation weitgehend in einer homogenen Zusammensetzung, BürgermeisterInnen bei BürgermeisterInnen, Flughafen Wien AG-, Austrocontrol- und AUA-MitarbeiterInnen bei der Aviation-Group, BürgerinitiativenvertreterInnen bei BürgerinitiativenvertreterInnen, ebenso wie die VertreterInnen verschiedener Kammern, politischer Parteien und anderer Organisationen.

[4] FTB am 15. Juni 2005.

Einerseits war das kurzfristige Absprechen dadurch möglich, erleichterte die Kommunikation innerhalb der Gruppe und half in schwierigen Situationen. Unter dem Motto „Mehrere Ohren hören besser" erleichterte das gemeinsame Zuhören den Umgang mit der Fülle an Informationen und den laufend zu treffenden Entscheidungen. Andererseits verweilte man auch gerne neben bereits bekannten Menschen, denen man eher vertraute, die ähnliche Interessen hatten. Im weiteren Verlauf, nach über zwei Jahren Mediation, kannten sich viele TeilnehmerInnen schon recht gut. Je nach Eintreffen in den Sitzungsraum suchten sich die „Pünktlichsten" die gewünschten Plätze aus. Teilweise wurde reserviert, anderen wurde aus Rücksicht gegenüber den noch erwarteten KollegInnen Plätze frei gelassen. Einige Gruppierungen saßen durchwegs homogen und achteten speziell auf ihre interne Sitzordnung, andere spalteten sich während der Mediation in zwei oder mehrere Untergruppen auf. Diese Spannungen zeigten sich teilweise auch in der Sitzplatzwahl. Andere TeilnehmerInnen legten offensichtlich weniger Gewicht auf die Wahl ihres Sitzplatzes und setzten sich je nach Verfügbarkeit an ganz unterschiedliche Plätze.

Vor allem gegen Ende des Mediationsverfahrens wurde teilweise bei kleineren Sitzungen der Planung der Sitzordnung oder der Suche nach passenden Räumen offensichtlich etwas weniger Aufmerksamkeit gewidmet. Der große, ovale Sitzungstisch im Besprechungszimmer im Businesspark wurde beispielsweise auch für Sitzungen mit kleinen Gruppen verwendet. Stühle blieben zum Teil unbesetzt. Zumeist saß man hinter u-förmig aufgestellten Tischen auf vorbereiteten Stühlen. Bei großen Gruppen nahm man teilweise schon fast im Quadrat platz, wobei die Sitzungsleitung zumeist an einem eigenen Tisch etwas abgesetzt saß. Im Mediationsforum wechselte man schließlich zur Inseltechnik: Tische im Raum gleichmäßig verteilt bilden Sitzgruppen, wodurch die Distanzen im Vergleich zu großen, quadratischen Sitzordnungen verringert werden und außerdem auch die Kommunikation untereinander gefördert wird. Durch die gleich bleibenden Räumlichkeiten mit fortschreitender Mediation entstand überdies eine gewisse Routine, die für einen schnellen, effizienten Einstieg in die Arbeit genutzt wurde. Man kannte den Anfahrtsweg, man kannte den Raum.

Vor allem bei kleineren Arbeitskreisen und Arbeitsgruppen, in denen inhaltlich für die Mediation von einigen „internen ExpertInnen", TeilnehmerInnen, VertreterInnen mehrerer Gruppierungen Informationen zusammengetragen, diskutiert und für die Präsentation in größeren Sitzungen vorbereitet wurden, saß man oft in ganz unterschiedlicher Zusammensetzung. Inhomogene Sitzordnungen fördern ein näheres Kennenlernen, ein besseres Einschätzen seines Gegenübers und vielleicht sogar etwas mehr Verständnis füreinander. „Man kam sich näher (...), lernte auch Persönliches kennen, es entstand Vertrauen, man rückte im wahrsten Sinne des Wortes zusammen."[5] Die Gruppengröße in diesen kleinen Arbeitsgruppen begünstigte durch den direkten Austausch offensichtlich zusätzlich das Arbeitsklima.

Bei anderen Zusammentreffen wurde mit fortschreitender Mediation auch gelegentlich eine fix geplante, vorgegebene Sitzordnung gewählt. Gruppierungen wurden teilweise mit Namenskärtchen Sitzplätze zugewiesen, allerdings nur sehr selten, nur bei „besonderen Anlässen", mit begrenzten, speziell ausgewählten TeilnehmerInnen: zum Beispiel bei der fünften Klausur „Nachtflug" am 12. März 2005 oder auch beim 15. und letzten Mediationsforum am 22. Juni 2005. Bei Rückmeldungen der wissenschaftlichen Begleitforschung wurde zumeist ein offener Sesselkreis als Sitzordnung gewählt.

Flipchart

Wie in Mediationen generell üblich wurden auch bei der Flughafenmediation Flipcharts zum Visualisieren von Informationen benutzt. Bei Großgruppen, beispielsweise im Mediationsforum, verwendeten die MediatorInnen zumeist mehrere Flipcharts und auch Pinwände, an denen teilweise in großer Schriftgröße die Informationen festgehalten beziehungsweise gelegentlich schon vorbereitet präsentiert wurden.

Präsentationstechnik

Mit Beamer und professionellen Powerpointpräsentationen ausgestattet, entstand schon von Beginn an ein hoher Standard für Präsentationen. Es wurde einerseits versucht grundsätzliches Fachwissen verständlich für alle MediationsteilnehmerInnen aufzubereiten um einen gewissen Grundstock an Wissen für die gemeinsame Weiterarbeit zu gewährleisten. Andererseits, vor allem in der fortgeschrittenen Mediation, wurden Überlegungen und Optionen, mögliche Lösungsvorschläge übersichtlich mit dieser speziellen Präsentationstechnik an die Wand geworfen. Das direkte Bearbeiten, Texte in Echtzeit gemeinsam zu verfassen wurde durch diese technische Unterstützung auch in größeren Gruppen möglich. Vor allem bei Texten, die eine breite Zustimmung benötigten (beispielsweise Vereinbarungen), beim Festhalten der Ergebnisse in der Endphase der Mediation oder auch bei Formulierungen für den Newsletter im Arbeitskreis Öffentlichkeitsarbeit wurden Texte in dieser Weise gemeinsam bearbeitet. Mitunter kam auch ein Overheadprojektor zum Einsatz. Die Anwendung dieser Präsentationstechnik leistete außerdem einen wichtigen Beitrag zum Wissenstransfer, gemeinsames Lernen wurde gefördert und ermöglicht. Selbst noch nicht veröffentlichte Informationen, die nur innerhalb der Mediation für weitere

[5] FTB am 3. Mai 2005.

Lösungsmöglichkeiten gemeinsam bearbeitet wurden, wurden vertrauensvoll ausgetauscht.

Mikrophone

Mikrophone wurden eher selten verwendet. Beim Mediationsforum und bei großen öffentlichen Veranstaltungen waren sie unumgänglich. Am Podium oder flexibel durch das persönliche Übergeben eines Funkmikrophons bei Diskussionen mit BesucherInnen oder auch als Standard bei jedem Sitzplatz wie im Rathaus im Festsaal kamen Mikrofone zum Einsatz. Für mögliche auftretende technische Probleme wurde umsichtigerweise ein Techniker hinzugezogen.

Diktaphon

Ein Diktaphon kam während des gesamten Mediationsverfahrens zum Einsatz, stärker in den Vordergrund gerückt wurde es vor allem nach ungefähr zwei Jahren Mediation durch den Prozessprovider, der es gerne zur raschen Protokoll- und Ergebnisaufnahme benützte. Bei den Aufnahmen wurden alle TeilnehmerInnen jeweils aufgefordert, genau zuzuhören, um die Änderungen in den Protokollen im Nachhinein möglichst gering zu halten. Zum Teil wurde diese Aufmerksamkeit, das genaue Zuhören, während ins Diktaphon gesprochen wurde, wiederholt eingefordert. Das sofortige Zusammenfassen der Ergebnisse unterstützte einerseits ein effizientes Arbeiten, die dabei entstandenen Pausen der Wiederholung des Gesagten unterbrachen andererseits teilweise den Gesprächs- und Gedankenfluss in den Mediationssitzungen.

Parkplätze

Die stets organisierte Parkmöglichkeit, die immer vorhandenen, persönlich verteilten Ausfahrtskarten für die jeweiligen Parkhäuser und Tiefgaragen waren durchgängig fixer Bestandteil der großzügigen Serviceleistungen rund um das Mediationsverfahren.

Buffet

Essen ist ein Ritual, das Menschen einander näher bringt. Getränke, Kaffee und meistens ein Imbiss wurden stets vom Gastgeber, von der Gastgeberin, zumeist von der Flughafen Wien AG bereitgestellt. Dies verschönerte die Pausen, erleichterte und ermöglichte auch das oft stundenlange Arbeiten in den Sitzungen.

Sich nach einem arbeitsreichen Tag um 17.00 Uhr am Flughafen einzufinden – gehetzt durch die angespannte Verkehrssituation in und um Wien – und dann zwischendurch noch zur Stärkung eine späte Jause oder frühes Abendessen einzunehmen, war zumeist nicht leicht organisierbar. Durch die im Laufe der Mediation sich einbürgernde, genussreiche Sitzungsausstattung entstand einerseits bei TeilnehmerInnen innerhalb des Verfahrens eine gewisse Entlastung, eine angenehme Komponente, währenddessen Menschen außerhalb der Mediation das naturgemäß anders sahen. Gemeinsam essen, gemeinsam an einem Tisch sitzen, eine gewisse Intimität eingehen, lässt phantasieren und wurde auch manchen TeilnehmerInnen als Kritikpunkt von Menschen außerhalb der Mediation vorgeworfen, etwa nach dem Motto „..ihr lasst's euch einkochen (...), lasst's euch Essen zahlen!"[6]

II. Zeitliche Rahmenbedingungen oder: „In meiner wirklichen Arbeit mach' ich selten so viel Überstunden!"[7]

Wie lange das Mediationsforum oder einzelne Sitzungen dauerten, schien eine nicht zu berechnende Komponente in der Flughafenmediation, die durchgängig eine Herausforderung für alle Beteiligten darstellte. Zu Beginn rechnete man mit eineinhalb bis zwei Jahren Dauer bis zur Beendigung des Verfahrens. Im Laufe der Zeit traute sich niemand eine Prognose abzugeben und gegen Ende wussten dann die meisten, dass ein Ende vor den Sommerferien einen wichtigen, notwendigen, gemeinsamen Schritt darstellen würde.

Sitzungstermine, Frequenz und Dauer von Sitzungen

In welchen Abständen Sitzungen stattfanden, schien von mehreren Komponenten abhängig zu sein. Einerseits wurde das inhaltliche Weiterarbeiten thematisch geplant und demzufolge laufend die zu bearbeitenden Inhalte mit dem Terminplan der Mediation abgestimmt. Wenn Ergebnisse zur Weiterarbeit gebraucht wurden, musste intensiv gearbeitet werden. In Spitzenzeiten bedeutete das für manche Beteiligte des Mediationsverfahrens mitunter vier oder sogar fünf Termine pro Woche, wobei aber die interne Rückbindung mit der eigenen Gruppe oder eventuell zu anderen Gruppierungen noch nicht einberechnet war. Gar nicht so selten wünschte man sich am Ende der Sitzung eine „Gute Nacht" und am Morgen des nächsten Tages hatte man

6 Vgl. KA-5.
7 FTB am 22. Juni 2005.

bereits, diesmal natürlich zu einem anderen Spezialthema, wieder das Vergnügen. Ich erinnere mich an humorvolle Aussagen in solchen Situationen: „Ich sehe Sie häufiger als meine Frau.“[8]

Die gemeinsame Terminsuche, zumeist am Ende der Sitzung, war bei oftmals mehr als zwanzig vielbeschäftigten Personen ein Tagesordnungspunkt der besonderen Art. Nicht nur, dass es oftmals fast eine halbe Stunde dauerte, war auch häufig irgendjemand unzufrieden. Entweder hatte eine Teilnehmerin, ein Teilnehmer einen unverschiebbaren Termin zu dem endlich gefundenen Zeitpunkt oder man musste eine andere Verpflichtung wegen der nächsten Mediationssitzung verschieben oder absagen. Diese „Zerreißproben“ wurden im Laufe des Verfahrens durch steigendes Vertrauen und verbesserte Kommunikation untereinander beziehungsweise durch längere Vorausplanung der Termine immer leichter handhabbar, die Terminabsprachen nahmen allerdings bis zum Ende der Mediation einen gewissen Raum in den Sitzungen ein. Die Prozesssteuerungsgruppe hatte vor allem ab dem zweiten Jahr des Verfahrens die Erstellung des Terminfahrplans über. In Abstimmung mit Bedarf und Dringlichkeit wurde laufend nach dem „richtigen Maß“ gesucht. Abschließend sei noch erwähnt, dass die Anreisezeiten und Kilometerleistungen, die manche TeilnehmerInnen durch die vielen Sitzungen auf sich nahmen, beachtlich waren.[9]

Wie lange die einzelnen Sitzungen dauerten, schien nur schwer berechenbar. Trotz sorgfältiger Planung, einer vorab versendeten detaillierten Tagesordnung und des Versuchs einer straffen Moderation stellte das Sitzungszeitmanagement die MediatorInnen immer wieder vor scheinbar unlösbare Aufgaben. Die Mediationssitzungen dauerten von einer[10] bis maximal elf Stunden[11]. Vor allem im ersten Drittel der Mediation war Durchhaltevermögen gefragt. Sitzungen bis nach Mitternacht brachten manche TeilnehmerInnen ihren daheim auf sie wartenden PartnerInnen gegenüber in Argumentationsnot. War dann einmal eine Sitzung überraschend früh zu Ende, es wurde nicht viel diskutiert und man einigte sich beispielsweise rasch auf die vorgestellten nächsten Schritte, wunderten sich zumeist alle. Dazu fielen immer wieder humorvolle Äußerungen: „Wenn ich heute schon so früh nach Hause komme muss ich vorher meine Frau anrufen, damit sie sich nicht schreckt.“[12] Ein zweiter ambitionierter Humorist der Mediation entgegnete: „Du musst deine Frau anrufen, damit der Hausfreund rechtzeitig das Haus verlassen kann!“[13]

---

[8] FTB am 20. September 2005.

[9] Eine Teilnehmerin wohnt ca. 60 km vom Flughafen entfernt und fuhr mehrmals wöchentlich diese Strecke.

[10] Z. B. Arbeitsgruppe Bodenlärm am 26. Feber 2003.

[11] Nachtflugklausur am 12. März 2005.

[12] FTB am 13. Juli 2005.

[13] FTB am 20. September 2005.

Teilweise wurde schon zu Beginn einer Sitzung versucht, das Ende zeitlich klar zu definieren, um im geplanten Zeitrahmen fertig zu werden. Dabei wurden manchmal auch unterschiedliche Motivationen von der Sitzungsleitung scherzhaft ausgesprochen. Ein gutes Argument schienen vor allem spannende Fußballspiele zu sein, zumindest einige Male gelang damit ein effizientes Arbeiten in angemessener Arbeitszeit. Zusammenfassend betrachtet schien das Ende nicht planbar aufgrund der vielen möglichen Einflüsse: Redezeiten, Verfassung und Vorbereitung aller Beteiligten, Ergebnisse eventueller zwischenzeitlicher Rückbindungen, neu entstandene oder wieder entfachte Konflikte und vieles mehr, um nur einige Gründe möglicher Verzögerungen zu nennen.

Da schon von Beginn an sehr viel Zeit von den Beteiligten investiert wurde, erreichte das Mediationsforum zum abgeschlossenen, gemeinsamen Teilvertrag ein persönlicher Brief von Bürgermeister Michael Häupl aus Wien. Zur Einstimmung auf die gemeinsame Arbeit im Mediationsforum wurde vom Mediationsteam das Schreiben feierlich vorgelesen. Der Bürgermeister dankte darin den TeilnehmerInnen für das engagierte, intensive Arbeiten für die ganze Region und vor allem auch den Familienangehörigen für die Zeit, die Geduld und das Verständnis.

Pausen

Pausen sind „unstrukturierte aber produktive Arbeitszeit"[14]. Sie sind ein wertvolles Gut, meist kurz und spärlich. In der Mediation wurden sie vor allem oft sehr unterschiedlich gesetzt und genutzt. Die „Durststrecke" bis zur ersten Pause dauerte mitunter etwas länger, natürlich wollte man möglichst viel noch vor der ersten Entspannung unterbringen. Ganz gezielt eingesetzt für Zwischenüberlegungen, für Zwischenverhandlungen, speziell bei Entscheidungen, häufig bei Klausuren, waren Pausen ganz wesentliche prozessfördernde Einrichtungen. Sie wurden angeboten oder eingefordert, je nach Bedarf. Es wurden Telefonate geführt, Rückfragen, mitunter ganz neue Vorschläge in einer durchgearbeiteten Mittagspause entwickelt, beispielsweise wenn das „Angebot des Vormittags" nicht so ganz den allgemeinen Vorstellungen der anderen Gruppierungen entsprach[15].

Manche arbeiteten die ganze Pause durch, intensivst wurde verhandelt, unterschiedliche oder ähnliche Meinungen wurden ausgetauscht und gemeinsam oder allein, etwas abseits wurde nachgedacht. Vor allem die Sitzungsleitung verwendete die Pausen oft zu Absprachen untereinander oder um nachzufragen und sich nach dem Befinden, nach der Zufriedenheit zu erkundigen. Andere genossen die größere

[14] Königswieser/Exner 2002, S. 324
[15] Nachtflugklausur am 12. März 2005, Klausur am 19. Juni 2004.

Bewegungsfreiheit, das zumeist bereits vorbereitete Buffet und die Erfrischungen. In jedem Fall kam man sich in den Pausen näher, man konnte Gespräche beginnen oder einfach nur beobachten, sein Gegenüber auf sich wirken lassen, andere TeilnehmerInnen näher kennen lernen, vertrauter werden, jedem, wie es ihm beliebte.

Teilweise bediente man sich am Buffet schon vor der Sitzung, in anderen Fällen wurde es erst in der ersten Pause eröffnet. Vor allem gegen Ende der Mediation und bei kleineren Sitzungen, in denen das Buffet gleich im Raum angerichtet wurde, nützten mehrere bereits während der Sitzung Sprechpausen um sich schon zwischendurch zu laben.

III. Sprache als Mittel der Kooperation

Der Aufbau einer Kooperation, die Bereitschaft zur Zusammenarbeit, zur Öffnung, um Vertrauen wachsen zu lassen, ist eine der zentralen Aufgaben der Verfahrensleitung. Vor allem zu Beginn eines neuen Prozesses scheint es eine sensible Phase dafür zu geben, allerdings auch während der ganzen Mediation sollte man darauf achten.

Sprache ist ein zentrales menschliches Verständigungsmittel. Eine gemeinsame Sprache zu „platzieren", zu fördern, allen Beteiligten möglichst verständlich zu machen, ist Aufgabe von MediatorInnen. Der sorgfältige Aufbau einer Gesprächskultur, breit angelegte Aussprachen mit den einzelnen Gruppierungen des Verfahrens und der Bonus einer motivierten, bereits arbeitsfähigen Vorbereitungsgruppe bedeuteten für das Mediationsteam einen intensiven Einstieg. Die Steuerung und der Aufbau einer gemeinsamen Kommunikation schufen neue, bisher noch nicht da gewesene Verbindungen zwischen zum Teil sehr unterschiedlichen Menschen. Am Beispiel der Kommunikation zwischen der Aviation-Group, der Flughafen Wien AG und der Austro Control, und betroffenen, lärmbelasteten Menschen wurde dies besonders deutlich. Laufend auf eine gelingende Kommunikation, auf die eigene Haltung zu achten und es zur Sprache zu bringen, wenn ein konstruktives Miteinander nicht mehr gegeben schien, stellte eine gute Voraussetzung und gleichzeitig eine Herausforderung für alle dar.

Mediationssprache versus Fachsprache

In der Mediation wurde konsequent versucht, von gegenseitigen Vorwürfen zum wechselseitigen Zuhören und dem Beschäftigen mit den Interessen und Bedürfnissen zu kommen. Vor allem als der Newsletter, die gemeinsame Zeitung des Mediationsverfahrens, im Arbeitskreis Öffentlichkeitsarbeit entwickelt wurde, entstand eine gemeinsame Sprachregelung nach außen. Ebenso wie auch bei den Presseerklärungen und bei Pressekonferenzen wurde für beinahe fünfzig verschiedene Interessen eine gemeinsame Sprache gefunden.

Ein weiteres, wesentliches Ziel vor allem auch am Beginn war die Aufgabe einen annähernden Wissensgleichstand herzustellen um über die zu behandelnden Themen für alle verständlich sprechen zu können. Abkürzungen und Fremdwörter wurden erklärt und im Laufe der Zeit bemerkte man kaum mehr die vielen, mittlerweile geläufigen Fachausdrücke. Probleme entstanden vor allem für TeilnehmerInnen des äußeren Kreises, Medianden, also MediationsteilnehmerInnen, die seltener an den Sitzungen teilnahmen. In einem Interview klagte ein Bezirksvorsteher aus Wien sein Leid, als er meinte, die Protokolle strotzten vor lauter Fachausdrücken, man kenne sich nicht mehr aus.[16] Wie unheimlich viel alle voneinander gelernt hatten, bemerkten viele erst mit dem Voranschreiten der Zeit. Um auch für Menschen außerhalb der Mediation ein Verständnis zu schaffen wurden in jeder Ausgabe des gemeinsamen Newsletters Fachausdrücke erklärt.

IV. Formelle und informelle Formen der Information

Als offizielle, formelle Informationsquellen beschreibe ich hier Protokolle und Rückbindungen.

Protokolle

Protokolle sind „ein Segen und ein Fluch“ [17]. Sie waren wichtige Beweise getaner Arbeit. Sie behielten Geschriebenes im Gedächtnis und bildeten damit eine spezielle Sicht der Wirklichkeit, das Verschriftlichte blieb. Während der Mediation wurden Protokolle unterschiedlich eingesetzt. In „stürmischen Zeiten“ konnte man durch Wortmeldungen für das Protokoll seinen „Hinterbliebenen“, den zu vertretenden Interessengruppen, beweisen, wie klar und deutlich man sich für etwas eingesetzt hatte. In diesem Sinne waren Protokolle auch ein Machtinstrument. Protokolle waren auch Gegenstand der Mediationsvereinbarung, die zwischen den TeilnehmerInnen und dem Mediationsteam geschlossen wurde. Darin wurden auch verschiedene Protokollarten sowie das Verfahren zu ihrer Erstellung und ihrer Veröffentlichung geregelt. Ein Protokoll ist ein wesentlicher Bestandteil der Mediation und neuerdings verpflichtet man sich als „eingetragener Mediator“ nach dem Zivilrechts-Mediations-Gesetz die organisatorischen Eckdaten und Ereignisse zu dokumentieren. Im ersten Teil des

[16] Vgl. BV-2.
[17] FTB am 3. Mai 2005.

Verfahrens existierten noch zwei verschiedene Protokollarten: Sitzungsprotokolle und Beschlussprotokolle.

Sitzungsprotokolle wurden jeweils mit der fortlaufenden Sitzungsnummer, der Bezeichnung des Gremiums sowie Datum und Sitzungsort gekennzeichnet. Aufgelistet wurden in ihnen zudem die anwesenden und entschuldigten Mitglieder, die jeweilige Sitzungsleitung, alle sonstigen Anwesenden (z. B. Sachverständige, VerfasserIn des Protokolls, MitgliederInnen der wissenschaftlichen Begleitforschung). Weiters wurden jeweils der Beginn und das Ende der Sitzung sowie der nächste Sitzungstermin im Protokoll festgehalten. Protokolle dienen dem Zweck, Informationen transparent weiterzugeben. In den ausführlicheren Sitzungsprotokollen wurden sowohl einzelne Wortmeldungen festgehalten als auch die Ergebnisse der einzelnen Besprechungspunkte bzw. Beschlüsse, zusätzlich erfolgte jeweils der Verweis auf allfällige Unterlagen und Quellen, die für die einzelnen Tagesordnungspunkte relevant waren. Letztendlich wurden auch vereinbarte Arbeitsschritte bis zur nächsten Sitzung protokolliert.

Beschlussprotokolle waren demgegenüber weitaus kürzere, weniger aufwändige Schriftstücke. Sie beinhalteten ebenso die formalen Eckdaten, im Unterschied zu den Sitzungsprotokollen wurden in ihnen allerdings nur die Beschlüsse festgehalten.

Für das Erstellen von Protokollen kam während des gesamten Mediationsverfahrens ein Diktaphon zum Einsatz. Wie bereits oben erwähnt rückte es vor allem im zweiten Teil der Mediation besonders stark in den Vordergrund, als der Prozessprovider die Verantwortung für das Erstellen der Protokolle weitgehend übernahm. Vom Beginn des Verfahrens bis zur Verabschiedung des ersten Teilvertrages nach zwei Jahren protokollierte noch eine eigens dafür eingesetzte Assistentin des MediatorInnenteams[18] die Inhalte der Sitzungen.

Da sich die Prozesssteuerungsgruppe laufend aktiver um das Zusammenführen der Zwischenergebnisse kümmerte, spiegelten die PSG Protokolle den zentralen, aktuellen Verfahrensstand[19] wider.

Das Team der wissenschaftlichen Begleitforschung erstellte zu allen teilnehmenden Beobachtungen zusätzlich interne Protokolle. Diese nicht öffentlichen Aufzeichnungen, in denen Beobachtungen und Hypothesen festgehalten und formuliert wurden, dienten unserem Team zur Vergemeinschaftung unseres internen Wissensstandes.

---

18 Assistentinnen des Mediationsteams waren Petra Rössner und Anna Unterholzer.

19 Vgl. www.viemediation.at Chronologie: Erste Sitzung der PSG am 12. Juli 2001, Protokoll.

Rückbindungen

Die Vereinbarung, regelmäßig Rückbindungen durchzuführen, verpflichtete die TeilnehmerInnen im Mediationsverfahren dazu, Gesprächen mit „ihrer" Basis, also jener Interessengruppe, die jeweils vertreten wurde, zu führen. Sie waren ein wichtiger Erfolgsfaktor für das Gelingen des Mediationsverfahrens. Obgleich die Verpflichtung zu Rückbindungen Teil der Mediationsvereinbarung war, wurde diesem Bereich zusammenfassend betrachtet etwas wenig Beachtung geschenkt. Aufgrund der sehr verschiedenen und unterschiedlich großen Interessengruppen war ein einheitliches „Rückbindungsprogramm" nur schwer möglich.

Innerhalb der eigenen Gruppe wurde sehr unterschiedlich häufig und umfangreich rückgebunden. Manche Teams[20] riefen sich jedes Mal unmittelbar nach den Sitzungen an und besprachen allgemeine Fakten und Highlights, auch wenn diese Sitzungen bis spät in den Abend dauerten. Andere Teams trafen sich regelmäßig vor oder teilweise nach den Sitzungen[21]. In jedem Fall wurde für den Wissensausgleich zusätzlich noch einiges an Zeit investiert.

Informationsveranstaltungen für verschiedene Interessengruppen wurden im ersten Teil des Verfahrens fallweise vom Mediationsteam oder auch vom Prozessprovider unterstützt. Andere Gruppierungen organisierten sich ein komplettes ExpertInnenteam mit TechnikerInnen und ModeratorInnen. Manche Delegierte, so genannte GruppensprecherInnen, berichteten nur zwei bis drei Mal jährlich ihrer Interessensgruppe[22]. Rückbindungen, die im großen Rahmen stattfanden, z. B. bei öffentlichen Veranstaltungen, wurden jeweils sehr professionell organisiert und gemeinsam getragen.

Literatur

Gudemann, Wolf-Eckhard: Bertelsmann Universal Lexikon. Band 13. Gütersloh, Bertelsmann Lexikon Verlags GmbH 1990.

Königswieser, Roswita/Exner, Alexander (Hrg.): Systemische Intervention; Architekturen und Designs für Berater und Veränderungsmanager. Stuttgart, Verlag Klett-Cotta 2002.

Luhmann, Niklas: Funktionen und Folgen formaler Organisation. Berlin, Duncker & Humblot 1964.

---

[20] FTB am 15. Juni 2005.
[21] FTB am 22. Juni 2005.
[22] FTB am 12. September 2005.

Sievers, Burkard: Organisationsentwicklung als Lernprozess. In: Trebesch, Karsten (Hrg.): Organisationsentwicklung. Konzepte, Strategien, Fallstudien. Stuttgart, Verlag Klett-Cotta 2000.

Trebesch, Karsten: Die Entwicklung der Organisationsentwicklung. In: Trebesch, Karsten (Hrg.): Organisationsentwicklung. Konzepte, Strategien, Fallstudien. Stuttgart, Verlag Klett-Cotta 2000.

Wissenschaftliche Begleitforschung zum Mediationsverfahren am Flughafen Wien-Schwechat 2001 - 2005

Gerhard Falk, Larissa Krainer

Ein wissenschaftliches Forschungsvorhaben, das über mehrere Jahre läuft, wie die Begleitforschung zum Mediationsverfahren am Flughafen Wien-Schwechat, ist als eigenständiges Projekt zu betrachten. Es braucht Steuerung, operative Durchführung und Überwachung. Es muss kalkuliert, finanziert und abgerechnet werden. Es bedarf der sorgfältigen Planung und Koordination. Intern lebt es von der Forschungstätigkeit aller ProjektmitarbeiterInnen, es braucht aber auch die Unterstützung von außen – in operativer Hinsicht durch das Verwaltungspersonal der Universität, in struktureller Hinsicht durch AuftraggeberInnen, in inhaltlicher Hinsicht aber vor allem durch jene Menschen, die sich für Forschungsfragen zur Verfügung stellen, sich Zeit nehmen, um interviewt zu werden, oder zustimmen, sich beobachten zu lassen und dergleichen mehr.

Nachfolgend wird das Forschungsprojekt selbst zum Gegenstand der Beschreibung erhoben, geboten werden soll ein praxisnaher Einblick in seine Architektur, seinen Aufbau und in die Arbeit des Forschungsteams sowie dessen Erkenntnisprozess.[1] Die Forschungsarbeit ist dabei als fortlaufender, eigenständiger Prozess zu verstehen, der mit dem Mediationsverfahren eng verschränkt ist. Die Forschung muss sich daher einerseits anpassen, ja dem Geschehen sogar so nahe wie nur möglich kommen, muss andererseits aber stets die notwendige Distanz wahren – eine ständige Balance zwischen Forschungsfreiheit und Gegenstandsabhängigkeit. Zudem treten im Verlauf von Forschungsprojekten immer wieder Spiegelungsphänomene zu Tage. Komplexitätssteigerungen im Verfahren führen unmittelbar zu Komple-xitätssteigerungen in der Forschungstätigkeit; Konflikte im Verfahren können sich im Forschungsteam spiegeln. Diese kritisch zu reflektieren, um sie in weiterer Folge bewusst beobachten zu können, ist ein wichtiger Schritt unserer Forschungstätigkeit, weshalb wir auch häufig Projektsupervisionen einrichten. Das Forschungsteam tritt damit zugleich als Regulativ für die einzelnen Teammitglieder auf.

I. Forschungsverständnis

Interventionswissenschaftliche Forschung basiert auf der Haltung, Menschen und Organisationen respektvoll gegenüberzutreten, sie in ihrer Eigenständigkeit und Selbstorganisationsfähigkeit zu unterstützen und eine mit ihnen gemeinsame Spra-

---

1 Die Dokumentation der methodischen Vorgangsweise entspricht unserem Verständnis nach der wissenschaftlichen Sorgfaltspflicht. Insofern sind allfällige Längen zu erklären.

che finden zu wollen. Wir begreifen jene, über die wir forschen, insofern immer als „ForschungspartnerInnen". Forschen, Lernen und Veränderung können der interventionswissenschaftlichen Haltung nach nicht von außen bestimmt werden, sondern können nur gemeinsam, in einer gleichberechtigten Forschungspartnerschaft, von innen heraus entwickelt werden, um nachhaltig zu wirken. Mit der Interventionsforschung bringen wir in diese Arbeitsbeziehung Design- und Prozessorganisationskompetenz ein, die es ermöglicht, flexibel auf inhaltliche und strukturelle Anforderungen zu reagieren.

Interventionswissenschaftliche Forschung hat dabei das Zusammenwirken von Mensch, Inhalten und Prozessen gleichermaßen im Blick und sieht sie in einem ständigen Wechselspiel, dessen Reflexion für Lernen und Weiterentwicklung wesentlich ist: Die von den ForschungspartnerInnen eingebrachten Inhalte konstituieren den Prozess und die von ihnen entwickelte Prozessgestaltung konstituiert wiederum die (neuen) Inhalte.

Interventionsforschung stellt zudem Hintergrundtheorien und wissenschaftliches Modellwissen zur Verfügung, die einen klareren Blick auf die den Themenfeldern zugrunde liegenden Strukturen sowie eine Entpersonalisierung von Problemstellungen erlauben und dadurch Situationsdiagnosen und daraus resultierende Umsetzungsprozesse erleichtern.[2]

Dazu entwerfen und vereinbaren wir mit AuftraggeberInnen ein gemeinsam verbindliches Forschungsdesign, das es unseren ForschungspartnerInnen ermöglicht, bereits *während* des Forschungsprozesses Zwischenergebnisse rückgekoppelt zu bekommen, um für ihr weiteres Vorgehen bereits ad hoc Konsequenzen ziehen zu können. Solche Rückmeldungen stellen Interventionen in den vor Ort laufenden Prozess dar, ein Charakteristikum von Forschung, zu dem wir uns bekennen. Das Forschungsteam übt dabei auch so etwas wie eine beratende Funktion aus.[3] Ob allerdings tatsächlich Konsequenzen aus unseren Angeboten gezogen werden bzw. ob überhaupt „Rückkoppelungen" in Anspruch genommen werden, entscheiden jeweils unsere ForschungspartnerInnen (im Rahmen der vereinbarten Anzahl solcher Rückmeldungen) selbst. Nur wenn wir den Eindruck haben, dass eine Rückkoppelung aus forschungsethischen Gründen wichtig wäre (z. B. weil wir Informationen erhalten haben, die für das weitere Vorgehen maßgeblich sein könnten), machen wir ForschungspartnerInnen darauf aufmerksam und bieten von uns aus eine Rückkoppelung an – wiederum obliegt es aber ihnen, diese anzunehmen oder auch nicht.

2 Vgl. Iff-Abteilung für Weiterbildung und systemische Interventionsforschung.

3 Der Beratungsbegriff folgt an der Abteilung ebenfalls einem sehr spezifischen Verständnis, das hier nicht näher ausgeführt werden kann. Erwähnt sei jedoch, dass es sich um einen Beratungsbegriff handelt, der Menschen dabei unterstützt, ihre eigenen Interessen zu definieren und zu gemeinsamen Entscheidungen zu finden und nicht um einen, der Fachberatung im Sinne von Empfehlungen für ein bestimmtes Handeln umfasst. Näheres siehe: Heintel 2006, Krainer 2006.

Die Zwischenergebnisse, Hypothesen und sich anschließenden Hintergrundtheorien, die von uns zusammengestellt bzw. formuliert und entworfen werden, bedürfen aber, weil sie in unserem Forschungsverständnis keine „gesicherten Wahrheiten" oder „Erkenntnisse des Wirklichen" sind, der Überprüfung durch die ForschungspartnerInnen. Das bedeutet, dass wir Rückkoppelungen auch dazu verwenden, um ein Feedback über das von uns Angebotene zu erhalten – eine der wenigen Möglichkeiten qualitativer Sozialforschung, ihre Ergebnisse durch die AdressatInnen prüfen zu lassen, quasi einem „Realitäts-Check" zu unterziehen. Wenn sie auf eine gemeinsame Sichtweise treffen, so können sie durchaus den Charakter einer „sozialen" Wahrheit erhalten, einer Wahrheit also, die von dem jeweiligen sozialen System als solche anerkannt, geteilt wird.

Mitunter müssen dabei von Wissenschaftsseite her Anfangs- und Zwischenannahmen (die auch deshalb als solche bezeichnet werden) korrigiert, auf den neuesten Stand gebracht werden; deshalb sprechen wir von *„Prozesswissenschaften"*. Eine solche Herangehensweise benötigt naturgemäß eine besondere (und besonders aufwändige) Organisationsform. Sie ist auch – neben dem Chancenreichtum – „riskant" für ForscherInnen, weil sie sich den ForschungspartnerInnen und deren Kritik oder Projektionen zeitweise unmittelbar und ungeschützt aussetzen; eine mühsam erarbeitete Forschungssichtweise kann sich ohne weiteres wieder auflösen, wenn sie gerade in dem Moment nicht „geglaubt", nicht geteilt wird. Zudem erfordert sie über das klassische Forschungsrepertoire qualitativer Sozialforschung hinaus von WissenschaftlerInnen auch noch Kompetenzen in Hinblick auf Design, Organisation und Durchführung von Rückkoppelungsveranstaltungen.

II. Der Forschungsauftrag

An der Iff-Abteilung für Weiterbildung und systemische Interventionsforschung bestehen Arbeitsschwerpunkte im Bereich „Mediation und Konfliktmanagement" (seit 1994) sowie Projektmanagement. Am 24. November 2000 wurden wir von der Flughafen Wien AG (FWAG) zu einer Anbotslegung zur Ausschreibung „Wissenschaftliche Begleitung Mediationsverfahren Flughafen Wien" eingeladen.[4] Daraus folgte eine Besprechung im kleinen Kreis[5], bei der wir überlegten, ob wir insgesamt Personal- und Zeitressourcen für ein solches Forschungsvorhaben aufbringen können würden, wer (aus der Abteilung, aber auch über sie hinaus) eventuell für eine Mitwirkung in einem solchen Projekt in Frage kommen könnte und ob eine Anbotslegung im vorge-

---

4 Vgl. Flughafen Wien Aktiengesellschaft: Ausschreibung: www.VIE.mediaton.at. Wissenschaftliche Begleitung Mediationsverfahren Flughafen Wien. Wien, am 24. 11. 2000.

5 An dieser Besprechung haben Gerhard Falk, Harald Goldmann, Peter Heintel und Larissa Krainer teilgenommen.

sehenen Zeitraum für uns überhaupt leistbar wäre. Wir stellten zwar einhellig fest, eigentlich ausgelastet zu sein, keine Zeit für eine aufwändige Antragsstellung zu haben und auch – abgesehen von uns selbst – unmittelbar keine weiteren Personen für ein Forschungsprojekt dieser Art zu wissen, zugleich aber war unser forscherisches Interesse hoch, zumal bislang kein vergleichbares Mediationsverfahren wissenschaftlich dokumentiert wurde. Also verteilten wir die Antragsarbeit unter uns auf, entwarfen und verwarfen Designs, rechneten die unterschiedlichsten Varianten, formulierten Texte und formulierten sie wieder um, verbrachten unsere Wochenenden am Institut und dankten unseren Familien für ihr Verständnis. Vierzehn Tage später übermittelten wir der FWAG schließlich ein schriftliches Anbot[6], wobei das Formularwesen des Flughafens eine besonders große Hürde für uns darstellte, zumal es weit eher für LieferantInnen zu großen Bauvorhaben adäquat erschien als für eine Universität. Als Ergebnis des insgesamt mehrere Monate dauernden Auftragsklärungsprozesses, der später noch im Detail beschrieben wird, wurde der Auftrag mit einer Laufzeit ab 1. Jänner 2001 erteilt. Das Vertragsende wurde mehrfach verschoben: zunächst galt der Vertrag bis 30. Juni 2002, nach einer ersten Verlängerung bis 31. Jänner 2003 und nach weiteren Auftragsverhandlungen in veränderter Form bis 31. August 2005.

Unser Fokus war in diesem Forschungsprojekt laut Vertrag ausschließlich auf das Mediations*verfahren*, dessen Aufbau, Strukturen und Prozesse zu richten. Inhaltlich oder gar im Hinblick auf mögliche Ergebnisse beziehungsweise den Ausgang des Verfahrens hatten wir keinen Auftrag B und hätten einen solchen auch aus wissenschaftlichen wie ethischen Gründen ablehnen müssen. Neben einem Dokumentationsauftrag für das gesamte Verfahren wurden regelmäßige „Rückmeldungen zum aktuellen Verfahrensstand" vereinbart. Diesbezüglich sollte die Möglichkeit bestehen, allen beteiligten Parteien zum gegebenen Zeitpunkt über die Arbeitsergebnisse zu berichten und solcherart Einblick in den Stand der Begleitforschung zu gewähren. Auf dieses spezifische Charakteristikum von Interventionsforschung wird später noch im Detail eingegangen.

III. Das Forschungsteam

Eine der zentralen Herausforderungen in Forschungsprojekten besteht in der Auswahl und der Bildung eines Forschungsteams, also der Etablierung einer adäquaten inneren Projektstruktur. Dass im Fall der Begleitforschung zum Mediationsverfahren am Flughafen Wien-Schwechat, um der gestellten Aufgabe gerecht werden zu können, auch die Teamgröße eine angemessene sein müsste, stand für uns

[6] Vgl. Falk/Krainer/Heintel: Angebot: Grobkonzept, Projektstruktur und Forschungsdesign.

aufgrund der augenscheinlichen Projektkomplexität außer Frage – schnell war uns klar, dass für dieses Projekt zumindest ein fünfköpfiges Team zuzüglich einer Administrationsstelle nötig sein würde.

Eine Schwierigkeit bestand aus unserer Sicht allerdings in der Distanz zum Ort des Geschehens, also jener zwischen Klagenfurt und Wien-Schwechat. Insofern war absehbar, dass die Wegstrecke nicht nur zu erhöhten Kosten führen würde, sondern dass auch unsere Flexibilität Thema werden könnte bzw. unsere allfällige Präsenz vor Ort. Daher erschien es uns wichtig, für den Fall einer Projektzusage, auch MitarbeiterInnen in Wien zu haben. Aufgrund des großen Zeitdrucks in der Antragsphase entschieden wir uns im Endeffekt dazu, dem Auftraggeber zunächst nur die bisher erwähnten Personen zu nennen und die weiteren wissenschaftlichen MitarbeiterInnen noch offen zu lassen (dies nach Rücksprache mit dem Auftraggeber). Insofern legten wir unserem Angebot – neben Designvorschlag und Budgetkalkulation – zunächst auch nur die Curricula Vitae der bis dato beteiligten WissenschaftlerInnen bei.

Nach der Erteilung eines vorläufigen Auftrages begannen wir im Laufe des Jänner und Februar 2001 mit der Suche nach geeigneten MitarbeiterInnen, führten dazu fünf Hearings durch und stellten unser Team zusammen. Die endgültigen Verträge konnten allerdings erst nach dem 19. April 2001 abgeschlossen werden. Das Forschungsprojekt verfügte somit über je drei wissenschaftliche MitarbeiterInnen in Wien und in Klagenfurt sowie einen wissenschaftlichen Supervisor und eine Sekretariatsstelle in Klagenfurt.

Das Forschungsteam wurde interdisziplinär zusammengesetzt und bestand zum Großteil aus Personen, die neben ihrer Sozialforschungskompetenz entweder selbst als MediatorInnen beziehungsweise im Konfliktmanagement tätig waren, in unterschiedlichen Kontexten Mediation lehrten oder sich bereits wissenschaftlich mit diesen Theoriefeldern auseinander gesetzt hatten. Das hatte der Auftraggeber auch in seiner Ausschreibung gefordert, in der Personen mit einer „abgeschlossenen Mediationsausbildung" sowie „praktischer Mediationserfahrung und/oder theoretischen Mediationskenntnissen" verlangt wurden. Im Endeffekt und nach noch näherer Kenntnis von Komplexität und Struktur des Forschungsgegenstandes (Mediationsverfahren) bestand unser Team also inklusive Supervisor und Sekretariat aus insgesamt acht Mitgliedern, deren zeitliche Tätigkeit für dieses Projekt zunächst mit rund 120 Wochenstunden oder 36 Menschenmonaten jährlich veranschlagt wurde.

Zumal sowohl von einer hohen Komplexität des Forschungsgegenstandes als auch des Forschungsprojektes auszugehen war, beschlossen wir, die Leitung im Zweierteam[7] zu übernehmen, was im rückwärts schauenden Blick – aufgrund der Steuerungskomplexität, die sich alleine im Spannungsfeld zwischen externer Auf-

[7] Gerhard Falk, Larissa Krainer.

tragsklärung und interner Projektkonstituierung (Einrichtung eines Forschungsmanagements, Teambildung etc.) ergibt – durchaus als adäquat erscheint. Nach einer Umstrukturierung des Projektes Anfang 2003, die weitgehend parallel zu einer Umstrukturierung im Mediationsverfahren erfolgte, wurde das Forschungsprojekt redimensioniert, was auch zur Folge hatte, dass nur noch eine Person[8] die wissenschaftliche Leitung innehatte. Die Etablierung einer Projektsupervision[9] erschien zudem als Unterstützung des Teams als sinnvoll, zumal wir damit auf den reichen Erfahrungsschatz eines Kollegen zurückgreifen konnten, der selbst zwar nicht für die Leitung des Forschungsprojektes zur Verfügung stand, zugleich aber uns jüngere WissenschaftlerInnen darin unterstützte und begleitete, die vielfältigen Herausforderungen in dem langjährigen Forschungsprojekt zu bewältigen. In den Kernstücken unserer inhaltlichen Arbeit, etwa bei der Entwicklung von Fragestellungen und Beobachtungsdimensionen oder bei der Hypothesenbildung und der Entwicklung von Hintergrundtheorien, rückte die Projekthierarchie allerdings ohnedies weit in den Hintergrund.

Folgende Aufgaben wurden von der wissenschaftlichen Leitung übernommen:

- Auswahl und Einsetzen der Forschungsteammitglieder
- Personalmanagement
- Erstellung des Forschungsdesigns sowie des Forschungsablaufes (in Zusammenarbeit mit den weiteren Forschungsteammitgliedern)
- Überwachung des Forschungsablaufes
- Außen- und Innenvertretung
- Finanzmanagement
- Redaktionelle Tätigkeiten

Die weiteren vier wissenschaftlichen Teammitglieder[10] übernahmen folgende Tätigkeiten:

- Operative Durchführung der Forschungsvorhaben (insbesondere teilnehmende Beobachtungen und der Interviews)
- Teilnahme an regelmäßigen Teamsitzungen
- Mitwirkung in der Hypothesenbildung
- Mitwirkung in der Planung von Rückkoppelungen
- Verfassen einzelner Berichtsteile (fallweise)

---

8 Larissa Krainer.

9 Peter Heintel.

10 Harald Goldmann, Armin J. Hanschitz (bis 2002), Ulrich Königswieser (bis 2002), Sabine Petsch sowie Gerhard Falk nach seinem Ausscheiden aus dem Leitungsteam.

Ein Teammitglied[11] übernahm zudem in Kooperation mit dem Sekretariat die Koordination des Aufgaben- und Terminmanagements.

Die kontinuierlichen Aufgaben und Ziele der Projektsupervision waren insbesondere:

- Reflexion des Forschungsdesigns
- Reflexion des Forschungsverlaufes im Sinne von Steuerungsüberlegungen
- Reflexion der Balance zwischen forschendem Detailblick einerseits und Gesamtsicht andererseits
- Teamsupervision sowie Begleitung in der Teamauswahl, Teambildung, Teamentwicklung, regelmäßige Anwesenheit bei den Teamsitzungen
- Theoretische Reflexion der Rolle von Mediation in öffentlich-rechtlichen Verfahren
- Gemeinsame Durchführung von Rückmeldungen mit dem Leitungsteam sowie die einmalige Teilnahme an einer Pressekonferenz zum Mediationsverfahren[12]

Das Projektsekretariat[13] (zunächst 75% Arbeitsteilzeit, später 50%) leistete in Hinblick auf die Unterstützung der Forschungstätigkeit insbesondere folgende Tätigkeiten:

- Transkriptions- und Schreibarbeiten
- Archivierung der umfassenden Materialen aus dem Mediationsverfahren und der Forschung
- Terminmanagement
- Koordination der Flüge (in der dritten Phase des Forschungsprojektes)
- Interne Kommunikationsdrehscheibe (Übermittlung sämtlicher Forschungsdaten an alle Teammitglieder)
- Schnittstelle zu den Verwaltungseinheiten der Universität Klagenfurt

IV. Auftragsklärung

Die bisher beschriebenen Resultate sind nicht von heute auf morgen entstanden, sondern Schritt für Schritt, im Zuge eines fast vier Monate dauernden Auftragsklärungsprozesses. Die Zeitinvestition hat sich aus unserer Sicht jedoch in Hinblick auf

11 Harald Goldmann.

12 Die Teilnahme des Supervisors bei den Rückmeldungen und im Rahmen einer Pressekonferenz erfolgte auf ausdrücklichen Wunsch der Auftraggeber. Insofern war die Rolle der Supervision vor allem im Inneren des Forschungsprojektes relevant.

13 Bis Juni 2003 hatte Silvana Ressmann die Projektadministration inne, ab Dezember 2003 Marianne Wallner.

die dadurch entstandene Klarheit zweifelsohne gelohnt. Da der Prozess der Auftragsklärung in Forschungsprojekten häufig unterschätzt wird bzw. weniger zentral oder auch gar nicht dokumentiert wird, wollen wir an dieser Stelle eine genauere (chronologische) Beschreibung bieten.

Am 12. Dezember 2000 übermittelte das wissenschaftliche Leitungsteam das von ihm erarbeitete „Anbot zur Begleitforschung", das sowohl ein „Grobkonzept: Projektstruktur und Forschungsdesign" sowie eine Kalkulation und Lebensläufe einzelner MitarbeiterInnen umfasste, an die FWAG, die bald darauf telefonisch den Auftrag avisierte. Am 16. Jänner 2001 kam es zu einer ersten persönlichen, fast ganztägigen Besprechung zwischen Auftragnehmer- und AuftraggebervertreterInnen in Klagenfurt. Ihm folgte ein zunächst „vorläufiger" Auftrag Anfang Jänner 2001 und noch mehrere kürzere Auftragsklärungsgespräche in Wien-Schwechat, die unsererseits nur ein Mitglied des Leitungsteams[14] wahrnahm. Der endgültige, durch alle Instanzen unseres Institutes[15] und der FWAG genehmigte, schriftliche Forschungsauftrag lag schließlich mit 19. April 2001 vor.

Das gesamte Forschungsteam samt seinem Forschungsauftrag hatte sich allerdings schon früher, nämlich im Mediationsforum vom 5. April 2001, persönlich präsentiert. Durch die ebenfalls an diesem Tag abgesegnete Mediationsvereinbarung (in der die Begleitforschung explizit beauftragt wird) wurde formell auch die Zustimmung des Mediationsforums und des Mediationsteams zur Begleitforschung erteilt. Beides erschien uns wichtig, da damit auch ein Auftrags- und Vertrauensverhältnis zwischen uns und allen Parteien des Verfahrens beginnen konnte. Ab 6. April 2001 wurden Interviews durchgeführt. Das Forschungsteam war ebenfalls bereits im Vorfeld der offiziellen Beauftragung und im Vertrauen darauf eingerichtet worden, die „Startklausur" des Teams (zur Erstellung einer vorläufigen, wenngleich noch vagen Planung) hatte bereits am 25./26. März 2001 stattgefunden. Zuvor waren bereits erste „teilnehmende Beobachtungen" des Mediationsprozesses durchgeführt worden.

Im Juli 2001 verfassten wir bereits unseren ersten Zwischenbericht, der primär dem Zeitraum vor Beginn des Mediationsverfahrens gewidmet war. In der Zeit von Jänner bis Juni 2001 mussten wir also einerseits unseren Fokus auf längst Vergangenes (Vorbereitungsphase des Verfahrens, ab Mitte 2000) richten und andererseits die vielfältigen Dynamiken im bereits laufenden Verfahren wahrnehmen. Zudem führten wir parallel dazu auch noch Auftragsklärung und Teamentwicklung durch. Bis die Endfassung des Zwischenberichts autorisiert war, dauerte es noch weitere fünf Monate. Erst nach seiner offiziellen Präsentation im Dezember 2001 (in einem Arbeits-

---

[14] Gerhard Falk.

[15] Zu diesem Zeitpunkt noch das Interuniversitäre Institut für Interdisziplinäre Forschung und Fortbildung, heute: Fakultät für Interdisziplinäre Forschung und Fortbildung.

ausschuss) konnten wir uns endlich auf das aktuelle Geschehen und dessen Zukunft konzentrieren.

Im Zeitraum März/April 2002 vereinbarten wir bestimmte Eingrenzungen unserer Beobachtungstätigkeit, da die Mediation und die damit zusammenhängenden Ereignisse vor und zu dieser Zeit zunehmend vielschichtiger wurden. Dies brachte auch größere Forschungsbelastungen mit sich und es waren plötzlich zahlreiche Terminverschiebungen zu verwalten. Auch erlebten wir die Interviewbereitschaft (ein nicht zu unterschätzender Aufwand auch auf Seiten der Interviewten) abnehmend, weil alle sehr belastet waren. Wir vereinbarten daher mit der FWAG verstärkt die Durchführung von Gruppeninterviews, Verzicht auf die Beobachtung diverser Gremien und Verzicht auf einen zweiten Zwischenbericht.[16]

Im Zuge der Neustrukturierung des Mediationsverfahrens (Ende 2002) wurde mit der FWAG bereits im Oktober 2002 vereinbart, dass unser bisheriger Auftrag mit einem Endbericht abgeschlossen werden sollte. Parallel dazu sollten wir ein schlankeres Konzept entwickeln, das verstärkt Rückkoppelungen beinhaltet und die Beobachtungstätigkeit etwas reduziert. Dies ist in weiterer Folge auch geschehen und hatte für uns die schmerzliche Konsequenz, uns von zwei Mitgliedern des Forschungsteams zu trennen, denen wir nicht nur für ihre Arbeitsleistungen, sondern auch für ihr Verständnis zu Dank verpflichtet sind. Zugleich hat sich daraus die bereits erwähnte Umstrukturierung im Leitungsteam ergeben. Auch an dieser Stelle war ein Resonanzphänomen bemerkbar: Im gesamten Verfahren wurde Redimensionierung beraten, so auch in Bezug auf das Forschungsprojekt. Im Verfahren mussten Konflikte ausgetragen werden, die mit der Redimensionierung zu tun hatten, so auch innerhalb des Forschungsteams. Im Verfahren hat sich die Leitung neu formiert, auch in unserem Team hat sie sich verändert. Wir stellten unserem damaligen Endbericht vorsichtshalber die Vorsilbe „vorläufig" voran – eine weitere Parallele zum Verfahren, in dem zu dieser Zeit vor allem „vorläufige" Beschlüsse gefasst wurden – und hatten eine leise Vorahnung, dass wir vielleicht doch noch einen weiteren, eben den „endgültigen" Endbericht schreiben würden (wohl wissend, dass unsere Forschungsergebnisse ohnedies niemals endgültig sein können).

Im Folgenden sollen die unterschiedlichen methodischen Arbeitsschritte von Interventionsforschung im Allgemeinen und im Besonderen in Bezug zum Mediationsverfahren beschrieben werden.

---

[16] Später haben wir auf Wunsch einiger TeilnehmerInnen eine unserer Rückmeldungen schriftlich dokumentiert und dafür die Bezeichnung: „Zweiter Zwischenbericht" gewählt.

V. Forschungsdesign und Forschungselemente

Das Forschungsdesign orientiert sich hinsichtlich seiner Anwendung zentral am Forschungsgegenstand. Für das konkrete Forschungsprojekt bestand es – auf Grundlage des oben behandelten Forschungsauftrages – aus der Planung und Durchführung folgender Forschungselemente und -methoden:

- Konstituierung des Forschungsteams
- Teamsitzungen und Projektbesprechungen
- Formulieren von Ausgangsvermutungen
- Start-Veranstaltung
- Qualitative (Einzel- und Gruppen-) Interviews
- Teilnehmende Beobachtung (TB)
- Recherchen, Grundlagenstudien, Sichtung von Dokumenten
- Auswertung
- Hypothesenbildung (individuell und im Team)
- Entwicklung von Hintergrundtheorien
- Rückkoppelungen und Präsentationen
- Erstellen von Berichten

V.1 Konstituierung des Forschungsteams

Die erste Sitzung dient jeweils der Konstituierung des interdisziplinären Forschungsteams. Dabei werden die verschiedenen Zugänge der ForscherInnen zum Thema geklärt, Vorerfahrungen gesammelt und deren Relevanz für den aktuellen Forschungsprozess beleuchtet.[17] Nachdem sich in diesem konkreten Forschungsprojekt zu Beginn unserer Arbeit nicht alle Teammitglieder persönlich kannten, stand zunächst ein gegenseitiges Kennenlernen am Programm, ein Annäherungsprozess, der zwar Zeit in Anspruch nimmt, für die weitere Arbeitsfähigkeit von Teams aber unabdingbar ist.

V.2 Teamsitzungen und Projektbesprechungen

Ein zentrales Element von Interventionsforschung ist die Arbeit im Team. Diese ist sowohl zeit- als auch kostenintensiv. Im konkreten Fall nahmen zu Beginn des Verfahrens zumeist die sieben WissenschaftlerInnen teil, mindestens drei davon

[17] Vgl. Iff-Abteilung für Weiterbildung und systemische Interventionsforschung, http://www.uni-klu.ac.at/iff/wbi/.

mussten eine größere Wegstrecke (Wien-Klagenfurt) zurücklegen, mitunter haben wir uns auch am Weg zwischen Klagenfurt und Wien getroffen. Neben den Kosten für Reise und fallweise auch für Übernachtungen ist natürlich auch viel Reisezeit angefallen. Die Teamsitzungen fanden, sofern möglich, an einem ruhigen Ort statt, manchmal auch in einem Seminarhotel (sofern sie länger als einen Tag dauerten). Die Teamsitzungen dienten primär der Vergemeinschaftung der Forschungsergebnisse, der Entwicklung von Hypothesen und Hintergrundtheorien und der Vorbereitung von Rückmeldungen.

Neben den Teamsitzungen im großen Kreis fanden aber auch regelmäßige Projektbesprechungen in kleinerem Kreis statt, an denen – je nach Zuständigkeit – Teile des Gesamtteams mitwirkten. In ihnen wurden finanzielle Fragen besprochen, laufend die Planung der Forschungsleistungen der MitarbeiterInnen durchgeführt, das Archiv betreut etc. Solche Teamsitzungen bzw. Projektbesprechungen, die jeweils gut vor- und nachbereitet werden mussten, haben durchschnittlich jedes Monat stattgefunden. Im Vorfeld wurde die Tagesordnung von der Leitung vorgeschlagen, danach im Team abgestimmt. Die Sitzungen wurden jeweils von einem Teammitglied moderiert, bei wichtigen Sequenzen erfolgten Tonbandaufnahmen, die transkribiert wurden und in weiterer Folge wiederum in den Prozess einflossen.

V.3 Formulieren von Ausgangsvermutungen

Ein zweiter Schritt besteht im Entwickeln von ersten Vermutungen und dem Abklären und Vergemeinschaften der Ausgangslage. Niemand begibt sich frei von Ausgangsvermutungen, die sogar unreflektierte Vorurteile darstellen können, in Forschungsprozesse. Wir alle hatten unterschiedliche private Einstellungen zu Fliegen, Flugverkehr, Lärm, hatten verschiedene Phantasien zu einzelnen handelnden AkteurInnen, eine unterschiedliche persönliche Betroffenheit durch das Thema etc. vorzuweisen. Der Prozess der Formulierung von Vorannahmen dient vor allem dazu, sich dieser bewusst zu werden, um sie in weiterer Folge weniger stark in den Vordergrund rücken zu lassen, möglichst frei (unbeeinflusst) von ihnen in den weiteren Forschungsverlauf eintreten zu können.

Erste Vermutungen werden aber auch zu möglichen Perspektiven von AuftraggeberInnen bzw. ForschungspartnerInnen sowie zur Bedeutung des Forschungsvorhabens für relevante Umwelten formuliert. Auf der Basis dieser Ausgangsüberlegungen werden beispielsweise weitere Design-Schritte im Detail geplant, Interviewleitfäden erstellt, Beobachtungsschwerpunkte in Aussicht genommen und mit den AuftraggeberInnen vereinbart.

V.4 Start-Veranstaltung

Start-Veranstaltungen werden, wenn dies bei einem Auftrag sinnvoll erscheint, an den Beginn eines Forschungsprozesses gestellt. Sie dienen zur genaueren Auftragsklärung und Planung des Designs im Detail. Die Erwartungen von AuftraggeberInnen, ForschungspartnerInnen und ForscherInnen sollen geklärt, ihre Kooperation miteinander besprochen bzw. vereinbart werden.[18] Im konkreten Fall haben wir keine eigenständige Start-Veranstaltung durchgeführt, zumal ein Einberufen des gesamten Mediationsforums zu diesem Zwecke als wenig aussichtsreich erschien. Demgegenüber konnten wir aber ein bestehendes Mediationsforum (4. Sitzung) nutzen, um uns und unser Projekt persönlich vor Ort vorzustellen.

V.5 Qualitative (Einzel- und Gruppen-) Interviews

Offene und teilstrukturierte Tiefeninterviews sind ein wesentliches Element interventionswissenschaftlicher Forschung.[19] Sie dienen dazu, das Forschungsfeld aufzumachen, d.h. die Thematik über die Sichtweisen der InterviewpartnerInnen zu erschließen und Reflexionsprozesse in Gang zu setzen. Interviews eignen sich besonders gut zur Identifikation von Problemlagen und kontroversiellen Sichtweisen, sie sollen immer dann zum Einsatz kommen, wenn es gilt, unterschiedliche Motive und Interessen zu identifizieren und aufeinander zu beziehen. Die Gespräche dauern üblicherweise ca. eine bis eineinhalb Stunden, sie werden aufgezeichnet und transkribiert. Die erhobenen Daten bilden eine Basis für Hypothesenbildung, Hintergrundtheorien, Rückkoppelung und Ergebnispräsentation. Es können sowohl Einzel- als auch Gruppeninterviews geführt werden, die Daten werden vertraulich behandelt und anonymisiert.[20] Angemerkt sei hier noch, dass solche Interviews bei Individuen und besonders in Gruppen durch das Nachdenken (Selbstreflexion), das sie automatisch erzeugen, immer auch – quasi als nicht unerwünschte „Nebenwirkung" – Interventionseffekte hervorrufen.

Insgesamt wurden im Forschungsprojekt 121 solcher Interviews durchgeführt. In der Regel waren es offene Interviews, der Zusatz „teilstrukturiert" weist allerdings darauf hin, dass auch einige wenige allgemeine Fragen vorbereitet wurden – so wurde wie erwähnt für unseren ersten Zwischenbericht auftragsgemäß fast ausschließlich in die Vergangenheit gefragt; es hatte uns auch primär das Verfahren und

---

[18] Vgl. Iff-Abteilung für Weiterbildung und systemische Interventionsforschung, http://www.uni-klu.ac.at/iff/wbi/.

[19] Zur Methodik der offenen Interviews vgl. etwa: Froschauer/Lueger 2003.

[20] Vgl. Iff-Abteilung für Weiterbildung und systemische Interventionsforschung, http://www.uni-klu.ac.at/iff/wbi/.

dessen Struktur zu interessieren; in besonderen Situationen, etwa als betreffend das Verfahren vermehrt Konflikte auftraten, erhoben wir diese zum Untersuchungsgegenstand. Als besonders ergiebig erwiesen sich Gruppeninterviews, die jedoch aufgrund der teilweise enormen Arbeitsbelastung der durchwegs freundlichen und kooperativen InterviewpartnerInnen nicht leicht zustande kamen. Die transkribierten Interviews wurden in weiterer Folge an die Teammitglieder zur Einzelauswertung verteilt (als Kopie bzw. auf elektronischem Weg).

V.6 Teilnehmende Beobachtung (TB)

Bei der teilnehmenden Beobachtung nehmen ForscherInnen an Sitzungen, Veranstaltungen u. dgl. innerhalb des Projektes teil. Sie sitzen im Hintergrund, agieren nicht mit und notieren sich Beobachtungen auf verschiedenen Ebenen (z. B. Inhalte, Stimmungen, Beziehungsdynamik, Moderation/Steuerung, methodische Vorgehensweise). Die Beobachtungsergebnisse fließen in die Hypothesenbildung ein und werden an die ForschungspartnerInnen rückgekoppelt.[21]

Insgesamt wurden im konkreten Forschungsprojekt 173 teilnehmende Beobachtungen durchgeführt, mitunter waren auch zwei BeobachterInnen vor Ort anwesend (bei besonders großen Gremien und bei Klausuren). Zusätzliche Belastungen stellten dabei für uns – wie natürlich auch für alle verfahrensbeteiligten Gruppierungen – die häufige Zeitüberschreitung (teilweise bis zu achtzig Prozent der angekündigten Sitzungsdauer, manchmal bis Mitternacht) sowie diverse Sitzungsverlegungen (vor allem im ersten Teil des Verfahrens) dar. In dieser Phase fand insgesamt eine enorme Komplexitätssteigerung im Verfahren statt. Mitunter haben wir deshalb Rückflüge versäumt, mitunter mussten wir unvorhergesehen Nächte in Wien verbringen. Der damit verbundene Mehraufwand führte auch bei uns zu internen Auseinandersetzungen und Nachverhandlungen (sowohl mit dem Auftraggeber als auch innerhalb des Teams, was wiederum Zeit verzehrte – ein Dilemma), die jedoch analog zu einer eintretenden Beruhigung des Verfahrens jeweils ebenfalls zufrieden stellend bereinigt werden konnten (ein typisches Beispiel für ein Resonanzphänomen, wie oben bereits erwähnt).

V.7 Recherchen, Grundlagenstudien, Sichtung von Dokumenten

Je nach Forschungsauftrag können Internet-Recherchen, Literaturrecherchen, theoriegeleitete Studien zur Aufarbeitung von Tiefendimensionen u. dgl., aber auch

[21] Vgl. Iff-Abteilung für Weiterbildung und systemische Interventionsforschung, http://www.uni-klu.ac.at/iff/wbi/.

Sichtung und Diskussion von Materialien und Dokumenten der ForschungspartnerInnen Teil des Forschungsprozesses sein.[22] Da im konkreten Fall ja das Verfahren und seine Struktur im Mittelpunkt der Forschung standen, wurden externe Recherchen nur in geringem Umfang unternommen. Sie betrafen vor allem die Suche nach vergleichbaren Mediationsverfahren – die allerdings weitgehend erfolglos verlief (weil nicht vorhanden) – und die regelmäßige Beobachtung der aktuellen Publikationstätigkeit über Mediation im Allgemeinen. Der zentrale Schwerpunkt in diesem Bereich lag aber in der Auswertung sämtlicher Materialien, die im Verfahren und zu dessen Dokumentation entstanden sind. Dazu zählten:

- Vorläufige und beschlossene Sitzungs- und Klausurprotokolle aus dem Verfahren (wobei am Anfang des Verfahrens neben Beschlussprotokollen auch Sitzungsprotokolle angefertigt wurden)
- Zusätzliche Protokolle von der Evaluationsgruppe, den Bezirkskonferenzen und der UVE-Begleitgruppe
- Sämtliche Anträge, die im Verfahren gestellt wurden (Protokollhinweise, Diskussionsbedarf, Statements, Forderungen etc.)
- Gutachten, Expertisen und Besprechungsgrundlagen (viele von ihnen mussten per Post verschickt werden, weil sie elektronisch jeden Datenspeicher lahm legten)
- Pressemitteilungen, Presseaussendungen und eigene Medien zum Verfahren
- Eine partielle Auswertung der Medienberichterstattung zum Verfahren
- Alle im Verfahren verabschiedeten Dokumente mit Vereinbarungscharakter wie die Mediationsvereinbarung, der Teilvertrag und alle Abschlussdokumente (wobei uns gerade zu diesen Dokumenten jeweils viele, viele Korrekturversionen zugegangen sind)

Das Archiv des Forschungsprojektes umfasst inzwischen einen ganzen Schrank. Alleine die Dokumente, die wir aus dem Verfahren abgelegt haben, füllen mehr als 50 Ordner, hinzu kommen alle Interviews (deren Transkription umfasst durchschnittlich je 50 Seiten) und Beobachtungsprotokolle (durchschnittlich 5-10 Seiten) sowie die diversen anderen Dokumente (wie etwa unsere Forschungsberichte). Das Archiv besteht zudem in mehrfacher Ausführung, zumal ja alle Teammitglieder jeweils alle Unterlagen erhalten haben. Entsprechend hoch waren auch die Ausgaben für Kopier- und Druckkosten. Auch der elektronische Speicherplatz musste im Sekretariat alleine für dieses Projekt zweimal erweitert werden.

---

22 Vgl. Iff-Abteilung für Weiterbildung und systemische Interventionsforschung, http://www.uni-klu.ac.at/iff/wbi/.

V.8 Auswertung

Sämtliche Dokumente (aus dem Verfahren wie aus der Forschung) wurden zunächst von den einzelnen Teammitgliedern individuell ausgewertet und danach im Team gemeinsam besprochen. Jede Teamsitzung begann mit der Frage nach persönlichen Befindlichkeiten (wie geht's?) und nach den aktuellsten Erlebnissen (im Forschungsprozess) seit dem vorigen Treffen (was ist inzwischen passiert?). Dabei wurden fast immer zusätzliche Ebenen sichtbar, die nicht in diversen Protokollen nachzulesen waren. In einem weiteren Schritt wurden die zentralen Ergebnisse gesammelt, um sie in weiterer Folge wiederum in die Rückmeldungen einfließen zu lassen. Dafür wurden insbesondere folgende Aspekte fokussiert:

- Wie lässt sich der aktuelle Stand des Verfahrens prägnant beschreiben? Erscheinen die getroffenen Strukturentscheidungen im Verfahren als adäquat und sinnvoll?
- Welche Einstellungen formulieren Verfahrensparteien zum Prozess und seiner Steuerung (Mediationsteam, Prozessprovider)?
- Welche Vermutungen hegen Verfahrensparteien in Hinblick auf einen möglichen Ausgang des Verfahrens?
- Was gelingt aus Sicht der Verfahrensparteien gut, was weniger gut (schlecht), wo besteht Veränderungsbedarf?

V.9 Hypothesenbildung

Im Verständnis der Interventionsforschung erfolgt Hypothesenbildung immer erst auf Basis gewonnener (vorläufiger) Ergebnisse. Anders als Wissenschaften, die davon ausgehen, dass Hypothesen am Beginn von Forschung stehen, wo sie als unbewiesene (wissenschaftliche) Vorannahmen des Beweises harren, gehen wir davon aus, dass erst Forschung es ermöglicht, Hypothesen über soziale Konstellationen und ihre Wirklichkeiten zu formulieren. Insofern sind sie immer Zwischenresultate unserer Forschung und bleiben im Charakter von Annahmen[23], von möglichen Interpretationen sozialer Situationen. Sie zu bilden gelingt umso besser, je mehr ForscherInnen über die soziale Situation wissen oder im Zuge ihrer Forschung erfahren haben. Insofern sie auch immer nur Angebote unsererseits darstellen, bedürfen sie der Überprüfung durch das jeweilige Forschungssystem, was wiederum im Rahmen der Rückmeldungen erfolgt.

[23] Vgl. Krainer 2006.

Folgende zentrale Hypothesen wurden von uns im Laufe des Verfahrens formuliert und rückgemeldet:

Identifikation mit dem Verfahren: Das Verfahren hat viele Mütter und Väter, vor allem aus dem Kreis der Mitglieder der Vorbereitungsgruppe wurden viele Stimmen laut, welche die Idee für die Durchführung eines Mediationsverfahrens sich selbst zuschrieben. Während sich die meisten für einen allfälligen Erfolg verantwortlich fühlen wollten, wurden für einen allfälligen Misserfolg weit eher die Verfahrensleitung oder einzelne Verfahrensparteien verantwortlich gemacht. Dies, so unsere Vermutung, hat zu äußerst unterschiedlichen Identifikationen mit dem Verfahren selbst geführt.

Differenz von Verfahren und Prozess: Bereits sehr früh fielen uns – neben dem Enthusiasmus und der hohen Motivation aller Beteiligten – in Hinblick auf die Einschätzung der Steuerungsebene im Verfahren Divergenzen auf, die sich sowohl in Form von kritischen Bemerkungen gegenüber einzelnen Personen als auch fallweise in Sitzungen konflikthaft äußerten. Es wurde zum Teil ab- und aufgewertet, Kompetenz in Frage gestellt, ja sogar „Schuld“ an Fehlern zugeschrieben. Zudem erkannten wir einen offensichtlich ausschlaggebenden Gegensatz für die Kontroverse, und zwar jenen, dass sich die gesetzten Steuerungsmaßnahmen im Verfahren in solche spalteten, die als prozedural, ad hoc und situativ, also eher spontan erlebt wurden, und solche, die eher verfahrensmäßig, geplant und vorbereitet waren, einem gewissen theoretischen Schema zugeordnet wurden. Letztere erschienen vielen AdressatInnen eher unsympathisch, ja mitunter gar störend und lästig, während Erstere als sympathisch, angenehm und wirkungsvoller erlebt wurden.

Es wurden dabei jedoch – so unsere Hypothese – zwei Ebenen vermischt und miteinander verglichen, die allerdings zwangsläufig miteinander in Widerspruch stehen müssen: das *Verfahren* und der *Prozess*; es ist natürlich nicht möglich, ein derartiges Verfahren ohne Planung und ohne damit verbundene Regeln durchzuführen. Diese sind notwendig und es braucht Personen, die Letztere vertreten und durchsetzen (Abwehr ist hier immer vorprogrammiert). Genauso unumgänglich ist allerdings Spontaneität, das Ad-hoc-Abweichen von Geplantem, um auf jeweils aktuelle Situationen adäquat reagieren zu können. Naturgemäß kann dadurch auch ein noch so genau vorbereiteter Plan unter die Räder kommen, wie umgekehrt ein akribisch und streng umgesetzter Plan Spontaneität, Humor, unvorhergesehene Pausenbedürfnisse – kurz die Kreativität – unterminieren kann. Es kommt also unvermeidlich zu einer „Konkurrenz“ zwischen Verfahren und Prozess, die etliches Konfliktpotential birgt, wenn sich die beiden nicht sensibel und ausgewogen zueinander verhalten können. Erst wenn die Beteiligten – und zwar kollektiv – (an)erkennen, dass beide Elemente notwendig sind, ihnen Ort und Zeit gegeben wird, kann ein gedeihlicher Umgang mit ihnen erfolgen. Zudem wurde aber auch immer wieder sichtbar, dass die Steuerung des Prozesses Konflikte auslösen kann, die mit dem ursächlichen Verhandlungsgegenstand des Verfahrens zwar nichts zu tun haben, dennoch aber der Bearbeitung bedürfen.

Formelle und informelle Kommunikation: Das Verfahren war geprägt von zwei völlig verschiedenen Kommunikationstypen. Zum einen folgte es strengen formellen Richtlinien der Kommunikation, die allen Verfahrensparteien gleichwertigen Zugang und Transparenz sichern sollte. Zugleich war aber auch von Anfang an klar, dass im Hintergrund des Verfahrens verschiedene Gespräche stattfanden (zwischen einzelnen Parteien, vor allem aber auch zwischen Prozessprovider und den einzelnen verfahrensbeteiligten Gruppierungen). Das Wissen darüber war bei allen InterviewpartnerInnen vorhanden. Vielfach wurden dadurch aber auch allerlei negative Phantasien ausgelöst, von „Mauschelei" bis hin zu „unlauteren Methoden" war da die Rede.

Der konflikthaft in Erscheinung getretene, unsererseits identifizierte Widerspruch dabei lautete also: „formell gegen informell", wobei „informell" eher der oben beschriebenen Prozessebene, „formell" der Verfahrensebene anverwandt zu sein schien. Auch diesbezüglich – so die Hypothese weiter – handelte es sich um einen „notwendigen" Widerspruch, der sich in der Wirklichkeit eines solchen komplexen Geschehens auch nicht durch Regeln vermeiden lässt. Unsere Hypothese lautete also, dass einerseits informelle Kommunikation nicht zu verhindern ist und sie sich andererseits in gewissen Bereichen sogar förderlich auf das Verfahren auswirken kann (beispielsweise wenn im Vorfeld zu Sitzungen bereits durch informelle Gespräche „abgetestet" wurde, ob eine Einigung in erreichbare Nähe rücken könnte). Andererseits war unser Eindruck, dass es für alle Beteiligten wichtig wäre, zu wissen, was in welcher Form und durch wen auf informellem Weg besprochen wird (und werden kann), was demgegenüber ausschließlich der formellen Kommunikation im Verfahren vorbehalten bleiben sollte. Dazu stellten wir bei der Rückbindung folgende Fragen: Was geschieht mit informell zustande gekommenen Entscheidungen? Wie werden sie bzw. werden sie überhaupt formalisiert, wenigstens nachträglich in das Verfahren eingebracht etc.?

Dies wurde in weiterer Folge teilweise zwischen Mediationsteam und Prozessprovider geklärt (wobei sich das Mediationsteam ausschließlich der formellen Kommunikation verschrieb, der Prozessprovider hingegen auch im gegenseitigen Einverständnis unzählige informelle Klärungsgespräche führte, die vielfach aber auch im Verfahren transparent gemacht wurden), teilweise auch zwischen einzelnen Parteien (so gab es gelegentlich mehr oder minder informelle bilaterale Treffen, die der Besprechung oder Verhandlung einzelner Themen gewidmet waren, über die das Gesamtverfahren erst nachträglich informiert wurde). Humorig ausgedrückt ergab sich nach unserer Rückmeldung ein „Mauscheln erlaubt" (allerdings mit der Auflage, dass anschließend eine Information derjenigen erfolgt, die nicht dabei sein konnten und die ihrerseits so etwas wie einen Vertrauensvorschuss erteilten). Vor allem aber fanden sich einige Personen von einem schlechten Gewissen entlastet, das sie bei ihren (informellen) Gesprächen häufig begleitet hatte.

Steuerung und Selbststeuerung des Verfahrens: Nachdem vor allem zu Beginn des Verfahrens alle Entscheidungen tendenziell dem Mediationsforum vorbehalten sein sollten, wurden mehrfach Steuerungsschwierigkeiten sichtbar, wenn beispielsweise mit strukturellen Entscheidungen (von der Einrichtung neuer Arbeitsgruppen bis hin zur Gesamtplanung) nicht auf den nächsten Sitzungstermin des Mediationsforums gewartet werden sollte oder konnte. Da das Mediationsforum aber beschlossen hatte, alle Entscheidungen im Konsens zu treffen (auch solche die Steuerung betreffend), kam es diesbezüglich laufend zu Beschwerden und Konflikten. Dabei wurde auch immer die Frage mitverhandelt, wer die Macht haben sollte, solche Entscheidungen zu treffen. Viele Mitglieder des Verfahrens wollten, dass diese Macht alleine den Verfahrensparteien zustehen sollte. Unsere Vermutung allerdings war, dass Verfahren von so hoher Komplexität sowohl Selbststeuerung als auch Steuerung brauchen, Letzteres vor allem in Hinblick auf die Gestaltung des Ablaufs, wenngleich einer solchen Verfahrensautorität keine inhaltliche Entscheidungskompetenz zugestanden werden kann. Mit der Einrichtung der PSG wurde wiederum einer unserer Anregungen Rechnung getragen, die wir bereits im ersten Auftragsklärungsgespräch in Klagenfurt – im Sinne der Hypothese, dass Prozess und Verfahren zwei Steuerungsformen brauchen – formuliert hatten.

Das Dilemma von Repräsentantinnen und Repräsentanten: Im Verfahren wurde versucht, möglichst allen betroffenen Interessengruppen Sitz und Stimme einzuräumen. Jede von ihnen hatte die Möglichkeit, eine Repräsentantin, einen Repräsentanten in das Verfahren zu entsenden (manche Gruppierungen hatten auch mehrere Sitze im Verfahren inne). RepräsentantInnen in solchen Verfahren und Prozessen, in denen konflikthaft Inhalte verhandelt werden, ereilt in aller Regel ein klassisches Schicksal. Sie haben es mit mehreren Schwierigkeiten zugleich zu tun, die an anderer Stelle noch ausführlicher beschrieben sind[24]: Zunächst werden sie von ihrer Gruppierung entsandt, um die eigenen Interessen bestmöglich zu vertreten und durchzusetzen. Von ihnen wird ein „Standing" erwartet und dass sie sich keinesfalls von anderen „über den Tisch ziehen lassen". Innerhalb des Verfahrens wird anderes erwartet: Dort sollen sie Verständnis entwickeln für die Sichtweisen der anderen, zumindest partielle Einsicht gewinnen in die Sinnhaftigkeit derselben und letztlich in Verhandlungen einsteigen, von denen von vorneherein klar ist, dass alle sich ein

[24] Vgl. dazu Heintels Ausführungen zu: Mediation als Widerspruchsmanagement.

Stück weit aufeinander zu bewegen werden müssen, wenn ein Kompromiss oder ein Konsens erzielt werden sollen.

Dies gelingt aber in aller Regel zunächst nur denen, die selbst im Verfahren anwesend sind, die Ereignisse verfolgen und miterleben. In langen (im konkreten Verfahren mitunter nächtelangen, wochenlangen, monatelangen ...) Sitzungen, Besprechungen, Verhandlungen wurde zähen Schrittes um Einigungen gerungen, die niemandem geschenkt wurden. Diejenigen, die zugestimmt hatten, konnten nicht nur plausible Gründe dafür anführen, sondern auch anerkennen, dass nicht mehr zu erreichen war.

Jenen, die nicht dabei sind, erscheinen die „gegnerischen" Positionen aber nicht plausibler, nur weil ihre VertreterInnen sie plausibler finden. Im Gegenteil: Die eigenen VertreterInnen werden zu VerräterInnen – das klassische RepräsentantInnendilemma.

All jene, die nicht persönlich im Verfahren anwesend sind und an den Verhandlungen teilnehmen können, brauchen Erläuterungen, Erklärungen, müssen in Teilen nachvollziehen, was in den langen Sitzungen alles passiert ist, um Einsicht zu gewinnen. Prozesse nachzuvollziehen, kostet aber Zeit. Diese Zeit muss in Verfahren eingeräumt werden, damit die RepräsentantInnen Gelegenheit haben, sich einerseits mit ihren Gruppierungen in inhaltlichen Fragen regelmäßig abzusprechen und andererseits die anderen Mitglieder aus den verfahrensbeteiligten Gruppierungen, die nicht im Verfahren teilnehmen, auch Gelegenheit haben, sich indirekt (über ihre RepräsentantInnen vermittelt) auch mit den Positionen und Ansichten anderer Verfahrensparteien und deren „Berechtigung" auseinander zu setzen. Dies gelingt in aller Regel zwar nicht im gleichen Ausmaß, wie es unter jenen gelingt, die im Verfahren miteinander verhandeln und arbeiten, je sorgfältiger aber Rückmeldungen geplant und durchgeführt werden, umso eher gelingt es RepräsentantInnen, ihre Gruppierungen zu informieren und bestmöglich an das Prozessgeschehen anzubinden und umso mehr Aussicht haben sie auch, als VertreterInnen von ihren Gruppierungen anerkannt zu werden. Je enger die Termine im Mediationsverfahren gesetzt wurden, umso weniger Zeit hatten die einzelnen RepräsentantInnen, sich mit ihren Gruppierungen auszutauschen und umso größer wurde die Gefahr zu potentiellen VerräterInnen zu werden, unter Umständen auch ausgewechselt zu werden.

Strategien der Konfliktvermeidung: Vor allem die erste Phase des Verfahrens war der Herstellung eines gleichen Informationsstandes unter allen Verfahrensparteien gewidmet. Dazu wurden unzählige Gutachten und Expertisen eingeholt, die vielfach der Überprüfung von Behauptungen und Informationen einzelner Verfahrensparteien (insbesondere der VertreterInnen des Flughafens und der ACG) dienen sollten. Damit hatte das Verfahren in kürzester Zeit enorme Komplexität erreicht. Das bewirkte in weiterer Folge, dass jene Verfahrensparteien, die kaum in Subgremien des Verfahrens eingebunden waren, große Schwierigkeiten hatten, den Detailinhalten noch folgen zu können. Es bewirkte aber auch, dass man sich zunehmend in Details zu verlieren schien. Dies zum einen, um Sicherheit zu gewinnen (was fallweise gelungen ist, fallweise aber auch nicht), zum anderen vermuteten wir aber, dass die „Flucht in Expertisen" eventuell dazu dienen könnte, die zu bearbeitenden Kernkonflikte zu „vertagen" – ein Befund, der von vielen TeilnehmerInnen in Interviews schon frühzeitig Bestätigung erfahren hat. Im Verfahren selbst haben sich allerdings erst gegen Ende sichtbare Konsequenzen gezeigt, beispielsweise als mit der Einrichtung von Klausuren zur Verhandlung konkreter Themen einer weiteren Anregung unsererseits Folge geleistet wurde.

Ergebnissicherung, Zielorientierung und Ergebnisoffenheit: Das mediative Prinzip der Ergebnisoffenheit und seine konkrete Bedeutung führte im Verfahren zu diversen Schwierigkeiten. Zum einen wurden von Beginn an viele Stimmen laut, die vermuteten, der Bau einer dritten Piste sei eine beschlossenen Sache (und das Mediationsverfahren daher „reine Kosmetik"). Zum anderen war für viele insgesamt unklar, was „Ergebnisoffenheit" bedeuten sollte, vielfach wurde sie auch dazu verwendet, keine Beschlüsse herbeizuführen oder nur „vorläufige" Beschlüsse oder auch Beschlüsse, die unter allerlei Vorbehalt zustande kamen. Zudem konnte es auch vortrefflich verwendet werden, um alle möglichen Entscheidungen zu junktimieren bzw. sie von diversen Bedingungen abhängig zu machen. Dem Prinzip der Ergebnisoffenheit steht naturgemäß jede Ergebnissicherung entgegen, zumal wenn auf dem Weg zu einem Gesamtergebnis unzählige Einzelergebnisse zu erzielen sind, wie dies im Mediationsverfahren der Fall war.

Unsere Vermutung dazu war, dass wiederum beide Prinzipien zugleich sinnvoll und notwendig sind. Es gilt, ein Verfahren so weit ergebnisoffen zu halten, dass alle Themen auf den Tisch gebracht werden können und nicht aufgrund vorgefasster Entscheidungen nicht mehr besprochen oder verhandelt werden können. Zugleich aber gilt es, Schritt für Schritt Teilergebnisse zu erzielen. Der wichtigste Schritt im Mediationsverfahren dazu war es, die Verhandlungsmaterie so auseinander zu dividieren, dass einige Dinge unabhängig von der Entscheidung über den Bau einer dritten Piste verhandelt werden konnten und andere explizit von der Entscheidung über den Bau der dritten Piste abhängig gemacht wurden. Im Teilvertrag zum Mediationsverfahren erfolgte schließlich die Ergebnissicherung für den ersten Bereich („aktuelle Maßnahmen"). Das führte zugleich zu einem breiten Erfolgserlebnis (wenn auch an dieser Stelle einzelne Verfahrensparteien die Mediation verließen).

Das „Moratorium": Als das Verfahren gerade wieder besonders zäh zu verlaufen schien, stellten wir die Idee in den Raum, dass das Verfahren vielleicht gar nicht schnell weitergehen sollte, sondern dass sein Hauptzweck darin bestand, dass es überhaupt existierte, dass es eine Art Schutzraum („Waffenstillstand") gerade für zunächst informelle Kommunikation, auch gegenüber der sich wandelnden politischen und der juristischen Umwelt, gewährleisten sollte. Ein zu zügiges Vorankommen hätte diesen Schutzraum gefährdet. Damit sei der eher als schleppend empfundene Ablauf eventuell zu rechtfertigen. Das Verfahren und der enorme Zeitaufwand, den Menschen investieren, seien aber auch als ein Wert an sich zu würdigen.

Standardbildung – oder „das Märtyrersyndrom": Ein Mitglied des Mediationsteams hat das Verfahren verlassen, wofür bis zuletzt unterschiedliche Gründe von ihm und von anderen genannt bzw. phantasiert wurden (persönliche, private Gründe, Kritik an der Durchführung des Verfahrens, Konflikte zwischen Mediationsteam und Prozessprovider etc.). In weiterer Folge hat es das Mediationsverfahren zudem mehrfach öffentlich kritisiert (weil es aus seiner Sicht zu wenig die Richtlinien bestimmter Mediationsschulen befolge). Im Verfahren selbst blieb dieser Schritt weitgehend unthematisiert und auch unreflektiert. Wir haben diesbezüglich vor allem die Möglichkeit einer Standardbildung thematisiert, die sich im Verfahren ungünstig auswirken könnte. Dies insofern, als andere verfahrensbeteiligte Gruppierungen das Ausscheiden als Rechtfertigung verwenden könnten, das Verfahren zu kritisieren oder auch das Verlassen des Mediationstisches für sich als Beispiel wählen könnten. Viele der KritikerInnen am Mediationsverfahren haben sich in weiterer Folge auch auf den ausgeschiedenen Mediator berufen.

„Conditio sine qua non": Immer wieder gelangte das Verfahren an Punkte, an denen Vereinbarungen zum Greifen nahe schienen und dennoch nicht getroffen werden konnten. Sofern dies nicht einer Konfliktvermeidung geschuldet war, wunderte es auch immer wieder die VerhandlungspartnerInnen selbst. Vielfach bekannten einzelne TeilnehmerInnen in Interviews auch Angst und Sorge ein, mit dem Treffen von Entscheidungen eine Verantwortung für Konsequenzen zu übernehmen, die nächste Generationen noch zu tragen haben werden oder auch, in den eigenen Reihen den Rückhalt zu verlieren (weshalb alle Entscheidungen in den eigenen Reihen rückgekoppelt werden sollten und daher nie endgültige Entscheidungen getroffen werden konnten).

Wir vermuteten an dieser Stelle, dass es für alle Beteiligten hilfreich sein könne, in ihren eigenen Reihen die Minimalanforderungen festzulegen, hinter die sie auf keinen Fall zurückgehen würden, Bedingungen, ohne die „nix" gehen würde, eine „conditio sine qua non" zu formulieren, die in weiterer Folge auch den Rahmen für allfällige Verhandlungen abstecken sollte und zugleich den RepräsentantInnen am Verhandlungstisch ein Pouvoir einräumen sollte. Diese Anregung hat sich im Verfahren wiedergefunden, als von einer Verfahrenspartei vorgeschlagen wurde, alle mögen ihre „no go"-Grenze formulieren und offen legen (also jenen Punkt, an dem sie nicht mehr bereit wären, an weiteren Verhandlungen teilzunehmen).

Den Konflikt auf Dauer stellen: Wer in Konfliktsituationen steckt oder gerade langsam auf dem Wege ist, sich aus ihnen herauszuarbeiten, sich auf Lösungen zuzubewegen, wird für die Forderung, der Konflikt möge doch „auf Dauer" gestellt werden, nur wenig hellhörig sein. Dennoch haben wir mehrfach die Hypothese formuliert, dass es sowohl für die thematische Bandbreite als auch für die betroffenen Menschen innerhalb und außerhalb des Verfahrens sinnvoll sein könnte, eine Struktur zu definieren, in deren Rahmen zukünftige Konflikte (solche, die neu auftreten, und solche, die wieder auftreten) ausgetragen und bearbeitet werden können. Im Sinne der Themen erschien es uns als sinnvoll, da sich gerade im Bereich der technischen Entwicklung vieles ändern kann, das eventuell besprochen werden sollte. In Bezug auf die Menschen auch deshalb, weil es vielen ein Bedürfnis war, für Fragestellungen, die in der Zukunft auftreten könnten, einen Ort zu definieren. Dies ist letztlich mit der Einrichtung eines regionalen Konfliktmanagements auch so geschehen.

Grenzen der Mediation: In einer unserer letzten Rückmeldungen boten wir einige Eindrücke an, die wir nach jahrelanger Beobachtung dieses großen Mediationsverfahrens gewonnen hatten und die aus unserer Sicht das Verfahren notwendigerweise von Mediationsverfahren unterschied, wie sie etwa einer Mediationsschule (insbesondere aus dem Bereich der Scheidungsmediation) entspringt. Eine Hypothese, die sich in ähnlicher Formulierung im Abschlussdokument zum Mediationsverfahren wieder findet.

V.10 Hintergrundtheorien

Hintergrundtheorien stellen ein zentrales zusätzliches Angebot interventionswissenschaftlicher Forschung dar. Sie sollen einem besseren Verständnis der jeweilig zu beschreibenden Situation dienen und können zudem zu einer Entlastung der Betroffenen beitragen. Dies gelingt beispielsweise, wenn Menschen erkennen, dass jene Konflikte, die sie ständig begleiten, mehr mit ihrer Funktion als mit ihrer Person zu tun haben, zudem „notwendig" sind, um zu sinnvollen Entscheidungen gelangen zu können und dergleichen mehr. Häufig lässt sich dabei mit einer philosophischen Theorie von Widersprüchen operieren, mitunter benötigen wir aber auch den Rückgriff auf andere Wissenschaftsdisziplinen (Geschichte, Theologie, Psychologie, Recht etc.).[25] „Das Formulieren von Hintergrundtheorien zielt in aller Regel darauf ab, bestehende Widersprüche als notwendig und sinnvoll auszuweisen und den Betroffenen verständlich und plausibel zu machen, dass es der Sache nicht förderlich ist,

[25] Vgl. Krainer 2006.

Widersprüche nach den Prinzipien der Logik zu lösen (eine Seite auszuschließen). Die Bearbeitung von Widersprüchen verlangt nach dialektischer Sichtweise und bedarf eines prozesshaften Verfahrens, in dem nach einer sinnvollen Balance gesucht werden kann."[26]

Im konkreten Forschungsprojekt haben wir beispielsweise für eine Rückmeldung an die PSG Aristoteles bemüht, dem zufolge sich drei Arten von Gerechtigkeit festhalten lassen, nämlich die Bedürfnisgerechtigkeit, die Leistungsgerechtigkeit und die Gesetzesgerechtigkeit. Die drei Dimensionen wurden insofern mit den Verfahrensparteien in Zusammenhang gebracht, als wir zeigen konnten, wer beispielhaft für welche Form der Gerechtigkeit stand. Während die einen naturgemäß stärker der Logik der Bedürfnisgerechtigkeit folgten und daher auch weitgehend moralisch argumentierten (BI), waren die anderen mehr der Logik der Leistungsgerechtigkeit verpflichtet (FWAG, AUA) und argumentierten daher vornehmlich ökonomisch. Aristoteles zufolge brauchen Menschen aber immer alle drei Formen der Gerechtigkeit zugleich, weshalb jene, die für die Bedürfnisse der Menschen eintreten, und jene, die für die Leistung eintreten, miteinander zu Vereinbarungen kommen müssen (was meist durch Gesetze und Regelungen, also die Gesetzesgerechtigkeit, erfolgt). Dies soll sicherstellen, dass nicht eine Seite ausgeschlossen wird, was immer auch bedeutet, den eigenen Interessen zu schaden.[27]

Hintergrundtheorien sollen Menschen die Möglichkeit bieten, zu verstehen, welche Logik, welches Prinzip sie repräsentieren. Wenn es gelingt, die Prinzipien so zu formulieren, dass alle Betroffenen sie als grundsätzlich sinnvoll verstehen können, fällt es ihnen in aller Regel auch leichter zu verstehen, warum die einzelnen RepräsentantInnen der Logiken immer auch agieren und argumentieren, wie es jener Logik entspricht, für die sie stehen. Indem ein solches Verständnis geschaffen wird, können Hintergrundtheorien der individuellen wie kollektiven Entlastung dienen. Individuell, weil in aller Regel sichtbar wird, dass es nicht egoistische Eigeninteressen sind, die Menschen vertreten, sondern notwendige Prinzipien, die sie repräsentieren; kollektiv, weil die gemeinsame Einsicht in diese Situation es erleichtern kann, Menschen und Funktionen zu unterscheiden und selbst jene Funktionen, die häufig Anlass für Konflikte bieten, als wichtige Funktionen zu betrachten.[28]

V.11 Rückkoppelungen und Präsentationen

Die Rückkoppelungsveranstaltung im Sinne der Interventionsforschung ist ein zentraler Bestandteil des Forschungsprozesses: Die Intervention durch Rückkoppe-

---

26 A. a. O.
27 Vgl. Heintel 2005, S. 5 ff.
28 Vgl. Krainer 2006.

lung beeinflusst einerseits den Forschungsprozess selbst, indem die Teilnehmer der Veranstaltung die Teil- oder Zwischenergebnisse zur Verfügung gestellt bekommen und sie einem Realitätscheck im Sinne der Anwendbarkeit und der Nachhaltigkeit unterziehen; andererseits sind die Ergebnisse aus der Rückkoppelungsveranstaltung ein theorie- und praxisgeleitetes Material, das sich auf die Erfahrungen von Personen in laufenden Prozessen und Verfahren stützt. Die Ergebnisse führen in laufenden Verfahren zu reflektierten Veränderungen und ermöglichen es auch, dass innerhalb des Forschungsprozesses innovative Erkenntnisse über deren Anwendbarkeit und Nachhaltigkeit gewonnen werden können.

Bei den Rückmeldungen im konkreten Projekt haben wir zudem eine Art Doppelrolle eingenommen, einerseits als PräsentatorInnen und ModeratorInnen sowie andererseits als teilnehmende Beobachter. Wir führten die Rückkoppelungen (auch „Rückmeldungen" genannt) ausnahmslos zu dritt (Leitungsteam plus Supervisor) für unterschiedlich große Gruppierungen (zwischen vier und vierzig Personen) durch, wobei innerhalb des Teams die Rollen der Moderation, Präsentation und Reflexion aufgeteilt wurden. Im Anschluss konnten sich die TeilnehmerInnen beraten und Fragen stellen, die dann vom Team bestmöglich beantwortet wurden. Den Abschluss bildete noch eine Feedback-Runde zum Resümee beziehungsweise auch hinsichtlich Konsequenzen seitens der Adressaten (Ergebnissicherung).

Im Anschluss an die Rückmeldung wurde meistens ein internes Protokoll verfasst und an das Forschungsteam übermittelt. Zweimal wurde auf Wunsch des Auditoriums diesem anschließend ein Hypothesenpapier übermittelt. Demgegenüber wurden im Vorfeld von Rückmeldungen keine Unterlagen versandt. Wir hielten es für zu heikel, Hypothesen zu versenden, ohne diese persönlich erläutern zu können und ohne zu wissen, in wessen Hände sie gelangen würden. Dies auch aus einer gewissen Verschwiegenheits- und Schutzpflicht heraus. Insgesamt führten wir 26 Rückkoppelungen durch, ihre Dauer reichte von zwei bis sieben Stunden.

V.12 Berichtswesen

Wir haben im Laufe des Verfahrens drei umfassendere Berichte verfasst und einen sehr kurzen, der im Wesentlichen eine unserer Rückmeldungen zusammenfasste. Der erste Zwischenbericht befasst sich auf rund 75 Seiten im Wesentlichen mit der Vorbereitungsphase des Mediationsverfahrens. In ihm geht es vor allem um jene Menschen, die sich im Sommer 2000 auf Einladung des späteren Prozessproviders zusammengefunden haben, um ein Mediationsteam auszuwählen und die Gruppierungen zu bestimmen, die im Verfahren beteiligt sein sollten. Sie alle haben auch im weiteren Verfahren eine wichtige Rolle eingenommen. Der zweite Zwischenbericht dokumentiert auf wenigen Seiten die zentralen Hypothesen einer Rückmeldung der wissenschaftlichen Begleitforschung, die wir am 4. Dezember 2001 durchführten.

Der dritte Zwischenbericht, der ursprünglich mit „vorläufiger Endbericht" betitelt war, umfasst im Wesentlichen bereits die Teile, wie sie auch im Endbericht vorzufinden sind – neben einer ersten Chronologie des Verfahrens finden sich in ihm einzelne Exkurse („Mediation und Öffentlichkeitsarbeit", „Mediation und Politik") sowie eine vorläufige Dokumentation des Forschungsprojektes und Auszüge aus dem Forschungstagebuch einer Projektmitarbeiterin (176 Seiten). Für den Endbericht wurden die bereits genannten Teile nicht nur aktualisiert, sondern vielfach auch verändert (so hat es sich beispielsweise als sinnvoller erwiesen, die Chronologie der Ereignisse nicht nach der historischen Abfolge einzelner Sitzungen zu erfassen, sondern thematisch zu ordnen). Bei den Exkursen ist einer zum Themenbereich Recht und Mediation („Ergebnissicherung und Rechtsschutz") hinzugekommen, die Forschungsdokumentation wurde ebenfalls vertieft, nicht zuletzt um sie als exemplarisches Fallbeispiel für die Durchführung eines Interventionsforschungsprojektes anbieten zu können. Ein Herzstück ist aber die Zusammenfassung der wichtigsten Widersprüche, die wir im Verfahren identifizieren konnten.

V.13 Der Forschungsverlauf

Der Forschungsverlauf war naturgemäß ein dynamischer, vielfältiger Prozess, mit Ecken und Kanten, aber auch und vor allem mit harmonischen Abläufen und erfreulichen Begebenheiten, Gefühlen. Nicht einmal ein Bruchstück davon kann hier dargestellt werden. Vielleicht lässt sich aber aus dem Gesamtbericht vieles dazu erahnen. Der zeitliche Verlauf des Forschungsauftrages (Meilensteine) ist zudem im Anhang in Form eines Überblicks dokumentiert.

Wie bereits oben mehrfach angesprochen, waren unsere Erkenntnisse immer Resultat eines internen Denk- und Kommunikationsprozesses, dessen Ergebnisse selbst wiederum zu Erkenntnisquellen wurden. Dabei entwickelte sich so etwas wie ein Kreislauf in Richtung „Wahrheitsproduktion". Weniger wurden hierdurch einfach erkennbare oder quantitativ erfassbare Tatsachen (etwa: die Gruppe hat so und so viele Mitglieder, die Sitzungsräume waren in dieser oder jener Weise ausgestattet etc.) angepeilt, sondern vielmehr Ursachen, Motive oder Bedeutungen, die schwer erkennbar oder im Verborgenen lagen, dem System und zunächst auch uns offensichtlich nicht oder nur zum Teil bewusst waren. Der interaktive Forschungskreislauf des Erkenntnisprozesses im Forschungsteam stützte sich dabei auf die bereits erwähnten Datenquellen. Im folgenden Teil sollen die dabei durchlaufenen Stufen näher beschrieben werden.

Bereits der *Auftragsklärungsprozess* liefert eine Fülle von Beobachtungen und Daten. Es sei hier sogar die Hypothese gestattet, dass bereits dabei auftretende wichtige Themen und Erscheinungen sich im gesamten weiteren Prozess förderlich oder hinderlich wieder finden werden. Deshalb beobachteten wir bereits diesen Anfangsprozess der eigenen Auftragsklärung sehr aufmerksam, obwohl wir diesbezüglich eigentlich nicht in der Rolle von Forschern waren, sondern Verhandlungspartner des Auftraggebers, in allen seinen zwangsläufig auch kontroversiellen Erscheinungsformen. Zur Auftragsklärung gehören immer auch Nach- oder Neuverhandlungen bzw. die Abnahme von Zwischenleistungen sowie die endgültige Entlastung mit Endabrechnung. Da in diesem Projekt uns gegenüber nicht nur der „Zahler" FWAG, sondern alle beteiligten Parteien Auftraggebereigenschaft innehatten, waren die Rückmeldungen und Auftragsneuverhandlungen immer auch dorthin zu kommunizieren sowie vor allem auch mit Mediationsteam und Prozessprovider abzustimmen; gleichzeitig ein reiches Beobachtungsfeld.

Aus den ersten Eindrücken und Beobachtungen erfolgte die (vorläufige) strategische und operative *Vorbereitung* von Maßnahmen und die Erstellung des Gesamtdesigns mit seinen Forschungselementen. Interviewplan (ev. mit Leitfaden), Beobachtungsplan, Materialsammlungsquellen etc. wurden dabei entschieden. Danach begann die operative *Datenerhebung*, also die eigentliche Forschungsarbeit. Die aus den Datenerhebungen entstandenen Tonbänder und Notizen wurden anschließend transkribiert, Interviews vollständig und im Originalwortlaut. Die fertigen Transkripte wurden umgehend an das Forscherteam weitergeleitet, gelesen und *einzelausgewertet* (erste Hypothesenbildung).

In den regelmäßigen *Teamsitzungen* wurden die Hypothesen ausgetauscht, vergemeinschaftet, diskutiert und weiterentwickelt. Oft ergaben sich dabei völlig neue, vorher allen einzelnen Forschern unbekannte und überraschende Ergebnisse; diese Sequenzen machten – im Vergleich zur vorherigen Knochenarbeit – oft besonders viel Spaß, es konnten aber – und das erachteten wir als besonders wertvoll – auch kontroversielle Standpunkte entstehen, die an die Nieren gingen (ein besonders prädestinierter Ort für unseren Supervisor, der sich immer zurückhaltend außerhalb unseres Sitzkreises befand und primär quasi auch teilnehmend beobachtete). Aus diesen Hypothesensitzungen entstanden einerseits die Grundlagen für *die schriftlichen und mündlichen Berichte* und andererseits die Designs für Rückkoppelungen. Es wurden dabei natürlich auch Erfahrungen und Probleme bei der operativen Durchführung ausgetauscht sowie das Forschungsdesign laufend evaluiert und verbessert. Ebenso wie die Auftragsklärung war die *Rückkoppelung* immer auch gleichzeitig ein besonders wertvoller Beobachtungsgegenstand, dessen Ergebnisse ebenfalls notiert wurden und die in den forscherischen Erkenntnisprozess einflossen. Periodisch erfolgten neue Vorbereitungen oder Nachjustierungen mit dem Auftraggeber, womit sich der Forschungskreislauf schloss.

VI. Zum Ende

Am Ende des Mediationsverfahrens stand vielfach die Erleichterung, einen langen, anstrengenden und aufwändigen Prozess einem positivem Ausgang zugeführt zu haben. Viele waren erleichtert, dass es vorbei ist, die langen Sitzungen ein Ende haben, eine Einigung mit Vielen erzielt werden konnte. Als das Verfahren zu Ende war, begann unsere Nachbearbeitungszeit. Von vornherein hatten wir zwei Monate im Anschluss an das Verfahren vorgesehen: Einerseits um die vereinbarten Dokumentationsarbeiten zu leisten und andererseits um noch einmal „ins Feld" zu gehen und die TeilnehmerInnen im Mediationsverfahren über ihre Einschätzung des Endes des Verfahrens, zum Ausgang der Mediation zu befragen. Die meisten von ihnen sind unserer Bitte um ein Gespräch wie immer bereitwillig gefolgt. Selbst jene, die uns kritisch gegenüberstehen.

Für das uns entgegengebrachte Vertrauen, für die Zeit, die uns in zahlreichen Interviews und Gesprächen zur Verfügung gestellt wurde, möchten wir uns an dieser Stelle noch einmal herzlich bedanken und unseren Respekt zollen. Auch wir haben sehr vieles gelernt, das vielleicht auch künftigen Vorhaben und Projekten und darüber hinaus den Bedürfnissen der einzelnen Menschen und ihrer Kollektive nützt. Schließlich ist Wissenschaft angetreten – als eine der Öffentlichkeit gegenüber auskunftspflichtige Instanz – einen Know-how-Transfer zu ermöglichen. Dafür stehen wir – selbstverständlich in Rücksprache mit der Auftraggeberin der Begleitforschung – gerne zur Verfügung.

Literatur

Froschauer, Ulrike/Lueger, Manfred: Das qualitative Interview. Zur Praxis interpretativer Analyse sozialer Systeme. Wien, WUV 2003.

Heintel, Peter: Prozessethik und Mediation. In: Lauritsch, Robert/Berger, Wilhelm: Das öffentliche Gute. Dokumentation des Forschungstages der Fakultät für Interdisziplinäre Forschung und Fortbildung an der Universität Klagenfurt. Klagenfurter Beiträge zur Technikforschung, Heft 107. Klagenfurt 2005, S. 5-10.

Heintel, Peter: Das Klagenfurter Prozessethische Beratungsmodell. In: Heintel, Peter/Krainer, Larissa/Ukowitz, Martina: Beratung und Ethik. Praxis, Modelle, Dimensionen. Berlin, Leutner 2006.

Krainer, Larissa: Interventionsforschung – eine Methode der Prozessethik? In: Heintel, Peter/Krainer, Larissa/Ukowitz, Martina: Beratung und Ethik. Praxis, Modelle, Dimensionen. Berlin, Leutner 2006.

Made in the USA
Las Vegas, NV
13 November 2024

11568698R10167